高校扶贫
优秀案例选编

○ 王炳林 / 主　编
江　嵩 / 副主编

光明日报出版社

图书在版编目（CIP）数据

高校扶贫优秀案例选编／王炳林主编. —北京：
光明日报出版社，2021.12

ISBN 978－7－5194－5928－4

Ⅰ.①高… Ⅱ.①王… Ⅲ.①高等学校－扶贫－案例
－中国 Ⅳ.①F124.7②G649.2

中国版本图书馆 CIP 数据核字（2021）第 246946 号

高校扶贫优秀案例选编

GAOXIAO FUPIN YOUXIU ANLI XUANBIAN

主　　编：王炳林　　　　　　副 主 编：江　嵩

责任编辑：郭思齐　　　　　　责任校对：蔡晓亮

封面设计：小宝工作室　　　　责任印制：曹　净

出版发行：光明日报出版社

地　　址：北京市西城区永安路 106 号，100050

电　　话：010－63169890（咨询），010－63131930（邮购）

传　　真：010－63131930

网　　址：http：//book. gmw. cn

E － mail：gmcbs@ gmw. cn

法律顾问：北京市兰台律师事务所龚柳方律师

印　　刷：北京虎彩文化传播有限公司

装　　订：北京虎彩文化传播有限公司

本书如有破损、缺页、装订错误，请与本社联系调换，电话：010－63131930

开　　本：170mm×240mm

字　　数：645 千字　　　　　印　张：33.75

版　　次：2021 年 12 月第 1 版　印　次：2021 年 12 月第 1 次印刷

书　　号：ISBN 978－7－5194－5928－4

定　　价：106.00 元

目　录

第一章　教育扶贫

第一章　教育扶贫

"四大举措"助推校长信息素养

——北京师范大学护航"三区三州"教育智能化探索与实践

摘　要：北京师范大学深入学习贯彻习近平总书记扶贫开发重要战略思想，主动承担面向"三区三州"地区中小学校长的信息化领导力提升专题扶贫项目工作，以互联网教育智能技术及应用国家工程实验室（CIT）为实施团队，开展了一系列卓有成效的工作。学校通过现场送培、微信群组、5G直播互动/VR沉浸式体验、教学支持软件开发等多种方式直接服务4个少数民族地级州、校长群体1000余人，直接参与数字化校园规划逾100所，间接服务教师群体逾10000人。在我国教育现代化进程中，为深度贫困地区的校园信息化管理水平提升、教师教学技术应用水平提升、学生信息化素养提升方面做出了突出贡献。

关键词："三区三州"　教育信息化　中小学校长信息素养　互联网教育智能技术及应用国家工程实验室（CIT）

党的十八大以来，以习近平同志为核心的党中央高度重视扶贫工作，把扶贫作为实现"第一个百年奋斗目标"的重点工作，大力实施精准扶贫。习近平总书记多次强调，要推进城乡义务教育一体化发展，缩小城乡教育资源差距，促进教育公平，切断贫困代际传递。而运用互联网、大数据、人工智能技术等推进教育精准脱贫，是最具有根本性、可持续性的扶贫举措之一，有助于让贫困家庭子女都能接受公平有质量的教育，从而实现均衡分配教育资源。

2018年4月，教育部出台《教育信息化2.0行动计划》，明确指出实施"网络扶智工程攻坚行动"，聚焦支持"三区三州"教育信息化发展。2019年2月，中共中央、国务院印发了《中国教育现代化2035》，指出教育要与时俱进，必须与智能技术相结合。"三区三州"地区的教育信息化水平在智能时代急需专业队伍的深度调研、系统化帮扶，才能更好地融入教育行业发展的大趋势中。为此，北京师范大学以互联网教育智能技术及应用国家工程实验室（CIT）为实施团队，主动承担面向"三区三州"地区中小学校长的信息化领导力提升专题扶贫项目，开展了一系列卓有成效的工作。

一、案例背景

（一）"三区三州"中小学信息化进程症结分析

经线上线下调研和一二手数据分析，北京师范大学扶贫团队发现当时"三区三州"中小学信息化发展的瓶颈表现在以下几个方面。

硬件设备类方面：一是硬件组装式多，成套类少，影响使用体验；二是硬件设备/环境建设预算成本高、采购周期长。

软件能力类方面：一是软件供应商分散，系统间数据不共享，账号密码混乱；二是校内缺少软件熟练运维人员，企业售后客服不稳定。

师资水平类方面：一是学科师资有缺口（如英语课、音乐课等无法开课）；二是师资队伍流动性大、信息化教学水平能力不足。

学生素养类方面：一是学生的信息化终端设备使用习惯缺乏科学引导；二是信息化素养与学科学习的关系缺乏科学解读。

（二）扶贫工作思路

CIT 团队根据学校对项目执行的总体指导精神，提出"北师大统筹、联合协办单位、服务校长群体"的工作思路。

1. 北京师范大学的统筹作用

学校在"网络扶智工程攻坚行动"纲领框架下，组建 6 人项目团队、联合 4 家协办单位、组织 80 余名信息技术领域/教学经验丰富的顶尖师资队伍、设计近120 门理论和实操课程、走访 30 余所民族地区教学点、维系 6 个区域化在线校长群组、开发 1 套轻量级教学支持系统，全面统筹项目的阶段性送培服务和常态化维系工作。

2. 协办单位的联动作用

按照教育部文件指示精神，项目在协办单位的遴选上侧重信息技术领先的通信运营商、互联网企业，分担送培服务期间的出资赞助、智慧校园虚拟环境构建、5G 直播课程技术支持等工作，更直观地让校长们体验 VR 和 AR 等新技术带来的教学体验，更贴心地让校长们减少参训的资金成本。

3. 校长群体的互动作用

校长是校园信息化建设的关键决策者和重要推动者。在项目全程中，CIT 实施团队始终贯彻与参训校长的双向互动机制：项目团队带去最新的国家精神，带去最新的技术应用；鼓励校长输出民族地区的特色校本资源，提炼所在校舍最急需的软实力补给点；促进地区内不同学校之间交流、促进跨区域的管理者交流。

（三）解决方案

在整体工作思路的指导下，针对当地学校信息化发展中存在的核心问题，团队决定主要通过现场听讲、远程授课、小组协作、论坛与工作坊、观摩与体验、网络社区互动等多种形式的学习和交流来开展设计学习活动，以促进校长群体信息化领导力提升（具体模式见图 1）。

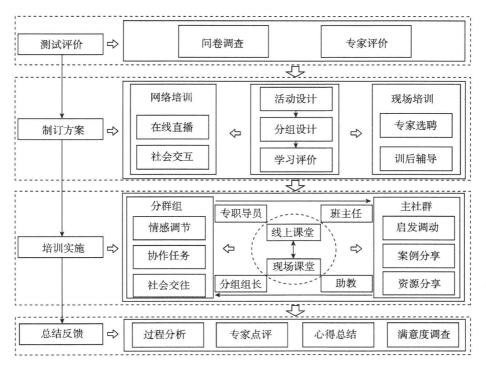

图 1　"三区三州"中小学校长信息化领导力提升模式

基于校长信息化领导力提升模型，我们针对调研提炼出的校园信息化发展症结提出了系统化的解决方案。一是在硬件设备类方面，联合通信企业整体化设计基于云计算和边缘计算的"教育大数据指挥中心"，将分散在各校的传统机房信息云传输至省级平台；提供信息化、智能化设备采购预算模板，规划好新增设备；鼓励硬件企业、志愿者驻点协助梳理现有受捐设备。二是在软件能力类方面，提供"数字校园"一体化建设样例，规划新校园、校区建设；培训校内现有信息技术人员支撑当前软件运维工作。三是在师资水平类方面，利用信息技术开设双师课堂、AI 教师等弥补学科师资不足；培训现有师资在创客、VR 和 AR、虚拟仿真等方面的技术应用能力。四是在学生素养类方面，开展学生信息素养培养模式研究；通过 5G 直播课、3D 打印、沉浸式 VR 课等实践体验示范课，引导学生树立信息时代意识、提升智能设备应用能力。

二、实施进展

自 2018 年 11 月项目团队成立以来，主要通过四项举措为"三区三州"地区的中小学校长提供信息化领导力提升服务，具体实施进展如下。

（一）现场送培

深入教学点充分驻场调研使我们了解到信息技术应用水平、设备维系能力、师资学科分布不均等软实力问题是当地教育精准脱贫的症结所在。融入校长学员群体共同学习使团队认识到校长是民族地区数字化校园建设的重要推动者。

现场送培服务（实施进展状况）聚焦于先进理念的输入、智慧校园虚拟环境体验、同地区学校与学校之间提升信息化领导力会商诊断等工作。（见表 1）

表 1   现场送培完成情况

时间	区域	完成情况
2018 年 12 月	云南省怒江州	已完成:117 名校长/116 所学校
2019 年 3 月	四川省凉山州	已完成:119 名校长/119 所学校
2019 年 10 月	西藏自治区	已完成:100 名校长/90 所学校/500 名一线教师
2019 年 11 月	甘肃省临夏州	已完成:110 名校长/110 所学校

（二）微信群组

按地州组建的微信群组（互动情况见图2）有效地弥补了现场送培短期效应显著、难以长期互动的不足。群组动态主要聚焦于培训后实践环节问题的远程答疑解惑、数字化校园建设案例模板共享、当地校本特色资源/典型案例收集等方面。这种举措需要定期按月度动态维系群内的政策通达和解决当地校园信息化建设实际问题。

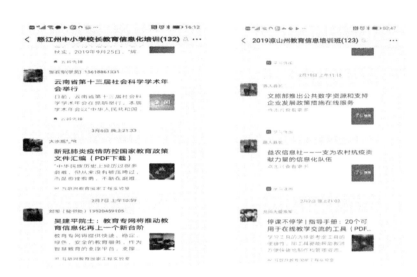

图2 按地州组建的校长学员微信群

（三）5G 直播互动/VR 沉浸式体验

项目实施期间正值国内 5G 通信技术走向实践、VR/AR 技术不断走进课堂之际，团队充分发挥了北师大教育技术学科的领先优势和协办单位的技术优势，开设专场 5G 直播互动课（高中物理、初中语文等），带领校长们沉浸式体验可穿戴设备带来的 VR 教学变革。（见图3）

远程直播　　　　　　　可穿戴设备体验　　　　　　VR 教学实例

图3 5G 直播互动/VR 沉浸式体验

联合中国移动、中国电信等多家协办单位共同支持资源建设单位开发直播课程资源库，2020 年疫情防控期间通过 CIT 团队推荐给国家教育云平台的教育企业 22 家，提供千余门课程，覆盖"三区三州"，满足校园学习需要。

（四）面向一线教师轻量级教学支持系统研发

2019 年项目团队在 4 期实地送培的基础之上思考将项目成果辐射到更广大区域、更大规模教师群体的服务路径。

在充分论证团队技术实力、联合单位开发能力的基础之上，团队向学校申请了科研培育项目"轻量级教学支持系统研发"课题（开发进度见图 4），旨在服务全国县域以下一线教师提升信息化素养。目前，平台上已集成微软听听、微软小英、101PPT 等多款即学即用的小程序或模板类工具。

图 4　面向一线教师轻量级教学支持系统

三、主要特点

2020 年是脱贫攻坚战的收官之年，各行各业在党中央的统一领导下开展了形式多样的对口帮扶活动。北京师范大学 CIT 团队承担的"中小学校长信息化领导力提升"项目仅是教育行业的一个以扶智促扶志工作的缩影,我们力争做出自己的特色,与兄弟院校分享共勉。

(一)采取"计划—执行—检查—处理"(PDCA)闭环工作制

作为《教育信息化2.0行动计划》的重要组成部分,本项目工作受到学校的高度重视和积极支持。团队从组织结构、课程逻辑等顶层设计环节做好"计划";从当地需求与师资课件衔接、技术保障等环节做好"执行";从每期执行中的学员反馈做好"检查";从团队整体可调度资源做好问题点的"处理"和优化。务实的闭环工作制使得人尽其责、效果良好。图5为信息化成熟度示意图。

(二)以"信息化成熟度阶梯"连接先进理念与地方实情

截至2019年年底,全国共有各级各类学校53.01万所,各级各类学历教育在校生2.82亿人,专任教师1732.03万人。教育大国是我国的现实国情,各地区各学校之间的信息化水平不均衡是客观基础。

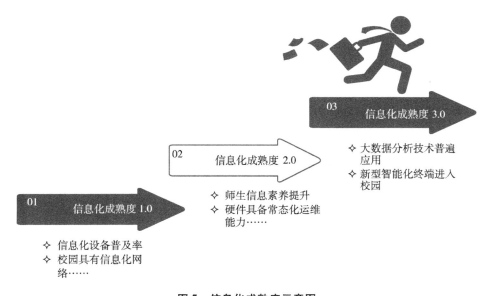

图5 信息化成熟度示意图

"三区三州"地区的信息化现状总体处于1.0~2.0阶段,按"信息化成熟度阶梯"式精准帮扶是项目的重要特点。通过成熟度管理,我们将工作的颗粒度按照校园、县级区域、地级区域分层管理，实现先进理念与地方实情的较精准对接。

（三）"短期送培与常态互动"护航民族地区教育信息化进程

项目的短期送培工作主要通过现场面授和实地驻点辅导展开，常态化互动主要通过微信群组、教学支持平台实施。双路径服务确保"三区三州"区域不仅能实现教育精准脱贫，也能积极迈上教育现代化、智能化的新轨道。

四、成效经验

北京师范大学互联网教育智能技术及应用国家工程实验室 CIT 团队充分发挥了北京师范大学的人才优势、学科优势、信息技术优势、工程应用先进理念、协同创新优势、长期服务民族地区优势，自 2018 年在云南省怒江州启动第 1 期校长信息化领导力提升项目以来，3 年来已通过现场送培、微信群组、5G 直播互动、教学支持软件开发等多种方式直接服务 4 个少数民族地级州、校长群体 1000 余人，直接参与数字化校园规划逾 100 所，间接服务教师群体逾 10000 人。在我国教育现代化进程中，为深度贫困地区的校园信息化管理水平提升、教师教学技术应用水平提升、学生信息化素养提升方面做出了突出贡献，受到了一线学校/教学点、地方教体局、省部级教育主管部门的高度肯定，人民网、《光明日报》《中国教育报》等主流媒体给予充分报道，兄弟单位交流活动日趋增多，更受到了很多非"三区三州"区域学校的送培邀约。我们也将整体项目工作过程撰写成《区域教育信息化领导力提升理论与实践》（机械工业出版社，2020），以期将成效辐射到有需要的更广大的地区和校园中。

在北京师范大学年度组织的培训工作/扶贫工作总结会中，项目团队汇报了其扶贫成效经验，具体如下。

（一）硬件设备升级：试点建设完成基于云计算/边缘计算的省级"教育大数据指挥中心"

传统的校园硬件设备多作为信息技术教室、数据机房的实体形式存在，设备费用高昂、后期维护成本高、占地面积大。项目团队在校长群体充分调研的基础上，基于国内其他省份建设教育大数据指挥中心的技术经验，设计以省级教育厅为集成单位的总指挥部形式：将教学资源、校园管理等功能集中在云平台，将无须上传的数据流用边缘计算放权给各校园自主执行（见图6）。

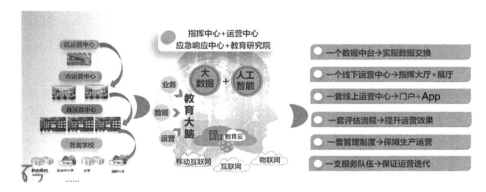

图6 基于云的省级教育大数据指挥中心设计图

这一平台建设经验将大大释放传统机房的占地资源、节约不必要的设备采购成本，集中标准化维护，为"三区三州"区域校园信息化硬件环境建设升级提供了可借鉴经验。

（二）软件能力提升：用混合式培训促进智能化"数字校园"建设

"三区三州"区域中小学原有的校园信息化是分期部署的，缺乏整体规划，导致教学资源管理、食宿管理、图书管理、门禁管理等各自为政，数据孤岛多，教师使用的账号密码有5个甚至更多。

项目一方面面向未来教育智能化校园建设目标，提供数字校园建设模板，供参训校长简洁易懂地学习，另一方面为现场和远程培训校园现有信息技术人员做好当前各系统的协同运转工作提供了便利，进而提升了校园信息化工作效率。

（三）师资水平促进：多路径低门槛鼓励校长/教师体验新理念/新技术

针对师资学科分布不均，部分学校英语课、音乐课等无法开设的情况，团队通过双师课堂、AI教师等技术手段及时加以解决。同时，针对特殊需要的师资类型，团队力争联合社会企业力量服务每一个课堂、每一位孩子。

在悬崖村学校，有一位聋哑女生与其他孩子在一起上混龄的音乐课，由于缺乏视听能力，身在实体音乐课堂的她并不能感受到旋律的美好。团队成员深感现实需要科技，积极联络了爱奇艺手语AI教师团队、讯飞语义识别实验室，努力给有特殊需要的孩子一样美好的艺术体验。

针对校长/教师群体对新技术应用心有畏惧、学习方法和精力投入不足的现状，团队一方面通过案例式场景化教学展示新技术与课堂的融合方法，另一方面通过实践体验引领参训校长进入智能环境，感受科技带来的变化，消除他们的信息技术应用心理障碍。（见图7）

图7　智慧教室实景/魔镜系统体验

（四）学生素养构建：用"互联网＋"思维打破校际/区域差异，促进教育公平

孩子是对新事物充满好奇的群体，但他们需要更科学的引导。在项目实施过程中，团队一方面注重对教师信息素养的培养，以期更科学地影响学生。另一方面，通过5G直播课、3D打印、沉浸式VR滑雪课/地震安全演习等虚拟仿真体验，帮助学生感悟信息技术对自身学科学习和生活方式的改变，用"互联网＋"的思维突破地域差异带来的教育不公平。（见图8）

图8　地震（现实场景中难以体验的演习活动）/5G直播课堂

五、未来推广设计

2019 年 5 月教育部召开了"国际人工智能与教育大会"。习近平总书记寄语大会"深入探讨人工智能快速发展条件下教育发展创新的思路和举措"。联合国教科文组织基于此次大会成果发布了《北京共识——人工智能与教育》。中国与世界的教育发展都进入了智能时代。

团队走进独龙江的教学点、走进阿土列尔村的悬崖学校，把国家的教育信息工程建在大山里、建在田野上。项目三年的工作积累了不少经验和经典案例，面向即将到来的教育智能时代，团队还将在以下两个方面加大工作力度。

第一，加强"现场驻点辅导 + 远程智能体验"的双路径常态化服务，护航以"三区三州"区域为代表的教育薄弱地区迈上智能化进程。

第二，推荐校长/教师代表、地方教育管理者、学生代表在国家平台乃至国际平台上交流学习，贡献中国经验与中国智慧。

教育精准扶贫，是以扶智促扶志的功业；校长信息素养提升，是以一人带动一校的工程；北京师范大学，愿为中国的教育智能化进程全力以赴！

构建教育精准扶贫体系的新探索

——北京科技大学对口帮扶甘肃省秦安县脱贫创新实践

摘　要：北京科技大学自2012年定点扶贫甘肃省秦安县以来，以教育扶贫为主线，统筹多方资源，遵循"破—拓—育—融—优—树"思路，形成"以机制和基地建设为基础、教师培训与激励为保障、学生资助与培养为依托、企业管理与农技培训并行"的教育精准扶贫体系。学校坚持把教育扶贫与扶志和扶智结合起来，不断拓展教育维度，促进城乡教育资源均衡化，有效助力了秦安县如期打赢脱贫攻坚战。

关键词：教育扶贫　秦安样本　扶志　扶智

习近平总书记指出，要注重扶贫同扶志、扶智相结合，把贫困群众积极性和主动性充分调动起来，引导贫困群众树立主体意识，发扬自力更生精神，激发改变贫困面貌的干劲和决心。

一、基本背景

甘肃省天水市秦安县位于六盘山集中连片特困区，是全国扶贫开发工作重点县之一。2012年，北京科技大学与秦安县建立结对帮扶关系。经过多年的脱贫攻坚努力，2020年年初，秦安县整县脱贫摘帽。在教育精准扶贫实践中，学校坚持把教育扶贫作为主线，贯穿扶贫工作始终，坚持从问题出发，对症施策。秦安县教育发展中面临的问题主要表现以下几个方面：一是教育基础设施建设不足；二是师资力量不足，教师教育教学水平有待提升；三是"第二课堂"及校园文化建设不足；四是发展文化教育事业的社会基础薄弱；五是村民教育素质有待提高。针对这些问题，学校一方面将教育优势和科研优势转化为秦安文化教育事业发展的直接动力，另一方面吸引校友力量、社会力量与秦安结成教育扶贫合作共同体，为教育扶贫提供了强大的人才支撑，为秦安脱贫攻坚提升"造血"能力。

二、实践做法

扶贫必扶智，治贫先治愚。学校立足教育扶贫长远规划，围绕"破—拓—育—融—优—树"六要素开展帮扶工作，探索教育扶贫途径，形成了教育扶贫"秦安样本"。

（一）破解难题，开展活动式、项目式、工程式教育扶贫

1. 开展活动式教育扶贫

2020 年新冠肺炎疫情防控期间，学校高等工程师学院举办"秦安科普教育基地大讲堂"系列活动，就机器人、无人机、汽车科技等主题，通过"线上＋线下"方式开展科普讲座，全县近万名中学生参与活动；研究生支教团在秦安深入乡村学校开展心理健康活动，构建留守儿童心理健康教育体系；支教团第一时间发出《致孩子们的一封信》，开办"战役之声"云课堂，将疫情防控过程和伟大抗疫精神纳入爱国主义教育课堂内容。

2. 开展项目式教育扶贫

2019 年，学校组织秦安县贫困家庭小学生开展"手拉手共度六一"游学北京活动，参观天安门、中国科技馆、名校等，帮助学生开阔视野，丰富成长体验，促进贫困家庭学生德智体美劳全面发展。学校还实施了"百所学校百万图书"项目，引进中国光华科技基金会和中国国际图书贸易集团有限公司 120 万元图书，在全县 100 所中小学建立"贝壳书屋"。

3. 开展工程式教育扶贫

学校携手中国教育学会邀请秦安中小学校长来北京参加研讨活动，联系北京市海淀区教师进修学校安排秦安中小学骨干教师来北京培训，组织 10 余名中小学校长赴北京参加培训或挂职，培训当地骨干教师 1000 余人次。学校每年出资 10 万元设立"秦安县教师敬业奉献奖基金"，对优秀教师进行每人 1 万元的奖金表彰，并通过公开课、示范课、报告会、交流研讨等方式，有效提升年轻教师的教学素质和业务能力。

（二）拓展思路，做好控辍保学、捐资助学、助教兴学

1. 探索控辍保学方式

学校组织教职员工、校友和爱心人士"一对一"结对帮扶家庭经济困难学生，每生每年资助 500 元，同时组织支教团等开展暖心家访、励志教育和心理健康教育，帮助学生完成义务教育阶段学业，目前已累计资助 420 名学生，每年合计捐赠 20 余万元。

2. 创新捐资助学手段

2018 年和 2019 年，学校连续两年向中国扶贫基金会争取乡村小学生爱心包裹项目，将爱心包裹发放给全县 2 万余名乡村小学生（总价值 190 余万元），实现了全县乡村小学生全覆盖，助力城乡教育均衡化发展。针对王尹镇等乡村学校存在硬件建设的短板，先后引进了中国教育发展基金会和苏州扶贫基金会共 260 万元的校园基础设施提升项目。

3. 完善助教兴学路径

2019 年，学校采取"送教下乡"对口帮扶的方式，对全县 196 个教学点的 260 余名在岗教师进行全员培训。疫情防控期间，通过线上"送教下乡"方式，培训王尹镇乡村教师 223 人，进一步增强了农村教学点教师扎根农村、奉献教育的责任感和使命感，提升了乡村教师的师德修养和教学技能，促进了农村小班教学水平和质量不断提高。

（三）培育青苗，助力全员育人、全过程育人、全方位育人

1. 助力全员育人

2019 年，学校在秦安县中学建立"北科大科普教育基地"，自然科学基础实验中心捐赠 100 套"模块化线圈电磁炮"科普教育设备，并利用信息化技术，开设"i 科学—科普云课堂"，为秦安中学生打造了线上、线下相结合的科学实践云课堂；外国语学院组织研究生党支部与桥南中学党支部开展红色"1＋1"结对共建，通过线上"手拉手"和主题英语角活动，帮助中学生提高学习英语兴趣；北科大昌平创新园区与秦安县王尹中学结对帮扶，通过党团支部共建方式，对 100 名初三学生进行学业辅导。

2. 助力全过程育人

研究生支教团坚持以"教育扶智、心理扶志"为主线、支教中学为阵地、贫困村教学点为平台，依托学校心理素质教育中心和文法学院社会工作专业的师资力量，构建了宣传教育、同伴教育、个体咨询、社会资助"四线四度"的留守儿童关怀体系，创造性地开展心理健康教育活动，以促进留守儿童健康成长，落实教育立德树人根本任务。

3. 助力全方位育人

学校秉持"科大元素＋秦安地理"的思路，以"植入式"的方式，在秦安县的中小学建立"特色空间"，实现"新空间"与"原基址"的完美融合，让北科大元素通过"特色空间"植入贫困县，大大拓展了教育扶贫的空间和方式。在古城农中捐建1个"贝壳实验室"，在革山小学援建2个"贝壳梦想教室"，在王尹镇学区捐建9个"贝壳爱心食堂"，在全县援建3个"贝壳少年创客工作室"。

（四）促进融合，统筹科技、文化和产业扶贫的综合优势

1. 以科技促进教育扶贫

携手浙江大学编制完成"秦安县国土空间发展规划纲要"和"刘坪桃花小镇概念性规划"，对全县新建中小学、幼儿园等进行规划，提高全县城乡规划建设水平。联合北京林业大学对秦安县一中景观提升工程进行调研，签订总价值125万元的生态建设和城市景观规划《社会服务协议》，着力打造精细化、园艺化的校园绿化景观系统，助力秦安县创建生态城市一体化格局。

2. 以文化服务教育扶贫

学校在秦安举行"2018年大地湾文化与科技国际学术研讨会"，来自哈佛大学、牛津大学等名校的百余名知名专家学者参会，提升了秦安历史文化资源的知名度。举办"2019中国·秦安党建引领乡村振兴战略论坛"，推动秦安以党建促乡村振兴示范点建设。学校组织"秦安文化走进北科大"活动，邀请秦安"非遗"项目传承人到当地学校展示秦安悠久历史文化，助力秦安"非遗"文化项目传承保护，推动秦安县创建"中国曲艺之乡"。

3. 以产业助力教育扶贫

推动地方—企业合作与产业扶贫，促成中国中小商业企业协会、溯源农耕网

络科技、国际公平贸易组织、华夏航空、田觅密电商、北京绿色空间、苏州欧图欧食品科技有限公司等组织和企业与秦安开展产业合作，建立北科大电商实践基地，服务电商运营，助力林果产业向订单农业发展。通过产业扶贫，实训相关技术人员，提升综合素质。

（五）优化环境，发挥高校人才、资金、基地的帮扶作用

1. 发挥人才的作用

北科大派驻秦安县的扶贫干部发挥理论特长，受聘为秦安县委党校"党建工作顾问"和"特约研究员"，以及团县委"青年讲师团"，在全县范围内宣讲习近平新时代中国特色社会主义思想、习近平总书记扶贫开发重要战略思想等，对当地领导干部进行理论培训。学校累计选派 18 名优秀研究生赴秦安开展支教，参与第一课堂教学和第二课堂教育活动，着力解决秦安中小学"第二课堂"建设不足、校园文化匮乏等问题。

2. 发挥资金的作用

2016 年以来，学校累计直接投入帮扶资金 1059 万元，引进帮扶资金 2711 万元。直接投入资金主要用于解决"两不愁三保障"突出问题，补齐贫困村产业发展短板，改善农村人居环境；引进帮扶资金主要用于推动产业发展、残疾人等特殊困难群体帮扶、贫困家庭学生资助、改善义务教育办学环境、促进城乡义务教育一体化发展等。

3. 发挥基地的作用

通过长期实践，北科大在秦安建立起融人才输入、培养、培训以及教育基地为一体的长效帮扶机制。比如，通过教育扶贫基地建设，包括教师实践基地、研究生科技服务基地、科技考古与文物保护教学实习基地、大学生电商实践基地、大学生社会实践基地、留守儿童心理健康教育基地、优质生源基地、科普教育基地等 10 个教育基地，不断巩固教育脱贫攻坚成果，促进教育扶贫机制创新，构建教育扶贫的长效机制。

（六）树立目标，促进义务教育均衡化、就业创业立体化、农业技术现代化

1. 促进义务教育均衡化

为破解教育扶贫中教育平台建设落后的难题，北科大着力携手社会力量，促

进义务教育均衡化发展。学校携手腾讯、中美教育启动"互联网＋教育"精准扶贫"智慧校园"项目。"智慧校园"项目捐赠投入 682 万元，建设开发"智慧校园"终端应用程序，覆盖秦安 62 所中小学。这一项目实现了学校、教师、学生、家长的教学场景全覆盖，达到了"家校互通即时化、学校办公自动化、教师教学信息化"的现代化教学目标。

2. 促进就业创业立体化

北科大与秦安县科技局联合举办全县"春季（秋季）科技扶贫果园管理技术培训班"等系列培训，在贫困村开展农业技能培训和电商技能培训，提升了致富带头人和贫困群众的致富技能。在北京举办全县"农村创业致富带头人培训班"，为秦安县剩余劳动力提供到北京务工的岗位。通过引进江阴市志勇企业管理服务有限公司，向江苏等地输转秦安当地富余劳动力。

3. 促进农业技术现代化

秦安县的果椒产业已经颇具规模，但是与大机械、大产值、大格局的现代农业经营管理方式的要求还有一定的差距。北科大经济管理学院与秦安县电商中心合作，对农民开展技术培训，提高农民管理果园的技术和水平。另外，北科大组织研究生服务团深入深度贫困村，帮助果农建设网店，解答疑问，促进农产品销售技术现代化。

三、教育扶贫主要成效

第一，把高校教育优势和扶贫需求结合起来，打造"输血"与"造血"并举的教育扶贫长效机制。一是在教育扶贫中"输血"与"造血"并举，在开展捐资助学的"输血"基础上，强化"造血"功能，形成以点带面的长效机制，促进参训干部教师与优秀教师的示范引领作用，重视帮扶反馈。二是困难学生帮扶方面，在防范贫困致辍的基础上，帮助困难学生树立理想信念，开展职业生涯规划和心理健康教育，防范观念致辍。三是推动教育扶贫向深层次发展，以城乡发展、产业发展、文化发展促进教育环境改善，从根本上支撑教育发展，实现"脱贫不返贫"。

第二，把立体式人才培育体系与全方位帮扶工作统一起来，打造一支教育扶贫"不走的队伍"。学校推进扶贫工作与科研创新、育人工作"三结合"，发挥专家学者的智力优势和资源优势，划拨 50 万元基本科研业务经费资助"陇城教育园区

'走教'模式研究"等项目，开展教育扶贫研究，破解秦安县教育事业发展瓶颈问题。同时，利用学校教育资源，推动北科大附属中学、附属小学分别与秦安一中、西川镇中心小学签订合作框架协议，进行共建，推动当地基础教育事业发展。

第三，把线下教育实践与线上教育资源整合起来，打造"互联网＋教育"精准扶贫模式。面对贫困地区优质教育资源匮乏的情况，实现乡村教育均衡化，让贫困地区的孩子享受优质教育资源。学校通过引进外部社会资源，将教育发达地区线上教育资源下沉，开展线上远程教研，同时引进优质教育课件，实现远程同步教学和科研，通过大数据的分析和评估，实现教学资源的均衡和提升，助力秦安打造以教育资源公共服务平台为基础、教育大数据为核心、优质教育资源为保障的三位一体的县级智慧教育体系，实现长效的教育帮扶。

第四，把教育扶贫工作与立德树人任务结合起来，打造教育扶贫系列品牌项目。在定点帮扶过程中，北科大注重顶层设计，合理布局扶贫资源，实现空间、对象、主体间均衡配置，形成了以机制为核心，基地为平台，教师培训与激励为保障，学生资助与培养为依托，"空间、对象与主体"并重的教育精准扶贫体系，形成"育苗行动""智慧校园""少年创客工作室""骨干教师培训班""大学教授进中学""心理健康和理想信念教育"等一系列教育品牌项目，为贫困学生及家庭送资助、树信心，为教师队伍送培训、送知识，为领导干部送技能、送观念。

第五，把教育扶贫实践与理论研究结合起来，打造高校定点扶贫"秦安样本"。北科大教育扶贫案例入选《全国教育扶贫典型案例》和《中国扶贫开发年鉴》，在国务院扶贫办《扶贫开发》、教育部网站和《教育要情》《甘肃省脱贫攻坚专报》《甘肃脱贫攻坚动态》《天水扶贫开发工作动态》等刊发工作简报近20篇。学校扶贫工作相关研究论文在《光明日报》《人民论坛》《中国高校科技》《北京教育（德育）》等刊发10余篇。《人民日报》、新华社、中央人民广播电视总台、《中国教育报》、《中国科技报》、《中国青年报》、《甘肃日报》、中国教育电视台、甘肃卫视等多家媒体对北科大扶贫工作成效和经验举措进行了宣传报道。

北科大于2019年和2020年连续两年荣获"甘肃省脱贫攻坚帮扶先进集体"。研究生支教团荣获"2020年甘肃省脱贫攻坚'青年榜样'先进集体"。秦安研究生科技服务团入选"2019年全国高校师生主题社会实践百个优秀团队"。北科大秦安扶贫团队荣获"2019年度感动北科'新闻人物'"，其中1人荣获"全国脱贫攻坚先进个人"，1人荣获"全国大学生志愿服务西部计划优秀志愿者"，3人荣获"甘肃省脱贫攻坚帮扶先进个人"，1人荣获"天水市抓党建促脱贫攻坚致富带头人"，1人荣获"秦安县优秀党务工作者"，1人荣获"最美秦安人"等称号。

擎起首都"互联网＋教育扶贫"的一面旗帜

——首都师范大学实施"首都教育远程互助工程"助推和田教师国家通用语言能力提升培训

摘　要： 为深入贯彻习近平总书记扶贫开发重要战略思想，响应教育部和国家语委印发的《国家语言文字事业"十三五"发展规划》提出的国家通用语言文字普及攻坚工程与国家扶贫攻坚等工程相衔接，实施民族地区双语教师国家通用语言能力提升培训计划的号召，首都师范大学受北京市教委委托整合首都师范大学人工智能教育研究院的前沿性科技成果以及首都丰富的优质教育资源，利用"互联网＋教育"的手段，依托"双优云桥—乐智悦读"大数据平台，从专家双师在线指导、师范生线上"一对一"交流、APP每日任务推送和精品微课四个方面开展"首都教育远程互助工程"和田地区教师国家通用语言能力提升培训项目。这一培训立足实际、探索教育扶贫新模式，受到《人民日报》、《光明日报》、新华社、学习强国等几十家媒体的专题报道。

关键词： 精准扶贫　精准脱贫　"互联网＋"　教育扶贫　国家通用语言

习近平总书记一向高度重视扶贫工作包括教育扶贫工作。2016年7月，习近平总书记在东西部扶贫协作座谈会上的讲话中指出，东部地区要在基础教育、职业教育、高等教育等方面，通过联合办学、设立分校、扩大招生、培训教师等多种方式给予西部地区更多帮助。为深入贯彻落实习近平总书记关于扶贫工作的重要论述，首都师范大学作为人才、智力、科技的集中地，充分发挥精准扶贫生力军的优势，通过实施"首都教育远程互助工程"和田地区教师国家通用语言能力提升培训项目，为和田地区教师提供多元交流的平台、丰富的学习场景、研修环境和资源配给，构建了完善的教育均衡发展体系。

一、和田地区学情摸底调研概况

（一）政策摸底概况

为响应教育部、国家语委关于《国家通用语言文字普及攻坚工程实施方案》中提出的"原则上到2020年特殊困难县域的普及率不得低于50%"的要求，和田地区在2017年6月印发了《和田地区实施全民学习国语工程的意见》，并于同年9月在全区启动了全民学习国家通用语言文字工程。在此基础上，2018年3月实施"国语筑基行动"，为全区少数民族干部群众学习、掌握、使用国家通用语言文字，筑牢社会稳定根基和脱贫致富打好基础。截至2019年12月30日，和田地区有在编教师3.13万名，特岗教师1.22万名，其中少数民族教师2.94万名。普通话不达标的中小学教师1.88万名，普通话不达标的幼儿园教师0.39万名。

（二）语言能力摸底概况

为了更加精准锁定每一位和田学员在普通话应用方面的薄弱点，以便制订精准的培训方案与内容，在项目正式开始之前，项目组针对参训教师进行了一次全面的训前口语测试。为了保证测试的客观性与真实性，每位参训教师的成绩都由三位专家盲评打分，最后取平均成绩为参训教师的最终成绩。前测分为四个维度：单音节字词（满分10分）、多音节字词（满分20分）、朗读短文（满分30分）、命题说话（满分40分）；总分值100分。

根据参训教师测试成绩统计，本次测试各维度平均分分别为：单音节字词6.1分、多音节字词11.75分、朗读短文19.95分、命题说话24.8分，总平均分为62.6分。项目组按照各维度以及总成绩将不同等级区间分为优秀、良好、一般、差、较差五个等级。195个分析样本中，20位成绩优秀，66位成绩良好，55位成绩一般，39位成绩差，15位成绩较差，其中最低总成绩为28.2分，最高为94.1分。从前测成绩来看，参训教师普通话水平相差较大，参差不齐。

（三）个性化提升的需求摸底概况

从2003年开始，在国家大力推广普通话的背景下，新疆地区形成全民学习普通话的热潮，所有"民考民（少数民族考生用少数民族语言文字考大学）"的学生进校后都要进行预科学习，这一年大部分时间都是在学习国家通用语言文字，少数民族学生预科学习后中国汉语水平考试（HSK）至少达到 5 级水平才有资格进行专业学习。专家通过对参训学员随机的访谈后发现，和田地区教师积极参与国家通用语言培训的主要原因有如下几点。

1. 自我发展的需要

在国家推普大政方针的指导下，新疆地区的工作岗位大多数要求通过普通话考试，适龄的求职人员也都自发地主动开始学习普通话；在校的大学生为了更好地学习专业，会更进一步进修国家通用语言，如和田地区和田县实验中学的买买提·艾力老师就提到国家通用语言资源相较于民族语言资源更加丰富准确，学会国家通用语言之后在专业学习上更有助力。

2. 正确人生观、价值观的形成

和田参训教师通过培训与交流，认为普通话普及水平更好的北疆地区的教育水平相对优于南疆，并认为北疆的教育意识和教育理念更先进，愿意引导学生主动去了解世界，开阔视野，增强文化认同和国家认同感，形成正确的人生观和价值观。

3. 语言断层的现实需要

参考和田当时的普通话推广情况：和田地区的中小学生、幼儿园小朋友的普通话发音标准程度、语言表达准确程度以及国家通用语言读写能力普遍好于他们的父母。造成这种现象的主要原因是：成年人的语言学习能力相对弱于儿童，国家通用语言环境对其影响有限。因此，和田地区很多为人父母的成年人都面临与子女间的沟通障碍，如和田地区四十七团中学阿卜杜克伊木·尔根老师所说，年龄在 30 岁至 40 岁之间的和田教师在家要跟父母讲民族语言，跟子女讲国家通用语言，很多和田教师因为与子女的语言沟通障碍而无法准确了解子女的想法，从而产生切身的教育需求。

（四）造成普通话水平不高的原因摸底概况

因和田地区长期汉语师资力量不足，和田地区普通话程度大体上分为两种：一种是从汉语学校毕业或从小与汉族伙伴一起长大的少数民族人群，他们的普通话说得比较标准；另一种是在少数民族聚居区长大，只在学校学习汉语，在工作或上大学前的生活中几乎用不到汉语，这样的少数民族同志汉语说得生硬，母语口音较重，不过他们的普通话水平在参加过专项培训后，提升的速度很快。也就是说，当地在岗的中小学教师和幼儿园教师的普通话水平大多数取决于其成长过程的语言环境，普通话水平较高、"维腔维调"不明显的教师都有或者从小有双语的生活环境，或者入学汉族双语学校的共性。

二、项目实施进展

根据专家组对和田地区的样本调研：自 2017 年新疆维吾尔自治区党委教育工委召开推进中小学双语教育工作座谈会、印发《关于加强和改进中小学双语教育工作的意见》后，新疆全面启动国家通用语言文字教育全覆盖工作，该地区的各级各类学校已实现国家通用语言文字教育全覆盖，但是教师的国家通用语言能力还存在一定缺陷，需要持续进行精准帮扶。

（一）训后—训前测试成绩对比

和田地区的教师普遍认为：学习国家通用语言文字是儿时的梦想；学好国家通用语言文字能让更多的民族同胞找到更好的工作，尽快脱贫致富；掌握国家通用语言文字能提高教师的职业能力。因此，大多数参训教师都会全力配合培训工作。从测试成绩来看，大多数教师都取得了很大的进步。

1. 训后—训前测试整体情况

项目参训教师总人数为 195 人，参加训前测试人数为 195 人，有效成绩为 195 人。训后测试总平均分为 79.33 分，良好级以上成绩占比为 99.28%；训前测试总平均分为 62.6 分，良好级以上成绩占比为 44.10%。训后测试平均分比训前测试平均分高 16.73 分，就项目整体平均分来看，本批参训教师训后较训前普通话口语水平整体有所提升。有 93.18% 的教师训后成绩较训前成绩有所提高；人均提高 17.28 分，其中 45.45% 的教师提高的分数超过 17.28 分。训后—训前测试成绩对比表见表 1。

表 1　训后—训前测试成绩对比表

平均分	训后测试	训前测试	变化
项目平均分	79.33	62.6	+16.73

2. 训后—训前测试成绩平均分

参考测试满分值［单音节字词（满分 10 分）、多音节字词（满分 20 分）、朗读短文（满分 30 分）、命题说话（满分 40 分），总分值 100 分］，训后测试各维度平均分分别为：单音节字词 6.89 分（训前 6.1 分）、多音节字词 15.77 分（训前 11.75 分）、朗读短文 24.74 分（训前 19.95 分）、命题说话 31.93 分（训前 24.8 分），总平均分为 79.33 分（训前 62.60 分）。就平均分来看，本批参训教师训后较训前普通话口语水平整体有了很大的提升。（见图 1）

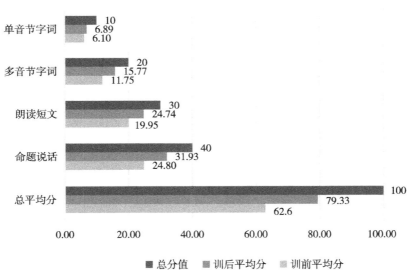

图 1 训后—训前测试成绩平均分对比图

（二）训后—训前数据分析结论

通过对采集的民族地区双语教师普通话口语水平准确度和流利度样本指标进行分析：语音准确度分为字词准确和朗读准确两个部分，字词准确度从试卷的读单音节字词、读多音节字词两个部分考查，朗读准确度从试卷的朗读部分考查；句法准确度、词汇准确度、无声停顿频率、充实停顿频率从命题说话中考查。采用配对样本 t 检验进行数据比较，对比培训前和培训后的准确度和流利度差异，进而评估培训效果。经过分析发现：民族地区双语教师并非不会说国家通用语言，而是说不好国家通用语言。语言表现的弱势更多地体现在声调上，而国家通用语言语法结构和词汇的掌握足以支撑民族教师进行日常的交流。

主要结论如下：声调是新疆地区民族教师国家通用语言表达遇到的最大的问题；命题说话部分可以在较短时间内通过培训得到较好的提高；语法和词汇并不是民族教师掌握的难点。

针对研究发现，专家组提出以下培训思路：声调教学应该贯穿国家通用语言培训的始终，是培训的重中之重；应通过解释和分析命题、教授谈话技巧，使民族教师的命题说话部分得到较大的提升；要淡化语法和词汇教学；在不影响交流的前提下，培训教师不应改变受训者的口语风格。

三、项目实施亮点

（一）"双优云桥—乐智悦读"普通话大数据平台支撑

项目以国家对学校教师语言文字教学能力培养要求为培训目标，依托首都师范大学语言文字方面优质专家资源和优质师范生资源，开发了"双优云桥—乐智悦读"普通话大数据测评系统。系统在听、说、读、写四大模块，从可扩展性维度，通过"测试—诊断—反馈—提升"四个阶段，创设语言情境，丰富线上线下活动方式，拓展课内语言学习资源，助力普通话学习。AI智能评价系统实时跟踪、精准测试、即时诊断；专家团队根据数据分析结果制订个性化解决方案，有效反馈、针对性提升，以平台为支撑，线上线下多角度、多层次，实时跟踪问效、全过程数据记录，通过基于大数据的分析评价为推普攻坚提质增效。

（二）参训教师个人成长档案机制激励

为加强对参训教师的过程性激励，显化培训效果，特设立参训教师成长档案机制：通过对教师训前测、随堂测、期中测试、期末测试等各阶段数据的采集形成综合评价反馈报告，让每位和田参训教师直观地了解自己的每一次进步。

（三）在线培训服务机制常态化推进

项目通过 APP 和平台实时反馈，再配合"一对一"师范生和北京教师的指导，保证和田地区教师在培训过程中随时发现问题，随时解决问题，形成常态化的培训机制。首先，项目实施过程中，一方面聘请首都师范大学语言文字方面的专家对每位参训学员进行情况摸底，提出针对性的课程方案，并通过普通话 APP

随时了解学员的学习情况和遇到的问题；另一方面，首都师范大学师范生助教与参训教师组成"一对一"在线交流互动小组，每日进行不少于 20 分钟的日常对话；同时，建立助教组长管理机制，每位组长负责对师范生助教进行业务培训、软件应用培训和答疑辅导工作，以传帮带的形式为项目的全面推广培养了一批经验丰富的新型师范生队伍。其次，基于和田地区的实际情况，项目组专门开发系统学习 APP，保证和田教师只需用一部手机，就可以不受时间和空间限制，随时随地开展学习。（见图 2）

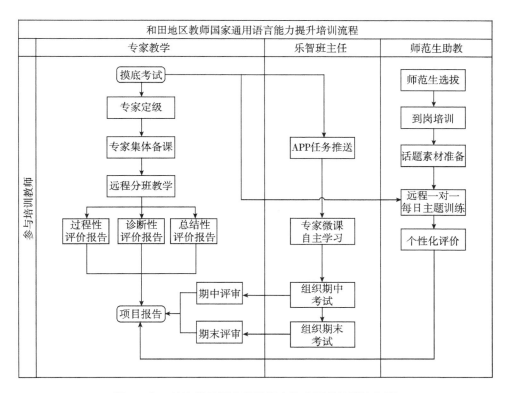

图 2　和田地区教师国家通用语言能力提升培训流程图

四、项目成效经验

"首都教育远程互助工程"和田项目践行了高等院校精准扶贫战略，两地教育部门和首都师范大学成立"首都教育远程互助工程"工作领导小组，督促落实支援工作的各项任务。参训教师的态度积极，学习欲望强烈，保证了项目的顺利推进，项目培训取得了从量变到质变的显著效果。

（一）凸显高校扶贫特色

此次"首都教育远程互助工程"和田地区教师国家通用语言能力提升培训项目充分贯彻了 2019 年教育部会同国务院扶贫办印发《关于进一步充实教育部直属高校定点扶贫工作力量的意见》中强调的"发挥高校优势，创新帮扶形式"的要求，充分发挥了首都师范大学普通话教学资源丰富、师资力量雄厚等优势，在充分调研的基础上，立足个性化提升需求，利用普通话学习"双优云桥—乐智悦读"APP 平台，组织普通话水平不达标的教师参加国家通用语言文字能力培训、基层干部普通话应用能力培训等活动，进一步推广国家通用语言文字和弘扬了中华优秀传统文化。

（二）实现教育援助转型升级

利用"互联网＋教育"新技术，创新培训模式，优化培训机制，从"大水漫灌式"培训向"精准滴灌式"培训转变。整个培训过程，全数据记录，贴合受训教师的需求，紧密结合教学实践，实时跟进教师的学习情况，有效解决了和田地区在岗教师日常课时量大、离岗培训困难的现状。

（三）创新双向互助的人才培养模式

"首都教育远程互助工程"和田地区教师国家通用语言能力提升培训项目不是单方面的北京对和田地区的帮扶，而是通过"互联网＋教育"的手段进行的双向互助，共同成长。首都师范大学构建了具有"首都教育扶贫"特色的新型师范生培养模式，让优秀师范生参与到和田地区教师国家通用语言能力提升专项培训中来，一方面发挥了师范生的专业能力和优势；另一方面，师范生在项目参与过程中，充分感受到作为人民教师的光荣和责任，对探索未来新型师范生培养模式奠定了基础。

（四）实现低耗基础上的效益倍增

此次培训不仅效果显著，还大大节省了国家的培训经费成本。培训过程中，线上累计辅导 11200 次，累计辅导时长 5864 个小时，其中专家专业辅导课累计 3076.68 个小时，平均每位教师辅导时间为 61.52 个小时，每位教师每周接受一次专家辅导，每次辅导时长约 130 分钟；每周师范生助教"一对一"辅导，累计

928.33 个小时，平均每位教师辅导时长为 18.57 个小时，平均每天辅导 24.76 分钟，有 93.18% 的和田参训教师考试成绩有所提高。

五、意义和价值

随着"互联网＋教育""人工智能＋教育"新技术、新手段的发展与应用，首都师范大学为深入贯彻党的十九大精神和习近平总书记关于扶贫工作的重要论述，进一步落实《中共中央国务院关于打赢脱贫攻坚战的决定》《中共中央国务院关于打赢脱贫攻坚战三年行动的指导意见》，按照《中共中央办公厅国务院办公厅关于进一步加强中央单位定点扶贫工作的指导意见》和中央关于定点扶贫工作的总体部署要求，整合首都师范大学优质教育资源，实施"首都教育远程互助工程"和田地区教师国家通用语言能力提升培训项目，实现了从"大水漫灌"到"精准滴灌"的转变，为每位参训教师提供实时精准的培训服务，同时建立远程伴随式专业成长互动模式。"首都教育远程互助工程"和田地区教师国家通用语言能力提升培训项目作为高等院校精准扶贫精准脱贫典型案例，对推进高等院校助力脱贫攻坚及教育援助的转型升级、提质增效，具有重大推广价值和借鉴意义。

"首都教育远程互助工程"和田地区教师国家通用语言能力提升培训项目被纳入北京、和田两地的"十四五"规划，未来必将不断扩大实施规模，为我国普通话推广探索新路径做出新贡献。

弘扬"公"匠精神　推动基础教育资源均衡化

——南开大学甘肃庄浪基础教育扶贫创新实践

　　摘　要：自2012年年底明确定点帮扶庄浪县以来，南开大学始终坚持以习近平新时代中国特色社会主义思想为指导，以高度的责任感和崇高的使命感扎实开展定点扶贫工作。多年来，南开大学聚焦"两不愁三保障"中义务教育有保障环节，着眼于推动实现庄浪县乡镇基础教育资源均衡化和高质化，大力弘扬"公"匠精神，建立"公能"教室，助力素质教育，受益中小学生3.5万余名，有力援助了庄浪县乡镇基础教育事业的发展，受到《人民日报》、《光明日报》、中央电视台、《科技日报》、《中国教育报》、人民网、新华网、央广网等主流媒体的持续关注和追踪报道。

　　关键词：素质教育　公能素质教育发展教室　南开大学

　　2014年12月9日，习近平总书记在中央经济工作会议上指出，抓好教育是扶贫开发的根本大计，要让贫困家庭的孩子都能接受公平的有质量的教育，起码学会一项有用的技能，不要让孩子输在起跑线上，尽力阻断贫困代际传递。2020年4月21日，习近平总书记在陕西省安康市平利县老县镇中心小学考察时强调，要推进城乡义务教育一体化发展，缩小城乡教育资源差距，促进教育公平，切断贫困代际传递。坚决夺取脱贫攻坚战全面胜利，是一场硬仗。南开大学在以习近平同志为核心的党中央坚强领导下，坚决贯彻落实习近平总书记扶贫开发重要战略思想，充分发挥自身优势，在教育扶贫领域向对口帮扶的甘肃省庄浪县不断加力。

　　甘肃省庄浪县是国家扶贫开发工作重点县、甘肃省23个深度贫困县之一。助力庄浪脱贫，是党中央、国务院交给南开大学的一项光荣的政治任务。2012年年底，甘肃省庄浪县成为南开大学定点帮扶对象。自此，南开大学充分发挥教育资源优势，弘扬"公"匠精神，在教育扶贫领域持续加力，尤其是通过捐建

"公能"素质教育发展教室、鲁班工坊、南开书屋，选派研究生支教团，捐赠慕校设备、朗读亭等，让庄浪县山里的孩子们充分体会学习的乐趣，树立成长志向，为新时代的教育扶贫提供"南开方案"。

一、建立"公能"教室，"公能"教育一个都不能少

针对庄浪县农村学校多、学生多、教育资源分布不均衡的情况，南开大学着眼于推动当地基础教育资源均衡化和高质化，加大力气援助庄浪乡镇一级的学校发展教育事业，把好钢用在刀刃上，把"公能"教室建到乡镇去。

从 2018 年开始，南开大学和南开校友累计投入 900 余万元，在庄浪分批建设了 46 所"公能"教室，实现庄浪全县乡镇中心小学、乡镇初级中学、县城小学全覆盖，让 3.5 万余名中小学生受益。这些教室发挥着重要作用——韩店小学把语文、音乐、美术、科学课的课堂搬到"公能"教室，让其起到普惠性作用，让所有学生受惠（见图 1）；郑河中心小学以"公能"教室设备为基础，开辟一层楼的"公能"空间，充分发挥各个功能模块的作用……

"'公能'教室让学生的心回到了学校！"谈起"公能"教室，庄浪县万泉中学校长徐全运表示，这间教室不仅让学生提升了学习兴趣，更对控辍保学起了重要作用。一间小小的"公能"教室，却蕴含着大大的能量！

图 1 庄浪县韩店小学学生正在"公能"教室上课

2019 年下半年，南开大学援建的"公能"教室落户万泉中学。这间教室集科技、音乐、美术、书法等功能于一身，既有现代化的设备，以"硬实力"强基，更有"爱国三问"主题墙等文化元素，传递"公能日新"的爱国理念，以

"软实力"铸魂，培育学子爱国奋斗之"大公"，锻炼学子求索知识之"真能"，让庄浪中小学生感受科技日新月异发展的同时，更坚定"为中华之崛起而读书"之志向。

得知万泉中学建起了"公能"教室，学习兴趣不浓厚甚至一度离校辍学，不管老师、家长如何劝说，都不肯返校复学的小丰、小威、小西（化名）都主动回到了学校，并充分利用起教室的各种设备。在"公能"教室，他们可以操纵 AI 机器人、无人机，体验 3D 打印技术，自己组装电动车模型，并进行简单编程，用机械臂准确拾起、清理路上的"障碍物"……（见图2）

从濒临辍学到心回学校，小丰、小威、小西不仅沉浸于"公能"教室，其他方面也有了显著进步：体育生小丰每天很早就会来到学校操场跑圈训练，小威会在文化课上认真听讲，小西曾被诊断患有抑郁症，在"公能"教育与心理辅导的联合作用下，得到了较大好转。

万泉中学副校长高继平是该校"公能"教室的辅导教师，让他印象最深的是，"小威用乐高积木拼装一个复杂的汽车模型，从下午6点多一直做到晚上9点30分晚自习下课，3个多小时，他全程心神专注，做得有模有样"。"公能"教室激发了很多学生的学习兴趣和求知愿望。徐全运认为，"公能"教室已经成为学校开展素质教育的重要载体。他说："万泉中学的600多名学生，全部来自当地村镇，目前全校所有学生以兴趣小组为单位，每周一、三、五都会定时来到'公能'教室上课，实现了全校全员全覆盖。"

图2　庄浪县学生正在"公能"教室操作机器人

二、建立南开大学鲁班工坊，弘扬"公"匠精神

"允公允能，日新月异"是南开大学的校训，在强调爱国为公的同时也重视实践能力的培养，强调要以日新月异的态势，培育时代新人。

为贯彻落实《关于全面加强新时代大中小学劳动教育的意见》与《国家职业教育改革实施方案》，培养德智体美劳全面发展的社会主义建设者和接班人，为新时代推进西部大开发形成新格局提供教育支撑，南开大学将"公能"精神与工匠精神相结合，把"公能"教室进一步升级为南开大学鲁班工坊（见图3），在劳动教育中弘扬大国工匠精神。其中，在庄浪实验小学与庄浪通化中学，两所南开大学鲁班工坊已正式投入使用。

图 3　南开大学鲁班工坊

鲁班被誉为中国工匠的鼻祖，也是中华民族传统工艺劳动者的优秀代表。以"鲁班"命名工坊，既有利于弘扬精工细作的大国工匠精神，也有助于传承中华优秀传统文化，坚定文化自信。在南开大学鲁班工坊，金木工机床教学套件、激光切割机、微型台式铣床、微型精密车床、台式 2 段变速曲线锯机、微型抛光机、机械虎钳等"硬核"设备，电钻、锯刨、卷尺等辅助器材，木工耗材一应俱全。（见图 4）

南开大学鲁班工坊不仅重视外在的技能培养，更重视内在的精神养成。每间南开大学鲁班工坊都有醒目的工匠精神文化宣传栏，"匠心独运、精雕细琢、精

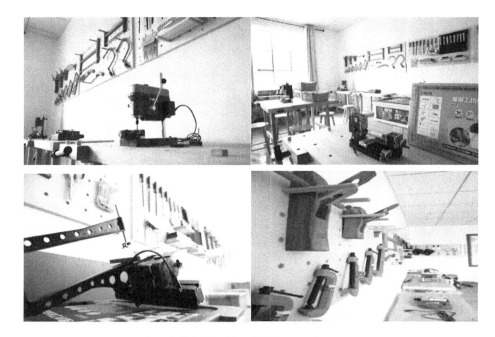

图4 南开大学鲁班工坊配备的多样且先进的木工设备

益求精、追求极致"，"敬业、精益、专注、创新"……以精神激励引导学生争做新时代工匠精神传承者。（见图5）

图5 南开大学鲁班工坊致力于培养学生的工匠精神　　**图6 部分原料及急救箱**

"道路千万条，安全第一条。"为保障学生身心健康，南开大学鲁班工坊还特别制定了严格详细的安全操作规程与安全管理规定，并配备专用急救箱，严格依规操作，安全生产。（见图6）

图7 庄浪实验小学学生正在接受南开大学鲁班工坊培训

南开大学鲁班工坊的课程设计遵循由浅入深、从模仿到创新的原则，学生首先需要学会看图、选材、切割、打孔、敲打和拼插、粘贴等基本技能，了解各种传统工具的常识和作用。然后才能进行模仿制作，通过使用部分工具和材料制作教学套件中提供的小木工制品，掌握锯木、刨削、组装等技能以及各类自动化机床设备的结构原理和使用方法，培养动手能力和创造能力，锻炼空间想象力，了解传统工艺和现代机械加工。最后才能让学生掌握榫卯等复杂结构的高级技能、三维设计、3D打印和激光切割的原理和应用等，实现木工作品的独立创作。其中的每个教学环节都是围绕一件制作、完成一个任务、进行一项设计、形成一样产品来开展学习实践。（见图7）

大国工匠的核心能力在于勤劳和创造。学生在南开大学鲁班工坊能够切身感受中国传统工艺的文化内涵，并在劳动教育实践中，能够通过传统文化与现代科技的碰撞，启发他们的创新思维，锻炼他们的动手能力，培养他们的协作精神，进而实现促使学生增强劳动意识、提升科学素养与坚定文化自信的互相促进。（见图8）

**图8 南开大学鲁班工坊将"公能"精神与国家所需的
"工匠精神"相结合**

"建设南开大学鲁班工坊，不仅为训练具备精湛劳动技能的工匠，更要培养学生的爱国主义情怀，让工匠成为'公'匠，真正为国家、为社会做出贡献。"南开大学扶贫办一位负责人说。

三、凸显"公能"精神，提高教育实效性

十年树木，百年树人。教育的根本任务是立德树人，一切投入都应落在"人"上，既要有"硬件"，更要有"软件"。为此，南开大学发挥高校智力资源优势，开展"智志双扶"，以打好教育扶贫"组合拳"。"公能"教室、南开大学鲁班工坊等，都是南开大学在教育扶贫硬实力上的投入。为了让教育扶贫真正做到"有效"，南开大学还充分动员、发挥人的作用，师生全力投入、东部西部协作、线上线下并行，以言传身教带动庄浪教育发展与人才培养。

首先，组织研究生支教团助力庄浪教育。"你的英语，我来助力！"在庄浪四中支教的南开大学研究生支教团积极联络南开大学"有效教学团队"，为当地学子开设线上英语支教课程，南开大学公共英语教学部6名骨干教师、各学院选派英语成绩优异的13名优秀学子共同授课，从听、说、读、写的多维度训练到全方位英语技能提升，从学习方法的分享到英语文化的拓展，有效促进了当地学生高中英语课程成绩的提升。

自2016年南开大学研究生支教团来到庄浪支教，至今已有4批16人次。这些研究生根植庄浪大地，怀着执着的理想信念教书育人，传道授业，与当地教师一同将提高学生学业成绩和促进学生全面发展成效作为检验工作"有效"的标准，把人生的第一粒纽扣扣在西部。新冠肺炎疫情防控期间，面对暂时无法返校复课的情况，他们"离校不离教"，积极为庄浪四中学生线上答疑、开设线上兴趣小组，还针对因复课推迟而面临升学压力、产生消极心理的学生开发了"四中树洞"这一线上心理疏导平台，引导学生养成居家学习和生活的良好习惯，与孩子们就成长烦恼、人际沟通、学习方法等多方面问题交流沟通，有针对性地对居家学习生活的学生进行心理疏导。

研究生支教团还积极引导庄浪学生使用南开大学捐赠的"朗读亭"，引导学生诵读中外经典名篇。比如，庄浪四中的"朗读亭"自2018年11月投入使用至今，已有超过6000人次上传朗读作品。还有当地学生通过朗读产生了对播音主持的浓厚兴趣，多次向支教团成员咨询相关专业报考事宜。

其次，南开人通过师生同行暑期社会实践、"青马班"社会实践教学、"公

图9 南开大学研究生支教团正在给庄浪县学生上课

益晨跑"项目、"新时代美丽乡村"主题采风等活动,来到庄浪调研支教,助力教育扶贫。(见图9)

不仅"走进来",还要"走出去"。南开大学每年都会组织庄浪高中学生赴天津参加"青少年高校科学营",在一场场院士讲座、科学实验、参观学习、师生交流活动中,引导庄浪学生学科学、长本领。

最后,南开大学还通过南开书屋(党建园地)党建先行带动教育扶贫,以教师培训和慕校建设提升当地基础教育水平,捐赠电子白板等教育教学设备资源,设立奖助学金激励品学兼优、家庭困难的学生奋发图强,通过图书捐赠设立"公能书屋"等,丰富庄浪民众的"精神食粮"。

南开人坚决落实以习近平同志为核心的党中央的决策部署,踊跃参与到脱贫攻坚战中，定点扶贫工作受到甘肃省、庄浪县政府和当地群众的高度认可，受到主流媒体的持续关注。2020年以来，《人民日报》、人民网（首页特推）、《光明日报》、《中国教育报》等纷纷对南开大学扶贫工作进行报道。尤其是2020年1月9日，以"'小'教室'大'能量素质教育进山区"为题（3分钟），南开大学教育扶贫工作获央视《新闻直播间》、少儿频道2次报道；6月26日至29日，以"素质教育发展教室吸引辍学孩子返校园"为题，再次获央视长时间报道（近4分钟），在《新闻直播间》、《朝闻天下》、少儿频道连续报道5次。

2020年春，庄浪县顺利实现脱贫摘帽，对南开大学而言，这正是深化帮扶的开始。"庄浪县脱贫摘帽后，对工作的要求不是轻了，而是更重了。南开大学要按照中央要求和庄浪需要，切实做到摘帽不摘责任、摘帽不摘政策、摘帽不摘帮扶、摘帽不摘监管，继续在教育帮扶、人才帮扶、智力帮扶等方面充分发挥学校优势，精准发力，巩固脱贫攻坚成果。在产业帮扶、劳务帮扶、科技帮扶等方面找准着力点，拓宽帮扶面，确保拿出高质量的脱贫攻坚成果，交出经得起历史和人民检验的答卷。"南开大学党委书记杨庆山强调。"推动教育扶贫，南开大学一直在路上！"南开大学校长曹雪涛时刻将脱贫攻坚放在心上。身为全国政协委员的他，在2021年全国"两会"期间接受媒体采访时指出："要把教育扶贫融入当地长远的发展中。教师队伍现代化建设，不仅是设施的现代化，更是教师教育理念、教学手段、教材传授方式的现代化。南开大学为能够帮助孩子们通过教育改变人生，帮助一户户贫困家庭斩断贫困的代际传播而感到荣幸。"

南开大学具有光荣的爱国主义传统，它是南开的魂。当年南开大学的开办就是为了实现中华民族站起来而培养人才的。新时代的南开人将时刻牢记"知中国，服务中国"的办学宗旨，牢记初心使命，深深扎根中国大地，以南开担当、南开作为，提供我国教育扶贫的"南开方案"。

构建"一二三四"教育扶贫模式

——上海交通大学对口帮扶洱源县的创新实践

摘　要：从 2013 年开始，上海交通大学承担了定点帮扶云南省洱源县的光荣任务，明确了"扶智为主、全力而为"的指导思想，并确定了"服务三个领域"的工作重点，教育是其中之一。在深入调研的基础上，上海交通大学充分整合校内资源，争取附属中小学等基础教育单位支持，建立基金平台引进社会资源支持，面向洱源县中小学开展全面帮扶。在工作开展过程中，上海交通大学逐渐建立了"一二三四"的特色帮扶模式，为当地的基础教育事业发展做出了积极贡献。

关键词：教育扶贫　基础教育　教育资源整合

2020 年 1 月，习近平总书记在云南考察时指出，教育同国家前途命运紧密相连。教育的目的就是培养社会主义建设者和接班人。要坚持正确办学方向，落实党的教育方针，加强高素质教师队伍建设，培养有历史感责任感、志存高远的时代新人，为实现中华民族伟大复兴提供有力人才支撑。

一、基本情况

洱源县是云南省大理州下辖的县区之一，它位于大理市北，洱海之源。国土面积 2875 平方千米，是汉、白、彝、回、傣、傈僳等 24 个民族杂居，以白族为主的少数民族县，总人口约 30 万。洱源县设 6 镇 3 乡，下辖 88 个行政村、2 个社区，共有 871 个自然村，1243 个村民小组。

上海交通大学承担定点帮扶洱源县任务后，学校高度重视，主要领导率先垂范，主动参与扶贫工作，校内形成了由分管副校长牵头负责，地方合作办公室（党政办公室合署）作为专门部门组织推进，发动全校师生、医务员工、广大校友参与的定点帮扶工作体系。学校党委经认真研究，提出了"扶智为主、全力而为"的指导思想，以推进基础教育事业发展作为整体帮扶工作的牵引和全面推进工作的突破口。（见图1、图2）

图1　云南省委原书记陈豪、原省长阮成发与上海交通大学党委书记杨振斌探讨洱源帮扶

图2　上海交通大学校长林忠钦赴洱源县推进定点帮扶工作

在深入调研的基础上，上海交通大学充分整合校内资源，争取附属中小学等基础教育单位支持，建立基金平台引进社会资源支持，面向洱源县中小学开展全面帮扶。通过持续开展中小学教师培训计划、引入社会资源资助贫困教师和学生、支持当地办学条件改善等帮扶项目，以实际行动助推洱源县教育事业发展。

二、实施进展和成效

上海交通大学对洱源基础教育的帮扶从调研开始。经深入了解，洱源县有100所义务教育阶段学校和3所高级中学，教师总人数超过2000人。"人"是教育发展中的关键因素。因此，对洱源县基础教育的帮扶一方面需要提升教师的素质和能力，学校制定了当地教师"走出来"和支教老师"迎进去"的"齐步并进"策略；另一方面需要为学生排忧解难，积极扫清因贫失学的"障碍"。为此，上海交大对洱源基础教育的帮扶主要从三方面展开。

（一）精准对接，当地教师"走出来"促素质提升

上海交通大学积极促进当地教师"走出来"进行学习和自我提升。整合上海交通大学附属中小学、后勤保障等多部门力量，通过交流互动、网络连线、一对一资助等形式对洱源县中小学开展师资培训、资助等活动。学校附中、附小主动承担任务，组织洱源的优秀青年骨干教师到上海学习，每学期定期接收10名洱源县的青年骨干教师到上海参加为期半年的跟班实习实训。每年暑期开设专题校长班，并不定期开展专题管理骨干培训班。累计有1000多位教师通过各种实习实训得到培养和锻炼。（见图3、图4）

图3　上海交通大学校领导与来沪长期实习的实训教师座谈

教师培训注重全面性、专业性、系统性。学校对每一名来上海跟班学习的洱源教师都安排了完整的教学计划，专门配备一名带教老师指导他们在上海期间的实习实践，熟悉上海先进的教学方法和理念。对来上海短期培训的行政管理教师和课程教师，注重专业化训练和教学，努力做到学有所获。

图4 上海交通大学连续5年开展暑期乡村教师培训

同时，上海交通大学还针对有特长的教师量身打造个性化培养方案。洱源一中的青年教师李爱玲在接受中国教育电视台采访时表示："是上海交通大学给了我第二次生命，在上海的学习让我知道了人生应该有不同的意义，我要发挥我的特长，不断学习和成长，真正成为一名对白族音乐发展有用的人，不辜负学校对我的培养。"正是上海交通大学针对她个人进行的特色化培训，使她的职业生涯发展获得了全新的机会。李老师来上海跟班学习半年后，又在学校和洱源县的支持下到上海音乐学院进修一年，在音乐教学水平上显著进步。她还积极地组织和参与洱源县白族传统音乐的收集和整理工作，为洱源县白族非物质文化遗产的保护和传承贡献力量。越来越多的"李老师"回到洱源后，将所学运用到实际教学中，给学生们带去更多的专业知识与正能量。

此外，针对在高海拔地区、艰苦教学点长期执教、默默耕耘的临聘教师，上海交通大学还专门设立了"行基金"，已有数十位教师获得资助。（见图5）

图 5　上海交通大学资助数十位乡村教师

（二）青春激情，支教老师"迎进去"播撒梦想

上海交通大学师生心系洱源学子，以研究生支教、社会实践、助学帮困等多种形式，传递梦想的力量，鼓励和帮助更多洱源县优秀学生实现求学梦、成才梦。

上海交通大学研究生支教团每年选派约 10 人赴洱源开展为期一年的支教活动。他们用心授课，所带的学生成绩名列前茅。上课之余，他们还给学生们讲述自己在上海的求学经历，讲大学里丰富多彩的校园生活，开阔学生视野，鼓励学生努力学习。截至 2020 年，已有 8 批 65 名上海交大研究生支教团成员赴洱海支教。上海交通大学第 21 届研究生支教团云南队（以下简称"云南队"）也荣获了"大理青年五四奖章（集体）"。

根据洱源县当地需要，上海交通大学云南队分配在第二中学和职业高级中学进行支教服务，授课年级从高一至高三均有涉及，负责教授语文、数学、历史等主要课程和电子商务、多媒体理论、演讲与口才等特色课程，人均课时量达到每周 15 节。此外，云南队在各自服务的学校中还承担着班主任及校办、团委、政教等部门的行政管理工作。

为保证授课质量、提高学生成绩，支教队队员们结合使用多媒体教学和传统黑板教学，丰富教学资源、改善课堂氛围；积极向当地教师学习，探讨改进教学方法，把握学生的学习特点和规律；主动利用自习及周末时间为学生辅导功课、

补弱拔尖。一个学期以来，队员们授课班级成绩进步明显，排名均位于年级前列。（见图6、图7）

图6　支教老师在晚自习课间为学生答疑

图7　支教老师在教室给学生讲课

在抗击新冠肺炎疫情期间，云南队积极响应党中央、团中央号召，在认真配合当地学校"停课不停学"线上辅导教学的同时，全员报名参加"手拉手专项志愿服务",为抗疫一线工作人员子女提供学业和心理辅导,为打赢这场疫情防控战贡献青春力量。在疫情得到有效控制后,云南队结合当地政策,第一时间申请返岗,主动参与学校疫情防控工作。"到西部去、到基层去、到祖国最需要的地方去",出征时的口号一直萦绕在耳畔。弘扬五四精神,与祖国同向而行,交大人永远在路上。

(三)排忧解难,助力困难学生开启美好未来

上海交通大学的这支研究生支教团除了承担教师的责任,还作为"先遣队"深入当地学生中,第一时间了解困难,想办法解决难题。为助力当地脱贫攻坚、改善西部贫困学子生活和学习条件,云南队联合云南省青少年发展基金会、携手社会爱心人士共同发起"啟源未来"助学公益项目,对洱源县第一中学、第二中学、职业高级中学的优秀困难生开展家访助学行动。

优秀困难生多来自洱源县偏远山区,上山进村交通不便。云南队积极克难攻坚,在当地政府部门与学校的支持下,花费数月时间进行家访,切实掌握学生家庭情况的第一手资料,足迹遍及洱源县三乡六镇。(见图8)

图8 支教团队家访遴选受助学生

截至目前,"啟源未来"助学公益项目共为22名洱源籍优秀困难生完成结对

资助（18 名项目内结对、4 名项目外结对），共为他们提供了 13 万余元的助学基金。在宣传项目的过程中，云南队通过有针对性的宣传和推介，成功动员到一些当地实体爱心企业家加盟，为有需要的贫困学子家长提供了一定数量的劳动岗位。在助学项目中，队员们与受助学生建立一对多联系，及时了解每一位学生的生活和学习近况，积极为学生排忧解难；队员们假期开放课业线上答疑服务，定期组织受助学生座谈、学习、实践和阶段性总结，为受助学生提供正确思想引导、知识传授；建立受助学生电子档案，记录学生成长历程。（见图 9）

图 9　支教团队与当地政府部门进行助学工作交流

云南队注重将思想政治教育融入平时的教学与生活中。在课堂中，以书本为基础，结合时事给孩子们介绍大千世界，引导他们树立正确的世界观、人生观、价值观；把握学生理想信念成形期的成长特征，为他们介绍正能量的榜样和学习典型。在课外，还充分发挥年龄优势，争做学生的"良师益友"，一起劳动、一起打球、一起吃饭，在课余活动中以大哥哥、大姐姐的形象关心学生生活、走进学生心里。此外，还在学生有需要时利用周末假期进行家访，与家长和学生面对面沟通，普及子女教育观点，协助解决实际问题。（见图 10）

除了云南队这支年轻的力量，在为当地的困难学生服务方面，还有更多的交大人潜心在教育第一线，为学生们解决实实在在的困难。上海交通大学在洱源挂

图10 志愿者与学生同吃同住同玩

职副县长的许文平教授，通过发动校友资源与社会力量，结对资助了16名洱源县特困学生；长期在洱海边开展水环境保护的王欣泽教授团队克服交通不便的困难，在当地政府与村民的帮助下，运用专业知识探寻到一处可靠的水源地，并测绘出了最佳输送路线，为洱源县乔后镇兴坪村小学及周边村民解决了饮水问题；当洱源优秀学子面临因贫失学时，远在上海的交大师生更以实际行动帮助他们圆梦。从2017年开始，上海交大爱心校友每年捐赠5万元，资助10名洱源一中优秀学子完成高中学业；学校连续开展"梦基金"一帮一结对助学活动，已有52个教工党支部和个人报名参加，捐款金额25万元，结对资助洱源县家庭经济贫困的优秀学生。教职工参与数量逐年增加，甚至在认领受助学生过程中出现了"争抢"现象。此外，每个捐赠党支部还委派了联系党员，与受助学生进行"一对一"的辅导和关怀，全方位关注受助学生成长，帮助他们发展成才。

三、经验总结

近年来，洱源县教育事业取得了快速发展，洱源县在国家义务教育均衡化考核中达标，洱源一中晋升为云南省一级三等高中，洱源县教师队伍成长迅速，学校升学率不断提高。在扶贫工作实施过程中，上海交通大学逐步探索出了一些经验。

在开展包括教育扶贫的整体工作过程中，上海交通大学逐渐建立了"一二三四"的交大特色帮扶模式。"一"是从认识上确立一个指导思想，即"扶智为主、全力而为"。"二"是从工作机制上搭建两个帮扶平台，第一个是设立云南（大理）研究院，即从战略层面进行长远规划，特别重视将上海交通大学的科技、教育等优势力量辐射到洱源；第二个是设立专项帮扶基金，重视解决现实问题。通过借助众筹资金渠道和资助项目平台，广泛吸收社会、政府、校友资源，扩大社会影响，保障扶贫工作可持续发展。"三"是帮扶范围重点涵盖三个领域，即教育、医疗、科技，发挥上海交大的比较优势，增强脱贫实效。"四"是具体工作按照"心""行""梦""恒"四个专项帮扶基金和项目进行落实。四个环节相辅相成，相得益彰。面向未来，上海交通大学正在不断丰富与完善具有交大特色的扶贫帮扶工作机制，努力巩固脱贫攻坚的成果，奋力接续乡村振兴战略，为洱源县基础教育进一步赋能，用心描绘洱源振兴的全新蓝图。

全方位构建推普脱贫新模式

——华东师范大学牵头开展全国深度贫困地区教师 国家通用语言文字能力培训的创新案例

摘　要： 华东师范大学深入学习贯彻习近平总书记扶贫开发重要战略思想，充分发挥师范类院校在教育脱贫攻坚中的重要作用，针对深度贫困地区特别是民族地区教师国家通用语言培训中存在的难题，主动发挥语言学科特色优势，积极借助信息化教育手段，开设"空中课堂"，立体构建专业人才队伍，努力聚集多方支撑力量，探索出了一条培训新路径，成功打造了一套通过在线学习化解培训难题的"华东师大模式"。这一模式在新疆泽普成功试点的基础上，于2020年全面铺开。在教育部、国家语委的统一部署下，50所国家语言文字推广基地（高校）参照"华东师大模式"，对口52个未摘帽贫困县教师开展了国家通用语言文字能力提升在线示范培训工作；在教育部指导下，在上海市语委办、上海市语言文字水平测试中心的共同协力下，完成了"三区三州"深度贫困地区幼儿园普通话700名"种子"教师在线示范培训。相关在线培训取得了良好成效，为开展少数民族教师、贫困地区教师的大规模线上培训提供了有效参考，为打赢教育脱贫攻坚战注入了新动力。

关键词： 推普脱贫　语言文字水平　教学能力　在线培训　深度贫困地区

　　2017年习近平总书记在深度贫困地区脱贫攻坚座谈会上指出，造成深度贫困的主要成因之一是很多人不学汉语、不识汉字、不懂普通话。2019年习近平总书记在全国民族团结进步表彰大会上进一步强调，要搞好民族地区各级各类教育，全面加强国家通用语言文字教育，不断提高各族群众科学文化素质。扶贫先扶智，扶智先通语。习近平总书记的这些重要讲话为西部贫困地区推广普及国家通用语言文字工作指明了方向、提供了重要遵循。

　　2018年开始，华东师范大学深入学习贯彻习近平总书记扶贫开发重要战略思想，积极承担社会责任，发挥自身优势，聚集各方力量，致力于破解贫困地区特别是民族地区国家通用语言教学缺乏体系化培训、专业化指导、多协作平台等问题，在"泽普县少数民族教师国家通用语言教学能力提升"培训项目的基础上，主动发挥学校语言学科特色优势，借助信息化教育手段，通过构建立体化的专业人才队伍、努力聚集多方支撑力量，成功打造出了一套教师国语教学能力培训的"华东师大模式"，为贫困地区教师的大规模国语教学能力培训提供了成功的解决方案，为铸牢中华民族共同体意识做出了贡献，在教育脱贫攻坚过程中起了示范引领作用。

一、由点及面，在实践中打造推普脱贫新体系

（一）试点泽普，打造民族教师国家通用语言培训新体系

2018 年至 2019 年，在教育部语用司和上海市人民政府的支持下，华东师范大学发挥语言学科优势，成立由张建民教授团队领衔的民族地区双语教育研究中心，以民族教师国家通用语言教学能力培训为抓手，融合现代教育信息技术，为新疆泽普打造远程教育学习支持体系。该项目根据当地少数民族教师的实际状况，将声调训练作为突破口，快速改变学员的普通话面貌；在此基础上，着重提高从事语文和数学教学的学员在说课和讲课时使用普通话的准确性和流利度。通过一年的语言扶贫实践，华东师范大学开发了国家通用语言培训新体系，研制编制了涵盖语文、数学、道德与法治（思想政治）3 门学科，覆盖小学、初中、高中 3 个学段，共 9 本国家通用语言文字培训教材和培训大纲，研发了民族教师国家通用语言教学能力数据库，为新疆地区民族教师国家通用语言教学能力的提升量身定制了具有开创性的培训系统。

（二）开展"训前训"，加强教师国家通用语言培训经验推广

2020 年 4 月，教育部组织 50 个国家语言文字推广基地对口 52 个未摘帽贫困县开展教师普通话提升在线示范培训。此次培训是华东师范大学在新疆泽普开展的少数民族教师国家通用语言培训的实验项目经验在全国范围的推广应用。华东师范大学负责本次大规模在线培训的方案把关、培训师培训和教学指导等工作。4 月 18 日，华东师范大学专家团队为来自全国 50 个国家语言文字推广基地的 1163 名教师、研究生做培训指导，全面呈现了教师普通话教学能力培训的方法要点，为集中在线培训的有序推进发挥了重要作用。

（三）引领示范，继续开展民族地区推普脱贫攻坚培训

2020 年，华东师范大学承担了对口帮扶新疆莎车县和伽师县的任务，学校根据新疆泽普民族教师普通话培训的经验，继续以声调训练作为突破口，通过多样化的实践环节对近 200 位学员普通话语音进行了系统化、有针对性的训练，以小班异步学习为主、大班同步授课为辅，开展 5 个模块的课程，并结合开发的数字化助手软件，更高效地诊断学员发音偏误，提高培训的实效性。每位学员通过日常业余碎片化时间进行学习，接受了不少于 60 个课时的培训。此外，培训团队还为学员开设中华文化讲座等主题活动，加强民族团结教育，落实立德树人目标。

（四）持续造血，助力贫困地区幼师普通话培训

2020 年 6 月 11 日至 20 日，在教育部语言文字应用管理司、上海市教委、上海市语言文字水平测试中心的指导下，华东师范大学组织开展了"三区三州"深度贫困地区幼儿园普通话"种子"教师培训项目，来自贫困地区的 700 名教师参加了此次培训。该项目通过建立"空中教室"，对贫困地区的幼儿园骨干教师进行了普通话理论与实践、幼儿语言能力及训练策略等方面的培训，使他们能发挥"种子"作用，成为当地轮训授课师资，为提升"三区三州"学前儿童普通话教育师资水平奠定了人才基础。（见图 1）

图1 开展"三区三州"深度贫困地区幼儿园骨干教师国家通用语言教学能力培训

二、探索创新，全方位构建推普脱贫新模式

（一）主动发挥学科特色优势，打造"专业机构＋专业调研＋专业方案"的前期孵化模式

1. 成立专业机构

为加强民族团结教育，建设各民族共有精神家园，增强文化认同，学校专门成立"民族地区双语教育研究中心"，着力提升民族教师使用国家通用语言进行教学的能力。中心聚集了一批具有应用教育学、语言教学、认知心理学等背景的专家，他们长期在国内外第一线从事国家通用语言文字的传播与推广工作，熟悉语言学习的规律和特征，可以精准地发现问题并加以科学的分析。

2. 开展专业调研

华东师范大学组织专家多次深入新疆民族地区开展调研，一方面全力开展教育脱贫的攻坚着力点研究，另一方面联合当地教师实地调研，确定了提升民族地区教师语言面貌的关键所在，精准诊断出民族地区教师声调发音"石化"现象的"病灶"，以声调为突破口，强化民族地区教师使用国家通用语言进行学科教学的能力。

3. 打造专业方案

经过反复研究分析，华东师范大学量体裁衣地设计出了新的培训模式，将新疆泽普作为先期实验点，采用线上培训为主、面授为辅的方式，通过前后方联动，语言教学专家的教学资源设计、语言培训团队的协作来实施培训。方案坚持问题导向，精准发力，充分运用语言学和第二语言学习理论，强化了声调的调型调值练习，穿插10项教学微技能训练，学以致用，助推国家通用语言水平与学科教学技能双提升。

（二）立体构建专业人才队伍，打造"专业团队＋学生主力"的师生共研模式

1. 组建专业培训团队

学校整合优势人才资源，组建了一个年龄结构合理、专业理论水平扎实、具有交叉学科背景的线上培训师团队，培训师团队不仅有丰富的国家通用语言面授

和远程教学经验，还具有很强的计算机操作、数据处理与分析能力等，为在线培训提供了专业和技术保障，在泽普培训中发挥了先锋队作用。在新疆喀什地区莎车县、伽师县的培训中，学校组织了包括教授、副教授、博士以及硕士研究生在内的 50 人培训团队，1 人辅导 5 名学员，形成一个小班，全力辅导当地的近 200 位普通话水平二级乙等及以下的中小学和幼儿园的民族教师，提高了培训的实效性、针对性，得到了当地学员的充分肯定。在培训实施过程中，培训团队边探索，边实践，边总结，确保这一模式得到可持续应用。在"三区三州"种子教师培训中，学校选派语言教学专家学者承担示范培训教学任务，同时专门配备经验丰富的中文系研究生担任课程班主任负责相关协调工作。（见图 2）

图 2　打造"专业团队 + 学生主力"的师生共研模式

2. 凸显学生主力作用

培训团队的主力成员大多数为 95 后的硕士研究生。作为新时代的新青年，这些研究生在脱贫攻坚进入决战决胜的关键节点，亲身参与这项伟业，将背负的使命当成一种荣誉，将个人所学与国家命运同频共振，为中华民族共同体的建设贡献自己的青春力量。在培训过程中，他们不断创新辅导方式，采用活泼多样的培训形式，展现了当代青年的时代责任和历史使命。学校还组织了大学生志愿者团队开展"同心同语同行"新疆民族儿童国家通用语言趣味夏令营，通过开设 3 门趣味课程、7 个兴趣班，辅助提升民族儿童国家通用语言听说能力。对此，中央电视台新闻频道《新闻直播间》节目进行了专门报道。

（三）积极借助智能教育手段，打造"模块化＋全天候＋个性化"的线上培训模式

1. 实施模块化线上教学

在总结先期泽普项目经验的基础上，学校对学习管理平台中的学习模块进行了升级，对"语言训练、教学能力提升、中华民族共同体专题、语言能力测试"等模块进行了学习内容发布、学习过程监控、学习数据收集与分析等。

2. 提供全天候在线辅导

考虑到学员学习地和上海存在时差，以及个体学习习惯不同的情况，学校一方面打破集中培训模式，不安排统一上课，一方面，充分利用在线网络平台，提前录制优质培训课程，在培训期间 24 小时对在训学员开放；另一方面，利用即时通信的平台，培训教师们克服时间差，实行一对一线上辅导，每天 24 小时接收学员音频或视频作业并当天批改，指出需改进的地方并要求得到反馈，全过程持续指导学员线上学习，满足学员全天候、碎片化学习的需求。

3. 强化个性化精准指导

学校组织人力建立学员语言能力发展数据库，开发了专用的学习成果数据统计与分析平台，推出了由华东师范大学首创的学员每日语音诊断和每周个别化学习行为数据报告，以及以县为单位的培训数据汇总单等，并以可视化的方式来呈现学员各阶段语音变化状况，研判学员发展状态和趋势，助力培训资源有效规划和配置。根据数据驱动的动态分析，培训教师为每位培训学员单独制定辅导课程，使得学员语言面貌的诊断更加精细化，真正实现个性化的教学指导。

（四）努力聚集多方支撑力量，打造"核心高校＋参与学校＋政府部门＋社会力量"的多方协作模式

1. 强化协同管理

为解决传统线上培训单向管理产生的问题，华东师范大学主动和学员所在教育部门联系，寻求相关领导对教育脱贫攻坚培训的支持。在泽普试验培训时，当地双语办主任主动承担学员的日常管理工作；之后的培训则直接由莎车、伽师两地教育局任命班主任，从而使线上教学的管理和效率得到了充分保证。正是在这样的管理机制下，学校与当地教育部门合理分工，各司其职，实现了前方、后方的通力合作，大部分学员的语言面貌基本上在两个月后会有比

较明显的改观。

2. 融合校外力量

在组织培训的过程中，学校充分意识到发挥学员所在地政府、国内高科技企业等方面作用的重要性，实现了和政府、高校、企业之间的联动，共同促进民族教师国家通用语言教学水平的提升。学校还多方位动员了社会力量，合力投身教育脱贫攻坚战。线上教学需要有管理平台，负责培训的专家学者不断地和国内著名教育管理和评估平台的所属公司合作，使教学管理更上了一层楼。在莎车和伽师的培训中，华东师范大学将上海的优质教育资源集结起来，带动和组织一批上海的中小学学科教师参与到针对民族地区教师的国家通用语言教学水平在线培训工作中去。在"三区三州"种子教师培训项目中，华东师范大学协同上海市语言文字水平测试中心充分整合发挥语言专家的力量，遴选优秀语言教学专家、幼儿园语言教学专家及教育教学教研员参与培训。

三、凸显优势，实现教育创新与教育脱贫有机结合

华东师范大学充分发挥了学校教师教育的学科优势，借助信息化手段，挖掘出优势资源共享效应，打造了线上学习支持服务的新体系，构建了各方协同合作运行的新机制，探索形成了一套教师国家通用语言文字教学能力提升的全新模式，实现了学员受益、学校满意和社会效益显著的目标。学校所开创的培训模式实现了教育创新与教育脱贫有机结合，为未摘帽贫困地区教师国语教学能力的大规模培训提供了解决方案，为中华民族共同体建设做出了贡献，为打赢教育脱贫攻坚战注入了新动力。

从实践路径来看，在政府、支援高校、当地高校和社会力量的共同参与下，华东师范大学将国家通用语言的培训和学科、教材、教学有机融合在一起，辅以在线互动教学、数据监测与分析等信息化手段，不仅为受训教师提供了专业化、针对性、信息化、全链条的培训和指导，实现了国家通用语言文字教学能力提升和教学技能养成的有机结合，还通过对高校的示范和带动效应壮大了推普脱贫事业的队伍，最大限度地满足了贫困地区教师和民族教师提升国家通用语言教学水平的迫切需要，有效化解了以往培训的一些难点问题。

从实践效果来看，经过培训后，相当多学员的表达能力和授课能力大为提高，在先期泽普实验中，第一阶段始终坚持学习的 30 名学员国家通用语言面貌

都发生了变化，他们中有 22 人的语言面貌有了较大的改观，变化幅度达 20% 以上，最高达 72%。在全国 52 个未脱贫贫困县教师国家通用语言教学能力培训中，通过仅 3 个月的在线学习，42% 的学员在原有基础上提高了一个等级，1500 多名学员达到相当于普通话二级甲等以上的水平。这样的结果，激发了民族教师参加培训的积极性，增强了他们用国家通用语言进行教学的自信心。同时，也促进了民族交融和团结，使他们和内地教师建立起了情感联络，为民族团结和边疆地区的长治久安做出了贡献。

从推广价值来看，华东师范大学开发实施的教师国家通用语言教学能力培训模式便于操作、成效显著、投入产出比高，可以迅速推广见效。经过一年的试点和两年来的推广，已经覆盖了全国 50 多所高校 1000 多名培训老师，覆盖了全国 52 个贫困县和"三区三州"地区的数万名受训学员，逐步形成了"一粒种子满园春"的良好效应，为在更大范围内实施推普脱贫奠定了重要基础，为打赢脱贫攻坚战和实施乡村振兴战略提供了重要助力。

夯实"扶智"基础 促进苗山教育均衡发展

——记西北工业大学融水苗族自治县教育扶贫创新实践

摘 要：2016 年以来，西北工业大学深入贯彻习近平总书记扶贫开发重要战略思想，在"十三五"期间大力支持广西融水自治县教育事业发展，做好师生研学培训、强化结对共建、发放"翱翔"奖教金和奖学金、落实党建联动，为融水打赢脱贫攻坚战、阻断贫困代际传递提供了坚实保障。2017 年 12 月，融水自治县通过了国家验收并获得了"县域义务教育基本均衡发展县"称号。2020 年，融水自治县学前毛入学率、义务教育巩固率和高中毛入学率分别从 2016 年的 75.5%、97.12%和 70.93%提高到 88.53%、97.62%和 91.08%。

关键词：扶智 扶贫 教育 发展

习近平总书记在河北省阜平县考察扶贫开发工作时指出：治贫先治愚。要把下一代的教育工作做好，特别是要注重山区贫困地区下一代的成长。下一代要过上好生活，首先要有文化，这样将来他们的发展就完全不同。义务教育一定要搞好，让孩子们受到好的教育，不要让孩子们输在起跑线上。古人有"家贫子读书"的传统。把贫困地区孩子培养出来，这才是根本的扶贫之策。

融水苗族自治县位于广西壮族自治区北部，辖 20 个乡镇、208 个行政村（社区），总人口 52 万多，是国家扶贫开发工作重点县和全区 20 个深度贫困县之一。全县共有贫困村 115 个，其中深度贫困村 73 个，建档立卡贫困人口 2.86 万户、11.64 万人。治贫先治愚，扶贫先扶智。2016 年 9 月 20 日，西北工业大学（以下简称"西工大"）与广西融水苗族自治县人民政府在西安签订《教育帮扶协议》。在此背景下，西工大在"十三五"期间大力支持融水教育事业发展，为融水打赢脱贫攻坚战、阻断贫困代际传递提供了坚实保障。

一、抓住师生研学，做好"扶智"关键

（一）跟岗学习，培养骨干教师

自 2016 年到 2020 年年初，融水苗族自治县选派中青年骨干教师和行政管理人员赴西工大跟岗学习共 33 批（次）420 多人，为融水教育系统培养了大批专业技术人才。2017 年，融水苗族自治县幼儿园、小学、初中、高中各 2 名骨干教师赴西北工业大学学习，融水教育网开设专栏推出她们的跟岗学习笔记，在融水教育系统产生了强烈反响。兰晓芳老师在《在校史馆重新认识西工大》一文中说道："跟岗学习第七天，在西工大工会的安排下，我们四县中小幼跟岗教师有幸参观了西北工业大学的校史馆。这是一个庄严的，让人不由自主肃然起敬的地方，浓厚的历史文化气息萦绕着周边。校史馆参观结束了，我的心却久久不能平静下来。西北工业大学之所以有今天我们看到的辉煌成就，都是由无数人忘我无私的奉献、卓尔不群的智慧汇集而成的。现在的西工大学子们依旧沿袭着前辈们的伟大精神努力钻研着。与他们相比，我只是沧海一粟，不谈能有多大贡献，但这一遭使我认识到——我要努力在自己的岗位上发光、发亮。"高海瑞老师在《西工大附中的神秘面纱》中如是说："老师们在校的空余时间都会互相探讨他们上课中遇到的一些问题，并相互解答，我想这才是教师工作应有的状态。课间，办公室一个又一个的学生进来，询问老师问题。老师们停下匆忙批改作业的节奏，耐心为学生解决疑惑。这就是他们的日常工作状态。这不正是教与学的最高境界吗？"一批又一批骨干教师到西工大学习，体会西工大的成功之路，观摩西工大附中教师集体备课，走进西工大附中课堂，感受西工大附中"口号不响、脚步铿锵，理念不多、成绩斐然"的教育魅力和校园文化，这些大大开拓了教师们的眼界，进一步提升了他们的教育理论水平。

（二）落地培训，全面培养教师

西工大先后派出张登峰等各学段不同学科的 30 多位名师到融水自治县培训教师和开展教学研讨活动，参训人数达 4300 人次，当地几乎每位教师都得到了培训机会。仅 2017 年 8 月 25—27 日，西工大附中与附小派出各学段专家对融水苗族自治县高中、初中和小学骨干老师进行落地培训，3 个班共计 700 多名教师参加培训，参训教师占全县教师总数的近六分之一，全面提升了教师理论水平，促进了融水苗族自治县教育事业的发展。同时，西工大融水远程教育校外学习中心在融水自治县民族职业技术学校落地挂牌，把高等优质教育办到融水。除此之外，学校还在融水自治县青少年活动中心成立"共青团西北工业大学大学生融水县社会实践基地"，为学生走近自然、接触社会，开阔视野、增长知识，培养学生创新精神提供了宽阔的舞台。

（三）开展各种活动，拓宽学生视野

2017 年至 2019 年以来，学校共组织 3 批（次）114 名初高中学生到西安参加西工大"三航科技"夏令营活动，让苗乡学生们深切感受到"三航科技"的魅力与十三朝古都的风采。西工大在融水举行了三期 300 多人参加的航模和机器人科普培训暨展示活动，进一步激发苗山学子对科学的向往。2019 年 11 月 11 日，西工大—融水校园"科技周"启动会暨归国留学人员校园行系列活动分别在融水中学、民族高中举行，西工大留联会向两所学校赠送科技周火箭模型。西工大党委统战部党务副部长乔彩燕，国家级科技人才、留联会会长、航海学院教授陈景东等一批海归专家到两校各班级开展专题报告会和科技筑梦励志报告活动。这些活动进一步提高了融水县学生的科学素质和实践能力，营造了学科学、爱科学、用科学的文化氛围，全面提升了融水的基础教育能力。（见图 1）

图1　融水自治县骨干教师来西工大参加跟岗培训

二、强化结对共建，搭建"扶智"桥梁

西工大附中、附小和附属幼儿园对融水中学、民族高中、民族中学、思源实验学校、民族小学、县一小、县中心幼、县一幼8所学校进行结对帮扶，其中普高2所、初中2所、小学2所、幼儿园2所。主要在办学理念、学校管理、培养计划、师资队伍建设、教育教学改革、学校文化战略、学生资助工作等方面给予其帮扶，引导当地学校进一步规范办学行为，提高办学水平。2019年7月，西北工业大学8位研究生志愿者分别到融水自治县5所结对帮扶初中学校参与教育教学工作，在前沿教育理念分享和学科教学研究等方面给予了帮扶对象很大的帮助。（见图2）目前，以融水民族中学、民族小学为代表的一批学校，用优秀少数民族优秀文化助推学校特色文化发展，使民族传统文化教育常态化、实效化，义务教育段学校内涵建设得到不断发展，办学水平不断提升。2017年12月26日，融水自治县顺利通过国家级义务教育均衡发展督导评估认定。

图2　西工大8位研究生志愿者到融水自治县参与教育教学工作

三、发放"翱翔"奖金，激发"扶智"动能

2017年，西工大在融水自治县开始设立"翱翔奖教金""翱翔奖学金"。近三年共有90位工作业绩突出的教师荣获"翱翔奖教金"，600多名品学兼优的贫

困学生荣获"翱翔奖学金"，145 名高中学生获高考奖学助学金，发放奖教助学金共计99.8 万元。（见图 3）此项目为生活困难学生尤其是建档立卡贫困学生解除了后顾之忧，使他们能够安心学习，同时也鼓励获奖优秀教师坚定信心、立足岗位、再创佳绩。通过西工大的帮扶，融水进一步深化教育教学改革，狠抓学校常规管理，教育质量稳步提高。高考一本上线人数较 2016 年的 55 人有了很大提高，2018 年有 130 人、2019 年有 110 人、2020 年有 163 人，连续三年突破百人大关。本科上线人数 2018 年达 1036 人、2019 年达 1030 人、2020 年达 1215 人，创全县高考本科上线新高。三年来，中考 A＋每年以 20 人递增，2019 年优秀人数突破 400 人，三年的总成绩均排在柳州市各县前列。全县教育教学质量呈上升趋势。

图 3　2019 年西北工业大学"翱翔奖教金、翱翔奖学金"融永县颁奖仪式

四、落实党建联动，打造"扶智"特色

西工大的 8 个基层党支部与融水自治县 8 所学校的支部结成一帮一活动，西工大教工党员同志通过党支部联动与融水自治县 500 多名建档立卡户中小学生建立"爱心卡"，实施一对一结对帮扶。在西工大 8 个基层党支部的带动下，融水自治县各学校基层党建工作取得了长足发展。西工大学工委党支部与思源实验学校达成建立思源学校国防教育基地项目协议，50 多套航海模型已经送达，建成后将成为融水自治县首个国防教育学校基地。2020 年 7 月 21 日，西工大体育部

党总支书记陈建军率西工大体育部专家教练到县一小开展支部共建活动，为县一小捐赠了价值4万元的体育器材、体育服装、各类图书等，并和县一小的体育教师、体育兴趣班的孩子们进行互动活动，让孩子们在轻松愉悦的氛围中感受体育竞技的魅力。在支部联动中，在西工大各基层支部的指导下，各学校积极打造党建亮点和特色，如融水中学组织党员教师组成高考备考攻坚组，促进学校高考质量逐年攀升；县民族中学通过党员教师担任"名师工作室"主持人，深入集团化各校开展教学教研工作；丹江中学由党员教师组成的"党员先锋服务队"，在教学科研、常规管理上发挥表率作用，促进学校规范化管理，促进教育教学质量稳步提高。融水苗族自治县2019年有10位同志荣获市级"育人先锋岗"，融水中学等10个学校党建被评为柳州市"育人先锋一校一特色品牌"。

习近平总书记在《给"国培计划（2014）"北师大贵州研修班参训教师的回信》中说："扶贫必扶智。让贫困地区的孩子们接受良好教育，是扶贫开发的重要任务，也是阻断贫困代际传递的重要途径。党和国家已经采取了一系列措施，推动贫困地区教育事业加快发展、教师队伍素质能力不断提高，让贫困地区每一个孩子都能接受良好教育，实现德智体美劳全面发展，成为社会有用之才。"四年来，西工大落实帮扶责任，以"扶智"为抓手，大大提升融水苗族自治县方方面面的"造血功能"，助推苗山脱贫攻坚工作的开展，促进融水苗族自治县经济社会健康可持续发展。融水苗族自治县教育战线在西工大的帮扶下，开阔视野、增长知识，为培养学生创新精神提供了宽阔的舞台，为促进学生全面发展，提高学生创新能力、实践能力以及认识、分析、解决问题的综合能力架设了直通的纽带，为学生主动适应社会发展需要奠定了良好的基础，对进一步改善融水教育环境、提高教学质量、增强教育竞争力、培养德才兼备的高素质人才将起到巨大的推动作用。

构建"双向交流、标本兼治"的教育扶贫模式

——陕西师范大学对口帮扶云南省景谷自治县创新实践探索

摘　要：陕西师范大学在对口帮扶云南省普洱市景谷傣族彝族自治县过程中，秉持和弘扬"扎根西部，甘于奉献，追求卓越，教育报国"的西部红烛精神，通过"请进来"和"走出去"的方式，以共创"景谷班"、送教到县、跟岗培训、支教实习、社会实践、教育捐赠等扶贫项目为主要途径，逐步探索出以"标本兼治、双向交流"为主要特色、以培育内驱力为重点的高校教育扶贫新模式，助推景谷自治县基础教育实现高水平和高质量发展。

关键词：教育扶贫　西部红烛精神　内驱动力

习近平总书记指出，扶贫必扶智。让贫困地区的孩子们接受良好教育，是扶贫开发的重要任务，也是阻断贫困代际传递的重要途径。西部地区要彻底拔掉穷根，必须把教育作为管长远的事业抓好。要把发展教育扶贫作为治本之计，确保贫困人口子女都能接受良好的基础教育，具备就业创业能力，切断贫困代际传递。

一、基本情况

景谷傣族彝族自治县地处滇西集中连片贫困山区，位于云南省西南部，普洱市中部偏西，距普洱市 130 千米、昆明市 466 千米，距离陕西师范大学所在的陕西省西安市 2000 千米。全县总人口 31.36 万，其中农业人口 26.53 万，县内居住着汉、傣、彝等 26 个民族，少数民族人口 15.16 万。受地域偏远、多民族聚集等因素影响，当地的教育事业发展十分落后，贫困学生基数大，少数民族学生比重大，生源外流现象严重。当地的高考质量与周边县（区）差距很大，凸显出教育与经济发展极不匹配、不同步、不协调的问题。2017 年以前，全县每年

参加高考的人数有 900 多，一本上线人数常年停留在个位数，一本上线率徘徊在 1% 左右。

陕西师范大学一直以来高度重视脱贫攻坚工作，深刻认识教育扶贫工作的必要性、艰巨性、长期性和复杂性。从"以基础教育为龙头"到"牢固树立教育帮扶一面旗帜"，从"以扶智提智为先导、以阻断贫根为目标、以科教帮扶为抓手、以人才优势为保障"到"基础教育扶智、文化挖掘弘智、特殊教育培智、特色产业育智"，学校立足实际、与时俱进，不断谋划教育扶贫模式思路，打好教育脱贫攻坚的阻击战、攻坚战和持久战，以"标本兼治、双向交流"的教育扶贫模式持续点燃山区教育自强图新的内生动力，为景谷自治县教育振兴奋力书写了一所社会主义师范大学的典型样本和时代担当。

二、实施进展

陕西师范大学在"三个精准"帮扶中支撑起了景谷教育的蓝天。

（一）精准"把脉"

2017 年以来，学校通过搭建"互访机制 + 挂职干部 + 实训基地"三个重要教育帮扶平台，充分发挥校县领导联系机制、挂职干部一线优势和实训基地实体资源，对景谷基础教育发展瓶颈和实际困难进行把脉问诊。4 年多时间，学校党政领导 20 余次带队深入景谷自治县基础教育一线调研；相继选派具有基础教育背景的附属中学副校长郭胜、总务处副主任王中仁两位同志在当地挂职，扎根基层；学校还在景谷一中分校建成大学生教育实习实训基地，构建云端直播网上培训课程项目，有力地克服了地理位置上校县 2000 千米距离的阻碍。通过调研发现，教育教学质量不高、教师队伍老龄化现象突出、教育基础设施建设滞后、学校精细化管理水平低、教育发展不均衡、尊师重教氛围不浓等是遏制当地教育发展的主要原因，其根本在于提升教学管理队伍素质。

（二）精准"药方"

找准了"病根子"，学校围绕提升当地教师队伍综合能力开出了"药方子"。遵循教师是教育教学的主导、教师的从教能力对提高教育教学质量至关重要的培养理念，学校在抓牢教师队伍水平整体提升的过程中将自身"师范"特色和"示范"效应贯穿始终，采用"请进来"和"走出去"相结合的方式，以景谷一中（含分校）为"主战场"，以校园长和骨干教师为主体多措并举，辐射带动县域教育教学质量稳固加强，不断激发出县域教育提质增效的内生动力。一是为景谷一中在学校管理、教育教学、信息化建设等方面提供优质教育资源；二是开展校际结对，为当地教师拓宽视野、增加阅历、提高能力等方面提供平台；三是通过对口帮扶、派遣专家、跨区域校际合作、远程共享、接收"留学生"、培养"卓越教师"等模式，促进教育均衡发展，从而在根本上实现"让更多孩子享受优质教育，让更多教师成为优秀教师，让更多校长成为优秀校长，让更多学校成为人民满意的学校"的最终目标。

（三）精准施策

1. 构建教育帮扶方阵

学校充分发挥教师干部培训学院平台资源以及附属中学、附属幼儿园、合作办学单位陕西师范大学奥林匹克花园学校（简称"奥园学校"）多年的成功办学经验和名校品牌效应，广泛发动校内 50 个部门、学院、直属附属单位、合作办学单位积极参与，形成了景谷教育提升的强大帮扶方阵。

2. 发力高中阶段教育

2017 年，景谷一中分校开始招生，学校挂职干部郭胜副县长抓住一中分校新起点、新开始、新理念的契机，借鉴附属中学的办学理念和"景谷班"的培养模式，变授之以鱼为授之以渔。学校还积极动员附属中学 5 位退休教师和西安其他几所名校的退休教师，赴景谷一中分校开展中长期教育帮扶活动，全面参与一中分校的教育教学和管理工作，大力加强一中分校师资队伍建设水平和教育教学理念的转变。2019 年，学校挂职干部王中仁老师更是全身心投入景谷高中教育，扎根一中分校，为提高景谷高中教育成效身体力行，从"小"从"我"做起，受到了景谷一中师生的高度认可。几年来，陕西师范大学的品牌牢牢镌刻在景谷自治县学生和家长的心里，从而有效改善了景谷自治县优质生源大量外流的现象，为发力高考积蓄了"源头活水"。

3. 靶向教育帮扶对象

利用校内各类教学资源以及根据在校教师寒暑假工作空当的特点，综合考虑参训单位及参训人员的个体差异和实际需求，学校为景谷自治县校骨干教师专门量身定制了"送教援培""'1＋1'导师制名师成长计划""浸入式跟岗研修"

等多类培训项目，依靠宽窄并重、长短结合、点面兼顾、深浅相宜的设计理念，多学科、多学段、多层次、多角度地覆盖到景谷自治县教师队伍建设的方方面面，使实际培训效果既有"1 对 1"的针对性和精准度，又有"1 对 N""N 对 N"的辐射带动效应。

4. 找准教育提升抓手

围绕"教师"与"学生"二者角色相互转换、能力相互促进这一辩证关系，紧扣"广、多、宽、深、常"五字方略，为当地量身定制并因人因地因时因事实施了"广覆盖的名师到县送培一批、多层次的跟岗研修辐射一批、宽领域的学生实习顶岗一批、深融合的插班观摩提升一批、常更替的教师扎根带动一批"的教育帮扶"五个一批"工程，并依托附属中学以"1＋1"导师制为形式不断提升精确帮扶的水平，输送先进教育理念和管理经验。

2017 年至今，学校尽其所有、倾其所能地把对景谷的教育帮扶工作做到了实处，做到了每一位当地教育工作者的心坎里。一是组织 6 批 30 多位优秀教师走上"送教景谷"的讲台，邀请 4 批 22 位中小学名校校长和骨干教师做客"专项帮扶景谷县教育培训项目"的"云讲台"，分学科分学段培训当地中小幼教育工作者 3100 余人次，并逐步拓展主题到特殊学生融合教育以及中央深化教育教学改革文件解读等领域；二是在附属中学、附属幼儿园及奥园学校开展 13 批两周至半年的景谷自治县中小幼一贯制骨干教师跟岗研修培训活动，培训当地教师 109 人次；三是积极安排落实当地骨干教师免费插班参加自己承担的国培、省培等教师研修培训项目，观摩考察学校承办的"第十九届陕西省青少年机器人竞赛"，促进专业成长，开拓教育视野；四是深入贯彻落实教育部《银龄讲学计划实施方案》要求，动员附属中学及西安其他名校 10 人次退休教师在景谷一中分校开展至少一年的教育帮扶工作；五是派遣 5 批 83 名公费师范生和教育硕士研究生赴景谷一中分校教育教学实践基地开展 4 个月至半年的顶岗实习活动，大大缓解了当地教师数量不足、水平不高、学科结构不合理的问题。

5. 加强教育帮扶投入

近年来，学校还多渠道争取各项支持，拉动社会力量爱心捐助，向当地捐资捐物累积价值 600 余万元。通过设立"陕西师范大学红烛励学基金"、推动当地学校图书资料室建设和校园文化提升，以及向偏远学校基础设施建设进行教育捐赠，为全县基础教育综合提升补齐了发展短板。

三、主要特点

以"西部红烛精神"立德树人、铸魂育人，立体式构建"双向交流"教师培训项目。

（一）"西部红烛精神"擎起教育帮扶大旗

教育扶贫是一项长期而艰巨、复杂而细致的工作任务，投入成本大却没有立竿见影的效果和产出，需要漫长的积累、沉淀和转化。也正因为如此，教育工作的福报对于一个地区的发展会随着代际的传递而产生积极而深远的作用和意义。

正是秉承着教育救国、教育报国的初心，陕西师范大学从建校那一刻起，就把服务国家和民族发展，作为自己的责任和使命。建校 70 多年来，陕西师范大学始终坚持与民族命运起伏共振，与国家教育事业发展紧密相连，牢记师范大学的责任与使命，坚持为基础教育服务，用理想、信念和情怀扛起西部教育大旗的历史责任和时代担当，以对国家、民族和人民的赤胆忠诚和无私奉献，铸就了伟大的"西部红烛精神"，为祖国西部贫瘠的教育土壤培养了一代又一代"西部红烛精神"的继承者和传承人，为像云南省景谷自治县这样基础教育发展落后的偏远地区奋力擎起教育帮扶的一面大旗。

（二）"双向交流"培训多维设计

培训单位在设计跟岗研修项目的过程中充分考虑了参训单位及参训人员的个体差异和实际需求。例如，奥园学校根据跟岗教师的管理及学科背景专门安排"一对一"的责任导师，为每一位学员制定详尽而丰富的跟岗研修培训方案和工作任务"课程表"，并通过构建观课评议、学习反思、教研活动、专题交流、外出学习、个人授课"六大板块"研修任务，让跟岗教师日有所学、日有所感。学校对参训人员还全面开放日常教学和行政管理工作，通过列席学校行政会议、参加班主任工作交流会、专设跟岗实践交流会等形式，全方位展示学校教学及管理的每一处细节。培训工作尾声，学员向学校提交由讲座报告记录、观课心得、个人课例教学设计、小课题研究报告、教学反思等组成的研修手册，学校出具指导教师意见及学校考核意见并向学员颁发培训证书，杜绝了"搞形式""走过场"等现象的发生。

四、成效经验

"一看粮，二看房，三看有没有读书郎。"通过"请进来"和"走出去"系列教育帮扶项目的实施，景谷自治县基础教育的面貌开始出现了重要的变化，处处回响着读书声，户户家有读书郎正在成为景谷人民的现实。

（一）景谷高考喜报迭至

2019 年，景谷自治县高考取得历史性突破，全县一本上线人数达 36 人，远超 2017 年的 14 人和 2018 年的 9 人，完成市级下达任务数 13 人的 361.1%，创景谷恢复高考以来的最好成绩。理科最高分 636 分，文科最高分 592 分，本科上线人数 223 人，比 2018 年增加了 119 人，增长率达到 114.4%，形成了景谷高考成绩的"高原"和"高峰"。

2020 年，景谷自治县高考再创新高，景谷一中一本上线人数达到 55 人，比 2019 年增加 19 人，600 分以上 5 人，比 2019 年增加 3 人，实现了"高原更大、高峰更多"的全新突破。

（二）"西部红烛精神"声名远播

通过帮扶，陕西师大人身上所展现出的"西部红烛精神"像一面旗帜一样牢牢插在了景谷贫瘠的教育土壤里，深深埋在了当地教育管理者、教师、学生和家长心中，成了他们在今后人生中不断前进、不懈奋斗的重要精神元素。赴景谷实习的青年学生加深了对"西部红烛精神"的理解和认识，唤醒了内心深处的家国情怀，更深切体会到了时代责任和历史使命。

（三）基层群众一致认可

云南省教育厅、景谷县委县政府、县教育体育局分别向陕西师范大学送来感谢信和锦旗。教育部专题网站、陕西省教育厅、《云南日报》、《普洱日报》等持续报道学校以"双向交流机制"为特色的教育扶贫模式。挂职干部郭胜同志在市管干部年度考核中连续 2 次被评为优秀，并荣获"云南省 2019 年脱贫攻坚奖——扶贫先进工作者"。2020 年 4 月，《陕西师范大学弘扬"西部红烛精神"，擎起云南景谷教育帮扶一面旗》入选全国教育扶贫典型案例。

（四）"景谷教育帮扶模式"的复制推广

2020 年 11 月，学校根据教育部有关加强 52 个未脱贫摘帽贫困县教育帮扶的工作安排，在承担中学教育援助工作任务的贵州省铜仁市沿河土家族自治县大力复制推广景谷教育帮扶的经验和做法。半年时间，学校相继选派 4 名支教老师以及 6 名研究生赴沿河第三高级中学开展"组团式"支教帮扶工作，安排沿河县 2 批 23 位中学教师在陕西师范大学附属中学开展了 1～2 个月的跟岗实践研修活动。"双向交流、标本兼治"的教育帮扶模式打开了当地教师的教学视野，也把专注、自律的支教精神留在了当地，深深打动并影响着当地师生。

固本强基　教育扶贫"拔穷根"

——西北师范大学助力甘肃省基础教育发展的创新实践

摘　要：西北师范大学始终坚持以发展甘肃省基础教育为己任，自觉担负起省属师范大学的职责使命，主动对接深度贫困地区，持续开展教育扶贫。学校精准聚焦问题，整合校内外资源，发挥自身优势，创新方式方法，积极主动担当，实施了"点面结合""抓两头带中间"等教育扶贫实践，建立健全可持续"造血"的教育扶贫体系，找到了一条精神与物质、教育与理念双轮驱动、管长远管根本的教育发展之路，形成了教育扶贫的"西北师大模式"。

关键词：固本强基　教育扶贫　脱贫攻坚　拔穷根

习近平总书记指出，教育是阻断贫困代际传递的治本之策，扶贫与扶志扶智相结合。治贫先治愚，治愚靠教育。西北师范大学围绕教育扶贫过程中"扶持谁，谁来扶，怎样扶，如何退"等重大问题，针对甘肃省自然条件差、基础设施落后、贫困程度深、基础教育薄弱、科技人才缺乏、内生动力不足等问题，努力提高政治站位，强化顶层设计，精准谋划部署，整合学校资源，发挥学校优势，压实工作责任，坚持大扶贫格局，贯彻精准方略，积极助力甘肃省基础教育事业发展。

一、具体做法

（一）精准推进基层教师队伍建设

1. 走出去，面向甘肃省基础教育一线教师开展专题培训

针对甘肃省深度贫困地区条件艰苦、教学质量不高、学科教师缺乏、教学任务繁重、教师结构性短缺、教师教学观念和手段相对滞后等状况，学校创新方式

方法，每年组织相关学院和附属第一中学、第二中学、附属实验小学、幼儿园骨干教师300多人，赴深度贫困地区乡村，开展名师进校园、跟岗培训、公开示范教学、远程教育资源利用等"送教"活动，全面支持甘肃省乡村教师队伍建设，推动乡村教育事业高质量发展。（见图1）

2. 请进来，开展校长和骨干教师专项培训，并实施影子校长跟岗培训项目

学校依托"国培计划"、校长专项培训、骨干教师培训等各类培训平台，为贫困县集中专项培训校长、骨干教师2300余人次，分期分批现场跟班培训中小学骨干级教师11批220人次；实施为期一年的中小学影子校长跟岗培训20人次。

3. 以大学生实习的方式，提升基础教育可持续发展能力

先后在民族地区、贫困山区中小学、幼儿园等学校建立联合编队教育实习基地，每年有近1000名师范生在贫困乡村开展教育实习。

图1　西北师大第二附属中学教师在贫困乡村学校开展示范教学

4. 组织大学生顶岗支教，缓解师资结构性短缺

针对当地教师队伍严重不足的现实问题，根据学科教学需求，学校先后选派

16 个学院 1300 多名学生赴贫困县中小学开展顶岗支教。

5. 积极推进基础教育对口帮扶

学校每年组织相关学院、附属中小学、幼儿园等 160 余名骨干教师，与贫困县中小学按照"一校一特色，一校一品牌"方针进行对口结对帮扶，开展以"同课异构"为主题的教学研讨，制订适合乡村教育教学发展规划，助力甘肃省基础教育事业发展。

（二）精准推进乡村素质教育

1. 实施"爱在远山"乡村艺术教育

学校发挥音体美艺术学科优势，组织 4000 余名师生深入甘肃深度贫困地区中小学持续实施"爱在远山"体育美育浸润工程，开展体育美育教学、社团活动、校园文化活动和志愿服务，为东乡、宕昌、会宁等贫困山区捐赠乐器、美术用品及舞蹈道具 200 余万元，完成舞蹈素质教育课例、组合、剧目 517 个，音乐合唱曲目、乐器 1100 多个，书法作品 2080 幅，美术美工作品共计 8110 幅，普通话剧目 48 个，积极在偏远山区普及艺术教育。（见图 2）

图 2　西北师大党委书记张俊宗在东乡调研指导艺术教育扶贫工作

2. 开展推普脱贫

针对贫困乡村教师结构性短缺、教学点师资不足、课程开设困难、推普脱贫进度滞后等问题，学校筹资近 20 万元捐赠书籍、教学设备、教学用具、学习用品及学习资料等，在乡村中小学建立"推普脱贫基地"并挂牌，组织师生 200 余人开展"雅言传承文明，经典浸润人生"经典文化诵读、普通话教学、围棋课堂等进校园系列活动，为贫困山区幼儿会说能说敢说普通话提供条件，为推广国家通用语言文字打下坚实基础，为乡村基础教育的可持续发展提供有力支撑，让山区孩子通过共享国学文化之美，激发他们接受教育走出大山的渴望。

3. 建设艺术实践基地

学校筹资 30 多万元在帮扶村建成大学生艺术实践基地及乡村扶贫记忆馆，组织文化下乡、村民亲子趣味运动会、花椒艺术节，撰写扶贫史，利用乡村扶贫记忆馆开展艺术展览，开展大学生情暖留守儿童，推进艺术进乡村、进学校、进家庭普及教育，这些活动极大丰富了乡村精神文化生活，受到乡村师生和家长的欢迎，产生了良好的社会反响。

4. 开展"控辍保学"活动

学校先后组织大学生社会实践团队 20 余支 400 多人，在东乡等深度贫困县开展"贫困地区青年群体铸牢中华民族共同体意识""贫困地区劝返辍学儿童重返校园健康心理辅导"等社会实践活动。

5. 捐资助学

学校通过校企联合等方式为贫困山区中小学捐资 350 万元，为东乡等深度贫困县 10000 多名学生购置配发书包、工具书及学习用品，帮助解决实际困难，鼓励孩子们"好好学习，天天向上"。

（三）发挥附属中小学优势，精准推进民族地区专项培养

1. 实施"致远班"计划

针对少数民族地区教育教学水平相对滞后的现状，学校在少数民族地区高一年级实施"致远班"计划，该班学生进入高三年级后，可自愿赴西北师大附中进行阶段性提升学习，派遣优秀骨干教师挂职为"致远班"任教，共享优质教育资源，搭建教师、学生交流平台等。

2. 实施"弘远班"计划

自 2017 年，学校面向全省民族地区建档立卡贫困家庭应届初中毕业生实施了首届"弘远班"计划，招收高一新生 42 名。

3. 实施"普通高中民族班"计划

近年来，西北师范大学附中面向全省少数民族自治县实施"普通高中民族班"计划，每年招收少数民族高中班学生 68 人。目前，有 10 余个少数民族 349 名学生在西北师范大学附中就读。

（四）发挥"互联网＋"优势，精准推进远程优质教育资源共享

1. 为乡村学校配置网络教学设施设备

针对宕昌县大寨九年制学校、白水川小学和南河小学等学校在音乐、美术、体育、英语和普通话等课程开设方面存在的教师资源结构性短缺和网络、硬件建设滞后的现状，学校捐资为大寨九年制学校等学校安装了"互联网＋支教"工作需要的软硬件设施设备。

2. 开展网络培训

学校根据甘肃省贫困山区中小学实际需求，有效整合优质教育资源，并通过"互联网＋"的模式进行线上教师培训。

3. 开展网上教学

学校利用"互联网＋远程教育""专递课堂"等方法，对甘肃贫困山区 20 多所中小学开展了音乐、美术、体育、外语、普通话等课程的远程线上教学，通过"互联网＋"模式，有效弥补了乡村学校教师短缺，解决了因师资短缺无法开设课程的瓶颈问题，实现了贫困山区学校共享资源，促进教育公平。

二、扶贫模式构建

在 8 年多的扶贫工作中，西北师范大学用真心真情、举全校之力，发挥自身优势，整合校内外资源，创新扶贫方式方法，积极推进教育扶贫，形成了教育扶贫的"西北师大模式"。（见图 3）一是固本强基，开展全方位教育扶贫，补齐教育短板，夯实基础教育，可持续发展能力明显提升，提高了教育的自我"造血"

功能。二是立竿见影，开展多层次教育扶贫，推动教育提质，实现教育蝶变，为贫困地区教育前行点燃希望之光。三是点面结合，开展立体化教育扶贫，开展教育扩容，激发内生动力，实现优质教育资源共享，促进教育公平。

学校秉持"三个结合（老中青三代结合、帮扶干部三梯队结合、校地企三方结合）"和"三个转化（知识智慧向内生动力的转化、思想文化向素质教育的转化、科教成果向基础教育发展的转化）"，坚持集中力量办大事、一代接着一代干、一张蓝图绘到底的理念，通过精神与物质、教育与理念双轮驱动，为甘肃省基础教育找到了一条管长远、管根本的可持续发展之路。如今，甘肃的乡村教育正经历着千百年来从未有过的蝶变，通过教育扶贫，有效阻断了贫困的代际传递，为贫困山区找到了照亮前行方向的希望之光。

**图3　西北师大党委书记张俊宗陪同教育部副部长翁铁慧
调研宕昌县教育脱贫攻坚工作**

三、主要成效

（一）扩大教育增量，夯实基础教育，可持续发展能力明显提升

1. 教师队伍素质得到提升

精准补齐东乡教育短板弱项，有效弥补教师教学理念落后、教学手段滞后、教学水平不高等短板。

2. 校长等教育管理者水平提高

通过开展校长等学校管理者的专项培训，精准补齐短板弱项，提高了学校教育教学管理水平。

3. 提升了学校自我发展能力

通过固本强基，全方位教育扶贫，实现了当地乡村学校自我"造血"功能提升，为基础教育"组团式"帮扶、可持续发展提供了良好的外部条件、基础保障和有力支撑。

（二）推动教育提质，实现教育蝶变，为贫困山区点燃希望之光

1. 实施"弘远班"计划

自 2017 年，面向全省民族地区建档立卡贫困家庭应届初中毕业生实施了首届"弘远班"计划，招收新生 42 名。2020 年 8 月，42 位学生中 38 人高考成绩超过一本线，文理科一本率达到 90.5%。分别被北京大学、中央民族大学、四川大学、中南大学、兰州大学、厦门大学、郑州大学等名校录取。精准施策，为民族地区学生走出大山点燃了希望。

2. 实施"普通高中民族班"计划

近年来，西北师范大学一附中每年招收 68 人。目前在一附中就读的优质生源有 10 余个少数民族 349 名学生。通过精准扶贫、精准施策，为民族教育发展指明了方向。

3. 实施民族地区高考招生专项计划

通过实施民族地区专项计划培养，返乡就业学生达 25%，为民族地区人才振兴提供支持。例如：通过实施"东乡县民族地区高考招生专项"计划，西北师范大学招收 200 名贫困家庭大学生，现已有 50 多名返乡就业，不仅实现了家庭脱贫，而且为带动民族地区发展提供了强有力的人才支撑，"头雁效应"效果明显。

（三）开展教育扩容，激发内生动力，优质资源共享得以实现

（1）组织"爱在远山"体育美育艺术教育和大学生社会实践活动，让艺术教育走进贫困山区，先后组织 4000 余名师生深入贫困乡村持续开展体育美育艺术教育，活动受到师生和家长的欢迎，社会反响良好。（见图 4）

图4 西北师大校长刘仲奎、副校长邓小娟调研指导艺术教育扶贫工作

（2）运用"互联网＋支教""专递课堂""人工智能教育平台"等信息化手段，开设远程线上教学，提升了当地学前教育、小学、中学全过程基础教育可持续发展能力，解决了偏远山区30余所小学音乐、美术、外语、普通话、人工智能等课程开设面临的信息化程度低、师资短缺、优质教育资源缺乏、教育资源共享滞后、课程开设受限等瓶颈问题，弥补了偏远山区线上共享优质教育资源的短板，促进了教育公平。

（3）通过"点面结合"的教育研究，提高了乡村教师自主研究的能力和水平，为提高教师专业水平和提升教育教学质量的可持续发展提供了条件，为研究破解贫困地区教育高质量发展提供了理论依据和实践支撑。

（4）开展贫困地区"控辍保学"大学生社会实践，通过同吃同住同劳动，激发孩子们学习的兴趣，培养孩子们渴望走出大山的激情。

（5）推进基础教育对口帮扶，完善贫困乡村教育规划，提高教师研究能力和水平，制订适合贫困地区的教育教学发展规划，为教育高质量发展提供了理论支撑。

四、主要经验

（一）发挥自身优势，以教育扶贫促进真实脱贫

学校结合自身优势，积极投身脱贫攻坚主战场，整合校内外资源，积极推进

教育扶贫，彰显了西北师范大学助力脱贫攻坚的特色，取得了明显成效，产生了良好的社会效应和经济效应，是现阶段教育精准扶贫的典型案例和成功案例，具有很强的榜样示范作用，可以在甘肃乃至全国推广。

（二）整合扶贫资源，以高校组团实现教育扶贫目标

西北师范大学与天津大学、中央财经大学、高等教育出版社共同研究、共同部署，发挥各自优势，整合资源，形成合力，主动作为，组团扶贫，把单方的对口扶贫上升为多方的战略合作，有效激发各高校工作活力，实现优势互补、需求配对、资源共享、共同发展，这是高等院校对新时代扶贫工作的有效探索与创新，可操作可复制，具有很强的针对性。

（三）注重顶层设计，以长效机制保障持续扶贫

科学布局、系统设计是对口扶贫取得成功的重要保障。学校高度重视扶贫工作，成立领导小组，建立组织机构，出台帮扶细则，设立扶贫专项经费，选派扶贫干部，定期召开专题会议，领导带头，以上率下，通过发展理念、政策、布局相对接，找到了一条精神与物质、教育与人才双轮驱动，管长远管根本的发展之路，巩固拓展脱贫攻坚成果与乡村振兴有效衔接，找到了教育扶贫的可持续发展之路。

（四）强化组织保障，以校地合作落实教育扶贫实效

构建高效的管理体制和运行机制是西北师范大学精准扶贫取得卓越成效的组织保障，是巩固教育脱贫成果、提升教育教学质量、有效阻断贫困代际传递的重要基础。学校与地方都高度重视，达成扶贫攻坚共识，形成合作方案，彼此沟通协调，强化组织保障，有效推进基础教育的可持续协调发展，把教育扶贫成果压实。

西北师范大学深入贯彻落实习近平总书记扶贫开发重要战略思想，充分发挥社会服务功能，坚持"奋斗即生活、奋斗即幸福"、一代接着一代干的理念，发扬愚公移山精神，聚焦教育扶贫，扶上马送一程，坚定一张蓝图绘到底的攻坚决心，高质量完成脱贫攻坚任务。学校的脱贫攻坚工作，谈的是教育，讲的是政治，干的是民生，体现的是大局，反映的是党性。西北师范大学初心如磐、使命在肩，用汗水浇灌收获、用实干笃定前行，用滴水穿石的韧劲切实为巩固拓展脱贫攻坚成果与乡村振兴有效衔接贡献智慧和力量，为建设幸福美好新甘肃、开创

富民兴陇新局面做出新的更大的贡献。

西北师范大学的教育扶贫工作得到了教育部、甘肃省委主要领导及当地党委政府的充分肯定，也得到了广大干部群众的一致认可，各大主流新闻媒体进行了全方位、深层次、高质量、多频次的宣传报道，社会反响良好。

第二章　以党建促脱贫

大力加强人才培训　打造云南弥渡脱贫样板

——北京大学精准扶贫创新实践

摘　要： 北京大学自 2012 年定点扶贫云南省大理白族自治州弥渡县以来，认真学习贯彻习近平总书记关于扶贫工作的重要论述，将智力扶贫融入思想提升、产业发展、基础教育等关键领域，紧扣弥渡亟须解决的人才问题，开展了一系列精准加强人才培训的探索与实践，为弥渡打赢脱贫攻坚战，实现乡村脱贫振兴提供了强大的人才智力支持。

关键词： 北京大学　智力优势　脱贫攻坚　云南弥渡

党的十八大以来，习近平总书记把脱贫攻坚作为决胜全面建成小康社会的三大攻坚战之一，摆在治国理政的突出位置，亲自部署、亲自挂帅、亲自出征、亲自督战，提出了一系列新理念、新思想、新战略，做出了一系列重大决策部署，对各级各地打赢打好脱贫攻坚战发挥了重大的指导作用。

自 2012 年定点帮扶云南省大理州弥渡县以来，北京大学深入学习贯彻习近平总书记关于扶贫工作的重要论述，在教育部等上级组织的统筹指导下，发挥自身优势，不断加大帮扶力度，将智力扶贫融入思想提升、产业发展、基础教育等关键领域，紧扣弥渡亟须解决的问题，开展了一系列精准帮扶的探索与实践，扶贫工作不断取得新进展，强有力地助推了弥渡县脱贫攻坚。通过卓有成效的工作，2020 年弥渡实现高质量脱贫摘帽。

一、基本情况

弥渡县位于云南省西部，大理白族自治州东南部，国土面积 1523 平方千米，下辖 6 镇 2 乡，居住着汉、彝、白、回、佤等 23 个民族，少数民族人口占总人口的 11.27％。弥渡风光秀丽，气候宜人，矿藏丰富，生态良好，区位优越，历史文化灿烂，发展潜力巨大，素有"文献名邦""花灯之乡""民歌之乡"的誉称，是"东方小夜曲"《小河淌水》的发源地。但其人才基础薄弱，智力资源不足，导致发展面临一系列约束，自身特色难以凸显，前进动力不够强劲。

扶贫必扶智，扶智就是扶思路、扶知识、扶技术、扶人才，帮助和指导干部群众提升综合素质，进而带动当地脱贫致富。要让群众脱贫奔小康，就要不断注入"活水"，而智力扶贫就是这"源头活水"。北京大学充分发挥文化、教育资源优势，始终抓住"智力扶贫"这个治本之策，多管齐下开展教育帮扶，攻坚克难断穷根，打造弥渡脱贫发展的内生动力，为弥渡长久发展凝聚、壮大了主体力量。

二、主要做法

自承担定点扶贫任务始，北京大学党委始终从政治和全局的高度认识做好定点帮扶弥渡工作的重大意义，主要领导亲自抓、亲自部署和推进相关工作。学校综合分析了弥渡县诸多致贫原因中的主要问题，明确"发挥北大智力优势"的帮扶思路，全面落实各项帮扶措施。

（一）以"北大弥渡讲坛"和"博雅耕读乡社"为抓手，提升县乡两级干部思想观念和业务水平

学校充分认识到培养好扶贫干部是学校落实定点扶贫政治任务、履行政治责任的重要组成部分，是北大履行社会责任的体现，必须不折不扣坚决完成。依托智力优势，学校开设面向弥渡县县级领导干部专门的培训平台——"北京大学弥渡讲坛"。（见图1）讲坛结合地方发展实际和学校前沿理论成果，邀请学校知名专家教授纷赴弥渡为当地带来最新的、一流的发展思维和管理理念，以促进弥渡县领导干部提升理论和实践能力。北大弥渡讲坛将最前沿的思考与最基层的县乡治理实践串联起来，为弥渡发展培养了一批批优秀的领导干部队伍。

2016年起至今，该讲坛已开展23期，累计培训5000多人次。例如，2018年10月，中国行政法学研究会副会长、北京大学法学院教授湛中乐以"社会治理与依法行政"为题深入阐述了社会管理向社会治理转变的必然性、社会治理的体制和模式创新等问题；2019年5月，中美问题专家、国家发展研究院党委书记余淼杰教授以"中美贸易摩擦走势与研判"为题，从中美贸易摩擦的动态演变、正确认识中美贸易摩擦、量化分析中美贸易摩擦对中美经济的影响、未来中美贸

易摩擦走向的预测和研判等四个方面进行了深刻讲解。

图1　弥渡讲坛

　　"博雅耕读乡社"是为了解决弥渡县村组干部实践性知识不足问题而打造的知识转化和资源集聚平台。（见图2）培训内容紧贴习近平总书记提出的"产业兴旺、生态宜居、乡风文明、治理有效、生活富裕"乡村振兴要求，邀请党建、产业、电商、医疗、治理、规划等领域的一线专家到村授课，手把手指导村组干部开展村务工作。在"送学到乡"的基础上，学校还组织村组干部赴四川成都、陕西西安等乡村振兴示范点开展实践课程的学习，通过现场教学与理论思考相结合的方式，进一步拓展基层干部的视野，为当地的脱贫攻坚实践提供了高质量的乡村干部团队。

　　第一期课程邀请京东集团生态中心副主任王志刚讲解"互联网＋农村电商生态体系建设"，介绍现代电商环境下农产品在经营理念、产品质量、服务配套等方面的情况；第二期课程邀请北京大学医学部孙宏玉教授跨学科课题组讲解"农村健康生活科普"，介绍现代防病健康理念、心理健康、中医健康、结核病防治、多民族文化健康管理等方面知识，并为50多名村民进行健康检测和咨询；第三期课程邀请北京天下溪教育咨询中心负责人讲解"生态农业专题"，介绍生态农业技术标准、自然农法耕种方式、生态自然教育和在内蒙古自治区开展的农业扶贫模式。中心结合云南省打造绿色食品品牌的主攻方向，选址弥渡县寅街镇勤劳村水库区域先期投资300万元作为绿色生态农场和生态教育旅游试点。通过向农村引入城市人群、向城市提供健康农产品的双向互动模式，激发带动农户学习、参与新的生产生活方式。

图2　博雅耕读乡社

（二）以产业培训和企业帮扶为抓手，提升企业领导员工素养

针对弥渡县产业基础薄弱、高水平管理人才匮乏的现状，北京大学着力发挥师资和校友资源的智力优势，从产业发展规划、企业成长提升等方面帮助弥渡县解决产业发展过程中的实际问题，改善营商环境、提高产业研判能力，帮助带出一支懂管理、善经营的干部和企业队伍。

北京大学邀请光华管理学院战略管理系、金融系、管理科学与信息系统系、贫困地区发展研究院知名教授为当地私营企业主、乡科级以上领导干部及部分业务部门骨干开展为期4天的企业管理封闭式培训。培训期间，光华管理学院武常岐教授、刘力教授、雷明教授、王其文教授分别以"新时代的创新发展""资本市场与企业投融资""数字信息化管理""数字中国"为题，系统详细地讲解，并赴企业实地走访调研，开展现场教学。通过启发式教学，授课教师将现代管理课程与学员实践经验相结合，为当地企业家和干部构建产业发展和企业管理的思维体系。培训聚焦弥渡县企业家及管理干部的诉求，侧重知识的运用和操作，搭建了学员间分享交流的平台，构建符合发展趋势、体现前沿理论、注重实践创新的培训教育体系，充分利用了北京大学的优势师资资源，解决了弥渡县产业发展过程中的实际问题，有效助力弥渡县脱贫攻坚。

北京大学还邀请EMBA企业家校友代表团到弥渡县调研。代表团考察了弥渡县电商服务中心、山高村正大1100生猪育肥场、众康生物药业白芨种植基地、星火果蔬种植农民专业合作社、柏力思生态农场、春沐源樱桃番茄种植基地等弥渡县重点企业。北京大学校友结合自身优势与当地职能部门、企业建立起"一对一"结对帮扶关系，就文化传媒、土地开发、医疗设施、污水治理等领导开展指导与合作。

（三）以优质教育团队为指导，提升县乡两级教师队伍素养

2015 年，弥渡县已实现了义务教育均衡。但受限于高中教学水平不高等问题，高考平均分和优质高校录取率的结果并不理想，这加剧了生源流失的情况，也增加了学生家庭负担。为此，北京大学组织职能部门、院系、校友和社会力量捐资实施"博雅自强班""梦想中心""博雅图书室""财童计划"等多个项目，助学助教，帮助弥渡县孩子们插上飞翔的翅膀。在团中央、团云南省委的支持下，北京大学选派优秀学生支教，先后安排 7 批共计 19 名学生赴弥渡县一中、二中，在传授知识、树立新风等方面为促进弥渡教育发展做出了贡献。

2018 年 8 月，北京大学筹资 90 万元支持的弥渡一中"博雅自强班"顺利开班。学校协调弥渡一中、北大附中为自强班配备优势师资和教学资源，确保了教学质量和效果，实现了龙头带动效应，直接提升了弥渡县整体教育质量。北大附中党委书记王亚章，高三组地理、中文、数学、英语学科负责人刘晶、张明、马晶和徐雪梅等老师多次专程赴弥渡一中和弥渡二中指导教学工作，跟班听课、现场教学，与各教研组开展专项沟通和教学指导。专家们向当地教师详细介绍了当前高考的改革方向和出题思路，并就高中存在的教学方法、考试研究等薄弱环节提出科学建议。未来，学校将推动北大附中和弥渡县高中教师交流互访常态化，为弥渡县优质高中教育提供源源不断的支持。

三、扶贫经验成效

学校党委高度重视。北京大学党委从政治和全局的高度认识做好定点帮扶弥渡工作的重大意义，主要领导亲自抓、亲自部署和推进相关工作。这是北京大学扶贫工作取得重大成效的根本前提。

坚持问题导向。一是北京大学综合分析了弥渡县诸多致贫原因中的主要问题，明确"发挥北大智力优势"的帮扶思路，全面落实各项帮扶措施。二是针对弥渡不同群体的需求，以县域发展面临的实际问题为导向，深度整合一流教师和优秀校友资源，对弥渡县开展多维度、多层次的智力帮扶。三是学校通过思想

引领改善当地贫困思维、激发内生动力，通过手把手指导解决贫困地区"看得见、摸不着"的发展问题，通过优质群体导入吸引更多社会力量关注、思考、开发弥渡县资源，有力实现了以智力引领思想、以智力集聚资源、以智力带动发展的帮扶理念。

在北京大学的大力帮扶和当地人民群众的一起努力下，2020 年 5 月 16 日，经云南省人民政府正式批准，弥渡县退出贫困县序列。5 月 30 日，未脱贫人口 1247 户 4111 人已达脱贫标准，全县实现高质量干净脱贫。

北大的定点扶贫工作得到了中央及国务院扶贫办、教育部等的充分肯定。在 2018 年、2019 年连续两年中央单位定点扶贫工作考核中，北京大学被评为最高等次——"好"。2021 年 1 月，教育部脱贫攻坚工作领导小组办公室专门致函表彰学校的定点扶贫工作，称赞北大"走出了一条特色鲜明、成效显著的扶贫路子"。2021 年，北京大学国家发展研究院获得"全国脱贫攻坚先进集体"荣誉称号，单位负责同志应邀参加了全国脱贫攻坚总结表彰大会。

北京大学及全体北大人将始终牢记习近平总书记关于扶贫工作的一系列重要论述，认真贯彻落实好关于定点扶贫工作的系列部署安排，持续发挥北大智力优势，为继续写好乡村振兴的大文章做出自己的贡献。

探索干部培训"3+2"模式

——中国人民大学构建干部教育培训体系的创新实践

摘　要： 为深入贯彻落实习近平总书记扶贫开发重要战略思想，助力云南省兰坪县决战决胜脱贫攻坚，中国人民大学充分发挥继续教育特色，搭建学习平台，开展兰坪县干部培训工作。为构建教育扶贫长效机制，学校着力打造兰坪干部培训"3+2"模式。"3"是以兰坪县党政干部脱贫攻坚能力提升系列专题培训、"送智进村"计划暨沧江学术论坛、兰坪县"基层干部网络学堂"等为主要元素的线上线下立体化干部培训体系；"2"是指以共同建设基层党建教育培训基地、党校师资培训基地为主要抓手的培训合作体系。通过"3+2"模式探索，中国人民大学初步形成了"五位一体"、全覆盖的教育扶贫创新体系。

关键词： 干部培训　教育扶贫　长效机制　远程教育

2018年，习近平总书记在打好精准脱贫攻坚战座谈会上指出，打好脱贫攻坚战，关键在人，在人的观念、能力、干劲。贫困地区最缺的是人才。要突出抓好各级扶贫干部的学习培训工作。各级培训方式要有所区别，突出重点。对基层干部，重点是提高实际能力，要多采用案例教学、现场教学等实战培训方式，培育懂扶贫、会帮扶、作风硬的扶贫干部队伍，增强精准扶贫、精准脱贫工作能力。

近年来，为深入学习贯彻习近平总书记扶贫开发重要战略思想，贯彻落实国家扶贫开发战略，深入实施教育部和中国人民大学关于定点扶贫工作部署，协助兰坪县早日实现脱贫摘帽，中国人民大学高度重视对兰坪县的教育扶贫工作，要求全校师生员工提高政治站位，统筹各方力量积极推进。2019年3月，学校党委常委会会议审议通过并向全校印发了《中国人民大学2019年关于协助兰坪县开展教育脱贫攻坚工作的实施方案》，动员全校资源，倾情支持兰坪脱贫攻坚工作。2020年以来，为坚决克服新冠肺炎疫情影响，中国人民大学根据"四个不摘"

要求，本着"兰坪所需，人大所能"原则，与定点联系帮扶的云南省兰坪县共同召开脱贫攻坚对接工作会，精心制定工作方案，坚持探索富有人大特色的教育扶贫模式。相关培训被《人民日报》《中国教育报》等多家媒体报道。

一、工作举措

扶贫先扶智，培训助脱贫。中国人民大学充分发挥干部培训以及远程教育服务优势，优化课程设计，丰富学习内容，搭建学习平台，下沉培训资源，积极构建教育扶贫干部培训新体系。

（一）兰坪县干部赴京培训

2013年以来，中国人民大学每年安排专项资金组织实施兰坪县党政干部脱贫攻坚素质能力提升专题培训，为兰坪县脱贫攻坚战取得最终胜利持续提供智力支持。（见图1）截至2020年，共举办在京面授培训班7期，培训337人次，累计投入经费一百余万元。2019年同时承办了教育部滇西扶贫开发干部培训班，有100名干部参加。本期专题班是在中国人民大学此前一系列富有成效的扶贫工作的基础上举办的，也是中国人民大学扎实推进滇西教育扶贫工作的具体体现。

图1　2019年兰坪县基层干部脱贫攻坚素质能力提升培训班学员正在上课

2020年5月，中国人民大学与兰坪县合作举办"兰坪县宣传工作能力提升培训班""沧江学术论坛——兰坪县领导干部脱贫攻坚素质能力提升培训班"

（见图2）等两期培训。受新冠肺炎疫情影响，本次培训采用线上教学，共438名当地基层干部参加。培训班上，中国人民大学校长刘伟等著名学者聚焦中国经济发展、推进脱贫攻坚与乡村振兴有效衔接、提升讲好"兰坪脱贫攻坚故事"能力等主题，为兰坪县干部决战决胜脱贫攻坚"充电加油"。培训期间，中国人民大学还举行了基层党建教育培训基地、兰坪县基层干部网络学堂、兰坪县委党校师资培训基地的授牌仪式。受教育部相关司局委托，教育部定点扶贫的河北省青龙县、威县的2639名基层干部也参加了同期培训。参训干部纷纷表示，中国人民大学组织的培训，对于基层干部认清当前经济发展及脱贫攻坚形势、理清脱贫攻坚工作思路具有很强的指导意义，接下来，大家将认真消化吸收培训内容，进一步锤炼脱贫攻坚本领，以决战决胜姿态，坚决打赢脱贫攻坚战。

图2 2020年沧江学术论坛——兰坪县领导干部脱贫攻坚素质能力提升培训班学员在线上课

（二）"送智进村"暨沧江学术论坛专项培训活动

中国人民大学在连续多年举办兰坪县党政干部脱贫攻坚能力提升培训班的基础上，进一步创新，选派优秀专家送学上门，开展"送智进村"专项培训暨沧江学术论坛活动。兰坪县委书记马国庆对中国人民大学多年来对兰坪县党政干部教育培训所给予的无私帮助表示非常感谢。（见图3）

图3 兰坪县委书记马国庆等会见继续教育学院一行

"送智进村"专项培训暨沧江学术论坛活动为村一级干部开办以脱贫攻坚、乡村振兴、易地扶贫搬迁安置等为主题的讲座，并开展专题调研活动，进行现场交流，进一步提升兰坪基层党政干部的管理水平和工作能力，受到乡村干部群众的热烈欢迎。（见图4）为了保证沧江学术论坛的持续开展，中国人民大学继续教育学院组织全体员工捐款2万元，专项用于支持学术论坛事宜。这也是兰坪县首次获得专门用于基层干部培训的捐赠基金。

**图4 中国人民大学农业与农村发展学院黄波副教授向当地
村寨干部解读"美丽乡村建设"**

（三）实施兰坪县"基层干部网络学堂"计划

为深入贯彻教育部"教育扶贫、智力扶贫"的指导思想，根据《教育部定点联系滇西边境山区工作总体方案》中的教育脱贫攻坚对口项目安排，中国人民大学继续教育学院经过近半年的设计与制作，推出了为兰坪县基层干部量身定制的在线培训精品工程——"云南兰坪县基层干部网络学堂"。（见图5）该学习平台由专业团队运营，主要负责研发移动学习平台、配备课程资源，提供平台运维服务等。

图5 兰坪县"基层干部网络学堂"启动仪式在通甸镇易门箐举行

平台充分发挥中国人民大学的师资、课程和技术优势，以兰坪县、乡（镇）、村三级干部为培训对象，紧密结合兰坪县基层干部实际工作情况和学习需求特点，确定了"微技术""微服务""微课"的技术体系和课件模式，以移动端学习为切入点，设计了符合基层干部学习习惯的在线培训系统，内容涵盖政治理论、沟通管理、职业素养、法律法规和专业技能等五大模块、29门课程、162个课程视频，学员修满学时可自动打印结业证书。网络学堂操作简单、资源丰富多样，充分考虑到学习者的个性化需求，课程分为选修课和必修课，单课多用"微课"形式呈现，方便学习者利用碎片时间进行学习。（见图6）该项目在交付时，配备了完整的项目说明书，便于基层干部迅速掌握学习方法。平台有针对性地开展履行岗位职责所必备知识的培训，帮助基层干部提高政治觉悟、提升文化素养、增强管理能力、强化业务技能，为兰坪县打赢脱贫攻坚战提供智力指导与帮助。

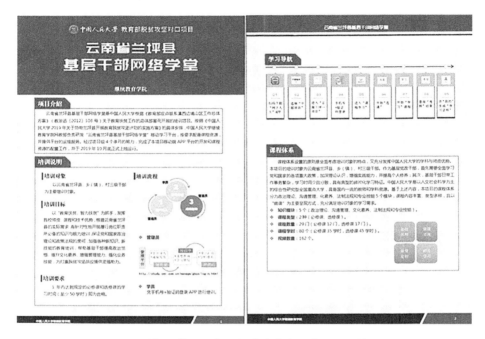

图6　兰坪县基层干部网络学堂内容丰富、操作简单

（四）进行在地化培训基地建设

中国人民大学在兰坪县设立"基层党建教育培训基地"，充分挖掘兰坪县现场教学资源，弘扬当地丰富、厚重的脱贫攻坚优秀事迹和拼搏奉献精神，充分发挥其在党性教育、爱国主义教育中的重要作用。在兰坪县委党校设立"党校师资培训基地"，根据党校师资培训需求制定好相应的培训方案，组织开展培训工作。两个基地作为党员及教师参与乡村教育实践及培养基层党校教师的两大平台，有效促进了双方在党建与业务等方面的合作。

二、特色创新

（一）多措并举精准发力，构建五位一体培训体系

中国人民大学不断探索教育扶贫培训模式，推进教育培训资源下沉。目前，

已构建了以兰坪县党政干部脱贫攻坚能力提升培训、"送智进村"暨沧江学术论坛活动、基层干部网络学堂、共同建设基层党建教育培训基地、党校师资培训基地等为主要元素的"五位一体"教育扶贫创新体系。（见图7）实施来京教育、送智进村、学术论坛、在线学习、社会调研等精准培训，专注于兰坪县基层干部素质能力提升，推进教育扶贫"人大特色"的形成。

图7 中国人民大学——兰坪县干部教育培训合作体系图

（二）县乡村干部全纳入，实现培训全覆盖

学校与兰坪县委、县政府紧密联系，紧盯兰坪县脱贫目标任务，深入学习习近平总书记关于扶贫工作的重要论述，进一步明确全县脱贫攻坚的工作重点和政策措施，通过来京培训帮助县、乡级干部提升脱贫攻坚能力。同时，为进一步把扶贫和扶智、扶志相结合，打造脱贫攻坚的内生动力，实施"送智进村"计划，降低培训重心，下沉教育资源，倾心服务于村一级干部的素质提升。"送智进村"为村一级干部开展脱贫攻坚、乡村振兴、易地扶贫搬迁安置等主题讲座，并开展专题调研活动。全覆盖式培训助推兰坪县、乡、村三级干部快速提升脱贫攻坚能力。

（三）线下线上齐发力，实现培训立体化

在开展兰坪县领导干部面授培训和"送智进村"服务村干部的基础上，学校依托现代教育技术和优秀网课资源，为兰坪县基层干部量身定制了"基层干部网络学堂"线上学习平台。平台资源丰富，学习方便，可有针对性地开展履行岗位职责所必备的知识的学习，帮助基层干部提高政治觉悟、提升文化素养、增强管理能力、强化业务技能。通过线上线下立体培训，进一步提升了兰坪干部工作水平和管理能力。

三、成效经验

（一）协同推进促合力

针对脱贫攻坚干部教育培训面广量大、需求迫切的特点，中国人民大学高度重视，举全校之力推动落实。培训工作由学校党委组织部和兰坪县委、县政府牵头，继续教育学院落实，学校名师授课，学校和兰坪相关部门共同保障、协同推进。按照"大培训、宽领域、多层次、全覆盖"的培训思路，建立了与新形势、新任务、新要求相适应的干部教育培训体系。

（二）精准培训助提升

1. 基于需求，精准对接实际需要

多年来，中国人民大学以需求调研为基础，厘清扶贫工作要求干什么、应该怎么干、未来如何干等问题，按照县、乡、村各级干部责任分工和兰坪县域实际，将问题解决和需求满足贯穿于培训全过程，不断优化师资配置，精准确定教学模式，精心策划培训方案，使教学内容有效对应培训需求，教学方案精准对接扶贫工作需要。聚焦于扶贫工作中的焦点、难点，开展不同形式和内容的培训。无论赴京教育、在地培训，还是网络学堂，始终聚焦需求调研、问题导向、分类施策、精准培训。通过系统性学习和针对性研讨，力求把提升精准扶贫、精准脱贫专业化能力贯穿培训全过程，帮助干部掌握精准扶贫脱贫方法，增强扶贫工作的新知识新技能，切实增强培训效果。

2. 精心打磨，完善培训课程体系

依托中国人民大学学科优势和师资优势，根据扶贫培训需求，量身定制、精心打磨课程体系，并不断迭代升级。学校精心设计了干部管理能力、脱贫攻坚、招商引资、产业培育、县域经济、社会治理、群众路线教育等符合当地工作实际、务实管用的专题培训，力求实现课程设置与培训需求零距离、教学内容与培养目标零距离。

3. 优选师资，超强阵容精彩指点

扶贫培训精选优秀师资，教师培训经验丰富，讲授角度抓得准，问题讲得

透，能及时捕捉扶贫工作的刚需、高频和痛点，实现更深入的讨论，进一步紧密结合实际，加速学员实现升维学习和能力迭代，得到了学员的充分认可。

（三）学以致用求实效

脱贫攻坚培训必须紧扣脱贫攻坚中心任务和培训对象岗位需要，防止为培训而培训。对此，中国人民大学积极探索与干部素质提升相适应的培训模式，坚持培训方式多样化、内容科学化。按照适应性、针对性、实效性原则创新教学方式，强化案例式、研讨式、体验式教学，注重参观学习、现场培训、考察调研等，实现理论与实践有机结合，增强培训实效。

四、社会价值

党的十八大以来，中国人民大学根据中央统一部署和教育部有关工作要求，与云南省签订了多轮省校合作协议，并将专项扶贫纳入省校合作总体规划。在助力兰坪决战决胜脱贫攻坚的关键时刻，中国人民大学持续强化教育脱贫攻坚的政治责任，依托办学特色，发挥人才优势，全面参与精准扶贫。通过全盘整合各类资源，推动支援重心下沉，认真落实了国家基础教育资源的共建共享、选派优秀青年教师挂职、设立研究生支教团扶贫支教点、资助经费开展干部培训等多项举措，形成立体化、多元化的扶贫支撑体系，全力助推当地精准扶贫事业，协助对口县域全面提升经济、社会、教育、文化等发展水平，如期高质量实现脱贫目标，努力写好教育脱贫攻坚"收官行动"的奋进之笔。在中国人民大学教育扶贫的"全校一盘棋"体系中，由中国人民大学继续教育学院打造的来京培训、"送智进村"、网络学堂和基地共建等为主要构成的全方位、立体化的线上线下培训体系，为兰坪县经济社会发展持续"充电加油"，为基层干部脱贫攻坚能力提升提供了坚实的智力支持。

破解难题决战贫困　不获全胜决不收兵

——北京林业大学驻村第一书记张骅
带领国家级贫困村致富奔小康

摘　要： 北京林业大学认真学习贯彻习近平总书记扶贫开发重要战略思想，精准选人，将综合素质高、勇作为、擅作为的优秀年轻后备干部张骅同志派驻远新村任驻村第一书记。张骅同志坚决站稳人民立场，坚持以问题为导向，以化解矛盾作为打开工作局面的突破口，以抓党建、聚人心为切入点，以"颜色农业安家、食品加工富家、田园综合体兴家"的三步走模式，描绘产业振兴蓝图，坚决向贫困文化亮剑，用"五位一体"三务公开弘扬新风促和谐，攻坚克难、担当作为，探索出适合远新村振兴的发展模式，带领远新村的贫困群众脱贫致富奔振兴。

关键词： 攻坚克难　担当作为　第一书记

全面建成小康社会，最艰巨最繁重的任务在农村，特别是在贫困地区。全面建成小康社会、实现"第一个百年奋斗目标"，农村人口全部脱贫是一个标志性指标。习近平总书记强调，"贫困地区发展要靠内生动力，如果凭空救济出一个新村，简单改变村容村貌，内在活力不行，劳动力不能回流，没有经济上的持续来源，这个地方下一步发展还是有问题"，① "扶贫不是慈善救济，而是要引导和支持所有有劳动能力的人，依靠自己的双手开创美好明天"。②

一、深入调研求事实，融入群众查穷根

远新村，一个国家级建档立卡贫困村，常住人口 423 户 1250 人，辖区面积

---

① 习近平. 做焦裕禄式的县委书记［M］. 北京：中央文献出版社，2015：17 – 18.
② 中共中央文献研究室. 十八大以来重要文献选编（下）［M］. 北京：中央文献出版社，2018：40.

19 平方千米，耕地面积 9200 亩（1 亩约等于 666.67 平方米，下同），人均耕地面积 6.66 亩，林地 5800 亩。2014 年时，生活在国家贫困线以下的群众总共 58 户 121 人。在 2014—2017 年的 4 年里，远新村仅脱贫了 27 户 62 人，贫困成了制约远新村发展的沉疴宿疾。

习近平总书记 2016 年 7 月 20 日在东西部扶贫协作座谈会上的讲话中指出："打赢脱贫攻坚战不是搞运动、一阵风，要真扶贫、扶真贫、真脱贫。要经得起历史检验。攻坚战就要用攻坚战的办法打，关键在准、实两个字。"而要抓住准、实这两个关键，真扶贫、扶真贫，绝不能坐在办公室里拍脑袋决策，必须深入调研，在群众平时生活方式中挖掘穷根，在田间地头发现问题，然后认真分析，精准施策。

在远新村，党员出席党员大会的情况不是很好，农户档案中的各种数据的逻辑关系混乱，建档立卡贫困户评定不科学、不精准，部分人以贫为荣，产业发展基本为零，等等。从高校到基层，青年干部张骅没有想到有这么多事情需要处理，有这么多困难需要克服。刚到远新村时，在一次组织召开的党员干部大会上，村里老书记说："从北京派这么个第一书记，还没俺孩子大，能干事吗？来到远新他可得听我的，论辈分还得给我叫声叔。"这句话里充满了对刚入村作为驻村第一书记张骅的质疑。张骅同志刚开始入户时，群众只讲面儿上的恭维话，但是当谈到远新村发展存在困难、民主治理存在问题时，大多闪烁其词。更有村民跟他说："张书记，你来俺们远新镀镀金就得了，咱们远新太复杂了，别陷进去了。"如何打开局面，融入远新，融入村民，赢得远新村干部和群众的信任是张骅同志第一个急需破解的难题。面对困难，张骅同志迎难而上，顺利破冰。回想破冰历程，张骅同志总结了三点经验。

第一，唠农村嗑、讲远新话，尽快融入群众。用和教授、学生打交道讲话的方式，很多群众听不懂。张骅同志第一次讲党课，村中党员普遍表示他声音洪亮，PPT 也做得很好看，就是听不明白，跟不上思路。面对这种情况，张骅主动融入，学农家话、唠农家嗑，后来用农家话跟大家讲大田玉米种植能挣多少钱，鲜食玉米能挣多少钱，如何收又如何卖，村民一听就都明白了。他只要有时间就去贫困户家问寒问暖，进行调查研究，甚至在农户赶上吃饭时，能够拿筷上桌，拿瓢喝水。通过这样和群众打成一片，张骅同志终于让村民们相信他来村里是真干事、干实事的，而不是来镀金的。

第二，真情相交、小事做起，建立信任。在入户过程中，张骅同志把群众关心的事情记录在案，树立群众事无小事的理念，无论是调解邻里纠纷，还是解决群众吃穿问题等生活困难，无不尽心而为，并且保持手机 24 小时开机，让群众随时能够联系上他。这样，张骅同志从小事入手，一件一件解决，形成了"小事及时办，大事不过夜"的工作方法，其中大事不过夜不是说什么事都能办，而是一定要给群众一个说法。这样，张骅同志两年来给群众办理了 100 多件实事，逐步赢得了群众的信任，群众敢说心里话，把张骅同志当成了他们的知心人。

第三，勇于担当、直面矛盾，树立威信。对于群众矛盾，张骅同志绝不回避，而是积极应对，从不手心向上。对于群众不理解的政策反复宣讲，让群众真正了解。对于推进的各项改革，深入群众，推心置腹，让群众真心信任。远新村村民反映说："有困难找张书记，张书记这人特好打交道。"对于不当诉求、撒泼要赖，张骅同志则以理服人，以法明人，让每一个群众懂规守法。对此，有村民形象地说："现在到村部瞎闹、哭嚎没用，张骅书记特别公正，不合理不合法的，咋折腾都没用。"于是，村里要推的项目得到群众认可，要干的事业得到群众支持。

二、建强堡垒聚人心，夯实党建创活力

通过抓好党建促进脱贫，是贫困地区脱贫致富的一条重要经验。习近平总书记强调，越是进行脱贫攻坚战，越是要加强和改善党的领导。要深入推进抓党建促脱贫攻坚工作，选好配强村"两委"班子，培养农村致富带头人，促进乡村本土人才回流，打造一支"不走的扶贫工作队"。

党的建设是基层工作的重中之重，只有把基层党组织建强、建好，把人民群众牢牢团结在党的周围，各项工作才能落实。远新村党员人数偏少，全村 1250 人中党员仅有 30 人，党员人数不足全村人数的 3%。如何把群众牢牢团结在党组织周围是张骅同志带领村民脱贫要破解的最核心问题。

张骅同志意识到，打铁还需自身硬，一个好的村级班子至关重要。在提升基层组织力上，明确村"两委"的责任义务，按照乡镇站办所职能进行分工，清晰村书记和驻村第一书记工作关系，杜绝村干部推诿扯皮而导致群众事情无人管的现象。明确每个月 26 日为党员固定日，严格党员的组织生活，对"三不"党员稳妥有序地进行清退。认真落实"四议两公开"制度，每次党员大会的第一项都是党员联系群众情况汇报，把人民群众对美好生活的向往作为党支部的工作准则和奋斗目标。

张骅同志在走访调研中发现有很多群众自发形成了松散的组织，例如喜欢种

地的群众组建了微信群相互交流种植经验，喜欢跳广场舞的阿姨们也自发在一起活动，等等。为了充分利用这些现有的松散组织把群众团结在党周围，张骅同志带领村党支部安排优秀党员专人对接；对于群众有需求但未形成组织的，党支部牵头组建。两年时间里，党支部牵头组建了远新种植专业合作社、远新集体经济股份合作社、远新秧歌队等，对接了棋类协会、广场舞群等，把每一个群众牢牢团结在党组织周围。

在处理党支部、党员和群众关系上，张骅总结出党支部带领党员、党员带动群众工作方法。他说，"领"和"动"意义不同。"领"即领导，通过建强党支部系列举措，领导党员提升党性和综合素质。例如，他要求全体党员在每次大型学习活动前，必须奏唱国歌、重温入党誓词、佩戴党员徽章，明晰党员身份等内容。"动"是带动，一定要让群众真正明白"幸福不会从天降，好日子是干出来的"，绝不是"等靠要"来的。他注重激发群众的内生动力，让群众成为党的事业的支持者和践行者，让群众真正"动"起来，参与到村里的发展中。同时，在村内推进党员示范户、示范路、示范田，以及群众身边好人等，挖掘一批标杆、榜样，让村民有目标、有方向。

张骅同志善于发现人才，并积极动员人才一起参与到扶贫工作中来。张骅同志在了解到村里退伍军人谭景文有能力、有想法建设远新但又有诸多顾虑时，主动上门做工作，一次次登门拜访，用诚意把他从市区大企业中请回村委会，协助推进产业发展和乡村振兴。现在的谭景文在他的帮助下组建了劳务分包公司，精通物流仓储链条运营，工作有声有色，成了村里的致富带头人。

在张骅同志的带领下，通过两年的摸索和总结，远新村党组织的建设工作充满了活力，提炼出以"提升基层组织力、提高乡村基层组织化效能"为目标导向，以"党支部带领党员，党员带动群众"为模式载体，以"党员发挥示范引领作用，群众发挥示范榜样效应"为抓手措施的"双提双带双示范"基层党建模式，该模式得到兴安盟盟委的高度认可，并在全盟推广示范。

三、振兴产业绘蓝图，精准扶贫显成效

没有产业发展，扶贫就缺乏造血机制。产业发展为"零"的现状，是又一个难题。远新产业发展"路"在何方？为了远新村能够一张蓝图绘到底，张骅同志组织编制了《远新村2018—2023年产业发展规划》，为远新村确定了"'颜色农业'安家、食品加工富家、田园综合体兴家"的三步走模式。

第一步，以群众"想干、会干、能干、干成"为出发点，在提高单位亩产效益上做文章。按照"小步快跑，逐步调整种植结构"的思路调研全国玉米市场，以发展"颜色农业"——黑色系农产品为切入点，将黑玉米、黑豆、黑芸豆卖到了北京市场，卖到了北京高校，参与种植的土地亩产值由 800 元提高到 2400 元左右，两年来收益 100 多万元。第二步，依托北京林业大学定点帮扶支持的三条五谷杂粮生产线，高效利用，满负荷利用，自用和代工同步发力，稳定增收。第三步，按照向"荒山要效益，让荒山展绿颜"的理念，探索适合远新村的乡村振兴村域文旅融合发展模板，4 个月的时间硬是带领党员突击队和驻村工作队将下孟荒山营造成集梦幻花海、豆梦空间、采摘部落、玉米迷踪等于一体的"林新创忆园"，开园当年接待游客约 5 万余人次，创造就业岗位 20 余个，当年营利约 20 万元。

同时，为了让每个群众都能够享受到改革红利，张骅同志带领村民进行集体产权制度改革，将村内资产、资源、资金摸清弄准，对远新村户籍 451 户 1308 人逐户核定股权，4481 股量化到人。经过艰辛的努力，成立了兴安盟第一家集体经济股份合作社，为远新村集体经济发展明确了市场身份。2019 年 10 月 21 日，用集体经济营利的收入组织全村分红，13.2 万元分红按股分配，这是远新村历史上的头一次。

对于如何让优质农产品真正进入市场，如何稳定市场供给，一直是张骅在思考的问题。新冠肺炎疫情防控期间，张骅在北京走访了 30 多家超市，结合前期的调研结果，最终形成了"抱团取暖、借船出海"的工作思路，以远新村为中心组织全旗 11 家优质农牧业企业和合作社成立协会，按链条布局，把销售、物流链条嫁接到北京红伟安民等优质企业上，形成共赢局面。号召帮扶科右前旗的在京挂职人员组成临时党支部，整合资源、对接企业，争取订单，主攻北京市场，现在已将产自远新的优质农产品稳定推进至北京市的 5 家超市。

张骅同志还对每一项扶贫任务精准施策、扎实推进。全村"两不愁三保障"100% 全部解决，贫困户 2019 年人均收入突破 8000 元。他争取社会资源，为远新村捐赠 900 余件衣物、49 床夏凉被、40 台血压计，修缮改建中孟 300 余米积水路段、调动无人机完成大面积玉米黏虫灾害防治，争取资金 2 万元成立远新村扶贫基金等。通过系列举措，远新村 2018 年脱贫 21 户 44 人，是前三年脱贫人数的总和，彻底摘掉了贫困的帽子，在 2018 年 12 月以全旗唯一满分的成绩顺利脱贫出列，2019 年年底受到第三方考评组的高度认可！

四、村民自治活力强，弘扬新风促和谐

"扬正气、树新风、真亮剑"是村民自治的主要措施。张骅向"乱开荒""村域环境脏乱差"等"遗风陋习"坚决亮剑，对村里"歪风邪气"零容忍，同时在科右前旗纪委监委的指导下，大力推进"三务"公开制度，将权力关进制度的笼子，规范基层党组织行为，秉承村级大事、小事第一时间向群众公开的原则，让每一个村民都充分了解自己的权利和义务，让每个干部都感受到中央从严治党的决心，树立规矩意识！远新村"五位一体化"三务公开模式及时有效化解了由于消息不对称造成的群众矛盾。也正是全面推进"三务"公开，为脱贫攻坚各项政策高效公正地推进奠定了实施基础。建档立卡贫困户高乐臣说："现在俺们远新村老公平了，评低保、评危房啥都公平，该得的不用找也享受得到，不该得的找也没用，这样就好，心里踏实。"

在平时工作中，张骅把"孝顺父母、脱贫光荣"等理念融入农村民主治理中，在远新村开展"身边最美远新人""成才表率""家风家训"评选活动，组织远新村趣味运动会，把村民从"麻将桌"带到"乡村大舞台"。

在系列举措下，短短三年远新村发生了翻天覆地的变化，不但顺利脱贫摘帽，更是由国家级贫困村成长为全国乡村治理示范村镇、国家森林乡村、内蒙古自治区基层党建参观点、"三务"公开示范点、兴安盟脱贫攻坚示范点，并获得了"兴安盟优秀基层党组织""兴安盟乡风文明示范村"等荣誉。这就是一个国家级贫困村破茧成蝶的故事。

用实干诠释驻村第一书记的使命和担当

——中央财经大学驻玉岗村第一书记田光华扶贫实践

摘　要：田光华是中央财经大学办公室的一名正科级干部，2020 年 3 月开始担任甘肃省陇南市宕昌县哈达铺镇玉岗村第一书记、驻村帮扶工作队队长。到任后，他一心带着村民脱贫致富，帮助村民出主意、想点子，帮他们解决实际困难，成为群众的"知心人"和"好帮手"。他真心做事、真情帮扶，用实际行动感染了当地干部群众，用实干诠释了一名驻村第一书记的使命和担当，先后获得"2020 年度甘肃省脱贫攻坚帮扶先进个人""2020 年度陇南市电子商务工作先进个人"等荣誉称号。

关键词：党建引领　产业帮扶　教育扶贫　第一书记

习近平总书记指出，发展产业是实现脱贫的根本之策。要因地制宜，把培育产业作为推动脱贫攻坚的根本出路。习近平总书记同时强调，发展乡村教育，让每个乡村孩子都能接受公平、有质量的教育，阻止贫困现象代际传递，是功在当代、利在千秋的大事。

田光华是中央财经大学办公室一名正科级干部。2020 年 3 月，正值新冠肺炎疫情形势紧张之时，在得知甘肃省宕昌县哈达铺镇需要中央财经大学派出一名驻村工作人员时，他主动请缨，担任玉岗村第一书记、驻村帮扶工作队队长。到任后，他带领村两委和广大村民大力开展支部规范化、标准化建设，以党建为引领，抓住主要矛盾、解决突出问题；深入农户，全面了解掌握村情民意，为群众排忧解难；依托玉岗村优势，开设电商平台，开展直播带货，全力帮助村里销售土豆粉条、木耳、香菇、蜂蜜等农产品，助推村办企业发展，增加百姓收入，短短 8 个月的时间帮助村里销售绿色农产品 110 多万元，给贫困户分红 11.58 万元，125 户贫困户户均增收 4000 多元；他大力开展教育扶贫，积极争取项目资金，带领村民新建了一所爱心幼儿园，让孩子们在家门口就得到了高质量教育。

田光华用实干诠释着驻村第一书记的使命和担当。2020年9月，田光华受到陇南市脱贫攻坚领导小组通报表扬，陇南市官方微信公众号"陇南发布"报道其先进事迹；2020年12月17日，中央电视台经济频道《经济信息联播》节目"扶贫助农一路同行"系列报道专题报道了田光华扶贫事迹；2021年2月，田光华获评"2020年度甘肃省脱贫攻坚帮扶先进个人"和"陇南市2020年度电子商务工作先进个人"；此外，田光华还获评中央财经大学涌金优秀管理服务奖。

一、扎实开展入户调查，全面掌握村情民意

当清晨的第一缕阳光洒向村子时，田光华已经像往常一样深入农户开始了一天的工作。他随身携带资料袋、笔记本，和工作队员、村干部一起深入农户家中，和村民亲切交谈，详细询问情况并记录下每户村民的具体需求，包括工作、生活和孩子教育面临的困难，全面了解了村子的基本情况和贫困的直接原因。（见图1）晚上，他和包村干部、驻村帮扶工作队、村两委班子研究精准脱贫政策，制订村里的下一步工作计划，为贫困户量身制定脱贫方案，切实把工作做到实处。

图1 入户调研

田光华始终把村里老百姓的事当作最重要的工作来抓。他积极开展扶贫政策宣传，为老百姓讲解脱贫攻坚理论知识、惠民政策、医保报销和看病程序，鼓励

孩子们好好读书，帮助村里高考的学生一起填报志愿，经常为村民答疑解惑。当得知村里有待就业的大学生时，田光华积极与他们交流，想方设法为他们创造就业岗位，和他们一起带领村民发展村办产业、脱贫致富。田光华和工作队队员经常关心村上五保户和遇到困难的特殊家庭，帮助他们劈柴、打扫卫生，领取临时救助金，送去中财大的祝福和爱心，为村民做了很多实实在在的好事。

二、开展支部标准化建设，以党建促脱贫

在田光华的带领下，玉岗村大力开展党支部规范化、标准化建设。以党建为引领，带动贫困户致富、推动乡村振兴。根据玉岗村实际发展需要，他积极联系中财大资产经营（北京）有限公司直属党支部和中央财经大学财政税务学院本科生第一党支部开展支部结对共建。他邀请学校专家学者到村里实践调研，为玉岗村脱贫攻坚把脉问诊，协调31名研究生到村里开展"财经人·济世路——宕昌行"系列调查实践活动，为防止脱贫户返贫提供政策建议，为乡村振兴提供中央财经大学的智慧和方案。田光华把每周三晚上作为党支部的固定学习时间，他带领村两委成员一起学习习近平总书记关于脱贫攻坚的重要论述和重要讲话，宣传脱贫攻坚产业政策，研究解决工作中遇到的困难，进一步增强了玉岗村党支部的理论学习能力，提高了学习水平，使玉岗村党支部成为带动村民脱贫致富的坚强堡垒。

三、壮大村办经济，带领村民一起致富

发展壮大村办产业，让老百姓的钱袋子鼓起来，是一件迫在眉睫的大事。习近平总书记指出，发展产业是实现脱贫的根本之策。要因地制宜，把培育产业作为推动脱贫攻坚的根本出路。哈达铺镇玉岗村的土豆粉条绿色天然、有机无添加、口感好，是助农增收的重点致富产业。2020年以来，受疫情影响，大量土豆粉条滞销，村办合作社周转困难，老百姓收入受到很大影响。田光华看在眼里，急在心上。他深知，产业振兴要做好品牌。他第一时间联系了学校和基金会组织企业为宕昌农产品开展"三品一标"认证、注册商标、发布品牌；积极改进粉条生产工艺，使粉条加工专业化、标准化；重新设计了产品包装，增添了粉条使用的详细说明；创新产品种类，一经推出，便受到广大消费者的一致好评，为玉岗村粉条走向外部市场打下了坚实基础。与此同时，他还积极联系学校后勤

食堂，主动与校友对接，多次开展直播带货，动员亲友购买，用实际行动为宕昌农产品代言。（见图2）此外，为降低运输成本，他主动与快递企业联系，尽最大努力把利润留在合作社，留给贫困户。

图2 带货宣传

借助陇南市电商发展的政策东风，在中央财经大学的大力支持下，田光华和玉岗村两委成立玉岗村龙马电子商务有限公司、开设网店，带动广大村民一起创业。经过大半年的努力，现在电商平台每天都会接到订单，村民们天天有活干，月月领工资，数九寒冬也在生产备货，在家门口实现了稳定就业。值得一提的是，玉岗村土豆粉条在短短8个月时间内销售额达110多万元，为村里建档立卡贫困户带来分红收益11.58多元，125户贫困户户均增收4000元以上，并与北京、兰州等地企业建立起长期供货关系，为玉岗村产业发展和整村脱贫致富拓宽了渠道。

为提升产品附加值，增加村集体收入，田光华还带队赴定西、渭源等土豆粉加工企业详细调研土豆鲜粉、方便粉丝等市场需求和加工工艺，积极联系龙口粉丝等龙头企业，对接北京工商大学食品专家，共同研究土豆粉条进行深加工程序和方案，拓展粉条生产的上下游产业链，增强玉岗村产业抵御风险能力。

如何让村办企业带动更多村民致富，把大家的积极性调动起来一起创业，是田光华一直在思考的问题。一次偶然的入户经历，田光华了解到玉岗村附近山上有很多新鲜的野生蕨菜，第二天一大早他就和村民一起上山采摘，鉴定蕨菜的品质。经过和村干部、村民研究，他马上意识到这是一个可以带动贫困户一起做的事情。于是，他积极联系学校和校友资源宣传玉岗村的蕨菜、寻找市场，同时组织村里贫困户投入蕨菜加工产业链，经过采摘、焯水、晾干等工序制作成干蕨菜，设计包装对外销售。功夫不负有心人，在大家的共同努力下，玉岗村的蕨菜成功打开销路，并成功走向兰州、北京市场。两个月时间，玉岗村合作社共加工鲜蕨菜近 5000 斤，为贫困户直接增收 27000 元，为村集体带来收益 25000 元。

田光华充分发挥自身专业特长，结合当地资源和劳动力优势，帮助村里销售粉条、木耳、香菇、蜂蜜等农户家生产的绿色农产品。他带领村合作社成员严控产品质量，规范产品包装，保障快递运输。在他的积极努力下，玉岗村绿色农产品创出了自己的品牌，走出甘肃，打开销售市场，销往北京、上海、广州、哈尔滨等市场，目前已经与光大银行够精彩商城、陇南电商、来三斤等企业建立长期供货关系，实现常态化销售。

四、开展教育脱贫，阻断贫困代际传递

习近平总书记强调，发展乡村教育，让每个乡村孩子都能接受公平、有质量的教育，阻止贫困现象代际传递，是功在当代、利在千秋的大事。为了让村里的孩子们得到高质量的教育，给玉岗村儿童创造一个干净、舒适的成长环境，让村里的学前儿童就近入园，减少村里家庭接送孩子往来镇上的奔波，田光华和村两委班子多次讨论，争取项目资金 35 万元，带领村民在玉岗村改建一所爱心幼儿园。教育部领导和中央财经大学校领导等多次前去调研指导幼儿园建设。2020年 10 月 11 日，玉岗幼儿园正式启用。（见图 3）玉岗村村支书闵东平说，玉岗幼儿园做好了与玉岗村小学教育的衔接，提高了玉岗村学前教育水平，使孩子们树立正确的学习理念，养成良好的生活习惯，为他们今后的学习、成长打下坚实基础。

为了改善学生们的生活和学习条件，田光华积极联系对接学校和教育基金会，为哈达铺中学和玉岗小学 1100 多名学生引进春季、冬季两套校服捐赠；联系学校和社会爱心人士分别于 2020 年 6 月 1 日、10 月 11 日和 11 月 14 日 3 次在玉岗小学开展献爱心活动，向玉岗村学生们捐赠书包、文具、图书等大量文体用品。在田光华的无私付出下，中央财经大学和玉岗小学搭建起长期帮扶的爱心之

桥，长期关爱、跟踪孩子们的成长，帮助他们解决生活、学习上的困难，使玉岗村的小朋友健康快乐地成长。

图 3　建好的幼儿园

五、开展美丽乡村建设，照亮村民前行道路

随着玉岗村整村脱贫、美丽乡村建设的推进和哈达铺红色旅游的宣传推广，居民夜间生活日益丰富，外地游客逐渐增加，各种车辆进出频繁。为切实解决群众夜间出行困难，田光华争取学校专项资金 25 万元，安装太阳能路灯 220 盏，点亮了村民幸福生活的"心路"。太阳能路灯也成了这个美丽小山村的一个新的景观亮点和旅游元素。（见图 4）

作为一名驻村帮扶干部，村子里的百姓过得怎么样是田光华最重要的牵挂。自古忠孝难以两全，2020 年 8 月，田光华的父亲生病住进 ICU，作为儿子，他本应该在床前尽孝，但国家交给他的脱贫攻坚任务他不能放下，玉岗村的父老乡亲他不能放下。在家事和国事面前，田光华选择了舍小家为大家，他匆忙回家安顿好家人，将照顾父亲的工作交给家人，便匆忙返回宕昌，继续战斗在扶贫一线。

作为一名驻村帮扶干部，他始终战斗在脱贫攻坚第一线，一心带着乡亲们脱贫致富，帮他们出主意、想点子，解决实际困难；他认真履职尽责，深入思考研

究，谋划乡村振兴产业规划，助推村办企业发展，全力做好脱贫攻坚与乡村振兴的有效衔接；他用真心做事、真情帮扶，以实际行动感染了当地干部群众，用实干诠释了驻村第一书记的使命和担当。

图4　太阳能路灯

党建引领新产业　破解贫困村经济发展难题

——中国矿业大学（北京）定点扶贫
广西都安自治县琴棋村创新实践

摘　要：中国矿业大学（北京）自2013年起定点帮扶广西壮族自治区都安瑶族自治县后，始终坚持以习近平总书记关于扶贫工作的重要论述为指导，高度重视、凝聚力量，务实进取、创新举措，做了大量卓有成效的工作。2019年以来，学校第一书记挂职的都安自治县龙湾乡琴棋村以党建工作为引领，进一步扩大产业发展路子，以发展跑山鸡养殖产业为抓手，实现了村集体和农户个人双增收，切实巩固了琴棋村脱贫攻坚工作成果。

关键词：党建引领　产业扶贫　模式创新

习近平总书记高度重视基层党组织、党员干部在脱贫攻坚中的战斗堡垒作用和先锋模范作用，明确提出"农村要发展，农民要致富，关键靠支部"①，"脱贫攻坚越到最后越要加强和改善党的领导"②，为我们抓好党建促脱贫攻坚提供了根本遵循。"帮钱帮物，不如帮助建个好支部"③，抓好党建促脱贫攻坚，是贫困地区脱贫致富的重要经验。

一、案例背景

2020年11月，广西壮族自治区河池市都安瑶族自治县（以下简称都安自治县）正式脱贫摘帽。此前，都安自治县是全国扶贫开发重点县、全国深度贫困县、广西极度贫困县，是广西贫困人口和易地扶贫搬迁人口最多、贫困面最广、

---

① 习近平. 做焦裕禄式的县委书记［M］. 北京：中央文献出版社，2015：20.
② 习近平. 在决战决胜脱贫攻坚座谈会上的讲话［M］. 北京：人民出版社，2020：12.
③ 中共中央文献研究室. 十八大以来重要文献选编（下）［M］. 北京：中央文献出版社，2018：47.

贫困程度最深、脱贫任务最重的县份。中国矿业大学（北京）第一书记所在的都安自治县龙湾乡琴棋村位于大石山区深部，全村有 33 个村民小组，432 户 1482 人，其中建档立卡贫困户达到 164 户 620 人，全部都是壮、瑶少数民族。琴棋村各村民小组散落分布在各个山坳间，交通极为不便。全村耕地面积 2166 亩，人均耕地面积不足 1.5 亩。村民以种植玉米为主，辅以红薯、豆类等作物，大部分农户的收入来自劳务输出。2017 年以前，琴棋村没有任何集体产业，没有任何集体经济收入来源。

近几年在当地政府的领导下，村里的基础设施建设和村民的生活较以往有了较大改善，但发展产业仍困难重重，主要受以下因素制约：

（一）交通条件差

琴棋村属大石山区，虽然通了水泥路，但是路窄、坡陡、弯急，雨天湿滑、落石，大车进出较为困难，且琴棋村离最近的国道还有 25 千米的山路，超过 40 分钟车程，严重制约了产业的选择和发展。

（二）缺乏懂管理有技术的劳动力

琴棋村 1482 人中有 760 余人常年外出打工，留在村里的基本都是"老弱病残"，劳动能力差，严重缺乏有管理能力和有技术的人员，发展集体产业的人员动力和能力都十分欠缺。

（三）自然条件恶劣

都安自治县属喀斯特地貌山区，地表不具备完全蓄水能力，给人民生活和生产都带来不便，尤其是琴棋村地处大石山区内部，用水更为不便。一直以来都是通过修建水柜收集雨水来满足日常需要。

（四）基础设施建设落后

由于道路交通等因素的制约，琴棋村基础设施建设一直以来严重滞后，村内多个区域没有手机信号，联系极为不便。有些基础设施老化严重，恶劣天气经常会出现停电的情况。

二、发生经过

（一）充分调研，科学规划

自建立帮扶关系以来，中国矿业大学（北京）校领导带队每年两次到琴棋村实地调研，根据村自身条件，结合都安自治县重点实施的"贷牛还牛"扶贫产业，为琴棋村建起养牛场，明显改善了贫困户生活。2019年，为进一步探索琴棋村特色产业，学校再度发力，在牛养殖业的基础上，拓宽思路，寻找更加灵活和低成本的产业发展路子。2019年9月，琴棋村召开村级集体经济会议，审议通过了发展琴棋村跑山鸡特色产业的决议。

（二）精心组织，有序推进

面对全新的产业发展选择，充分考虑到贫困户的顾虑，第一书记带领村委成员有序推进跑山鸡养殖业各项准备工作，充分利用帮扶资金，搭建好发展平台。2019年10月，中国矿业大学（北京）援建琴棋村跑山鸡养殖示范基地产业扶贫资金到位，660平方米鸡棚开工建设，11月，跑山鸡养殖示范基地通过验收。（见图1）2019年12月，学校党委书记徐孝民同志带队到琴棋村调研跑山鸡产业发展情况，通过支部共建形式，开启党建引领琴棋村跑山鸡产业发展新局面。2019年年底，琴棋村脱贫摘帽的同时，第一批1000只鸡苗进场，揭开了琴棋村发展的新局面。

图1 琴棋村龙收养鸡示范基地

（三）创新模式，赋能发展

2020年1月，在跑山鸡产业逐步走向正轨的基础上，村委会决定停止村集体单一主导的养殖模式，开启村级集体＋农户合作经营新模式。为最大限度解决农户的后顾之忧，村集体负责采购鸡苗、平时鸡蛋销售和跑山鸡出栏后保底回收，农户只负责养殖,平均每只鸡可为农户增收 20 元,按照一户农户饲养 500 只鸡计算,4 个月后可增收 1 万元左右,此次模式的创新极大地激发了农户的养殖热情。村委员联系后援单位积极开展消费帮扶,在 2020 年上半年签订了近百万元的采购合同,通过消费扶贫实现产销对接,为跑山鸡养殖业发展赋能。2020 年 5 月,第一批跑山鸡出栏,村集体保底回收,农户增收效益显著。6 月,2000 只 40 天鸡苗入住新鸡舍,开启新模式下第二轮饲养。

(四)科技护航,提质增效

为了进一步拓展跑山鸡销售渠道,充分挖掘市场需求,中国矿业大学(北京)引导琴棋村全方位打造绿色健康的生活理念,在跑山鸡养殖过程中全程使用有机饲料,同时引入科技手段强化过程监控。2020 年 7 月,琴棋村跑山鸡养殖视频监控直播系统安装调试完毕,采购方可以通过手机端 24 小时查看跑山鸡养殖情况,做到放心采购绿色生态跑山鸡。多家公司在养殖示范基地查看完琴棋村跑山鸡后,跟琴棋村达成跑山鸡意向合同。其中深圳市第三方采购公司一次性签订了总金额近 200 万元的协议。预计养殖户增收 30 万元,村级集体经济增收 30 万元。通过科技手段为跑山鸡养殖业发展保驾护航,提升了跑山鸡养殖业的市场知名度和认可度,为实现可持续发展注入了强大的动力。

三、扶贫路径构建

(一)党建引领,扶贫扶志聚人心

扶贫先扶志,扶志先扶心。中国矿业大学(北京)党委紧紧围绕大学的使命和任务,始终将定点扶贫工作当成一项重要的政治任务高位推进,成立了以书记、校长为组长的定点扶贫工作领导小组,坚持一把手亲自抓、靠前抓。主要领导多次到琴棋村调研,深入农户,想其所想,与村支部共建、共治、共商发展之策,力求从根源上改变贫困户坐、等、靠的思想。让党支部成为龙头,形成"支部 + 村集体 + 贫困户"的模式。2020 年,在学校的支持下,建成了琴棋村党员之家,为村党支部开展工作改善了条件、搭建了平台,密切了村党员和群众的联系。村党员充分发挥先锋模范和示范带头作用,从思想上扶脱贫之志,从实践上扶脱贫之法,有效激发了广大村民依靠劳动脱贫致富的信心和决心。通过党建引领,广大党员同志在产业扶贫中拓宽了视野、提高了党性。

（二）创新模式，精准优化见收益

一是"自己"能做的事情"自己做"。琴棋村在中国矿业大学（北京）的大力帮扶下，充分调动村民的能动性，充分挖掘跑山鸡养殖周边产业潜力，实现产业需求和人力供给的精准对接，带动村民就业增收，将鸡舍鸡棚建设全部交给村民来做，由村干部监督指导，实现了贫困户在家门口务工，切切实实地做到了"肥水不流外人田"。通过引导村民深度参与，让贫村民对跑山鸡产业有了感情基础。

二是摒弃"大锅饭"，变成"自己搞"。根据产业的不同发展阶段，不断优化产业发展模式。从产业伊始以村集体为主，到项目稳定后调整为村集体＋农户的模式，是基于农户心态变化做出的积极调整。前期顺应了农户的观望心理，后期则调动了农户自身提高生产的积极性，让产业能够持续、健康发展，让农户能够有实实在在的获得感，提升他们的满意度。

三是打好"组合拳"，促进"双增收"。要彻底解决农户和村集体的发展问题，不仅要谋划"做什么"，还要想好"怎么做"的问题。中国矿业大学（北京）多次开会讨论，为跑山鸡产业打好产业扶贫＋消费扶贫的"组合拳"，直接实现了 $1+1>2$ 的效果，既解决了"产"，又解决了"销"，抓住了贫困村产业发展产销链上的关键问题。2020 年，中国矿业大学（北京）直接跟琴棋村签订采购合同，没有"中间商"赚差价，所有的利润都归养殖户和村集体所有，是真正意义上的"扶真贫，真扶贫"。既增加了贫困户的收入，达到防止返贫的效果，又直接增加了村级集体经济收入，破解了村级集体经济发展的难题，提高了村级组织发展自身的能力。

四、主要成效

（一）进一步凝聚了思想认识

2019 年，琴棋村摘掉了贫困的帽子，进入全新的发展阶段。在中国矿业大学（北京）帮扶琴棋村脱贫攻坚的过程中，在党建引领下，村党支部想群众之所想，急群众之所急，对外积极联系外部支持，拓展帮扶渠道，对内加强对村民的思想教育和技术培训，村党员和致富带头人也充分发挥示范带头作用，带领全体村民发展产业，让大家的日子越过越好，得到了村民的普遍认可，村支部也成了村民的"主心骨"，全村勤劳致富的氛围越来越浓厚。

（二）进一步提升了产业发展质量

琴棋村的跑山鸡产业从谋划到实施，在短短 10 个月内建成见效，共计建设了 990 平方米的两个屯级养殖示范基地，直接带动 10 户贫困户通过"家门口"打工的方式每户增收 6000～20000 元，并培养出一名致富带头人。新华社、新华网等媒体分别以"大山里的鸡司令""石头王国里的建筑工改行记"等为题对中国矿业大学（北京）帮扶的琴棋村跑山鸡特色产业及新培养的致富带头人进行了专访和报道。

（三）进一步壮大了村集体经济

琴棋村 2017 年前无村级集体经济收入，2018 年村级集体经济收入达 3 万元，2019 年村级集体经济收入达 10 万元，2020 年村级集体经济收入达到 38.1 万元。2020 年 6 月，琴棋村被河池市授予市级示范性农村集体经济组织称号。

五、项目经验和推广价值

（一）脚踏实地做到"党在心中"

习近平总书记指出："要把扶贫开发同基层组织建设有机结合起来，真正把基层党组织建设成带领群众脱贫致富的坚强战斗堡垒。"抓班子、强队伍，树导向、增活力，真正做到"帮钱帮物，不如帮助建个好支部"。通过学校与琴棋村党支部共建，从提高党员思想认识入手，脚踏实地为村民办实事、办好事。党员干部率先垂范，一对一帮扶，建立起"支部＋村集体＋贫困户"的帮扶建设模式。

（二）多方联动下好扶贫"一盘棋"

2016 年，习近平总书记在宁夏考察时强调"发展产业是实现脱贫的根本之策，要因地制宜，把培育产业作为推动脱贫攻坚的根本出路"。这里的"根本出路"一语，凸显了产业扶贫的重要性。但一项好的产业建立却需要思路规划、政策资金支持、技术培训、销售渠道等一系列的联动。将党建引领＋产业扶贫＋消费扶贫有效整合，既解决了产业发展中"产"和"销"的关键问题，又解决了基层党组织人才的培养问题。

（三）授之以渔实现可持续发展

　　贫困地区从脱贫攻坚到乡村振兴，必须实现扶贫产业从"输血"到"造血"的转变，实现扶贫产业从需要扶持到自主市场化运营的转变。中国矿业大学（北京）在帮扶贫困村脱贫过程中，一方面注重大力培养本地人才，从技术到管理提高其专业知识，做到从"留住人"到"吸引人"；另一方面注重进一步借助互联网＋电商＋直播带货等新媒体形式，扩大产业的市场空间，打通日常消费最后一公里，从而实现琴棋村产业循环的可持续发展。

以党支部共建促脱贫

——中国石油大学（华东）定点扶贫
通辽市科左后旗创新实践

摘　要： 中国石油大学（华东）立足于定点扶贫内蒙古自治区科尔沁左翼后旗的实际，积极实施"党支部共建促脱贫"项目，发挥高校师生党支部作用，建强贫困地区基层党支部，带动地方教育科技发展，助力脱贫攻坚。学校通过派驻扶贫干部进行现场组织和协调，选派研究生党支部远程在线参与农村党支部的党员教育、党务管理、"三务"公开、主题党日和扶贫档案等具体工作，组织教工党支部与当地党支部联合开展教育培训、科技服务和各类扶贫援助等，创新形成了"组织领导有推力，支部共建有方法，党员带头有干劲，群众脱贫有实效"的党支部共建促脱贫的成功案例。

关键词： 党支部共建　基层党支部　脱贫攻坚

2015 年，习近平总书记在中央扶贫开发工作会议上指出，抓好党建促脱贫攻坚，是贫困地区脱贫致富的重要经验，群众对此深有感触。帮钱帮物，不如帮助建个好支部。要探索各类党组织结对共建，通过贫困村同城镇居委会、贫困村同企业、贫困村同社会组织结对等多种共建模式，为扶贫带去新资源、输入新血液。

中国石油大学（华东）于 2019 年 8 月定点扶贫内蒙古自治区通辽市科尔沁左翼后旗。科左后旗总面积 11570 平方千米，人口 40.11 万，是内蒙古县域地区蒙古族人口居住最集中的地区之一。中国石油大学（华东）定点扶贫科左后旗以来，在各级部门的指导和支持下，与当地政府通力合作，实施"党支部共建促脱贫"项目，坚持"思想到位、措施到位、投入到位"，通过定向资金投入、重点项目建设、购买帮销产品、培训技术人才等颇有成效的工作，以实实在在的成效融入脱贫攻坚全局工作中，创新形成了"组织领导有推力，支部共建有方法，党员带头有干劲，群众脱贫有实效"的党支部共建促脱贫的成功案例。

一、组织领导有推力，统筹协调科学谋篇布局

（一）细化组织领导，科学制定方案，助推定点扶贫工作进入"快车道"

学校党委高度重视定点扶贫工作，调整扶贫工作领导小组，由党委书记、校长任组长，19 个职能部门为成员单位。学校印发《中国石油大学（华东）2020年定点扶贫科左后旗工作方案》，严格落实每两次党委常委会会议至少有一次研究定点扶贫工作、每周调度一次的要求。参照"抓好党建促脱贫"的成功经验，学校党委通过深入调研，确定了中国石油大学（华东）与地方党支部联合共建促脱贫的工作思路，与科左后旗联合出台《中国石油大学（华东）与科左后旗开展基层党支部共建工作实施方案》，遴选第一批共建党支部，"全国党建工作样板支部"地球科学与技术学院地质系党支部与科左后旗工信局党支部、教育发展中心继续教育党支部与农牧局农业技术推广中心党支部、储运与建筑工程学院气体储运与安全技术研究生党支部与甘旗卡镇塔奔诺义德嘎查党支部分别进行共建。按照工作方案，学校党委统筹协调组织，将 3 组共建党支部预设于脱贫攻坚合作"快车道"上，为脱贫攻坚提供组织保障。学校党委选派 2 名优秀干部到科左后旗任职，现场推进工作，其中 1 人任旗县领导，重点协调组织教工党支部合作共建；另 1 人为研究生党支部原辅导员并担任合作共建农村党支部第一书记，直接参与双方党支部共建。

（二）强化组织监督，及时督察督导，确保定点扶贫工作保持于"稳车道"

学校建立定点扶贫督察督导机制，党委组织部重点督察督导党支部共建成效，纪委、监察处和审计处重点督导项目建设规范性和资金安全，确保定点扶贫工作平稳有序推进。2020 年，分别由党委书记、分管副校长带队共 4 次实地督导，学校各成员单位参与，现场督导扶贫重点项目推进情况和党支部共建成效。强有力的监督督导制度，一方面督促联合共建党支部积极推进工作，助力脱贫攻坚；另一方面确保重点项目和共建项目规范有序，使定点扶贫工作始终处于快速发展的"稳车道"。

二、支部共建有方法，以建代扶夯实基层核心

（一）组织共建，建强基层党支部，为脱贫攻坚提供坚强领导核心

1. 以共建规范基层支部工作，建立农村基层社会治理"强核心"

学校派驻第一书记到岗后，发现塔奔诺义德嘎查村组织工作薄弱，缺少了几个月的专职第一书记（由镇领导兼任），村党支部书记工作干劲不高，村党支委会很难发挥作用，各类会议记录缺失，各类组织制度难以落实，村党支部难以形成强有力核心，这一系列问题的根源在于基层党组织涣散，无法形成强有力领导核心。中国石油大学（华东）派驻的新的第一书记首先召开村党支部和共建研究生党支部联动会议，确定了研究生党员远程参与嘎查村党支部工作的思路，帮助塔奔诺义德嘎查党支部逐步规范组织工作，重点是帮助嘎查村做好文字材料整理、"三务"公开升级和党支部自身建设。嘎查村党支部"三会一课"研究生远程在线参与，研究生还直接参与日常村"两委"工作会议记录、材料整理和文档归纳等。在研究生党员的远程帮助下，塔奔诺义德嘎查党支部工作逐步完善，各类会议记录规范，档案整理有序，为脱贫攻坚顺利开展提供了组织保障。党支部共建之前，塔奔诺义德嘎查"三务"公开效果较差，不仅公开不及时，公开的内容也常常不合适，而且公开栏展示效果很差；联合共建党支部有了云端的研究生，将嘎查村要公开的内容和要求告知研究生，研究生远程在线发布并发回文稿打印张贴，保证了"三务"公开实时、高效和规范发布，嘎查村"三务"公开栏率先在全旗改版实现了索引式发布，并实现网上发布、公开栏张贴和实际工作三同步。（见图 1 - 2）

图1　存在遮挡弊端的旧版"三务"公开　　图2　索引式发布的新版"三务"公开

2. 以共建抓好党员教育培养，培育农村基层干事创业"带头人"

党员是农村干事创业、脱贫致富的带头人，但由于塔奔诺义德嘎查原有党组织工作薄弱，老弱党员比较多，党员带头干事创业整体氛围较差，长期以来党员难以担当脱贫致富的引领旗帜。党支部共建以后，学校发挥组织优势，通过定向投入塔奔诺义德嘎查 80 万元建设村集体养牛场，承包给有能力的党员代为管理，党员在为村集体经济发展贡献力量、发挥党员作用的同时，在实践中也在不断提升思想素质、责任意识和致富能力，且每年能够给村集体带来 8 万元稳定收益金。塔奔诺义德嘎查原本是有 3 年没有发展新党员的不积极党支部，党支部共建后，第一书记和研究生党员以共建为契机，发挥研究生党员的引导优势，手把手教嘎查党支部培养入党积极分子和发展对象，嘎查党支部于 2020 年年底开始发展年轻新党员，为嘎查村党组织长远发展打下了基础。

（二）成果共享，提升地方技术水平，为地方发展提供有力科技支撑

1. 发挥高校教育资源开展技术培训，为地方技术提升做贡献

学校依托自身教育科技资源优势，在党支部共建的基础上，运用高校教育科研成果积极帮助科左后旗开展有效帮扶。学校派驻扶贫干部任科左后旗政府党组副书记，在前方协调组织教育科技帮扶。学校教育发展中心继续教育党支部与科左后旗农牧局农业技术推广中心党支部联合共建，双方党支部致力于发挥高校教育优势对地方开展各类技术培训，学校订制开发"内蒙古自治区科左后旗干部在线学习网"，平台上线 70 门数字化学习课程 200 余个学时，全年 923 名学员注册参训。双方党支部合作，根据科左后旗干部群众个性化需求，统筹校内外优势师资力量，通过直播课堂形式，推出《脱贫攻坚——疫情后的新征程》等系列公益直播讲座。双方适时启动线下培训，全年在中国石油大学（华东）举办"科左后旗青春助力脱贫攻坚""乡村振兴培训班"等系列培训 5 期，共 246 名学员来校参训，总共 200 个学时。2020 年 10 月，在双方党支部的推动下，学校与科左后旗签署合作协议，共建"内蒙古科尔沁左翼后旗党员干部人才培训基地"。（见图 3）

2. 发挥高校科技优势进行成果转化，为地方科技发展做贡献

学校地球科学与技术学院地质系党支部与科左后旗工信局党支部联合共建以来，地质系党支部作为"全国党建工作样板支部"发挥专业优势，运用自身较强科技优势，通过工信局党支部协调，联合学校更多优势资源为地方开展科学技

术服务。地质系课题组开展"科左后旗大青沟成因勘查"研究，其研究成果制作成科普专著为大青沟国家级自然保护区旅游资源的开发和保护提供支撑，推进了当地旅游产业发展。学校组织开展"科左后旗土地荒漠化动态遥感监测"研究，针对科左后旗自然资源、地理气候等条件，开展土地利用与荒漠化状况卫星遥感监测，为当地荒漠化土地防治预测、管理及监测提供科学依据。学校还组织开展高等教育扶贫专项课题——"科左后旗脱贫攻坚战规划咨询研究"，为科左后旗"十四五"工业发展专项规划编制及规划提供咨询服务。2020年5月，学校与科左后旗政府签订《技术转移中心共建协议》，在党支部共建的基础上，依托中心开展系列定制化科技帮扶工作，全年有30余人次赴科左后旗进行科技调研服务。（见图4）

图3　校地合作成立党员干部人才培训基地　　图4　校地合作共建技术转移中心

三、党员带头有干劲，红旗引领激发全民活力

（一）支部共建拉近双方党员间距离，开创红旗遍布新局面

校地党支部联合共建后，党员在共建工作中彼此增进了解，培养了能力，锤炼了党性，提高了服务人民的本领，党员在脱贫攻坚一线插红旗、树标杆。学校研究生党支部与地方党支部开展"共上一堂微党课"主题党日活动，研究生党员通过查阅文献制作"用数据看扶贫"、"用图片看扶贫"和"用思想看扶贫"三个展示我国脱贫攻坚成效的微党课，用于支部党员学习提高。科左后旗党委组织部非常认可学习成效，通过微信公众号向全旗推广，供广大党员学习。学校教工党支部与当地党支部联合开展"重阳节慰问老党员"主题党日活动，高校党支部提供资金和技术支持嘎查村党支部走访慰问当地老党员，既温暖了党员、团结了同志，又唤醒了斗志、促进了工作，在高校党支部的引领帮助下，村党员受到鼓舞，有了更高的激情和斗志投入脱贫工作中。

（二）支部共建拉近党员与群众间距离，开创红旗引领新局面

党支部共建，建强了基层党支部，提升了党员能力素质，其目的在于服务群众，以党员的旗帜引领作用带动地方脱贫攻坚。学校党委结合"不忘初心、牢记使命"主题教育，强调党员要充分发挥先锋模范带头作用，号召党员带头"以购代捐"，通过"e帮扶"等平台采购扶贫产品。在党员的带头引领下，全校积极行动，青年学生组织成立170个帮销团，数万名师生和校友积极购买贫困地区农产品，广大师生校友通过"e帮扶"采购额达160.9万元，学校帮销总额达222.7万元。党支部共建后，党员在共建中带头参与各类扶贫活动：学校教工党支部与地方党支部联合开展捐衣捐物活动，一次性向塔奔诺义德嘎查发放新旧衣物1200余件；学校研究生党支部与地方党支部开展捐赠文具活动，共捐赠价值8000余元的文具（见图5）；学校研究生党支部在学院党委的支持下，联合嘎查村党支部开展电子血压计活动，面向全村所有60岁以上老人赠送血压计，一次性投入15000余元。（见图6）

图5　校地联合捐赠文具活动

图6　党支部共建现场交流会暨捐赠血压计活动

（三）支部共建拉近群众与脱贫间距离，开创全民活力新局面

图7　学校支持建设嘎查村"希望小广场"

图8　校地领导到旗幼儿园现场督导修缮项目

党支部共建不仅带动了党员，更加鼓舞了群众，使得群众脱贫致富的热情更高，干劲更足。研究生党支部与嘎查村党支部共建后，研究生党支部在学校派驻第一书记的协调下，努力调动各类资源帮助嘎查村群众提升内生动力。2020年，利用国家的好政策和中国石油大学（华东）的支持，塔奔诺义德嘎查为所有（48户）贫困户每户争取到1头基础母牛，嘎查村贫困户达到了"户户有产业，家家有牛（或）羊"的目标，老百姓干劲十足，促进了从农村脱贫致富到乡村振兴的发展。学校投入20万元在塔奔诺义德嘎查建设"希望小广场"，给村民带来了休闲场所。（见图7）而且联合党支部在广场树立教育宣传栏，以高等教育的视角向村里宣传外面的精彩世界，引导村里的孩子从小就能看到外面的世界，激励自己刻苦努力。学校还在科左后旗投资100万元用于两所重点公办幼儿园维修改造，大大改善了当地幼儿教育环境（见图8）；校地合作强化地方基础教育，大大提升了当地百姓的幸福指数。

四、群众脱贫有实效，全面开花助力乡村振兴

（一）"扶上马送一程"，稳定脱贫，长远发展

中国石油大学（华东）参与地点扶贫工作时间较晚，但师生党支部与地方党支部联合共建等一系列卓有成效的工作发挥了很好的作用，稳定了脱贫成效，为贫困户长远发展打下了深厚的基础。以重点帮扶的塔奔诺义德嘎查村为例，全村48户贫困户100%实现产业稳定，在集体经济的保证下全部稳定脱贫。党支部共建帮助塔奔诺义德嘎查集体经济从弱到强，嘎查村党支部由弱到强，嘎查村脱贫有了"靠山"，群众致富有了"希望"，为基层稳定脱贫和长远发展提供了保障。

（二）"多渠道带动农民增收"，鼓起钱袋子，走上致富路

"说一千，道一万，增加农民收入是关键。"贫困户的收入是可以直接反映出扶贫成效的，中国石油大学（华东）定点扶贫科左后旗后，学校发挥教育科技帮扶优势，多种渠道带动农民增收，科左后旗2020年所有贫困户全部脱贫。重点帮扶的塔奔诺义德嘎查贫困户2020年人均收入达到1.25万元，较上一年增加近20%，村里普通老百姓的收入也明显增加，老百姓钱袋子鼓了，干劲更足，

致富路越走越扎实。

（三）"建强基层党支部"，基层治理有效，助力乡村振兴

高校定点扶贫，与地方共建基层党支部，以建代扶，加强了地方党支部的建设，基层扶贫的"战斗堡垒"作用更加明显。地方参与合作共建的 3 个党支部在共建中逐步成长进步，持续完善提高，在基层工作中发挥的作用更加明显。塔奔诺义德嘎查党支部进步最为明显，原来相对较弱的党支部进入乡镇"最强党支部"建设序列，嘎查村获得 2020 年旗县脱贫攻坚"红旗村"以及 2020 年通辽市精神文明委颁发的"文明村"称号。

构建"1+1+X"支部共建扶贫新模式

——河海大学助力陕西云阳村脱贫攻坚实践探索

摘 要：在习近平总书记扶贫开发重要战略思想的指导下，河海大学在与陕西省石泉县云雾山镇云阳村党支部结对共建活动的基础上，创新性提出"1+1+X"支部共建行动方案。"1+1+X"支部共建行动方案，是以云阳村党支部"精准扶贫、脱贫攻坚"工作任务为核心目标，以河海大学机电工程学院实验与工程训练中心党支部（以下简称河海大学实验工训党支部）为联系纽带，在充分调研云阳村精准扶贫工作需求的基础上，进行任务分析与分解，并以分解的任务发动常州多个行业特色支部与河海大学实验工训党支部、云阳村党支部共建，以"研、产、商、教"的形式，开展"党建与扶贫有机结合"工作，取得了很好的成效。

关键词："1+1+X"支部共建 扶贫 "研、产、商、教"

党的十八大以来，习近平总书记坚持把脱贫攻坚摆在治国理政突出位置，他强调，消除贫困、改善民生、实现共同富裕，是我党的重要使命，是社会主义制度优越性和党全心全意为人民服务根本宗旨的重要体现。中国共产党从成立之日起就确立了为天下劳苦人民谋幸福的目标，我们搞社会主义就是希望全国人民都过上好日子。现在我国还存在大量低收入群众，全党全社会要继续关心和帮助贫困人口和有困难的群众。

一、案例背景

（一）"1+1+X"支部共建的背景

为深入贯彻落实习近平总书记提出的"精准扶贫、脱贫攻坚"精神，把扶贫开发和基层组织建设结合起来，充分显示出基层党建在扶贫工作中的重要性，并落实《教育部关于做好新时期直属高校定点扶贫工作的意见》，河海大学党委与石泉县委共同组织了 18 个基层党支部开展结对共建活动，河海大学实验工训党支部与石泉县云雾山镇云阳村党支部展开了结对共建。

支部结对共建活动自 2019 年 6 月 28 日开展至今，已经一年有余。一年多以来，支部根据河海大学党委的共建要求，在机电学院党委的领导下，以"共抓基层党建、共同服务群众、共建美丽乡村"为重点，以"党建与扶贫有机结合"为实质内容，以高效、优质地完成"党建扶贫互促，校地合作共赢，优势互补与资源共享，共同发展有成效，党支部共建团队可持续"为党建工作任务，在做好与石泉县云雾山镇云阳村党支部"1＋1"共建活动的基础上，提出"1＋1＋X"党支部共建思路，以"研、产、商、教"多形式做好"精准扶贫、脱贫攻坚"工作。

（二）"1＋1＋X"支部共建的内涵

所谓"1＋1＋X"支部共建，就是以"石泉县云雾山镇云阳村党支部"为"1"，这是支部共建的核心，支部共建的目标就是协助云阳村党支部开展"精准扶贫、脱贫攻坚"工作。以"河海大学实验工训党支部"为"＋1"，"＋1"作为支部共建的纽带，河海大学实验工训党支部将联系云阳村党支部和常州地区特色支部以"精准扶贫、脱贫攻坚"为内容开展工作。"＋X"是根据云阳村精准扶贫的工作分解，联系有能力、有爱心、有担当的常州地区党支部，共同参与支部共建，落实"精准扶贫、脱贫攻坚"专项工作。

（三）"1＋1＋X"支部共建初步方案

在接到与云阳村党支部结对共建的任务之初，河海大学实验工训党支部 11 名党员开了一次特别的组织生活会（见图 1），大家学习了河海大学党委组织部下发的河海委组〔2019〕14 号文件——《关于做好与石泉县基层党支部结对共建活动的意见》，文件要求共建活动的三种组织形式，即充分发挥结对双方党组织的自身优势，定期交流党建工作经验，共享党建学习资料和党建工作信息，提升党建工作水平的组织建设互促形式；每年"联办 1 次主题党日、讲授 1 堂专题党课、形成 1 篇调研报告"的要求，与贫困村党支部开展"三个一"联谊活动的党员干部互动形式；开展各类帮扶，每年至少深入贫困村一次，向贫困村送政策、送信息、送技术、送温暖，做好 2—3 件实事的扶贫帮困互助形式。

根据共建活动的组织形式，为了更好地把握"党建与扶贫有机结合"的要求，河海大学实验工训党支部党员同志们认真学习《习近平扶贫论述摘编》，并一致认为习近平总书记关于扶贫工作的系列重要论述为我国的脱贫攻坚工作指明了方向，为我国脱贫攻坚实践提供了根本遵循原则。

图1　支部共建活动学习讨论组织生活会

通过系统学习，党员同志们深刻认识到按照习近平总书记扶贫论述中的基本要求，共建活动应遵循以下几个基本原则。第一，坚持党的领导，强化组织保证。共建活动既要在学校和学院党委的总揽全局下，也要在石泉县委和云雾山镇党委协调各方、脱贫攻坚指挥的支持下，才能取得优质成效。第二，坚持精准方略，提高共建中脱贫成效。依靠云阳村党支部和深入云阳村的实地调查，因村因户因人施策。第三，坚持发动群众，激发源动力。扶贫和扶志、扶智相结合，协助云阳村党支部，培育贫困群众自力更生意识，提高他们发展生产和务工经商的技能。第四，坚持从严要求，促进真抓实干。第五，坚持党员共建主体，激发齐心共干。第六，坚持社会动员，凝聚各方力量。第七，坚持稳中求进，保持长期的可持续性。

在共建活动的七条基本原则上，大家集思广益又形成了共建活动的初步方案：第一，在机电学院党委的领导和帮助下，尽快与石泉县云雾山镇云阳村党支部陈为保书记联系，商定共建方案，了解云阳村新农村建设与精准扶贫的情况。

第二，在了解新农村建设与精准扶贫情况的基础上，充分联系适合的技术型企业，在得到云阳村党支部的同意下，按照"严格贯彻落实党风廉政建设相关规定，坚决杜绝形式主义和官僚主义，做到不吃请、不扰民、不增加共建党支部所在村或社区负担"的原则，与技术型企业一同实地深入云阳村，为技术与科技扶贫打好基础。第三，在深入云阳村调查的基础上，结合石泉县、云雾山镇和云阳村的特色农业、产业情况开展精准扶贫工作。

二、"1+1+X"支部共建的构建

（一）"1+1+X"支部共建的基础——云阳村的实地调研

支部共建活动的初步方案得到了河海大学机电学院党委的大力支持，通过时任学院党委书记秦进东同志和组织员郭小宁同志的协调沟通，河海大学实验工训党支部很快与云阳村党支部陈为保书记建立了联系，构建了工作微信群，讨论了支部共建与精准扶贫的初步方案（见图2）；同时，在河海大学挂职石泉县副县长孙彦歆同志的支持和帮助下，支部初步了解了石泉县、云雾山镇及云阳村相关产业与农林业发展的情况（见图3），石泉县作为丝绸之路的发源地，鎏金铜蚕的出土，标志着石泉县蚕桑产业历史悠久。云雾山镇及云阳村地处石泉山区，桑葚、黄花菜及菇类种植是其支柱农林产业，发展桑葚、黄花菜及菇类产品的销售和深加工，提高产品附加值是精准帮扶当地的必然要求。

根据初步了解的情况，河海大学实验工训党支部联系了拥有百素臻品牌及发酵果蔬汁专利技术的益蔬益果供应链管理（苏州）有限公司的袁红华总经理，邀请其加入支部共建和精准扶贫团队，袁总欣然接受支部的邀请。百素臻品牌及发酵果蔬汁是一种高科技果蔬汁发酵技术，在优选果蔬的情况下，消毒全果，打浆后与乳酸菌发酵，在调和酸甜口味的同时，保留了鲜果汁的天然乳酸因子和果味，在没有防腐剂和增稠剂的情况下，保鲜期可达5年以上。这一技术对不易保存的桑葚、黄花菜进行深加工极具价值。

在孙彦歆副县长和陈为保书记的邀请下，秦进东书记、郭小宁同志、袁红华总经理和支部书记庄曙东跋涉千里，进入石泉县云雾山镇云阳村进行实地调研。

图 2　与云阳村党支部共建对接

图 3　了解云阳村特色农林产品

（二）"1 + 1 + X"支部共建的任务——精准扶贫的工作分析与分解

经过云阳村、云雾山镇及石泉县蚕桑产业基地的两天紧张考察（见图 4），河海大学对云阳村、云雾山镇及石泉县的农林产业和脱贫攻坚有了更深的了解，河海大学实验工训党支部拟在精准扶贫的工作方面围绕以下几点进行开展：第一，开展桑叶采摘快速技术的科学研究，降低桑叶采摘的强度，提高采摘速度；

第二，开展针对桑葚、黄花菜的乳酸菌的培育，开发桑葚果汁乳酸菌饮品和黄花菜乳酸菌泡菜；第三，利用苏南地区新农村建设的成熟经验，为云阳村、云雾山镇的新农村建设提供规划和思路；第四，对接大型商超，协助云阳村党支部销售桑葚、黄花菜及菇类，以实际的农产品销售带动贫困群众自力更生意识，提高他们发展生产和务工经商的积极性；第五，对接云阳村7名贫困留守儿童家庭，做好扶贫、扶志、扶智工作；第六，做好云阳村11名留守儿童心理辅导和学习辅导工作。

图4　到石泉蚕桑基地调研技术需求

针对以上支部共建和脱贫攻坚任务，在河海大学和机电学院党委的领导下，支部11名党员主动请战，积极分工，并落实各项任务：由工训中心主任兼支部书记庄曙东、工训中心副主任马可同志、张洪双同志、吴斌同志组成桑叶快速采摘技术研发小组，按三步骤完成工作；组建机电学院石泉工作交流群，由孙彦歆副县长和秦进东书记协调，袁红华总经理负责技术开发和企业筹建工作，支部由组织委员顾文斌同志和马亚生同志做好对接工作；考虑到一个支部在人、财、物方面的局限性，根据习近平总书记在2015年减贫与发展高层论坛的主旨演讲中的思想"（扶贫工作）我们坚持动员全社会参与，发挥中国制度优势，构建了政府、社会、市场协同推进的大扶贫格局，形成了跨地区、跨部门、跨单位、全社会共同参与的多元主体的社会扶贫体系"，支部大会创新性提议，在与石泉县云雾山镇云阳村党支部"1＋1"共建活动的基础上，应充分利用常州地区富裕和爱心资源，开展"1＋1＋X"党支部共建，宣传发动多个特色支部通过共建方式，以"研、产、商、教"多形式，为云阳村乃至石泉县的"精准扶贫、脱贫攻坚"工作服务。"1＋1＋X"党支部共建工作由支部书记庄曙东同志和宣传委员冯亚娟同志牵头，每个对接的支部确定1—2名支部党员同志做好联络工作。

（三）"1＋1＋X"支部共建的构建——常州地区特色支部共建

在机电学院党委书记刘丹平的规划和指导下，参与"＋X"共建的常州地区党支部有：

（1）武进区建设局燃气管理站党支部（支部书记严向阳），主要工作是利用苏南地区推进天然气"村村通"、农民集中居住区等新农村建设的成熟经验，为云阳村、云雾山镇的新农村建设提供规划和思路。

（2）武进中医院内科党支部（支部书记钱卫东），主要工作是协助云阳村党支部做好云阳村留守儿童的心理辅导工作。

（3）常州新北区实验中学党支部（支部书记钱产良），常州新北区实验中学是常州市初中学生规模最大、教学质量非常优秀的学校，主要工作是协助云阳村党支部做好云阳村留守儿童扶志、扶智和学习辅导工作。

（4）常州国伟钢构公司党支部（支部书记王国伟），常州国伟钢构公司位于武进礼嘉镇，其钢构产品已用于奥运场馆建设，同时拥有两百亩农业示范园和武南地区果蔬品交易市场，可以协助云阳村党支部做好农业示范园和果蔬品交易的精准扶贫工作，担当云阳村党支部来常州考察新农村建设和美丽乡村建设的向导员。

（5）丰润电器集团党支部（支部书记吴清平），丰润电器集团是著名新科空调的生产企业，具有与大型商超多年合作的经验，协助云阳村党支部对接大型商超，销售桑葚、黄花菜及菇类。

三、"1＋1＋X"支部共建的实施

（一）支部共建之"研"

支部共建之"研"主要是针对石泉县和云阳村的桑叶采摘和桑葚、黄花菜及菇类产品的深加工、提高产品附加值来展开。

关于桑叶快速采摘技术的研究是由机电工程学院实验与工程训练中心党支部承担的，该项目实际投入 5 万元，助力 500 户桑叶采摘用户，目前已完成 10 套初步样机的制作（见图 5），在石泉县后柳镇中坝村刘玉平桑园进行了现场试用。

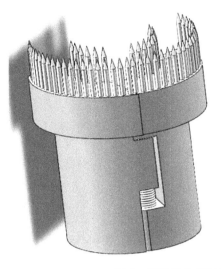

图 5　桑叶采摘样机设计三维图　　图 6　黄花菜益生菌泡菜样品

桑葚、黄花菜及菇类产品的深加工，提高产品附加值方面的研究，是由袁红华总经理领衔的技术团队完成的。技术团队对桑葚果汁、黄花菜泡菜益生菌酵母进行了培育，对桑葚果汁和黄花菜益生菌泡菜（见图 6）进行了市场试用。此外，袁红华总经理还探讨了白菜、洋生姜错位种植和深度加工，助力脱贫致富项目的可行性，为下一步在石泉县选址建厂事宜做好铺垫。

（二）支部共建之"产"

支部共建之"产"主要是利用云阳村山清水秀的天然优势，武进建设局燃气管理站党支部和常州国伟钢构公司党支部借鉴苏南地区新农村建设的成熟经验，为云阳村美丽山村和特色兼具高附加值的农林产品进行创新规划，制定因地制宜发展特色产业策略。同时，支部已邀请云阳村党支部在云雾山镇党委的带领下，适时到常州考察，考察地点为中国十大美丽乡村——常州新北区梅林村（党支部书记王龙虎）、武进万顷良田基地和常州乡村特色旅游基地——嬉乐湾。

（三）支部共建之"商"

支部共建之"商"就是协助云阳村党支部对接大型商超，使农林产品与市民无缝对接，保障村民们收益，实现脱贫致富。云阳村位于石泉县山区，主要农林产品为黄花菜、桑葚、菇类，这些农林产品不易保存，而且产品常常集中上市，因此就算收成好，也难以保证村民们的收益。为此，支部邀请了主要销售农林产品的云雾山镇感恩服务社张胜辉总经理，来常州与苏合生鲜公司易超总经理商谈合作事宜，目前两家企业合作势头良好；2019 年 11 月 21—24 日，袁红华总经理邀请苏果超市专程前往石泉，洽谈了石泉黄花菜设立专柜事宜。为保证"商"路通畅，丰润电器集团党支部根据与大型商超多年合作的经验，协助云阳村党支部对接大型商超，销售桑葚、黄花菜及菇类等农林产品。

（四）支部共建之"教"

教育是阻断贫困代际传递的治本之策。习近平总书记强调："治贫先治愚，扶贫先扶智。贫困地区教育事业是管长远的，必须下大气力抓好。"通过与云阳村党支部陈为保书记的对接，河海大学实验工训党支部了解到云阳村现有 11 名留守儿童，这些儿童的学习和生活有基本保障，但由于长期没有父母在身边守护，在心智心理和学习发展上一定程度上存在欠缺，需要关爱与辅导。这次共建的武进中医院内科党支部协助云阳村党支部做好云阳村留守儿童心理辅导工作。常州新北区实验中学党支部协助云阳村党支部做好云阳村留守儿童扶志、扶智和学习辅导工作。

四、总结与思考

在以习近平同志为核心的党中央的坚强领导下，在遵循"精准扶贫、脱贫攻坚"基本原则的指导下，河海大学实验工训党支部与兄弟党支部通过"1＋1＋X"党支部共建创新活动，在"党建与扶贫有机结合"上获得了很好的成效，这是对扶贫、脱贫的一种有益探索。"路漫漫其修远兮"，河海大学实验工训党支部诚望"党建扶贫互促，校地合作共赢，'研、产、商、教'同行"，把党支部共建团队可持续地发展下去。

发扬西迁精神　情洒南溪河村

——西安交通大学马晓萌同志助力南溪河村脱贫攻坚探索

摘　要： 西安交通大学马晓萌同志作为"西迁精神"的传承者、践行者和撒播者，自担任陕西省最南端的安康市平利县南溪河村第一书记后，殚精竭虑、夙夜在公，把全部热情贡献给贫困群众脱贫致富。两年多来，他对外广泛对接和发动社会资源，对内充分挖掘人才资源、激发群众内生动力，带领南溪河村老百姓脚踏实地地走在脱贫奔小康的路上。他赢得了群众赞扬，获得了组织认可，获评2018年度正阳镇优秀第一书记、2019年度平利县脱贫攻坚优秀第一书记、2018年度陕西省驻村联户扶贫考核优秀等次第一书记、2019年度安康市优秀第一书记。

关键词： 西迁精神　第一书记　南溪河村

2020年4月22日，习近平总书记走进西安交通大学校园，他对交大师生们说："交大人展现出的'西迁精神'，核心是爱国主义，精髓是听党指挥跟党走，真正是与祖国和人民同呼吸共命运。党叫干啥就干啥，打起背包就出发。"

马晓萌同志是一位六旬的老党员，是"西迁精神"的传承者、践行者和撒播者。在党和人民最需要的时候，他听从党的号召，从西安交通大学来到陕西省最南端的安康市平利县南溪河村担任第一书记，殚精竭虑、夙夜在公，把全部热情贡献给贫困群众脱贫致富。即便在母亲生命的最后时刻，他也没有耽误村里的工作。乡亲们称他"马书记"，孩子们称他"马爷爷"。他像一名老兵，在中国脱贫实践中迸发能量、书写精彩，赢得群众赞扬，获得组织认可。短短两年时间，他就被评为2018年度正阳镇优秀第一书记、2019年度平利县脱贫攻坚优秀第一书记、2018年度陕西省驻村联户扶贫考核优秀等次第一书记、2019年度安康市优秀第一书记。平利县委宣传部拍摄专题片《村里来了个"马爷爷"》，陕西省电视台在《我奋斗我幸福》《我的家乡在陕西》节目中，对马晓萌的脱贫攻坚事迹进行过报道，引发共鸣，反响热烈。

马晓萌 1978 年考入西安交通大学，1988 年加入中国共产党，一辈子从事专业技术和企业管理工作，临近退休的年龄来到巴山深处，把参加脱贫攻坚伟大战役作为自己义不容辞的使命，心有家国情怀，情系山村百姓，为尊严而战，为荣誉而战。两年多来，他对外广泛对接和发动社会资源，对内充分挖掘人才资源、激发群众内生动力，带领南溪河村老百姓脚踏实地地走在脱贫奔小康的路上，取得了优异的成绩，是新时代践行"西迁精神"的先进代表。

一、融入百姓，转变角色补功课

马晓萌同志长期在高校工作，无农村工作经验，无基层工作基础，无党政工作经历，调侃自己是"三无"书记。为了能够承担起这份陌生而又神圣的工作任务，尽快转换角色进入工作状态，他到村伊始就深入各个村民小组，上山入户、自报家门，看望群众、促膝交谈，与村民一起吃着苞谷糊就着酸菜，拉家常、问冷暖，听民意、谋发展。他认为熟悉民情、开展工作的最好方法，就是把群众当成自己人，把自己当成村里人，与他们串门唠嗑、真诚相见，以心换心、拉近距离。听说第五村民小组最远，他就约请组长一起徒步 6 个小时往返，熟悉道路，熟悉地形，一路上听组长挨家挨户介绍情况，沿路调查南溪河村的区域特点。两年多来，南溪河村印满了他的足迹，他用两脚丈量南溪河的山山水水，最直观、最直接地熟悉山区生活，"脚下沾有多少泥土，心中就沉淀多少真情"。他以最短的时间熟悉村民的组成情况、贫困户基本构成以及村里姓氏辈分构成和亲戚关系。熟悉村情、民情，深入生产、生活，使他迅速转变角色，和村民打成一片，补上"三无"功课，为针对性地提出脱贫增收好办法打下了坚实基础。

二、各方奔走，狠抓产业促增收

马晓萌充分发挥自己丰富的产业发展经验，通过在南溪河村一个阶段的工作，深刻体会到要巩固扶贫成果，增加群众收入，发展产业才是关键。针对南溪河村产业基础薄弱这一问题，他各方奔走对接资源，寻求产业突破点。

南溪河村从 20 世纪 60 年代开始种茶，近年来在政府的引导和扶持下，新种植近千亩茶园。但是，一直没有形成有效的产业，这直接导致群众对茶园疏于管理。本来能够惠及每家每户的产业项目，一直没有给群众带来有效的增收。带着这个问题,他深入调研茶叶种植历史,多次上山察看种植规模、了解茶叶长势,倾听群众心声,掌握群众心态。通过充分调研,他将解决问题的方法聚焦在建立茶叶加工厂和开拓市场渠道上,让种茶成为老百姓增收的好路子。

为此,他数次到其他村镇学习参观炒茶技术和制茶设备配置,召开青壮年座谈会,登门入户促膝谈心做工作,鼓励村里有志青年创办炒茶车间。2018年年底,他带领村民在村里建立起了两个炒茶车间和一个茶叶专业合作社,并提请镇政府大力协调,获得了30万元的苏陕协作专项支持资金。茶叶加工车间和专业合作社的建立,充分调动了群众的积极性,产生了触手可及、触目可见的经济效益。截至目前,合作社帮助41户建档立卡贫困户167人实现了增收。2019年和2020年前5个月,合作社为种植管理、收购鲜叶、采摘用工、生产加工等综合支出近60万元,全部转化为群众收入。

为了打通茶叶市场渠道,他进茶社走茶庄,发掘市场资源,对接电商建立线上渠道,联系质检和商标注册,发动朋友和上级单位进行消费扶贫。为帮助村里的茶饮产业形成品牌效应、建立稳定市场、拓展销售渠道,他又四处奔走。

着眼长期稳定发展茶饮产业,他精心为南溪河村策划茶叶加工基础设施项目。为此,西安交通大学资产公司投入帮扶资金40万元。他亲自到平利县城,协调各部门资源和手续,引入苏陕协作资金50万元,在比邻集中安置区购置土地、填坑砌砍,建起了一座500多平方米标准钢构厂房,形成的固定资产归村股份经济合作社所有。目前,该项目已进入引进茶叶加工企业招商阶段。积极通过发展规模化茶叶加工业,让更多老百姓从中受益,壮大集体经济资产规模,确保集体资产的保值升值。2020年4月21日,习近平总书记来到陕西省平利县考察,殷切希望"因茶致富,因茶兴业,能够在这里脱贫奔小康",叮嘱"把茶叶这个产业做好"。这一项目的建成,将有力促进南溪河村落实落细习近平总书记指示精神,不辜负习近平总书记的厚望和期待。

三、激发创业,开办工厂保就业

南溪河村是正阳镇脱贫攻坚移民搬迁集中安置区,共安置正阳镇包括本村在内的138户建档立卡贫困户,为了能够实现"搬得出、稳得住、有收入"的移民搬迁目标,建立社区工厂势在必行。马晓萌结合安康市毛绒玩具加工产业的发展方向,主动对接市、县、镇相关部门了解政策,赴成功经营的社区工厂参观取经,在全村范围内挖掘企业经营人才,激发他们立足本土、在"家门口"创业的热情。看到有志青年张碧元在村里建设大面积大通间房屋，了解到他有在大型企业做管理工作的经历，马晓萌抓住这一难得的资源，鼓励他创办毛绒玩具加工企业，带领父老乡亲共同发展，成就个人企业梦想。

2018年12月28日，平利县鑫鑫美源玩具有限公司在南溪河村正式开业，解决了60多名妇女的稳定就业问题。目前，她们月平均工资在2000元以上，实现了一人就业，全家脱贫。2019年鑫鑫美源荣获安康市扶贫示范基地称号，荣获安康市毛绒玩具文创产业发展基金奖金30万元，荣获县、镇脱贫攻坚先进企业和先进个人。

马晓萌心系产业、关心工厂，社区工厂成了他隔三岔五光顾的地方。在工厂，他认真察看生产情况，鼓励工人提高技能、敬业爱岗，与张碧元沟通和分享企业管理经验，为工厂对接外部资源，帮助工厂快速成长。工厂自经营以来订单饱满，疫情刚刚平稳，工厂就于2020年2月18日在平利县带头复工复产，为稳定群众就业和收入发挥了重要作用。

如今，南溪河村群众发展产业的积极性得到了很大的提高，除了特色种植和养殖业外，"铁拐李"馒头、豆腐作坊、潼关肉夹馍、凉皮加工等特色产业纷纷起步发展，因地制宜、因人制宜地自主发展产业的热情高涨，取得了良好的社会效益和经济效益，推动脱贫致富之路向前迈进。

四、情牵教育，阻断贫困再传递

20世纪70年代末，我国恢复高考制度，改变了几十万名青年的命运，1977级、1978级大学生，成为一个时代的符号。1978年走进西安交通大学的马晓萌就切身体会到了"知识改变命运"的滋味。来到南溪河村后，他主动约请正阳镇中心小学原校长王老师挑灯长谈，了解山村教育现状和帮扶需求，随后又与接任的邹校长保持密切联系。通过调研，他从开拓山村孩子眼界和增长见识入手，发动社会各界力量陆续为正阳中心小学、张家坝小学和洪家坪小学募集新课标辅助读物、益智图书、世界名著系列、教师用书等6000余册，价值20余万元。他倡议开办的读书角活动在学生中掀起了读书热，在安康市图书馆的全民读书活动中也受到了表彰。他还在村委会自己的办公室兼宿舍办起了图书室，每个周末和节假日，村里孩子们都高兴地来借阅和看书，年龄小一点的还让马爷爷陪着一起看书。一本书就是一个世界，一本书就是一个窗口，他盼望着这些图书能够打开孩子们心灵的窗户，为理想插上翅膀，陶冶孩子们的情操，使得孩子们掌握更多生存技能，帮助孩子成长成才，报效祖国和家乡。

为了进一步促进正阳镇教育事业的发展，马书记精心为正阳镇中心小学策划了一座山村小学图书馆，发动社会资源进行规划和设计，四处奔走争取援建资金。随着项目落成，山村的书香氛围更加浓郁了。他的情怀影响了从正阳中心小学走出去的有志青年，他们纷纷捐款支持建设，甚至有贫困户都表示在工程施工期间，他们也要出工出力。随着项目的落成，山村的书香氛围将会更加浓郁。

他心中有个梦想，希望通过自己的努力，能够改变几个甚至更多孩子的未来。为此，他再苦再累都值得。如今，正阳镇的学龄儿童都亲切地称他为"马爷爷"。他用实际行动不断朝着自己的梦想前行。

五、汇智聚力，同书扶贫新篇章

马晓萌倡导爱心无大小理念，用爱心唤醒更多爱心，传递爱心，让更多人参与扶贫，让更多人分享爱心带来的快乐。两年多来，他用自己独到的见解和独特的个人魅力，唤起了广泛的社会力量，赢得了一批又一批的爱心人士的捐助。

"新光熠熠，爱心传递"动漫文化爱心活动，全国 20 多家动漫企业为山村孩子捐助 10 万余元物资；专业画家美术送教；"笛声飞扬　爱留正阳"专业音乐老师送教；轮滑运动启蒙训练；"中国好声音"歌手王恺与孩子们共同举办"正阳好童声"演唱会；抖音达人来山村拍摄"山村孩子的梦想"，播出后迎来中山粤达公司和常州中淘公司联合为山村住校学生捐助 150 套纯棉被褥枕头等急需物资；大山里走出来的陕西善阅图书公司张总为孩子们捐助了价值 9 万余元的 2349 册各类小学阶段精美图书；美业人士每年冬天为孩子们寄来护肤霜，为残疾儿童发来高档电暖气……这些看似没有关联的公益和捐助活动，其实都是爱心传递和互动的结果，让南溪河人感动，让更多的社会力量参与脱贫攻坚伟大事业，共同书写脱贫华章。

在"西迁精神"熏陶下成长起来的马晓萌，正是"西迁精神"的传承者、践行者和撒播者。经常有人问他："这么大年龄还这么卖劲是为了啥?"他回答："能把职业生涯的最后时光贡献给脱贫攻坚事业，倍感荣幸，倍加珍惜，不好好干，对不起家人的付出，对不起交大的培养，更对不起党和国家对自己的信任。"他正以自己的实干态度，在巴山深处传承和践行着"西迁精神"。

"三团一队"扶贫模式的探索

——西北农林科技大学定点扶贫合阳县的创新实践

摘　要： 西北农林科技大学深入学习贯彻习近平总书记扶贫开发重要战略思想，围绕高校定点扶贫"谁来扶""怎么扶"等问题，与陕西省合阳县共商共谋，于2018年3月开始探索实施"三团一队"扶贫模式，取得了明显成效。"三团一队"助力合阳县构建"112233"产业布局，有序实现产销对接与三产融合，进一步提高了"三农"人才素质能力和地方"造血机能"。合阳县于2019年5月正式脱贫摘帽，建档立卡贫困户于2020年11月全部实现脱贫。"三团一队"扶贫模式得到了上级部门的肯定、地方部门的认可和社会的好评，入选"第四届教育部直属高校精准扶贫精准脱贫十大典型项目"。原国务院扶贫办在陕西省巡查反馈意见中将其列为"有着积极示范带动作用"的"好经验好典型"。学校2018年、2019年连续两年在中央单位定点扶贫工作成效评价考核中获得最高等次"好"。

关键词： "三团一队"　智力扶贫　机制创新

习近平总书记指出，党政军机关、企事业单位开展定点扶贫，是中国特色扶贫开发事业的重要组成部分，也是我国政治优势和制度优势的重要体现。习近平总书记还就解决好"帮扶谁""谁来扶""怎么扶""如何退"等问题开出"良方"，强调打赢脱贫攻坚战，组织领导是保证；打好脱贫攻坚战，关键在人。习近平总书记特别指示定点扶贫单位要健全工作机制、创新帮扶举措，提高扶贫成效。西北农林科技大学深入学习贯彻习近平总书记扶贫开发重要战略思想，围绕高校"谁来扶""怎么扶"等问题，积极探索良方，经与陕西省合阳县共商共谋，成功探索实施"三团一队"扶贫模式，取得明显成效。

一、"三团一队"扶贫模式组建实施的背景

2012年11月，西北农林科技大学承担了定点帮扶陕西省合阳县的工作，前

期主要通过组织专家去果园里和群众家推广新品种、新技术等方式，帮助农民实现稳定增收。2016 年开始，学校专门成立扶贫工作领导小组、设立扶贫办，对如何有效开展定点扶贫工作进行深入思考和系统谋划。2017 年，学校与合阳县沟通，围绕"谁来扶"、"怎么扶"、如何发挥好"人"这个关键因素等共商共谋。经深入沟通，达成共识：针对合阳县"本土人才缺乏""招才引才难度大""基层急需科技支持"等问题，充分发挥西北农林科技大学组织、人才、科技优势，共同组建"三团一队"，即西北农林科技大学组建"书记帮镇助力团""专家教授助力团""研究生助力团"（原来叫"科技镇长团"），合阳县组建"优秀人才先锋服务队"，"三团"与"一队"加强对接，形成优势互补，共同构成校县智力资源有机融合、整县域推进定点扶贫工作的智力扶贫模式。2018 年 4 月 9 日，合阳—西北农林科技大学"三团一队"集中启动仪式在合阳县体育中心隆重举行，这标志着这一扶贫模式正式运行。

二、"三团一队"扶贫模式的主要做法

"三团一队"扶贫模式突出党建引领、强化科技服务、重视智力支撑、着力校县融合，"三团"由学校选派，"一队"由合阳县选派，校地双方共建共管。

（一）组建"书记帮镇助力团"，突出党建引领

学校认真贯彻习近平总书记关于"打赢脱贫攻坚战，组织领导是保证"指示精神，按照"校党委包县抓总、院党委包镇抓落实、党支部对接村户抓帮扶"的思路，在向合阳县选好用实挂职副县长、驻村第一书记的同时，遴选 20 个相关单位党委书记组成"书记帮镇助力团"，依托本单位学科专家、基层组织的优势资源，对接帮扶合阳县 12 个镇（街道办）和相关部门（见图 1），实施"六个一"工程，即依托一个学院、对接一个镇（街道办）、组建一支专家团队、支撑一个"产学研一体化示范基地"、帮扶一个产业、带动一批贫困人口脱贫，为整县域推进定点扶贫工作提供坚强组织保障。

为了保证"书记帮镇助力团"切实发挥作用，学校党委组织部为团长单位，负责指导督促工作；"书记帮镇助力团"工作纳入党建计划、纳入书记述职考核、纳入政治巡察观测点，使"书记帮镇助力团"工作有压力、有动力、有活力。

序号	帮镇学院	姓名	职务	对接单位	序号	帮镇学院	姓名	职务	对接单位
				"书记帮镇助力团"对接镇（街）一览表					
1	水土保持研究所	杜永峰	党委书记	黄河水利委员会	11	林学院	黄明学	党委书记	百良镇
2	农学院	张海成	党委书记	沂池镇	12	风景园林艺术学院	孙玉坂	党委书记	王村镇
3	植物保护学院	张俊杰	党委书记	城关街道办事处	13	食品科学与工程学院	张振华	党委书记	路井镇
4	人文社会发展学院	王德连	党委书记	城关街道办事处	14	葡萄酒学院	胡俊鹏	党委书记	坊镇
5	资源环境学院	闫德忠	党委书记	同家庄镇	15	生命科学学院	刘卫军	党委书记	甘井镇
6	经济管理学院	张岁平	党委书记	洽川镇	16	成人教育学院	宋西德	党委书记	培训中心
7	园艺学院	黄德宝	党委书记	金峪镇	17	水利与建筑工程学院	李绫英	党委书记	水务局
8	动物科技学院	曹军会	党委书记	黑池镇	18	机械与电子工程学院	戴 军	党委书记	农科局
9	动物医学院	胥耀平	党委书记	和家庄镇	19	信息工程学院	党 青	党委书记	供销合作联社
10	化学与药学院	王进义	党委书记	和家庄镇		团长单位			党委组织部

图1 "书记帮镇助力团"对接镇（街）一览表

（二）组建"专家教授助力团"，强化科技支撑

学校深入贯彻习近平总书记关于"发展产业是实现脱贫的根本之策"的指示精神，从相关学科专家中遴选168名副高级以上职称专家组成"专家教授助力团"，按照"1＋14＋14＋N"的工作思路（依托合阳县葡萄试验示范站建立1个产业扶贫示范基地，围绕合阳县域特色产业组建14支科技帮扶团队，依托合阳县现有现代农业园区建立14个"产学研一体化示范基地"，结合地方发展实际开展N项具体帮扶措施，见图2），校县合力构建"政府＋大学＋产业园（合作社）＋贫困户"科技扶贫路径。

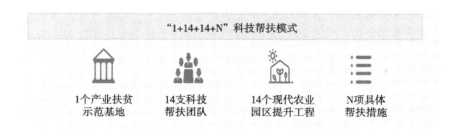

图2 "1＋14＋14＋N"科技帮扶模式

为了使科技帮扶落到实处，学校为每个团队每年提供不少于5万元的科技扶贫项目经费，支持其建设"产学研一体化示范基地"（见图3）、开展免费技术培训，实现真扶贫、扶真贫、真脱贫。

图3 建设"产学研一体化示范基地"

(三) 组建"研究生助力团",筑牢校地联络纽带

学校贯彻习近平总书记关于"当代青年要有所作为,就必须投身人民的伟大奋斗"的指示精神,以开展定点扶贫工作为契机,每半年遴选一批15人左右的优秀博士生、硕士生组成"研究生助力团",派驻合阳县乡镇一线,顶岗12个镇(街道办)、相关部门副职领导,协助"书记帮镇助力团""专家教授助力团"落实相关任务,协助地方开展乡村调查及农户状况调研,参与地方文化建设及科普活动,加强校地联络,将"脱贫攻坚主战场"作为"立德树人大课堂",让青春汗水挥洒在脱贫攻坚一线。

为了保障研究生助力团工作落到实处,指导研究生更好地开展工作,校县双方共同为研究生助力团成员每人每月发放4000元工作补助;双方共同制定《研究生助力团管理办法》,明确"六个一"工作要求[每人包联1个贫困户,每半个月召开1次工作例会,每个月走访1遍所辖农业园区(联系村),每个月举办1次主题活动,每个任期形成1篇调研报告,每人指导管理1块科技示范田(见图4)];学校每年为研究生助力团配套10万元团队工作经费,为每位助力团成员一次性提供1000元交通补贴,选聘合阳县镇(街道办)、部门负责人为校外实践指导教师。截至目前,已向合阳县累计选派六批93名研究生助力团成员。

(四) 组建"优秀人才先锋服务队",提升合阳"造血机能"

为深入贯彻习近平总书记关于"脱贫攻坚既要扶智也要扶志,既要输血更要

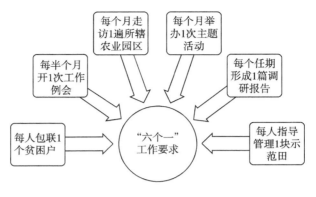

图4　"六个一"工作要求

造血"的指示精神，西北农林科技大学在积极选派人才、加强"输血"功能的同时，充分发挥自身资源优势，重视培养人才、提升"造血"机能。在校县充分沟通下，合阳县委组织部从农业、教育、卫健等部门选拔148名政治素质高、业务能力强、热心服务基层的本土行业骨干，组成"优秀人才先锋服务队"，对镇（村）巡回开展行业服务，提供政策咨询和技术指导，跟随学校选派的专家教授学习相关知识，与"三团"形成对接联系，开展精准调研，参与精准施策，参加精准扶贫。

学校通过在合阳县建立"农民发展学院合阳分校""合阳—西农乡村振兴学堂"等形式，加大对"优秀人才先锋服务队"的培训力度（见图5、图6）；合阳县通过组织"优秀人才先锋服务队"成员申报"三五"农业人才等形式，加大培养教育力度。双方共同努力，把学校科教"输血"作用变成合阳县的"造血"功能，为合阳县培养一支脱贫攻坚中的"领头雁"，打造一支"永久牌"扶贫工作队。

（五）发挥"三团一队"有机整体功能，形成校县合力

"三团一队"是一个有机整体，"书记帮镇助力团"是"火车头"，重点发挥党建引领、战斗堡垒、组织保障作用；"专家教授助力团"是智力支撑，是对接帮扶定点扶贫工作中解决技术问题的重要依靠；"研究生助力团"是常驻式扶贫队伍，是校县对接的桥梁纽带，是学校掌握情况、传达信息的重要枢纽；"本土优秀人才先锋服务队"是地方脱贫攻坚的"领头雁"，是学校"输血"功能向地方"造血"功能转变的重要"转换器"。（见图7）

图5 合阳县村党支部书记、村委会主任培训班　　**图6 合阳县贫困村致富带头人培训班**

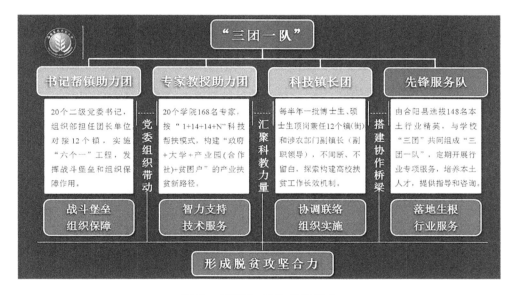

图7 "三团一队"扶贫模式

"三团一队"扶贫模式中，"三团"与"一队"互为支撑、有机融合，能够有效发挥综合作用。在此基础上，双方形成了整县域推进定点扶贫工作的强大合力。

三、"三团一队"扶贫模式实施以来的成效

"三团一队"扶贫模式实施以来,取得了明显成效,得到了上级部门的肯定、地方部门的认可和社会的好评,主要体现在四个方面。

(一)党建引领形成全员参与脱贫攻坚的良好局面

校县共建"三团一队"以来,校党委班子成员主动带头,各级组织、专家教授、师生党员积极参与,将脱贫攻坚战场当作"不忘初心、牢记使命"主题教育实践基地。党委常委会专题研究扶贫工作20余次,班子成员开展扶贫督导调研50余人次,20个"书记帮镇助力团"成员单位班子成员深入合阳一线对接帮扶200余人次,41个党支部与村(户)建立了稳定结对帮扶关系,师生深入一线直接参与帮扶2600余人次。学校投入帮扶资金1860余万元,购买贫困地区农产品1600余万元,各级党组织、党员干部捐赠树苗、饲料、化肥、电脑、仪器设备、图书等物资价值230余万元。全校已经形成"校党委—院党委—党支部"三级联动促扶贫,党员干部"比、学、赶、超"助扶贫的良好局面。

(二)科技帮扶助力合阳形成"112233"农业产业布局

"三团一队"发挥学科优势、利用智力资源,依托14个"产学研一体化示范基地",紧扣合阳县特色农业产业,在优化提升农业发展模式、改进现代农业管理技术等方面积极作为。2018年以来,累计帮助合阳县引进"瑞阳"和"瑞雪"苹果、"秦薯"系列红薯、无刺花椒、彩色小麦、煲汤粉藕、糯玉米、黑番茄等新品种130余个,推广运用葡萄病虫害绿色防控、樱桃提质增效、小米锅巴加工、葡萄设施栽培、莲稻轮作、甘薯脱毒等技术60余项,解决霜冻补救、果树枯死等急难问题30多个;引进正能集团投资1.5亿元建成30万头生猪生产基地,辐射带动32个现代化产业园区高质量发展。示范帮带46个集体经济扶持村发展壮大,带动8000余位贫困群众实现脱贫。目前,合阳县形成了"112233(1万亩樱桃、10万亩红提、2万亩红薯、20万亩苹果、30万头生猪、30万亩花椒)"集中连片优势农业产业布局;合阳红提、合阳红薯、合阳苹果、洽川乌鳢、洽川九眼莲等优势农产品,合阳葫芦雕刻、纸塑窗花等非遗品牌的知名度和影响力得到明显提升,这些产业的发展兴旺为合阳县全面推进乡村振兴打下良好基础。

（三）"三团"合力助推产销对接与三产融合有序推进

"三团一队"发动师生智慧和校友力量，通过优化产品包装、提升产品声誉、农产品深加工以及帮助策划对接销售贸易活动等形式，助力合阳县农产品产销对接、三产融合。三年来，发动学校师生校友累计购买贫困地区农产品总价值1600余万元；通过策划举办"红薯文化节""红提葡萄节""樱桃大会""农产品投资贸易洽谈会"等活动，帮助提升合阳县农产品声誉；通过打造微盟旺铺、雅购电子等电商平台，发挥 CCTV-7 "我为脱贫出创意"设计大赛产品销售评比"双第一"效应，帮助合阳县销售苹果、樱桃、葡萄等农副产品上亿元。发挥校友企业资源，帮助合阳县引进石羊畜牧公司、正能农牧公司、圆圆食品公司、陕西康盛堂、江苏珐玛、杨凌吉美、铜川三联等企业，以肉猪代养、小米深加工、药材销售等形式，帮助合阳有序实现一二三产业融合。2020年，研究生助力团利用大学生创业团队技术力量，帮助合阳县引进年产5000吨小米锅巴加工厂，助力合阳小米每吨提高附加值2000元以上。

（四）人才培训助力合阳提高了地方"造血机能"

"三团一队"利用"西北农林科技大学农民发展学院合阳分校""职业农民培训学院""西农—合阳乡村振兴学堂"等平台，围绕选苗育种、病虫防治、果园管理等开展各类培训200余场次，为合阳县培训基层干部1100余人，培训技术人员及职业农民25000余人。通过培训，提高了干部的"三农"素质，提升了群众生产技术水平，激发了干群脱贫致富的"内生动力"，提高了合阳自我发展的"造血机能"。目前，148名"优秀人才先锋服务队"成员能力素质进一步提升，200多名新任村干部、致富带头人在西北农林科技大学圆了"大学梦"，宋朋杰、车军礼等8位农民通过高层次培训成为陕西省农业农村厅认定的"高级职业农民"，成长为懂科技、懂管理、懂市场的合阳农村致富带头人。

四、"三团一队"扶贫模式的创新点

以"三团一队"扶贫模式为核心的定点扶贫新机制，具有以下三个创新特色。

（一）聚焦"人"这个核心要素，有效破解地方人才难题

"三团一队"扶贫模式紧扣习近平总书记关于"打好脱贫攻坚战，关键在

人"的指示精神，充分调动学校和地方的人力资源，按照"柔性引进人才"的方式开展合作，有效回答了高校定点扶贫工作"谁来扶"问题，有效破解了地方"人才瓶颈"。

（二）突出"整县域"定点扶贫，实现高校力量全覆盖

"三团一队"扶贫模式突出"整县域"推进定点扶贫工作，学校三个"助力团"力量分布定点帮扶县的所有镇（街道办），技术力量覆盖全县的主导产业，帮扶模式由"单兵作战"拓展为"集团作战"，实现了人才、科技、智力帮扶的全区域、全方位、全覆盖，实现了高校定点扶贫工作由"点上做亮"到"面上做强"的重要转变，有效回答了"怎么扶"的问题。

（三）紧扣"立德树人"根本任务，探索出高校扶贫新路径

"三团一队"扶贫模式中选派"研究生助力团"的做法，充分利用高校人才与智力优势，突出校地有机融合特色，发挥脱贫攻坚战场"立德树人"功能，实现了扶贫育人双赢目标，该做法已被成功运用到学校省级领导包联帮扶贫困县——陕西省镇巴县。实践证明，选派"研究生助力团"的做法是一条可以复制的高校扶贫新路径。

第三章　农林产业扶贫

八大产业助力贫困村奔小康

——北京航空航天大学帮扶山西省中阳县阳坡村创新实践

摘　要： 北京航空航天大学自2015年开始对口帮扶山西省吕梁市中阳县后，坚持"六个精准"工作要求，靶向发力，精准施策，发展形成了核桃丰产园、肉羊养殖、有机肥生产、电子元器件加工、小杂粮加工、林下养鸡、蚯蚓养殖、黄粉虫养殖八大主导产业，扶贫效果显著。2020年全村脱贫户人均收入达到13194元，比2019年的8830元增长了49%，比2014年的2300元增长了5倍。2020年村集体收益逾50万元，阳坡村被确定为"吕梁市美丽宜居示范村"。

关键词： 精准扶贫　产业扶贫　特色产业　乡村振兴

2015年，习近平总书记在中央扶贫开发工作会议上强调，要坚持精准扶贫、精准脱贫，重在提高脱贫攻坚成效。关键是要找准路子、构建好的体制机制，在精准施策上出实招、在精准推进上下实功、在精准落地上见实效。

一、扶贫背景

阳坡村下辖阳坡、龙天庙、许家梁和野鸡塘4个自然村，距离中阳县城13千米。全村共有人口233户、626人，常住人口不足200人。全村劳动力人口400余人，多以打工为主，兼顾务农，其中，打工人员95%以上举家住在中阳县城，留守儿童1名，无留守妇女。全村耕地面积2668.6亩，林地面积1364亩，核桃林面积746亩，主要种植作物以玉米、谷子和土豆为主；养殖以羊和猪为主，部分农户养鸡。阳坡村共有建档立卡贫困户95户、253人，贫困发生率为40%。致贫原因以因病（31.3%）、缺劳力（22.3%）为主，其次为缺技术和资金（31.3%）、因残（8.95%）及因学（1.5%）等。

2015年北京航空航天大学承担了定点帮扶山西省吕梁市中阳县的工作。学校党委深入学习贯彻习近平总书记扶贫开发重要战略思想，举全校之力抓好定点扶贫工作，突出红色基因结对总基调，坚持产业、科技、教育、人才扶贫总路径，扎实推动护工进京、特产进校、产业进城、车间进村、加工入户，以精准扶贫的坚定举措助力中阳县实现脱贫摘帽。中阳县下枣林乡阳坡村是学校包联的贫困村。6 年来，北京航空航天大学坚持"六个精准"工作要求，坚持靶向发力、精准施策，实现了产业发展的创新，取得了脱贫攻坚工作的胜利。

二、扶贫攻坚工作开展情况

北京航空航天大学高度重视阳坡村的扶贫工作，学校将阳坡村定为重点帮扶村，先后选派三位驻村第一书记；校党委书记曹淑敏、校长徐惠彬院士等多位校领导先后 15 次带队来村调研并开展帮扶工作。（见图 1、图 2）

图 1 北京航空航天大学党委书记曹淑敏接受中阳县贫困群众赠送学校的锦旗

图 2 北京航空航天大学校长徐惠彬慰问下枣林乡阳坡村脱贫户

学校在充分调研的基础上，确定了阳坡村帮扶工作的整体思路——"真对真、实打实、优促优、硬保硬、好带好"。具体如下：

第一，"真对真"，用真情扶真困。只有投入了真情，才看得到真相；抓得到真相，才有可能解决真困。44 名帮扶责任人，每周应至少入户一次；第一书记、驻村工作队员更是要一周 5 天 4 夜全部驻村，与贫困户同吃同住同劳动，了解他们的生活，理解他们的难处，化解他们的烦忧。

第二，"实打实"，用实干做实事。帮扶不是靠嘴说，要靠实实在在地干、踏踏实实地做；只要贫困户有困难，帮扶责任人应第一时间到位，能解决的立马解决，需要代办的，无论远近，帮扶责任人都要一管到底，一时难以解决的应及时上报第一书记和驻村工作队；在村委建立"问题墙""回音壁"，问题经讨论后一旦登上"问题墙"，在所承诺期限内必须解决。

第三，"优促优"，利用优势发展优效。解真困还得靠发展，对于所有贫困户的情况分析一定要深入，致贫原因中什么是主要原因，什么是次要原因？是有劳力缺资金，还是有劳力缺技术？一家家一户户适合发展什么？能够发展什么？必须做到精准：是有养猪技术适合养猪，还是家里地多适合种地，抑或年轻力壮适合外出打工？不仅要找他们的短板，更要找到他们的优势，只有把阻碍优势发挥的因素一一击破，才能为贫困户谋得一个守得住、做得久的发展之路。

第四，"硬保硬"，硬举措保障硬任务。什么是硬任务？实现脱贫摘帽就是最大的硬任务，要保障这一任务的实现，必须有过硬的措施，县委县政府统一布局、全县推进的几大政策就是最硬的措施，金融扶贫、3X＋4145产业发展帮扶、易地移民搬迁、美丽乡村建设等，抓好落实，贯彻到每一户每个人，保证硬措施能够真正落实到位。

第五，"好带好"，以好的项目带动好的发展。阳坡村长期以来受区位偏僻、资源匮乏等因素影响，一直没有支柱型产业，选择一个好项目对阳坡村发展支柱型产业、壮大集体经济、带动整村经济水平都是至关重要的，因此，选好一到两个产业项目是帮扶工作组工作的重中之重。

三、帮扶工作程序标准规范

要实现精准扶贫、精准脱贫，首先要明确各项工作程序。学校对照标准，规范开展以下工作：

在贫困户精准识别工作中，严格按照"一评议两公示一公告一比对"，经过入户精准识别调查，确定贫困户初选名单后，召开民主评议会，进行民主评议并将结果进行全村公示，向上级汇报，经上级核准调整比对后，根据上级公告结果进行第二次公示，确定贫困户。

在贫困户退出工作中，严格按照"一评议两公示一公告"，经过逐户预判核实，贫困户认可，确定贫困户拟退出名单，召开民主评议会，进行民主评议并将结果进行全村公示，向上级汇报，经上级审核公告，经公示后，才能确定贫困户退出。

在村务工作中，坚持"四议两公开"制度，严格落实党支部会提议、村"两委"会商议、党员大会审议、村民代表会议决议，并公开决议结果和实施结果。

资金使用方面，在"四议两公开"基础上，增加"一议一审"程序，一是增加由第一书记、驻村工作队、帮扶责任人、村主要骨干、党员组成的帮扶工作组提议资金使用项目；二是增加在资金项目实施完成后，村务监督委员会进行审议，切实发挥村务监督委员会对于资金使用的监管作用，提升"阳光扶贫"的工作质量。

四、贫困村产业帮扶成效

（一）发展乡村产业，提高村民收入

产业增收是脱贫攻坚的主要途径和长久之策。北京航空航天大学充分利用产业发展帮扶政策，发挥帮扶单位、帮扶企业作用，集中优势资源，紧抓发展机遇，几年来共发展形成八大主导产业和两个幸福工程。2014年贫困户人均收入不足2300元，经过近几年帮扶工作，通过3X+4145产业帮扶发展、金融扶贫委托经营、自主发展养殖等方式，以及村级帮扶项目，村民收入水平有了大幅提升。2020年全村脱贫户人均收入达到13194元，比2019年的8830元增长了49%，比2014年的2300元增长了5倍。

1. 核桃丰产园项目

核桃丰产园共有核桃林746亩，不断加大投入、配套设施、优化品质。通过低产改造、整形修剪、提质包销等措施，提升核桃品质。2020年再增加300亩，为老百姓核桃丰产园深耕、涂白、剪枝、施肥共减支每亩360元，全村746亩，共减支26.8万元，每户约减支1350元。

2. 肉羊养殖产业

依托桃园紫云牧业公司，通过"公司+农户"的形式发展肉羊养殖产业，参与农户连续4年每人每年收益1000元，参与金融扶贫委托养羊的农户连续3年每户每年收益3000元，目前全村共养殖肉羊近13000只。种、养形成规模以后，计划引进高新技术，生产加工高附加值产品。最终实现"种植—养殖—深加工—销售—餐饮"一体的生态循环经济模式。

3. 有机肥生产厂

积极发展有机肥生产，2018年上半年建成阳坡村有机肥厂，年生产能力2万吨，实现村集体经济保底收益 6 万元。以有机肥厂为核心，上游利用动物粪便为发展有机肥生产提供便利；下游通过有机肥施用，发展绿色环保蔬菜、粮食、水果产业，同时为上游提供高品质饲料。

4. 电子元器件村级加工点

北航校友企业昌梁航电新能源有限公司与阳坡村合作建立电子产品村级加工点，生产加工电子元器件，贫困户坐在炕头、动动手指每月人均收入可达 1000元到 3000 元。村级加工点项目在增加农民收入的同时，激发了农民的内生动力，调整了收入结构，增加了纯农业户抗风险的能力。

5. 阳坡村林下养鸡试验基地

林下养鸡试验基地（见图 3）由桃园紫云牧业公司投资建设，基地占地面积21 亩，鸡舍面积 1000 平方米，主要为 7 户农户退耕还林用地，带动了农村土地流转。2020 年 1 期林下散养 1 万只芦花鸡，芦花鸡和鸡蛋均可作为产品出售，采取"公司＋合作社＋农户"模式带动贫困户增收发展。基地试验成功后，在全村全面推行林下散养鸡产业，由公司统一管理，统一销售。

图 3　阳坡村林下养鸡试验基地

6. 阳坡村蚯蚓养殖试验基地

蚯蚓养殖试验基地通过蚯蚓以固体有机废弃物为食物的原理，实现对农作物秸秆、禽畜粪便等固体有机废弃物的零排放、无污染生物转化。蚯蚓养殖以鲜牛粪为主、辅以玉米秸秆及食用菌菌渣。阳坡村蚯蚓养殖试验基地由润通农牧专业合作社牵头，已建成 10 亩牛粪养殖蚯蚓基地，每亩养殖利润达 2.2 万元。该基地试验成功后，将以"公司 + 合作社 + 农户"的合作模式，整村推进蚯蚓养殖，由合作社统一管理，统一销售。

7. 阳坡村小杂粮加工基地

小杂粮加工基地由村级集体股份制合作社牵头，以"合作社 + 农户"的合作模式，种植有机小米 100 亩，生产加工富硒小米及其他小杂粮产品，并计划与平安银行合作，在电商平台上进行销售，引领老百姓发家致富。

8. 黄粉虫养殖

积极发展黄粉虫养殖业，运用"政府 + 北航 + 公司 + 农户"模式，引领 7 户农民在家养殖黄粉虫。该项目共计 4900 盒，年循环养殖 5 次，每户年纯收入 1 万元。

9. 老年照料中心

开办老年照料中心（见图 4），目前全村 70 岁以上老年人有 45 人，有照料需求的约有 20 人。因此，老年照料中心的成立可为每位老人每年减支 4000 余元，全村老人全年可减支 80000 余元。

图 4　阳坡村老年照料中心

综上，阳坡村种植、养殖、有机肥生产目前已形成循环经济体系，村集体经济有机肥厂利用羊场、牛场、鸡场的动物粪便作为原料，有机肥可施用于玉米、谷子；玉米、谷子的秸秆可用作肉羊、肉牛的饲料，通过回收购买老百姓的玉米、谷子秸秆带动村民增收。2019 年由村集体经济有机肥厂循环带动全村脱贫户人均增收 2527 元，这也是 2019 年村民收入的主要增长点。

（二）扶智扶志结合，增强内生动力

扶贫要扶智，更要扶志，作为扶贫"软指标"的内生动力，是看不见摸不着，却是决定扶贫工作成效的一项隐性指标。扶贫工作开展以来，帮扶工作组一直致力于增强贫困户的内生动力。

1. 发展带动

按照工作规划中"优促优"的思路，北京航空航天大学帮扶工作组深入分析每位贫困户自身发展的优势所在，通过帮扶补齐短板、破除阻碍，让其优势得以释放，逐渐树立起"我能行、我要致富"的信念，内生动力油然而生。贫困户许小宏、雷月爱、王爱平、雷海云、刘富生等就是典型案例，他们或发挥养猪技术优势，或发挥加工速度优势，或发挥工程建筑经验优势，在帮扶工作组为其解决资金、项目等难题后，都实现了脱贫摘帽、自力更生。

2. 扶贫爱心超市

2019 年上半年，学校后勤党委向阳坡村捐赠了价值 15 万元的商品，在阳坡村建立起了"爱心超市"，第一书记负责爱心超市的运行管理。"爱心超市"鼓励村民通过参与村集体建设获得积分，利用积分兑换超市商品，一方面满足了村民日常生活用品所需，另一方面调动了村民支持集体建设的积极性，村民"等靠要"思想得到了良好的改善。

面向未来，北京航空航天大学将进一步做好脱贫攻坚和乡村振兴的有效衔接，建立好贫困群众利益联结机制，为实现贫困村稳定脱贫、贫困户持续增收继续努力。

开创农业高校特色帮扶之路

——吉林农业大学精准帮扶好田村发展"双白"特色产业创新实践

摘　要：吉林农业大学针对对口帮扶村吉林省洮南市那金镇好田村的实际，科学设计产业扶贫工作"组合拳"，以"党建扶志助推攻坚，科技扶智助力扶贫"为工作理念，充分发挥农业院校的科教、人才和技术优势，坚持以科技创新和技术示范为引擎，以组织模式和工作模式创新为动力，多措并举，精准发力，积极帮扶好田村"双白"特色产业（玉木耳产业和白鹅产业）的发展，有效助力了好田村如期打赢脱贫攻坚战。

关键词：精准扶贫　"双白"产业　农业高校　乡村振兴

习近平总书记指出，科学研究既要追求知识和真理，也要服务于经济社会发展和广大人民群众。广大科技工作者要把论文写在祖国的大地上，把科技成果应用在实现现代化的伟大事业中。

自全国脱贫攻坚战打响以来，吉林农业大学积极响应党中央号召，充分发挥农业大学的学科专业和人才优势，多措并举、精准发力，探索出了一条有特色、可持续的农业高校精准扶贫之路。以全国脱贫攻坚楷模李玉院士为代表的吉农人累计深入全国各地开展社会服务、科技扶贫 60000 余次，培训各类技术人员 100余万人次，示范推广实用技术 300 余项，催生了一大批支柱产业，有力促进了农业显著增效、农民大幅增收、农村快速发展，赢得了社会各界的广泛认可和良好的社会声誉。《人民日报》、中国教育电视台等多家媒体多次对学校扶贫工作给予报道，学校扶贫工作办公室胡文河教授获得了 2016 年度"感动吉林"人物称号；驻村扶贫工作队被评为 2017 年"感动吉林"特别致敬人物；2018 年，学校精准帮扶模式被教育部评为首批全国省属高校精准扶贫二十大典型；2019 年以来，学校扶贫工作办公室、第一书记分别获得全省脱贫攻坚奖组织创新奖和吉林省事业单位脱贫攻坚专项奖励个人记大功等多项嘉奖。2021 年中国工程院院士、吉林农业大学教授李玉获得"全国脱贫攻坚楷模"荣誉称号。

吉林农业大学把李玉院士团队培育的新品种玉木耳和孙永峰教授为首席专家的吉林白鹅"双白"特色产业项目建立在好田村，为好田村的脱贫培植了可持续发展的"造血"平台。

一、党委统筹，提供发展"双白"特色产业的根本保障

从帮扶工作启动以来，吉林农业大学党委始终坚持把扶贫作为社会主义大学的一项政治责任，作为实现自身社会服务功能的需要，切实把思想和行动统一到党中央和省委、省政府的决策部署上来，统一到"三确保、两不愁、三保障"的脱贫攻坚目标上来，对于好田村的扶贫工作高度重视，这为精准帮扶好田村发展"双白"特色产业提供了切实保障。

一是实施精准扶贫工作"一把手"工程。学校党委书记和校长担任扶贫工作领导小组组长，全面统筹扶贫工作，并把精准扶贫工作列为学校社会服务的重要任务写入"十三五"规划；在校内扶贫工作中，学校党委牵头抓总，扶贫办统筹协调，二级党组织及处级单位负责组织落实，形成上下联动、主动参与的工作氛围。

二是将精准扶贫列入学校重要议事日程。先后召开校党委常委会会议、校长办公会 17 次，专门研究扶贫工作，集体学习相关扶贫文件；校党委书记、校长等校领导带队先后 17 次深入贫困村走访调研，听取扶贫工作进展情况，把握扶贫工作的标准及要求，形成了高度的政治自觉、思想自觉和行动自觉。

三是不断强化精准扶贫工作保障。学校第一时间成立扶贫工作办公室和驻村工作队，择优选派正处级干部为驻村第一书记，驻村工作队精挑细选、优中选优，由副处级干部、科级干部和种植、养殖领域的专家组成，2017 年又从全校机关部门遴选 15 名同志轮流常驻贫困村，统筹协调全校的精准扶贫工作；着眼于扶贫工作的长效机制建设，先后修订《吉林农业大学精准扶贫工作方案》等多个文件，统筹谋划帮扶计划、帮扶措施和帮扶责任，从机制、制度、政策等方面，对精准扶贫工作给予有力保障。学校还设立每年不少于 100 万元的专项扶贫资金，做到干部、人才、技术、资金保障到位。针对好田村大田面积大且集中、水利设施极其不足、扶贫攻坚任务艰巨等多方面因素，学校把高标准农田建设作为扶贫帮扶的一项重要工作，多方协调完成了高标准农田的田间道路、打井工

作，打井 91 眼，从根本上解决好田村种田长期缺水的问题。

二、建强支部，打造发展"双白"特色产业的"主心骨"

打赢脱贫攻坚战，当地基层党组织是扶贫工作的关键基础。扶贫先扶支部，攻坚先筑堡垒。吉林农业大学充分认识到，农村基层党组织是党在农村工作的基础，是党联系贫困群众最扎实的纽带，也是帮扶单位离开后，巩固脱贫攻坚成果的最关键力量。学校在好田村成立吉林农业大学扶贫办党支部，注入资金，加强村部硬件建设，建立党员教育培训基地和科技培训中心，注重带动并培养好田村党支部的建设与发展工作，着力培养、提升村委会的组织、决策和执行能力，形成"一心一意抓扶贫、齐心协力谋发展"的良好氛围，为大力发展村集体经济和加强农民合作组织建设奠定基础，让贫困户实打实地感受到党组织的关怀。

扶贫先扶志，脱贫先立勤，首先要实现思想脱贫。在贫困帮扶工作进展过程中，学校把帮助好田村党建工作业务培训、党支部建章立制，完善办事流程，与好田村党支部建设有效融合、形成合力，三年来，共发展党员 2 名，培养积极分子 4 名。

同时，着力带强村支部书记、带强村"三委"班子成员，带强广大党员，学校党委和那金镇党委在好田村共同开展了三届优秀共产党员和勤劳致富之星、尊老爱幼之星等星级模范人物评选活动，积极弘扬和传播社会正能量，增强贫困户脱贫的信心。通过加强基层党组织、党员队伍、活动载体和阵地建设，提升贫困村党组织和党员的内生动力，好田村党支部在村民中的威信和形象树立起来了，战斗堡垒作用得到了充分发挥。

三、志智双扶，激发发展"双白"特色产业的内生动力

当地干部群众是脱贫攻坚的重要力量，贫困群众既是脱贫攻坚的对象，更是脱贫致富的主体。授之以鱼，不如授之以渔。在扶贫工作实践中，部分贫困户内生动力不足，一些贫困群众"等、靠、要"思想严重，"靠着墙根晒太阳，等着别人送小康"等现象；部分政府、单位为了急于完成任务，采取短期式工程，"扶"只停留在送项目、送资金、送政策的层面等，这种"送奶式扶贫"必须尽快消除。

如果将扶贫比作硬件，"扶志"与"扶智"就是软件。志和智是贫困地区的

党组织和贫困户的内力和内因。缺乏内在动力，仅靠外部帮扶，不能从根本上解决问题。外因通过内因起作用，必须调动发挥贫困地区党组织和贫困群众的积极性、主动性和创造性，激发内在动力和自我发展能力，从思想上拔穷根；加强教育，开展农业现代技术培训，掌握发展本领，阻断贫困代际传递。

为此，吉林农业大学有着得天独厚的优势，从以下两个方面有效激发了当地村民的脱贫的内生动力。一是依托学校专家及智力优势，成立科技扶贫专家服务团，内设种植技术、养殖技术、特产园艺、农产品加工、农机作业与信息化、经济管理与政策咨询等6个技术服务组。利用专家们在专业技术、科研项目和创新能力等方面的优势，助力脱贫攻坚战，围绕扶贫产业评估、培训、示范基地建设、巡回指导、产业发展规划编制、重大技术攻关等方面开展工作。二是大力开展帮扶村民培训。先后选派专家服务团6批、专家学者20余名就农民们关心的种子和化肥农药、栽培方式、电商营销等方面的问题进行了培训和生产实践指导，对600人次的贫困户有志青年、种植养殖大户、农村留守妇女进行致富理念、手工编织、电子商务等培训，发放了《玉木耳高产栽培标准》等科技宣传资料3000余册，还有针对性地组织村干部、致富带头人到异地参加培训、参观考察。

四、结对包保，落实发展"双白"特色产业的具体责任

精准扶贫工作启动以来，吉林农业大学党委把推进结对包保作为重要手段，以学校基层党组织为单位，对好田村的贫困户实施"一对一"对接，全面落实帮扶包保的具体责任，架起了党群联系的"连心桥"。

学校修订了《吉林农业大学关于开展精准扶贫包保结对帮扶活动方案》，调整了扶贫包保任务，充分发挥各单位的资源优势，明确对接包保要求，确保针对贫困户开展经常性走访和慰问。截至目前，学校领导深入特困低保户家中走访慰问47次，处级单位走访慰问260余次、电话联系1000余次，发放慰问品折合人民币40000余元，解决实际问题140余个。同时，开展特色帮扶活动，解决贫困户的实际困难。学校党委组织部、校医院、学生处、大学生心理咨询中心、校团委、食品科学与工程学院等有关部门充分发挥自身的优势，相继到村开展助学、助医、助残、助老、助孤等主题活动，帮助贫困户解决实际困难。同时，各包保部门（单位）积极协调包括新村部建设资金42万元在内的涉农资金，陆续开展村容美化、村道硬化、自来水入户等项目，募集种植、养殖等农业技术和文化建

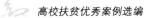

设类图书 2000 余册，等等。这些举措都为"双白"特色产业的发展奠定了基础，实际上也是落实发展"双白"特色产业的具体责任。

新时代吉农人将继续弘扬"明德崇智　厚朴笃行"的吉农校训精神，继续争做农业科技创新的领跑者、"新农科"教育的推动者、服务"三农"的践行者和乡村振兴的建设者。

探索产业扶贫的高校模式

——南京大学定点帮扶云南省楚雄州双柏县脱贫创新实践

摘 要：南京大学自 2013 年定点帮扶云南省楚雄州双柏县后，始终将扶贫工作作为学校工作的重中之重，深入调研，制定方案，将贫困地区实际与自身优势资源深度融合，立足长远，多措并举，将高校产学研人才科技资源优势与贫困地区产业扶贫发展深度融合，在两年多的工作过程中，探索出产业帮扶"3＋3"工程的高校产业扶贫新模式，助力楚雄州双柏县如期打赢脱贫攻坚战。

关键词：精准扶贫　产业扶贫　高校模式

产业扶贫是稳定脱贫的根本之策。习近平总书记指出，如何巩固脱贫成效，实现脱贫效果的可持续性，是打好脱贫攻坚战必须正视和解决好的重要问题。要激发贫困人口内生动力，把扶贫和扶志、扶智结合起来，把救急纾困和内生脱贫结合起来，把发展短平快项目和培育特色产业结合起来，变输血为造血，实现可持续稳固脱贫。要因地制宜探索精准脱贫的有效路子，多为贫困群众培育可持续发展的产业，多为贫困群众培育可持续脱贫的机制，多为贫困群众培育可持续致富的动力。

一、案例背景

（一）双柏县地理概况

双柏是楚雄南大门，地处楚雄、玉溪、普洱三州市交界处，美丽的红河源头，有着"滇中绿海明珠"和"中国彝族虎文化故乡"的美誉。它是集山区、民族、贫困于一体的国家扶贫开发工作重点县和滇西边境片区县。全县面积4045平方千米，辖 5 镇 3 乡，84 个村（居）委会、1545 个村民小组、1845 个自然村。县内无一平方千米的平坝，山区面积占总面积的 99.7%。全县总人口 16 万人，境内居住着汉、彝、回、苗、哈尼等 18 个民族，少数民族人口占总人口的 49.9%。2014 年年底，全县共有 2 个贫困乡镇、40 个贫困行政村，有建档立卡贫困人口 6913 户 24545 人，贫困发生率为 20.76%。

（二）南京大学对口扶贫概况

2013 年以来，南京大学深入贯彻落实习近平总书记扶贫开发重要战略思想和党中央决策部署，把定点帮扶云南省楚雄州双柏县作为南京大学一项重要的政治责任和历史使命，积极拓宽扶贫工作思路，努力创新扶贫工作模式，不断丰富扶贫工作方式，全面完成各项帮扶任务，累计共向双柏县投入帮扶资金 1132 万元，引进帮扶资金 3318 万元，帮助双柏县培训基层干部 2963 人，培训技术人员 3786 人，购买贫困地区农产品 1043 万元，帮助销售贫困地区农产品 1350 万元，有力助推了双柏县的经济社会发展（见表 1），2019 年双柏县退出贫困县序列。

表 1　党的十八大以来南京大学定点扶贫各项指标完成情况

时间	直接投入帮扶资金（万元）	引进帮扶资金（万元）	培训基层干部（人）	培训技术人员（人）	购买贫困地区农产品（万元）	帮助销售贫困地区农产品（万元）
2017 年之前	196		232	670		
2017 年	110	192	120	67		
2018 年	213	600	209	491	290	150
2019 年	279	1343	484	609	359	302
2020 年	334	1183	1918	1949	394	898

（三）探索产业扶贫的高校模式

习近平总书记指出，产业扶贫是稳定脱贫的根本之策。如何发挥高校优势做好产业扶贫，南京大学进行了重点探索。2019 年年初，学校整合全校资源，专门成立了国内合作办公室，负责定点扶贫、对口支援和地方合作工作，与创新创业与成果转化工作办公室合署办公，将高校产学研人才科技资源优势与贫困地区产业扶贫发展深度融合，在两年多的工作过程中，探索出产业帮扶"3+3"工程的高校产业扶贫新模式。（见图 1）

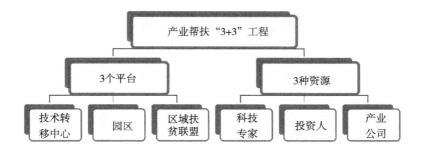

图1 南京大学"3+3"高校产业帮扶模式

该模式通过搭建大学科技园、技术转移中心、区域扶贫联盟3个平台,凝聚科技专家、投资人、产业公司3种资源,创新产业扶贫模式,优化资源整合,创新科技引领,完善校企社联动产销扶贫格局,并不断进行行径优化,让高校产学研科技基地在贫困地区扎根发力,有效破解脱贫攻坚战役中产业持续健康稳步发展的技术难点与瓶颈,促进了当地脱贫攻坚自身造血功能转型升级,为推动当地产业全方位多元化健康发展、实现当地脱贫攻坚与县域经济和乡村振兴稳步衔接探索出了一条新路子。

二、总体发展历程和主要做法

(一)产业发展,规划先行

早在2013年,南京大学就开始帮扶双柏县制定各项规划。学校城市规划设计研究院负责人、项目技术团队多次进驻双柏县帮助开展城乡规划工作,通过座谈了解双柏县城乡发展和规划建设现状,规划项目设想、计划、任务安排和急需解决问题,现场考察双柏县城总体建设及周边用地情况,系统踏勘双柏县山体、水系、古树名木、公园建设、防护绿地和人文景观,深入双柏县重点调研有特色的城镇建设风貌和风俗习惯,帮助双柏县规划局积极推进《双柏县城总体规划》《双柏县城绿化专项规划》《双柏县城镇特色专项规划》《元双公路双柏县城过境段景观专项规划》等规划方案的编制工作。

（二）凝聚 3 种资源，为产业发展造血

1. 吸引凝聚科技专家赴双柏考察帮扶

南京大学充分发挥"思想库"和"智囊团"作用，先后派出邹志刚院士、都有为院士等 20 余位科学家、科技专家赴双柏县调研考察，推动科技合作。如学校化学化工学院张志炳教授与当地重点企业美森源化工开展长期合作，促进其科研成果"塔器分离技术"在当地转化；城市规划设计研究院院长徐逸伦进驻双柏县帮助开展城乡规划工作；南京大学医学院附属鼓楼医院、瑞华慈善基金会相关专家赴双柏县开展医疗领域全面帮扶。

2. 吸引凝聚投资人赴双柏考察合作

南京大学通过组织活动、介绍政策、提供平台等方式吸引校友企业家等投资方到双柏开展项目合作、投资建厂等。如 2013 年，学校推动上海大振生化工业有限公司赴双柏签订"尿激酶"产品加工销售项目合作合同书，5 年投资总额达 1100 万元。2018 年学校推动上海适汝需网络科技有限公司与双柏县政府签订战略合作协议，帮助双柏县对接昆明最大的生鲜连锁超市"超尚鲜"平台，设立种植基地 2 个，总投资 1000 万元，联系南京大学校友企业苏州爽飞投资有限公司，在双柏投资农产品深加工厂的合作项目；引进校友企业"一号农场"在双柏投资 200 万元注册创办"云南双柏绿谷农业有限公司"，大力推进双柏农产品走出双柏。

3. 引进产业公司到双柏投资

南京大学利用自身技术和影响力，为贫困地区引入产业公司，培育特色产业。2019 年学校为双柏县成功引进"云南工麻生物科技有限公司"，启动工业大麻种植与加工建设项目，目前累计投入资金已超过 1800 万元。该项目由南京大学生命科学学院朱海亮教授团队提供技术支撑，2020 年 12 月，南京大学与工麻生物成立联合实验室（见图 2），为当地产业发展过程中技术难关的攻克提供科技保障。

学校还为双柏当地龙头产业公司提供培训，2020 年 11 月 28 日至 29 日，南京大学为双柏县 6 位企业家代表组织开展为期 2 天的企业经营管理能力综合提升培训，助力双柏县企业健康可持续发展。

图2　工麻生物—南京大学联合实验室成立仪式现场

（三）搭建3个平台，逐步形成"3+3"高校产业帮扶模式

1. 建设技术转移分中心

2019年，南京大学在楚雄筹立技术转移分中心。同年11月，举办首场"创聚楚雄·南京大学科技项目楚雄对接交流会"。学校相关学科教授、校友企业家、知名投资人和当地企业家等100余人参加活动。南大专家教授、校友企业家借助交流会这一平台，推介了多个投资方向和10多项符合国家产业政策、市场前景广阔的科技合作项目，学校生命科学学院何祯祥副教授与云南森美达生物科技有限公司等5家企业就抗癌药物、香料植物山苍子产品开发等达成合作意向；环境学院施鹏副教授会后赴双柏自来水厂提供现场技术指导，致力于保障当地居民饮水安全；常州高新技术研究院院长陈强为云南金七制药公司就三七饮品苦味问题提出解决方案。2020年9月底，中心携手江苏省技术转移联盟举办第二届"科技扶贫创聚楚雄"科技成果对接交流会，来自江南大学、苏州大学等联盟相关单位、江苏省企业和云南省当地政府、高校及企业的100多位代表与会。江南大学食品国家重点实验室何志勇教授与云南摩尔农庄生物科技开发有限公司、双柏妥甸酱油有限公司达成食品开发等产学研合作意向；中国药科大学中药学院谭宁华教授为云南金七制药有限公司提供中药技术开发咨询服务。

2. 建设国家大学科技园楚雄双柏分园

高校大学科技园是高校技术转移、企业孵化的主要阵地，为了将南大系企业引向楚雄，搭建技术合作、成果转化、招商引资、人才培养和科技企业孵化的双创服务平台，南京大学建立了第一个省外大学科技园——南京大学国家大学科技园楚雄双柏分园。2019 年 11 月 26 日，南京大学校长吕建与楚雄州委书记杨斌共同为园区揭牌。（见图 3）2020 年楚雄州高新技术开发区为南京大学楚雄双柏科技园提供了面积更大、基础条件更好的园区位置，将于 2021 年下半年交付，新地新楼交付后，首批项目将入驻科技园。

图 3　南京大学校长吕建与楚雄州委书记杨斌共同为园区揭牌

3. 建设区域扶贫联盟

为了凝聚扶贫合力协同协作，南京大学上下同心，积极拓展全校全员参与扶贫的外延，内外联动构建全社会携手扶贫的大环境，以推动消费扶贫促进定点帮扶地区产业发展。

2020 年 7 月，南京大学牵头东南大学、南京农业大学、中国药科大学、河海大学组建在宁高校区域扶贫联盟，相互协调资源，实现组团帮扶。2020 年 10 月 17 日全国第七个扶贫日，学校牵头举办"五校联合　助农扶贫"在宁部属高校优质扶贫农产品展销会（见图 4），受到江苏电视台、《现代快报》等多家媒体报道。南京大学还先后与中国农业银行、红星美凯龙集团签订消费扶贫合作协议，与红旅品创公益基金等合作公益直播带货，形成校、社、企同心攻坚促发展的良好示范。

图4 "五校联合 助农扶贫"在宁部属高校优质扶贫农产展销会现场

南京大学以区域扶贫联盟为载体,通过带动式、组团式消费帮扶,累计帮助销售贫困地区农产品1350万元。

学校在消费扶贫过程中注重通过订单经济确保贫困户受益。2020年6月,南京大学挂钩的双柏县妥甸镇和平村很多农户都在维修、扩大自己的猪圈,原因在于南京大学下了一个生猪采购的大订单。公司与和平村委签订合作协议,免费向农户提供猪苗,并确定价格收购生猪,使农户每养一头猪收益能在2000元以上。

三、成效经验

2019年,双柏县2个贫困村如期出列,329户1032人脱贫,贫困发生率降至0.77%,正式退出贫困县行列。2019年全县实现地区生产总值53.11亿元,增长11.3%,增速排名全州第一。双柏县的脱贫攻坚取得历史性成就和决定性胜利。

在2020年2月召开的滇西脱贫攻坚部际联系会暨教育部直属系统扶贫工作推进会议上,云南省委阮成发同志特别感谢了南京大学在2019年对接引进的云南工业大麻产业扶贫项目。

南京大学围绕产业扶贫实施的"3+3"工程,有效实现了资源的融合,以平台聚资源、以政策引资源、以项目融资源,大大提升了产业扶贫的力度。

第一,以平台聚资源。依托创新创业与成果转化工作办公室统筹全校技术转移、大学科技园等工作的优势,推动建设大学科技园、成立技术转移分中心、搭建区域扶贫联盟,三措并举,围绕楚雄州双柏县主导产业发展需求,搭建技术合作、成果转化、招商引资、人才培养和科技企业孵化的双创平台,为当地整合凝聚南京大学科技和智库资源。

第二，以政策引资源。南京大学制定特殊政策，依托自身科研、人才优势，打出"科技＋扶贫"的组合拳，通过组织活动、介绍政策等方式，吸引校内外专家、投资人和各类科技项目等科技创新资源向楚雄、双柏倾斜，努力将园区建成南京大学技术转移和成果转化的"特区"。近年来，南京大学帮扶资金开始向产业扶贫项目倾斜，重点支持双柏县爱尼山乡康养小镇、道地中药材种植技术示范园、老虎山茶叶科技创新园、蜂蜜合作社等现代农业基地项目建设。

第三，以项目融资源。南京大学引进的云南工麻项目以其"特殊身份"为双柏县产业发展带来了集群效应，双柏县委、县政府规划出面积达110亩的双柏县工业大麻产业园融合相关资源，云南汉萃生物科技有限公司、云南喜碧地生物科技有限公司、云南汉丹生物科技有限公司三家工麻企业先后落户，初步形成了双柏的工业大麻产业群。

产业扶贫绘就乡村振兴新蓝图

——武汉大学对口帮扶白果树村产业发展创新实践

摘　要：根据国务院扶贫办、教育部统一部署，武汉大学定点扶贫湖北省恩施市，选派第一书记驻芭蕉侗族乡白果树村开展扶贫工作。武汉大学充分发挥自身优势，整合多方资源，助推白果树村产业高质量发展，探索出了一条以特色产业＋产业转型升级为核心引擎的乡村产业发展之路，为实现乡村振兴奠定了坚实基础。

关键词：产业扶贫　特色产业　因地制宜　农业合作社　电商富农

2018 年，习近平总书记在参加十三届全国人大一次会议山东代表团审议时指出，要推动乡村产业振兴，紧紧围绕发展现代农业，围绕农村一二三产业融合发展，构建乡村产业体系，实现产业兴旺。2019 年，习近平总书记在内蒙古考察并指导开展"不忘初心、牢记使命"主题教育时再次强调，产业是发展的根基，产业兴旺，乡亲们的收入才能稳定增长。要坚持因地制宜、因村施策，宜种则种、宜养则养、宜林则林，把产业发展落到促进农民增收上来。

一、全面把握村情，精准施策补短板

白果树村位于芭蕉侗族乡东部，地处湖北省恩施市南端 12 千米，209 国道及恩来、恩黔高速公路由白果树村穿行而过，且设有互通枢纽。全村平均海拔 700 米，村委会驻地海拔 600 米，下设 7 个村民小组：白果树组、大水头组、蛮扎营组、龙家湾组、向家湾组、尖山坪组、姚家坪组。目前全村有 710 户，2495 人，其中劳动力 1621 人，外出务工 436 人。面积 10.32 平方千米，承包耕地面积 6673.2 亩，林地面积 10500 亩。

白果树村群山环绕，山清水秀，自然气候适宜，交通便利。全村森林覆盖率

60%，主要农作物为玉米、土豆、红苕，经济作物以茶叶为主，茶叶种植面积达4000亩，以干鲜果为辅。自然条件优越，劳动力充足，特色作物明显。致贫原因主要是缺技术、缺产业、基础设施落后等。

武汉大学根据白果树村的实际情况，重视改善基础设施补短板、发展产业强民心。多方整合资源沿209国道修建2条长达11千米的经济循环路，通组率100%。还遵循侗乡建筑特色，对房屋进行改造，人民群众居住环境焕然一新。此外，武汉大学特别重视发展特色产业，按照"村集体公司—农业合作社—种植养殖大户"的组合发展思路，大力推进产业扶贫，2018年开始有效实现了产业分红，极大增加了困难群众的收入。

二、健全组织机制，强化制度有保障

习近平总书记指出，各级党委、政府和领导干部对贫困地区和贫困群众要格外关注、格外关爱，履行领导职责，创新思路方法，加大扶持力度，善于因地制宜，注重精准发力。武汉大学严格落实主体责任制，强化组织领导，不断完善体制机制，为扶贫项目持续稳定推进提供了坚强的制度保障。

第一，强化组织领导。学校成立了定点扶贫工作领导小组，由校党委书记、校长任组长，4位副职校领导任副组长，党政办公室、党委组织部、发展规划与学科建设办公室等19个职能部门负责人为成员。领导小组下设办公室，由党政办公室主任兼任主任，并选拔任命1名专职副主任协调日常扶贫工作。校党委书记、校长每年赴一线调研扶贫工作不少于1次。每年通过党委常委会会议、校长办公会、定点扶贫工作领导小组会、专题会等形式专门研究扶贫工作，在实际调研中发现问题，解决问题。

第二，完善制度建设。学校出台了《武汉大学关于进一步做好定点扶贫工作的实施意见》，明确了定点扶贫的主要任务包括发挥智库功能、实施教育扶贫、选派挂职干部、开展人才培训、拓展人才培养、强化科研支撑、整合汇聚资源等。制定了《武汉大学定点扶贫恩施市芭蕉侗族乡白果树村工作规划（2016—2018年）》《武汉大学定点扶贫白果树村三年行动计划（2018—2020年）》，每年还专门制定年度工作方案，进行专业论证分析，提升科学性和可行性。

第三，加大资金投入。（见表1）武汉大学每年都将扶贫工作列为重点推进工作，与学校中心工作一道实行同研究、同部署、同推进、同落实。在预算方面，单列专项扶贫资金且不断加大投入，真抓实干助力脱贫攻坚工作。

表1 2016—2020 年武汉大学对白果树村资金投入表

年份 \ 资金投入	学校直接资金投入（含消费扶贫）	其他来源资金投入
2016	37 万元	580 万元
2017	518.1 万元	776 万元
2018	678 万元	647 万元
2019	775.6 万元	550 万元
2020	804 万元	270 万元

第四，落实工作保障。2016 年选派温智杰同志驻芭蕉侗族乡白果树村第一书记。2018 年进行了干部轮换，选派李锦江同志驻芭蕉侗族乡白果树村第一书记，并选派开展支教扶贫工作队员 2 名。学校单列扶贫专项工作经费预算逐年递增，2019 年增至 300 万元。为扶贫工作队提供生活补助每人每月 4000 元、购买人身意外伤害保险保额 100 万元，为工作队提供每月交通燃油费 1000 元。将扶贫干部锻炼与青年干部培养相结合，对在扶贫工作中表现突出的干部优先提拔使用。

三、紧盯产业发展，围绕"特色"出实招

武汉大学着力帮扶白果树村发展特色支柱产业，推动贫困户就业增收，始终坚持"扶持一个项目、带动一个产业、发展一片经济、脱贫一方百姓"的思路，打造出了"学校＋农民合作社＋基地＋贫困户"的扶贫模式，通过构建"两机制"，引导"两实现"。

（一）帮扶成立专业合作社，构建市场主体与贫困户连接机制

结合白果树村的发展实际，大力扶持专业合作社，致力于使农民专业合作社成为产业扶贫过程中组织贫困群众连接市场的重要平台。5 年来共在全村发展了 3 个特色专业合作社（茶叶专业合作社、黑猪土鸡养殖合作社、空心李子合作社）。通过帮扶合作社成长和发展、积极争取资源、拓展市场空间、优先采购其产品等方式，使合作社快速壮大。

茶叶专业合作社在全村直接帮扶贫困户 21 户，与 87 户农户进行点对点帮扶，签订收购协议，确保协议农户增收 10%，连接全村 70% 的村民。2019 年营业收入突破 2500 万元，目前该公司产品获得欧洲质量认证，产品出口到欧美、非洲和我国香港地区，创汇 25 万美元，获得恩施市"优秀成长企业"、首批"恩施玉露"地理产品保护生产单位等称号。

学校助推成立"恩施市仁信生态专业合作社"专门生态种植空心李子。2016 年首批发展 200 亩李子种植基地，由合作社通过流转土地承包经营的方式。2018 年又新增 217 亩，带动农户 42 户，其中贫困户 11 户。目前该合作社发展李子地 417 亩，实现收入翻番。

学校助推成立以恩施黑猪、高山土鸡为主的特色养殖专业合作社，专门发展特色畜牧业。截至 2020 年年底，白果树村发展 20 个养殖大户，带动贫困户 37 户，仅贫困户冯德成家 2018 年纯收入达 3 万元，2019 年养殖纯收入达 5 万元。2020 年全村人均增加收入 1500 元。

（二）实施消费扶贫策略，推动贫困户持续稳定增产增收

2016 年开始，为切实帮助扶贫点农民增产增收，武汉大学针对扶贫点实施"订单式"消费帮扶。当年，学校将恩施农产品纳入工会年终福利采购清单，总成交金额近 120 万元。2017 年，武汉大学工会按教职工意愿，购买价值 324.6 万元的恩施市农副产品。在校内设置"定点扶贫农畜产品展示点"，每月营业额逾 3 万元；协调社会企业采购合作社农产品达 60 万元。2018 年，学校采购恩施土特产价值 346.2 万元扶贫点的农副产品。2019 年，扶贫工作队以最大限度在扶贫村发展特色养殖和种植，为武汉大学教职工提供白果树村的农副产品，学校共采购恩施土特产价值近 577 万元，其中近 400 万元为白果树村民产出的农副产品。2020 年，武汉大学再次定点采购 762 万元恩施产品。所有农副产品直接从农户家里采购，一站式发往消费者手上，既实现了贫困地区产品销售价高于市场采购价，又实现了到消费者手上低于市场销售价的"双赢"局面。

（三）以特色产业为引导，帮助产业转型升级，实现质量兴农

"恩施玉露"茶叶是十大名茶之一，而芭蕉侗族乡又是茶叶生产主要乡镇。因此，充分挖掘品牌优势、提升产品价值是当务之急。要引导贫困地区把特色茶叶做精、做优，需要注入科学的种植技术和管理水平。为此，武汉大学联系社会资源，引进名优企业入驻芭蕉乡，指导合作社按照精品化、绿色环保有机的发展

思路，引导农民实现茶叶种植业转型升级。

学校引入湖北省茶业集团股份有限公司，并于 2018 年与恩施市芭蕉乡人民政府签订了产业扶贫合作协议，投资 500 万元建成了金风茶厂，促进芭蕉乡茶叶加工企业提档升级，目前已经投产。另外，武大援助 30 万元产业发展资金，支持白果树村"绿色生态茶叶示范园"和"李子观光采摘示范园"工程建设，并引进 70 万元配套资金，帮助产业做大做强。通过产业园建设，既有效集约了土地资源，提升了园区种植的科学管理水平，提高了农产品的品质，又可以与恩施实施的"茶旅文化"发展理念相衔接，探索出乡村旅游发展新思路。

（四）以乡村振兴为引领，实现电商下乡惠民

武汉大学充分发挥科教优势，以"互联网＋精准扶贫＋农产品上行"为切入点，依托武汉大学师生校友网络，电子信息学院发挥在农产品电商和农业大数据的技术，为白果树农民卖货提供交易平台，通过对接农产品上行促进种植大户、家庭农场、合作社等新型农业经营主体发展，有效带动广大农民增收、脱贫、致富。武汉大学援助 10 万元支持白果树村建设电子商务实体店，并提供软件管理支持；还积极引入东西部协作资金 100 万元，用于建设电子商务中心和农民培训学校，实现农民技术培训、农产品收购、加工和销售一条龙格局。这有效提升了贫困地区农产品的附加值，延长了产业链，实现了特色产品带动效益，让农产品的经济效益最大化。此电子商务中心建立后，将会对白果树村的农副产品价值提升 2 倍以上。为了克服新冠肺炎疫情影响，学校还引入校友企业建设直播带货基地，拓宽农产品销售渠道；引入"供销 e 家"新型村级电商服务站，目前在芭蕉乡已新建 2 个服务站，分别在朱砂溪村、高拱桥村，已为芭蕉乡销售茶叶近 300 万元，2020 年陆续在芭蕉乡建设 3 个新型村级电商服务站，通过电商下乡实现了村民在家门口交易。

四、学校定点扶贫经验与启示

扶贫攻坚是党中央、国务院的一项重要战略部署，高校参与扶贫，就是要发挥学校的人才优势、智慧优势，履行社会服务的重要使命与责任。恩施州是全国扶贫攻坚的主战场，武汉大学结合自身优势与恩施市发展短板，统筹扶贫资源，创新帮扶方式，积极开展教育扶贫、人才扶贫、智力扶贫、科技扶贫和产业扶贫等，做到帮扶项目精准安排、帮扶资金精准到位、帮扶措施精准实施，深入推进恩施市脱贫

攻坚工作。学校帮扶的芭蕉侗族乡白果树村于2017年全村脱贫出列。学校还秉承扶上马送一程的理念，进一步巩固白果树村脱贫攻坚成果，助力乡村振兴。

（一）凝聚各方力量，写好扶贫文章

学校坚持营造"人人参与、人人知晓、人人奉献"的良好氛围，坚持领导带头，师生校友积极参与。一是突出部门职能，共同参与帮扶。学校扶贫工作领导小组19个职能部门各负其责，建立责任清单，明确工作任务，划定完成时限。二是突出党建力量，全面助力攻坚。派综合条件较好的分党委与白果树村党支部开展接力党建结对帮扶活动，分党委共建村支部，党支部结对村小组，送理论、送实践、送知识，下足绣花功夫。三是突出社会力量，广泛踊跃帮扶。挖掘校友企业家资源，积极牵线搭桥，助推建立校友企业家与地方共赢机制，助力恩施产业发展，目前在恩施州已引进校友企业10家（恩施市6家、周边县3家），协议投资金额达55亿元。全校上下形成全员参与、主动帮扶的良好局面。

（二）明确帮扶思路，发挥模范作用

武汉大学帮助白果树村形成了"1＋3＋N"产业扶贫格局，即帮扶1个村集体经营公司市场化运营，发展集体经济；帮扶3个专业合作社（茶叶合作社、李子种植合作社、特色黑猪土鸡养殖合作社）带动全村老百姓进行科学种植和特色养殖，帮助农民增产增收；帮扶若干个养殖种植大户，形成脱贫示范和致富引领作用。学校支持全村老百姓发展优化主导产业和特色产业，持续健康发展村集体经济，有效带动了全村农民增产增收。

（三）完善利益联结机制，激发内生动力

武汉大学利用消费扶贫策略，帮助合作社和村集体经营公司创收营利，再以部分盈利向群众分红，刺激和鼓励老百姓更多加入合作社，实现规模发展，合作共赢。学校通过高于市场价保底回收的方式，在白果树村发展贫困户养殖业，在恩施市贫困村中首开分红先河，实施产业分红，有效激发了农户的养殖积极性，确保实现农户增产增收。

图 1　武汉大学党委书记韩进带领校友企业家赴白果树村调研

图 2　武汉大学校长窦贤康赴白果树村推进扶贫工作

图 3　白果树村茶叶专业合作社　　　　**图 4　白果树村李子专业合作社**

图 5　李子合作社免费为贫困户发放种苗

图 6　李子园发展养鸡产业

图 7　第一书记指导李子加工

图 8　武汉大学定点采购李子产品

图 9　合作社免费为贫困户发放鸡苗

图 10　第一书记指导养殖黑猪产业

图 11　武汉大学定点采购白果树产品

图 12　武汉大学工会发放恩施产品

图 13　第一书记为培训贫困户养殖技术

图 14　专家为贫困户培训养殖种植技能

图 15　武大在茶厂建立专家工作站

图 16　湖北省省长王晓东考察白果树茶厂

图 17　第一书记指导茶叶生产

图 18　销往武汉大学的扶贫点茶叶

图 19　帮扶建设的村电商平台设计图

图 20　白果树电商广场实景

图 21　挂职干部为白果树产业网络直播带货

图 22　开展白果树电商培训

图 23　武汉大学党委书记韩进为恩施产品直播带货

图 24　白果树村产业分红大会

图 25　贫困户在领取分红款

图 26 白果树村鸟瞰图

图 27 "最美村小"白果树小学全貌

图 28 援建的白果树村卫生室

图 29 援建的白果树群众文化广场

探索产业精准扶贫的"六个一"模式

——华中农业大学定点帮扶湖北省建始县创新实践

摘　要： 华中农业大学深入学习贯彻习近平总书记扶贫开发重要战略思想，探索实践出"围绕一个特色产业，组建一个教授团队，设立一个攻关项目，支持一个龙头企业，带动一批专业合作社，助推一方百姓脱贫致富"的"六个一"产业精准扶贫模式。在华中农业大学定点帮扶的湖北省建始县，学校先后组建科技服务团队 42 支，设立产业攻关项目 53 个，投入项目资金 1114 万元，服务龙头企业 21 家、专业合作社 258 个，开展农村创业致富带头人、专业技术人员、贫困户培训 21400 余人次，促成了魔芋、猕猴桃、茶叶、高山蔬菜、马铃薯等 5 个过亿元的产业，2019 年精准扶贫产业总产值达 18.95 亿元。2012 年以来，扶贫产业发展累计带动 116524 人脱贫，助力建始县如期脱贫摘帽。

关键词： 产业精准扶贫　"六个一"模式　农业发展

习近平总书记指出，产业扶贫是稳定脱贫的根本之策。产业兴旺，是解决农村一切问题的前提。产业扶贫最主要的目的在于变"输血"式扶贫为"造血"式扶贫、变"开发式"扶贫为"参与式"扶贫。因此，发展产业必须坚持因地制宜，培育产业，延伸产业链，增强贫困地区内生发展动力，提高贫困人口的自主脱贫能力，促进贫困地区产业持续增效，实现贫困人口稳定增收。

湖北省恩施州建始县地处集中连片特困地区——武陵山区，是国家新阶段扶贫开发工作重点县。根据国务院扶贫办、中组部、教育部等 8 部委《关于做好新一轮中央、国家机关和有关单位定点扶贫工作的通知》和教育部《关于做好直属高校定点帮扶工作的意见》文件精神，华中农业大学于 2012 年 11 月开始参与定点扶贫建始县的工作。为完成定点扶贫任务，学校与建始县人民政府联合制定《华中农业大学定点扶贫建始县工作规划（2013—2020 年）》，在促进高校与地方优势融合中，逐步探索出具有农业高校特色的"六个一"（围绕一个特色产业，组建一个教授团队，设立一个攻关项目，支持一个龙头企业，带动一批专业合作社，助推一方百姓脱贫致富）产业精准扶贫模式。

一、"六个一"产业精准扶贫的主要思路

"六个一"产业精准扶贫的主要思路包括：第一，因地制宜，瞄准有带动和辐射作用的产业，组建相关应用学科教授团队，设立产业攻关项目，搭建教授团队和"靶向产业"之间的联系，为"靶向产业"注入科技元素，助推产业发展；第二，培育产业龙头企业，以龙头企业带动专业合作社，以专业合作社吸纳贫困人口。既以龙头企业示范引领实现扩大产业规模，建立产业品牌，提升产业效益的综合目的，又以专业合作社吸纳贫困人口进入产业链条，将产业发展受益面向在册贫困人口覆盖，实现助推一方百姓脱贫致富的目标。

"六个一"产业精准扶贫模式诸要素中，明确"靶向产业"是基础，组建专家团队是核心，设立产业攻关项目是保障，支持龙头企业发展是关键，带动一批专业合作社是有效途径，助推一方百姓脱贫致富是目标。

二、案例的形成与构成要素

（一）形成的制度和政策

华中农业大学出台了《华中农业大学定点扶贫建始县工作规划（2013—2020年)》，并在此基础上，紧紧围绕精准扶贫、精准脱贫总体目标，结合校县实际，每年制定《华中农业大学定点扶贫建始县工作计划》，紧紧围绕工作计划和精准脱贫目标，按照"学校统筹、校地协同、项目实施、教授负责"原则，与建始县一道对工作计划任务进行分解，下发了《关于华中农业大学定点扶贫建始县工作计划任务分解的通知》，确保任务落实到相关责任部门，落实到相关责任人。

（二）参与主体及参与主体之间的权利义务关系

参与主体主要包括地方政府、高校（教授团队等）、龙头企业、专业合作社、贫困农户等。政府在扶贫工作推进过程中发挥主导作用，有利于整合及分配扶贫资源，调动各方参与的积极性；高校是产业技术的提供者和项目的组织实施者；龙头企业和专业合作社是产业的具体经营者；贫困农户是该模式主要参与者

和核心受益者。

（三）实施的程序和环节

华中农业大学"六个一"产业精准扶贫模式实施程序和环节如图 1 所示。

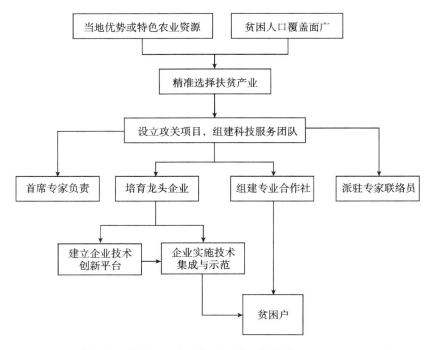

图 1　华中农业大学"六个一"产业精准扶贫模式实施程序和环节

三、"六个一"产业精准扶贫模式的主要做法

（一）深入调研磋商，精准选择扶贫产业

学校针对建始山区县农业资源特点，以建始县优势特色农业资源的综合开发利用为扶贫攻坚的主要方向，因地制宜发展特色产业。校县双方共同组织技术力量，经过多次实地调研、多轮校地磋商，最终选取贫困人口覆盖面广的魔芋、景阳鸡、猕猴桃、高山蔬菜、枸杞子、茶叶、冷水鱼、甜柿、饲料油菜、马铃薯、农产品加工等 11 个优质特色资源培育特色产业，实施产业精准培植。

（二）组建教授团队，全方位服务产业发展

为培植特色产业，学校先后组建了 42 支科技服务团队。科技服务团队实行首席教授负责制，从育种（种苗）、生产（养殖）、采收加工、病虫害防治、营养（肥料、饲料）等产业环节配备团队成员，并要求团队成员具备丰富的实践经验，甘于奉献，善于做群众工作。学校要求科技服务团队每年指定一名老师作为联络员派驻建始县，实地调查了解产业状况，实时提供科技支撑；要求科技服务团队深入田间地头、工厂车间，开展技术咨询服务和现场示范；要求科技服务团队开展以先进适用技术为主的培训工作，为当地培养一批以特色产业人才、农业局和乡镇服务中心技术人员、专业合作社带头人、种植大户为主体的致富领头雁。定点扶贫以来，科技服务团队开展农村创业致富带头人、专业技术人员、贫困户培训 32129 余人次。科技服务团队编写了《建始猕猴桃实用栽培技术》《山区规模化生态土鸡养殖手册》《高山蔬菜实用栽培技术》《建始猕猴桃有机种植技术》《建始猕猴桃秋季田间管理》等技术资料近 20 种。

（三）设立攻关项目，提升产业发展效率

针对制约特色产业发展的关键共性问题，学校设立产业攻关项目，开展科技攻关，示范推广新品种、新技术，提升产业发展效率。学校共设立产业攻关项目 53 项，投入项目资金 1114 万元，解决了景阳鸡疫病等产业发展顽疾；引进了高山蔬菜、玉米、饲料油菜、马铃薯等 40 余个新品种；"高山蔬菜高产高效生产新模式""甜柿栽培技术体系""茶叶生产加工技术体系""枸杞种苗规模化繁育技术"等一批适用技术得以推广。

（四）培育龙头企业，打造产业领航员

围绕特色产业，依托科技服务团队支持小微企业做实做大做强，培育农业产业龙头企业。学校先后与湖北花果山实业有限公司、恩施炜丰茶业有限公司、建始祥丰农牧有限公司等企业签订科技帮扶协议，建立了建始祥丰农牧公司陈焕春院士工作站等 9 个企业技术创新平台，先后选派博士服务团 7 批、科技特派员 31 人次、"三区"科技人才计划 79 人次，积极打造产业发展领航员。在学校的科技支撑下，定点帮扶企业累计申请专利 10 项，获批科技项目 7 项。

（五）组建专业合作社，辐射贫困人口脱贫致富

学校积极协助建始县组建专业合作社等新型经营主体，以龙头企业、产业基

地覆盖专业合作社，以专业合作社覆盖贫困人口，实施"龙头企业＋基地＋专业合作社＋贫困农户"的精准扶贫方式。经过努力，魔芋、景阳鸡、茶叶、高山蔬菜等产业龙头企业实现了与多家专业合作社共建基地，订单生产和定向收购的产销协同。各专业合作社有针对性地吸纳贫困人口进入产业链条，将产业发展受益面向在册贫困人口覆盖，辐射带动贫困户或贫困人口提高收入，实现"发展生产脱贫一批"。如学校高山蔬菜科技服务团队重点支持的湖北鑫地源农业开发有限公司带动果蔬专业合作社 9 个、家庭农场 20 个，产业发展受益面覆盖 2866 户。

四、"六个一"产业精准扶贫模式实施成效

（一）龙头企业渐行渐强，有力支撑"发展生产脱贫一批"

在与武汉大学科技服务团队的合作中，企业切切实实尝到了科技元素的甜味，企业发展形成了由"要我创新"向"我要创新"的观念转变，由特色资源驱动向创新能力驱动转变，科技创新的支撑引领作用日益显现，企业发展步入快车道。（见表 1）2015 年，建始县技术发明专利申报数居恩施全州前列，科研项目数量持续增加，高新技术企业数量和地区生产总值增加值位列恩施州第二。

表 1　建始县定点扶贫"靶向产业"龙头企业发展情况

编号	产业	产业龙头企业	2012 年产值（万元）	2020 年产值（万元）	带动脱贫人口（人）
1	魔芋	湖北花果山实业有限公司	12000	21600	7060
2	猕猴桃	湖北建香果业有限公司 建始县亲乡缘专业合作社	11.5	440	928
3	茶叶	建始县马坡玉峰茶业公司	90	1460	510
4	景阳鸡	建始祥丰农牧有限公司 湖北建始滨建农业开发有限公司（2019 年投产）	1000	5190	1200

编号	产业	产业龙头企业	2012年产值（万元）	2020年产值（万元）	带动脱贫人口（人）
5	高山蔬菜	恩施鑫地源农业开发有限公司	600	3000	700
6	猕猴桃果酒	恩施硒姑娘酒业有限公司	—	2200	800
7	甜柿	建始绮丽果业有限责任公司 武陵山特色园艺作物良种繁育中心	5	180	38
8	枸杞子	湖北枸杞珍酒业有限公司	600	5700	3500
9	冷水鱼	恩施州国硒冷水渔业开发有限公司	50	700	300
10	马铃薯	恩施泰康生态农业有限公司	150（2016年）	5000	5334人脱贫，6120人就业

（二）农业产业化发展态势良好，农民增产增收效益明显

定点扶贫建始县以来，学校实施"六个一"产业精准扶贫，在校县共同努力下，促成了魔芋、猕猴桃、茶叶、高山蔬菜、马铃薯等5个过亿元的产业，产业发展累计带动116524人脱贫。2020年，精准扶贫产业总产值达22.29亿元。2020年4月13日，湖北省扶贫办发布了2019年拟退出贫困县序列的公示，建始县名列其中。（建始县定点扶贫"靶向产业"发展情况见表2）

《人民日报》以3/4版面的长篇通讯报道了学校教授团队在建始开展定点扶贫的感人事迹。新华社、《焦点访谈》等媒体和节目对武汉大学定点扶贫工作也进行了报道。

"六个一"产业精准扶贫模式入选教育部首批精准扶贫精准脱贫十大典型项目。学校先后在2015年中央定点扶贫工作会议、2016年教育部直属高校定点扶贫集中调研活动、2017年教育部直属单位扶贫推进会、2019年教育部直属系统扶贫工作推进会上做典型发言。2018年，时任教育部党组书记、部长陈宝生在恩施州建始县红岩寺镇武汉大学猕猴桃示范基地调研时充分肯定了武汉大学的定点扶贫工作。

表2　建始县2013—2020年定点扶贫"靶向产业"发展情况

产值单位:亿元

产业	2013年 规模	2013年 产值	2014年 规模	2014年 产值	2015年 规模	2015年 产值	2016年 规模	2016年 产值	2017年 规模	2017年 产值	2018年 规模	2018年 产值	2019年 规模	2019年 产值	2020年 规模	2020年 产值
魔芋(万亩)	5	2	6	2.5	6	3	5	2	6	2.5	6	3.1	4	3	4.5	3.5
猕猴桃(万亩)	1.3	0.6	1.8	1.1	2.5	1.6	1.3	0.6	1.8	1.1	2.5	1.86	2.6	2	2.8	2.3
茶叶(万亩)	2.8	0.6	2.9	0.8	3.1	1.5	2.8	0.6	2.9	0.8	3.1	2.05	5.1	2.05	5.2	2.1
景阳鸡(万只)	20	0.24	45	0.5	60	0.7	20	0.24	45	0.5	60	0.58			32	0.24
高山蔬菜(万亩)	4.5	1.6	5	1.5	8	3.2	4.5	1.6	5	1.5	8	4.5	8	5	15	60
猕猴桃果酒(吨)					200	0.5					200	0.7	200	0.7	210	0.9
甜柿(万亩)	0.7	0.2	0.8	0.3	1	0.4	0.7	0.2	0.8	0.3	1	0.5	1.2	0.6	1.3	0.7
枸杞子(万亩)	0.15	0.08	0.25	0.2	0.4	0.3	0.15	0.08	0.25	0.2	0.4	0.8	0.6	0.9	0.8	0.95
冷水鱼(万亩)	0.005	0.08	0.01	0.2	0.01	0.23	0.005	0.08	0.01	0.2	0.01	0.23	0.01	0.3	0.01	0.4
马铃薯(万亩)												0.55	24	3.5	26	4
关口葡萄等特色水果(万亩)												0.7		0.9	8	1.2

五、"六个一"产业精准扶贫模式的启迪与借鉴

（一）"六个一"产业精准扶贫模式的启迪

第一，要因地制宜，有选择性地扶持贫困人口覆盖面广的特色产业。

第二，要以项目为纽带，将专家、科技与贫困县特色资源、特色产业及本土企业联系起来，调动多方参与扶贫攻坚的积极性。

第三，要牵住产业扶贫的"牛鼻子"，发挥龙头企业拉动作用，以龙头企业示范引领传统生产方式的突破和产业发展瓶颈的破解。

第四，要发挥专业合作社网状聚合作用，以专业合作社将贫困人口纳入产业链中，防止贫困人口游离于产业受益面之外。

（二）"六个一"产业精准扶贫模式的借鉴

由于我国大多数贫困县属山区贫困县，与湖北省恩施州建始县类似，因地形限制，农业产业难以规模化、机械化，生产技术大多参差不齐；因贫困人口分散，产业难以组织。但武汉大学在建始县精准扶贫的成功经验表明，"六个一"产业精准扶贫模式可以有效地破解山区贫困县农业产业发展和贫困人口脱贫致富的诸多限制因素，取得较好的效果。湖北省武陵山片区、秦巴山片区、大别山片区、幕阜山区等集中连片贫困区乃至全国其他贫困区域，也可以选择若干特色农业产业，按照"六个一"产业精准扶贫模式，实施产业精准扶贫，造福一方百姓。

走好以产业扶贫为抓手的全面小康之路

——暨南大学对口帮扶篛过村脱贫实践

摘　要：暨南大学自2016年5月承担对口帮扶广东省韶关市南雄市水口镇篛过村后，高度重视扶贫工作，坚持精准原则，深入调查研究，注重以产业扶贫为抓手，建立产业扶贫长效机制，帮扶篛过村实现了由贫困村向新农村、小康村的转变，扶贫成效显著。

关键词：产业扶贫　定点帮扶　全面小康

2016年，习近平总书记在宁夏考察时指出，好日子是通过辛勤劳动得到的。发展产业是实现脱贫的根本之策。要因地制宜，把培育产业作为推动脱贫攻坚的根本出路。2017年，习近平总书记赴河北张家口看望慰问基层干部群众时强调，要因地制宜探索精准脱贫的有效路子，多给贫困群众培育可持续发展的产业，多给贫困群众培育可持续脱贫的机制，多给贫困群众培育可持续致富的动力。2018年，习近平总书记在广东考察时再次强调，产业扶贫是最直接、最有效的办法，也是增强贫困地区造血功能、帮助群众就地就业的长远之计。

根据广东省委、省政府的安排，暨南大学承担了对口帮扶广东省韶关市南雄市水口镇篛过村的脱贫攻坚任务。水口镇篛过村地处偏僻、交通不便，距广州约350千米，地貌多属丘陵山地。全村现有总户数687户，人口2212人，下辖18个村民小组，全村相对贫困户47户115人，其中，有劳动力贫困户23户76人，无劳动能力贫困户24户39人。自2016年5月篛过村脱贫攻坚工作启动以来，暨南大学党委高度重视，以产业扶贫为抓手，扎实推进篛过村精准扶贫，成效显著。

一、积极筹措帮扶资金

精准扶贫，资金先行。5 年来，学校累计投入自筹资金876.57 万元，开展全面帮扶。其中，全校师生通过积极参与广东省 6 月 30 日"扶贫济困日"活动，慷慨捐款 200 余万元；暨南大学教育发展基金会联合副理事长单位捐资 200 余万元，共同为学校精准扶贫提供资金支持。学校共实施村项目 30 余项，户项目1000 余项，其中投入 400 余万元到村到户开展产业帮扶，为篛过村产业发展提供了资金保障。

二、精准帮扶，因户施策

学校在帮扶过程中坚持"一户一法"，精准施策，即根据贫困户的实际情况，因户制宜地制定不同的帮扶措施。学校驻村工作队在精准识别的基础上，根据在家有劳动力贫困户的不同类型，规划安排种植项目、养殖项目、种养结合项目、劳务输出等，确保每一户有劳动能力的贫困户至少有一个稳定的增收项目。5 年来，累计共组织实施种养项目 1000 余项，"富口袋"帮扶成效明显，较大幅度地增加了农户的收入。

三、找准产业发展新路子

南雄的气候、地形和土壤条件，为种植中药材提供了得天独厚的自然环境。暨南大学校长宋献中在 2017 年年底赴篛过村考察精准扶贫时指出，广西中恒集团是实力雄厚的制药上市企业，与学校签署了校企合作框架协议，在产业扶贫方面可考虑与它对接合作。2018 年 4 月，学校将制药龙头企业广西梧州制药（集团）股份有限公司引进篛过村，发展中草药产业。梧州制药以"订单种植、合同价收购、资金扶持、技术指导"的"订单农业"方式与学校开展合作，采取"公司＋合作社＋基地＋农户"的利益联结方式组织基地生产，后期又引进广东众通农业科技有限公司共同经营。梧州制药先后派出 10 余批专家和技术人员前来基地指导药材种植和管理，实现了中草药产业又好又快发展。合作社共流转土地 1000 余亩，第一期已经开发 500 余亩，种植了两面针、丹参、百部等中药材，特别接收贫困户进行务工就业。据统计，基地平均每月吸纳贫困户 20 余人实施田间管理，实现了在家门口务工增收，同时还能获得土地租金和股金分红。目前，两面针长势良好，预计年产值为 10000 元/亩，其他品种的中药材也初具规模，既帮助村集体实现经济增长、增强自身造血功能，又实现了规模化连片经营，产业扶贫迈出了坚实的步伐。

图1　2018 年 7 月，暨南大学党委书记林如鹏、副书记夏泉
在产业扶贫基地考察

四、对接"一村一品"，打造本土产业品牌

得益于得天独厚的地理位置和气候条件优势，南雄市非常适宜三华李果树种植生产，至 2020 年南雄市高山李种植面积达到 3 万亩，近年来年产量达 25000 余吨。随着挂果丰产期的临近，产量逐年增长，2021 年，估计产量将达 40000 余吨。截至目前，南雄市从事李果种植相关经营主体有农业企业 23 家，农民合作社 32 家，家庭农场 56 家和种植大户 60 户以上，其中，有注册李果品牌商标 18 个，取得"无公害"产品和产地认证 10 个。2013 年，箐过村大学生欧阳明明返乡创业，成立南雄市红土地生态农业开发有限公司，大力发展三华李产业园基地，产业园连片种植三华李 1500 余亩。暨南大学定点帮扶该村以来，就与该公司进行深度合作，引进学校食品工程系技术团队深度对接产品深加工，挂牌暨南大学产学研基地，帮助延长产业链和提高产品附加值，由单品生产转向多品加

工。同时，帮助进行包装设计和带货营销，成功吸引消费者关注。学校还帮助该公司于 2019 年成功申报广东省"一村一品"项目，目前已获得项目资金支持 200 万元，引进干果生产线和建立冷链储仓设备等，产品附加值明显提高，既帮助该公司做强做大了本土产业品牌，又使学校科研团队把论文写在农村脱贫攻坚的第一线，实现了双方的合作共赢。

图 2　2016 年 7 月，暨南大学党委书记林如鹏、副书记孙彧
在三华李种植基地考察

五、长短结合，注重扶持短平快产业

学校除大力扶持和发展中草药、三华李等生产周期较长的产业外，还注重扶持和发展当年就能产出的种植养殖产业，以此帮助农户和村集体快速增收。2019 年、2020 年学校引进广东省农科院帮助推荐优质番薯种苗，订单式扶持合作社带动贫困户和农户种植面积达 50 余亩，每年产量达 75 余吨。两年来，订单式扶持合作社利用中草药基地散养草鸡 10000 余只。由学校和合作社签订种植养殖和销售协议，学校对接合作社，确定种植养殖品种和负责产品销售，合作社组织带动贫困户发展生产，既发挥了学校体量大、消费群体密集等优势，又帮助解决了农户销售难的问题，免除了他们的后顾之忧，同时能使得当年投入当年产出当年有收益。上述这 2 个短期项目每年产值可达 100 余万元，帮助农户增收效果显著。

图3　2020年10月，箭过村番薯种植基地

六、积极实施"以奖代补"政策，激发广大农户内生动力

习近平总书记指出，幸福不会从天降。好日子是干出来的。脱贫致富终究要靠贫困群众用自己的辛勤劳动来实现。要改进帮扶方式，多采取以工代赈、生产奖补、劳务补助等方式，组织动员贫困群众参与帮扶项目实施，提倡多劳多得，不要包办代替和简单发钱发物。为此，暨南大学驻村工作队广泛实施"以奖代补"政策，通过提供生产工具、生产资料、发放补助金等方式，扶持贫困户发展生产，做到生产越多奖补越多。5年来，共发放奖补资金100余万元，充分调动了贫困户发展生产的积极性。在贫困户中涌现了欧阳南京、欧阳毛毛、欧阳可明、欧阳荣等勤劳致富典型。学校还设立年度"勤劳致富先进个人"奖，为致富典型颁奖和发放奖金，涌现出人人争当致富典型的众多群体，进一步激发了贫困群众的内生动力，营造了脱贫致富的浓厚氛围。

七、产销对接，大力开展消费扶贫

"我家养的猪这个月就要出栏了"，"我家种的两亩番薯全部挖出来了"，"我家今年榨了500多斤花生油，真担心卖不完这么多"。驻村扶贫期间，学校驻村工作队接到贫困户这样的电话最多。要让勤劳能够致富，关键是帮助贫困户解决产品销售难问题，让产品变商品，老百姓的口袋才能不断鼓起来。怎样才能打通脱贫攻坚最后一公里，是学校驻村工作队思考最多的问题。产销对接，积极开展消费扶贫，是解决产业扶贫最后一公里梗阻的好方法。为此，学校驻村工作队全力推动开展订单式帮扶。首先，压实帮扶责任，暨南大学党委把篛过村帮扶任务分解到30多个二级党组织，一个党组织结对帮扶一到两户贫困户，做到定户帮扶，责任到人，并由基层党组织负责筹措帮扶资金、下村指导慰问、帮助销售农产品等工作，开展全面系统的帮扶，以扎实的党建工作引领精准扶贫，不断让贫困群众得实惠。其次，组织学校各帮扶单位每年年初与在家务农的帮扶农户规划好种植、养殖项目，安排专人负责跟踪对接，待农产品收获后，发动和组织教职工按需认购，切实解决农户农产品销售难问题，让农户增产又增收。5年来，学校和各帮扶单位向合作社和有种植养殖的农户回购番薯30余万斤、芋头2万余斤、大米1万余斤、生姜1万余斤、花生油5000余斤；生猪100余头、中药鸡10000余只、鸭5000余只，总价值300余万元，让农户的口袋越来越鼓。

图4　2019年12月底，暨南大学积极开展消费扶贫

八、统筹脱贫攻坚和疫情防控，积极推进复工复产

2020 年，在确保疫情防控的前提下，在当地党委政府的坚强领导下，学校驻村工作队和村"两委"积极动员群众复工复产，2020 年春耕备耕情况良好，黄烟、水稻、花生、番薯等传统农作物种植，中药鸡、生猪等禽畜养殖未受影响。同时，学校驻村工作队还定期监测收入，多举措稳就业、保民生。有劳动能力人口外出务工是最重要的脱贫方式，学校驻村工作队从 2020 年 3 月开始监测复工情况，为未复工人员提供就业信息、交通等方面帮助，效果明显。截至 2020 年 5 月份，贫困户中南雄市外务工人员 23 人，南雄市内务工 3 人，公益性岗位 1 人全部恢复务工，到 2020 年年底，所有务工人员达到连续稳定务工 3 个月以上的稳定就业。

九、加强农田水利建设，夯实产业发展基础

"脱贫攻坚，是干出来的，口惠而实不至，老百姓最反感。把为村里谋发展、为村民办实事，当成自己的责任和追求。"学校驻村工作队是这样想的，也是这样去做的。经过 5 年多的驻村帮扶，箬过村产业基地建起来了、电排灌站能够上水了，荒废多年的机耕道和水渠水圳也修复利用起来了，水肥一体化项目也落地了……这些农田水利设施的改善，为箬过村产业发展注入了新动力。

金杯银杯，不如老百姓的口碑。"烈日炎炎几时休，禾苗枯焦草残留。干群抗旱齐努力，浈河汲水解民忧。"这首小诗是 2017 年 8 月学校驻村工队组织抗旱的真实写照。当时，天气久旱未雨，箬过村的水稻田几乎全部缺水，干旱告急。"再不想办法，水稻眼看就要全部绝收了。"这是当时村支书跟学校驻村工作队说得最多的一句话。"民有所呼，我有所应。民有所需，我有所为。"学校驻村工作队当即筹措资金组织人力、物力投入抗旱工作中，帮助村民渡过难关。同时，又着眼长远，在学校党委的统筹下，把新建电排灌站列入议事日程，共筹措 40 余万元资金，在 2018 年 8 月前，帮助村新建电排灌站两座，让全村 1000 多亩水田灌溉有了保障，让箬过村彻底告别了靠天吃饭的历史。

"每逢干旱降临，村民为争水打得头破血流的事例就很快绝迹了。类似的好事暨南大学为我们做得真不少，暨南大学的驻村工作队和师生一来，我们村委会和村干部的威信就提高了很多，村民看到我们，总是笑脸相迎了。"每逢问到帮

扶成效时，村支书总要这样介绍。在学校定点帮扶期间，学校驻村工作队多方筹措资金和申请相关项目，箐过村农田水利等基础设施不断得到升级改造，灌溉难、耕作难、规模小、效益低等历史遗留问题得到了有效改观，为箐过村产业发展提供了坚实保障。

十、注重可持续发展，建立产业扶贫长效机制

产业扶贫重在建立长效机制。习近平总书记指出，对脱贫地区产业要长期培育和支持，促进内生可持续发展。在箐过村脱贫攻坚主战场，学校驻村工作队积极在建立产业扶贫长效机制上下功夫：一是注重把党建与产业扶贫相结合。俗话说得好："村看村、户看户，群众看党员，党员看干部，群众富不富，全靠党支部，支部强不强、关键在班长。送钱送物，不如建一个好支部。"在学校党委的指导下，学校驻村工作队注重抓好村"两委"班子建设和党员队伍建设，善于发现和使用能人，及时把那些思想政治素质好、带领群众致富的能人培养成党员和村组干部，打造一支农村工作骨干队伍。同时，积极开展党建活动，组织村两委干部赴暨南大学考察交流，赴广州增城、从化考察乡村旅游和美丽乡村建设；组织党员赴湖南汝城参观红色村，通过考察学习，开阔大家的视野，学习他人致富经验，打造一批致富"能人"和致富示范户，通过典型示范，起到复制经验、以点带面、典型引路的良好效果，打造一支永不撤走的"扶贫工作队"。二是积极探索建立产业发展带动机制。积极引导承包土地向专业种养大户、家庭农场、农民合作社、农业龙头企业流转，增加贫困户财产性收入。推行"公司＋合作社（基地）＋贫困户"等模式，提高贫困户的组织化水平，让贫困户从产业发展中获得更多利益。三是探索建立资产收益联结机制，根据贫困户意愿，投入扶持资金参与专业大户、家庭农场、农民合作社等新型经营主体，或参与龙头企业、产业基地、光伏、水电、乡村旅游等生产经营，或购买商铺、物业等，折股量化给被扶持的贫困户并按股分红，增加资产收益，同时管好用好扶贫资产，及时制定扶贫资产后续管理办法，防止扶贫资产闲置流失侵占等现象发生，切实发挥好扶贫资产的惠民效益。

图5　2020 年 1 月，暨南大学校长宋献中、党委副书记夏泉
在篛过村中草药种植基地考察

十一、脱贫攻坚，共筑梦圆

　　脱贫攻坚，暨南大学一直在路上：2005 年从佛冈的大陂村，到 2009 年清新的桂湖村，到 2013 年阳山的高陂村，再到 2016 年南雄的篛过村，都留下了暨南大学脱贫攻坚、共建小康的足迹。在学校党委的坚强领导和全校师生的共同努力下，到 2020 年的 12 月，已高质量如期完成了篛过村脱贫攻坚目标任务，学校驻村工作队先后荣获"广东省 2016—2018 年脱贫攻坚突出贡献集体"称号、"广东省 2019—2020 年脱贫攻坚突出贡献集体"称号。目前，篛过村 47 户贫困户全部达到"八有"脱贫标准；当地建档立卡的 115 名贫困人口的人均年收入从 2015 年的 3999.81 元，通过扶持产业、社会保障兜底等多种方式，增长到 2020 年的 19588.92 元，增长 389.74%；村民人均可支配收入由 2015 年的 7259 元，增长到了 2020 年的 16993.9231 元，增长 131%；村集体经济不断发展壮大，村集体收入从 2015 年的 3.58 万元，增加到了 2020 年的 27.92 万元，增长 573.9%。在暨南大学的帮扶下，村民更加安居乐业，获得感和幸福感明显提高，篛过村帮助实现了贫困村向新农村、小康村的转变，村内贫困户实现了向宽裕户、小康户的转变。

　　脱贫摘帽不是终点，而是新生活、新奋斗的起点。民族要复兴，乡村必振兴。面向未来，暨南大学将以咬定青山不放松的韧劲，继续发挥高校人才荟萃、智力密集等优势，为广东的乡村振兴做出新的更大的贡献。

探索产业扶贫的"石柱模式"

——西南大学倾力帮扶重庆市石柱自治县黄连产业发展创新实践

摘　要：自2003年起，西南大学把产业扶贫作为扶贫工作的着力点，坚持不懈全力帮扶重庆市石柱土家族自治县的黄连产业实现高质量发展。在十余年的扶贫实践中，西南大学逐渐探索出"高校＋政府""专家＋农村""技术＋产业"的产业帮扶模式，积极推进政产学研用有机结合，为石柱自治县脱贫攻坚发挥了重要作用，被《光明日报》誉为科技扶贫的"石柱模式"。

关键词：科技扶贫　石柱黄连　产业扶贫　石柱模式

习近平总书记指出，发展产业是实现脱贫的根本之策。要因地制宜，把培育产业作为推动脱贫攻坚的根本出路。西南大学认真贯彻落实以习近平总书记关于扶贫工作的重要论述，自2003年以来的十余年，始终注重产业扶贫，不断探索，倾力帮扶重庆市石柱土家族自治县黄连产业发展，扶贫效果显著。

一、基本情况

2003年以来，西南大学充分发挥自身优势，把产业扶贫作为帮扶重庆市石柱自治县工作的着力点。学校结合石柱黄连资源优势与按照乡村振兴战略部署，组建专家团队，紧紧围绕黄连产业发展和文化发展提供精准帮扶，从发展规划制定、科技成果推广、技术人才培训、文化传承等方面，开展产品研发、技术指导、文化发掘，实施"黄连大品种开发"国家重点研发专项，为黄连产业的发展奉献了智慧、心血和汗水，为石柱人民"甜生活"做出了积极贡献。在西南大学的鼎力支持和专家的辛勤耕耘下，石柱成为"中国黄连之乡"，石柱黄连生产系统成为全国重要农业文化遗产，而正是依托不断发展壮大的黄连产业，石柱自治县才得以顺利实现脱贫摘帽。

二、实施进展

2003 年，学校对口帮扶石柱自治县，把支持黄连产业发展作为工作重点，组建了以李学刚教授为核心的黄连科技研发团队，启动黄连花开发研究，2008 年黄连花茶等产品正式面世。

2008 年，以历史文化学院田阡教授为核心的文化人类学专家团队开始黄连产地的民族传统文化挖掘工作。

2010 年，研究团队把石柱自治县沙子镇卧龙村作为田野试验地，整合黄连栽培系统、民族传统文化和农耕文化，逐步形成"产业 + 文化"的特色扶贫思路。

2011 年，李学刚教授主持的黄连须等副产物开发利用和产地加工新技术的研发项目获得科技部支撑计划项目支持，在石柱自治县实施，加速科技研发进程。

2017 年，由田阡教授牵头，与石柱自治县合作，黄连生产系统成功入选全国农业文化遗产名录，2018 年，重庆石柱黄连生产系统进入全球重要农业文化遗产项目备选名单。

2018 年，李学刚教授领衔的"黄连大品种开发"获国家"十三五"中医药现代化重大专项立项，在石柱自治县落地实施，加速推进黄连副产物和产地加工新技术的推广应用，全面启动"黄连河西功效及其物质基础研究"，加速黄连大健康产品研究，启动黄连新药研发。

2019 年，以西南大学为科技支撑，获批重庆市市级"石柱农业（黄连）产业园"建设项目，加速黄连科技成果落地，科技带动黄连产业的经济效益逐步显现。

2020 年，依托西南大学研究成果，采用"黄连产地加工新技术"的黄连饮片生产线建设全面启动，黄连须中兽药材新药即将获批上市，黄连抗 Hp 新药已经进入临床研究。

三、主要特点

在扶贫路上西南大学探索出"高校 + 政府""专家 + 农村""技术 + 产业""产业 + 文化"的政产学研用相结合的科技扶贫"石柱模式"，精准聚焦黄连产业发展，持续为石柱黄连产业发展提供科技和智力支持。

（一）聚焦产业，全面帮扶

黄连是石柱自治县的主导产业，西南大学聚焦石柱黄连全产业链发展。黄连科技专家团队和文化人类学专家团队，深入种植和生产一线，从黄连种植到病虫害防治，从黄连产品加工到重要农业文化遗产申报，全程参与，示范指导，使"全国领先的石柱黄连产业规模"发展为"全国领先的石柱黄连科技"，国家重点研发计划专项落地石柱，获准重庆市市级农业产业园项目建设，科技和文化加速了石柱黄连三产融合发展。在学校支持下，石柱黄连产业已形成从规模种植、产品研发、生产加工、产品营销及休闲产业和综合服务的完整产业链。为进一步为保护、传承和发展黄连传统生产系统，弘扬石柱少数民族优秀农耕文化，文化专家团队深入石柱开展田野调研，挖掘和整合石柱黄连生产系统，形成"产业＋文化"帮扶思路。黄连产业文化挖掘和弘扬，提升了黄连产业的文化内涵。黄连文化与黄连科技，成为石柱黄连产业发展的"两翼"。

（二）持之以恒，久久为功

多年来，西南大学专家团队始终把助力黄连产业发展作为帮扶石柱自治县的重点内容，不断创新政产学研用相结合的校地合作和科技扶贫模式，密切关注黄连产业的发展情况，每年都针对黄连产业发展需要组织实施相关研发项目，开展技术人员培训。县校双方还合作共建了黄连科技示范基地，与学校的人才培养、科学研究、成果推广结合起来，辐射带动黄连种植农户、黄连企业发展。

四、做法成效

心系石柱，情牵黄连。多年来，西南大学整合校内科技人才资源，致力于帮扶石柱黄连产业发展。李学刚、田阡等西南大学专家教授，始终以科技扶贫为己任，秉持科学发展和绿色发展理念，坚持生态种植、生态加工、提升品质、文化融合的黄连产业发展思路，不遗余力地为黄连产业的发展挥洒汗水，用心用情，奉献智慧和力量。

（一）科技引领

石柱黄连人工种植有700多年的历史，是我国中药材现代化基地重点品种，地理标志产品，也是重庆特色优势农产品。但以往黄连仅作为药材原料销售，对地方社会经济发展的贡献非常有限。西南大学帮扶石柱以后，加大了科技研发和成果推广力度，促进了黄连产业的转型升级。在黄连专家团队入驻之前，黄连花、黄连须和茎叶等均是废弃物。经过李学刚教授等专家多年的努力，将黄连花开发成了黄连花茶，每年带动连农增收 300 万元左右；黄连须开发成了中兽药材新药，2020 年年底获得新药证书，该项目投产以后，可带动连农增收 1000 万元以上。传统的黄连产地加工技术水平不高，黄连生物碱活性成分在加工过程中损失较大，直接影响黄连成品质量，也影响黄连产业的经济效益，黄连专家团队开发了黄连加工新工艺和新设备，有效控制了生物碱有效成分损失，加工的黄连饮片片型好，颜色漂亮，有利于培育"石柱黄连饮片"品牌。2019 年，"石柱黄连饮片"销售收入达 1000 万元以上，2020 年达 2000 万元。依托西南大学黄连科技成果转化，石柱旺隆、中村、远程三家黄连产地加工龙头企业得到快速发展，加工水平得到整体提升，黄连产地加工企业群即将形成。在西南大学技术支持下，石柱全面改造黄连交易市场的电子化交易平台，2019 年建成黄连质量溯源系统，全面提升了石柱黄连交易的电子信息化水平。西南大学与石柱企业联合研发的大健康产品于 2020 年进入市场，填补了石柱黄连产业大健康产品研发和生产的空白。

（二）基地示范

为了给黄连产业提供可持续的科技支撑，西南大学与石柱自治县共建了黄连综合科技示范基地，李学刚等专家教授依托基地开展技术研发、培训人才、推广成果，实现了"示范几户，带动一村；示范一村，带动一镇"的示范效应。在石柱黄连种植 GAP 基地的基础上，通过建设 100 个黄连专业合作社，将石柱黄连生产整合形成了规范化的种植基地，加速了新技术的推广和应用，提升了黄连生产水平。

（三）文化助力

十多年来，西南大学田阡教授团队足迹遍布石柱田间地头，经过对农业自然景观多样性的观察与体验，以及对历史遗迹、民俗风情、史事传说等人文景观的挖掘和分析，系统掌握和传承了完整的黄连选育、种植、加工技术，并依托当地独特的生态环境，形成了包含丰富黄连文化元素的民俗文化。通过整合黄连栽培系统、民族传统文化和农耕文化，形成了独具特色的黄连产业文化。黄连文化成为石柱黄连产业发展的重要支撑。2017 年 7 月，石柱自治县的黄连生产系统成功入选全国农业文化遗产名录，极大地促进了石柱农文旅融合和黄连产业可持续发展。

（四）项目带动

自 2008 年以来，依托黄连科技和"中国重要农业文化遗产"等项目，西南大学研究团队倾情倾力帮助石柱争取到上亿元的建设项目资金。其中 2008 年获得重庆市科委新药创制重大专项资金 120 万元，2011 年获得科技部支撑计划项目资金 540 万元，2017—2019 年争取到重庆市农村综合改革资金共 4500 万元，2018 年获得到国家"十三五"中医药现代化重大专项资金 1783 万元，2019 年获得重庆市市级黄连农业产业园建设项目资金 6000 万元。这些项目在石柱实施，有力地带动了黄连产业的发展。

2003 年西南大学帮扶石柱自治县以来，依托石柱自然资源，通过发展黄连等特色产业，促进了地方经济社会发展和文化繁荣。据统计：2016 年，石柱种植黄连的农户生产收入总计达 4 亿多元，每户平均收入 3 万元，主产区农户的人均收入超过 1 万元。目前，石柱自治县在地黄连 5.7 万亩，年收黄连 1 万亩，年产黄连 3000 多吨，产量占全国的 60% 以上，占世界的 40% 以上。位于黄水镇的黄连交易市场更是我国最大的黄连专业市场，年交易量达 5000 吨，占全国年交易总量的 80% 以上，在全国黄连市场上具有举足轻重的地位。县校携手，科技文化助力，黄连产业成为石柱发展经济，脱贫致富的重要产业。

五、未来思考

为做好脱贫攻坚与国家乡村振兴有效衔接，持续推进石柱黄连产业高质量发展，西南大学将进一步发挥自身优势，巩固成绩，立足长远，持续帮扶，坚持不懈，重点从以下两个方面发力。

（一）持续开展科技研发和成果推广

学校继续在石柱实施"黄连大品种开发"国家中医药现代化重大专项项目，特别是充分利用"黄连核心功效和物质基础"的研究成果，围绕黄连抗菌（抗幽门螺旋杆菌）等核心功效，开发黄连中成药大品种，为石柱培育黄连拳头产品和品牌产品。

（二）助力搭建黄连产业高质量发展平台

整合校内外资源，帮助石柱组建黄连产业集团，培育龙头企业，增强石柱黄连产业带动地方社会经济发展的能力。积极帮助石柱自治县黄连农业产业园建设成为国家级农业产业园，促进示范带动作用和石柱黄连产业发展。帮助石柱用好"黄连农业产业园"和"全国农业文化遗产"两张名片，做大做强"康养石柱"健康产业，促进农文旅深度融合发展。

"十四五"期间，西南大学将紧抓"健康中国"和乡村振兴战略机遇，发挥自身优势，全力助推石柱黄连产业可持续发展，让石柱黄连"苦产业"成为百姓"甜生活"的大事业。

借助"小切口"陇药
开辟富民兴陇"大产业"

——兰州大学助力甘肃省产业扶贫创新实践

摘　要：党的十八大以来，兰州大学坚定落实党中央、教育部和甘肃省委、省政府的决策部署，结合"甘肃中药产业发展中出现的药材大省、产业小省"的实际情况，发挥兰州大学的学科优势，整合人才、智力、科技、医疗等资源，从陇药绿色生态化发展、完善产业链条思路、借助产业脱贫攻坚"摘帽"、巩固提升脱贫攻坚成效出发，为陇药产业特别是为定西市、陇南市、甘南藏族自治州等贫困地区脱贫开辟了一条特色道路。

关键词：陇药　研发　产业　脱贫　富民

习近平总书记指出，产业扶贫是最直接、最有效的办法，是增强贫困地区造血功能、帮助群众就地就业的长远之计，也是稳定脱贫成果的根本之策。兰州大学结合"甘肃中药产业发展中出现的药材大省、产业小省"的实际情况，整合人才、智力、科技、医疗等资源，从陇药绿色生态化发展、完善产业链条思路、借助产业脱贫攻坚"摘帽"、巩固提升脱贫攻坚成效出发，为陇药产业特别是为贫困地区脱贫开辟了一条富民兴陇的致富路。

一、从不足中找突破，用"兰大模式"助力陇药产业脱贫攻坚

甘肃省中药材资源丰富，现有中药资源2540种，人工种植养殖中药材220余种，规模化种植养殖中药材110余种，道地药材30余种。2019年，全省中药材种植面积近465万亩，产量116万吨，居全国前列。岷县当归、渭源党参、文县纹党、陇西黄芪等18个道地中药材品种获得国家原产地标志认证，7个中药材基地通过GAP认证。目前，有20多个县（区）中药材生产实现规模化发展，

其中岷县、渭源、陇西、宕昌、武都等县区中药材种植面积均超过 20 万亩，当归、党参、黄芪等优势品种种植面积都达到 50 万亩以上。值得一提的是，2019年甘肃省党参种植面积达到 74.9 万亩，已占全国总量的 90% 左右，是一个名副其实的中药材大品种。然而，对于中药材资源大省的甘肃来说，普遍存在种质混乱、加工技术落后、产品开发能力弱、质量标准有待提升等制约中药材产业发展的问题，是典型的药材资源大省、产业小省。

如何破解"资源大省、产业小省"的困局，是当地政府和企业近年来一直探索的课题，也是关系到如何借助陇药产业脱贫攻坚和巩固脱贫成果的现实问题。对此，兰州大学按照党中央、教育部的统一部署和甘肃省委、省政府安排，高度重视脱贫攻坚帮扶工作，把扶贫帮扶与办学治校同部署、同要求，校领导多次带领专家团队深入中药材种植地的贫困村、贫困户和当地中药材加工企业进行大量的调研工作，为兰州大学嵌入式扶贫模式的深入推进，发挥自身学科优势在陇药产业扶贫方面发挥了积极的作用。

二、多措并举的陇药产业为脱贫攻坚"舒经活络"

国家重点研发计划项目首席科学家、国家药监局中药材饮片质量控制研究重点实验室学科带头人、甘肃省领军人才、甘肃省"飞天学者"、兰州大学药学院胡芳弟教授，积极响应党中央、教育部和甘肃省委、省政府统一部署，服从学校扶贫帮扶的工作安排，联合全国多家优势单位，充分调动人才、智力、学科等方面的优势，争取土地、资金等方面的配套扶持，培育成熟了一批中药材种质资源保护选育、标准化种植、产地加工、大健康产品转化生产等的个体农户和企业，为陇药产业的升级发展和巩固脱贫成效"舒经活络"。

（一）党参拓开致富路

党参作为甘肃的大宗药材之一，具有健脾益肺、养血生津之传统功效，并有增强免疫、抗缺氧、保护胃黏膜、抗氧化等现代功能，保健功效广泛，药食同源，产业潜力巨大。党参种植规模极大，全国有 80 余万亩，甘肃是主产区，种植面积 70 余万亩，产量约 6 万吨，市场占有率和产量均占全国 90% 以上，渭源白条党参、文县纹党获得了"地理标志性产品"认证。有含党参中成药 300 余种；保健品 179 个，1800 家企业生产含党参的制剂，已形成从种植到产品生产的完整产业链。但产业仍存在加工技术落后、开发能力弱、市场扩展慢、质量标准及品牌建设滞后、原料日趋过剩、农民效益差等问题。

基于上述问题，兰州大学胡芳弟教授组织中国中医科学院中药研究所、甘肃农业大学、甘肃中医药大学、上海中医药大学、东阿阿胶股份有限公司等10家单位联合攻关，其领衔的"党参产业关键技术研究及大健康产品研发"国家重点研发计划重点专项项目得到科技部批复立项，获拨中央财政经费970万元。项目整合了国内相关领域的一流科技创新团队，构成涉及全产业链研发项目组，组建了党参研究院，成立了党参产业技术创新战略联盟。有药用植物繁育与栽培国家地方联合工程研究中心、功能有机分子化学国家重点实验室等6个国家级平台支撑。研究内容涵盖利用多种基因技术和选择育种技术解决党参种质资源保护、品种选育问题，示范推广新品种；开发党参绿色环保和节约人力的无公害栽培技术，解决党参种植技术落后、农药化肥滥用、影响药材品质的问题；结合传统产地加工及炮制理论，利用现代技术，构建党参药材及炮制饮片的产地加工一体化技术体系，解决了因加工分散、工艺落后、优质产品产率低的问题；通过阐明党参"组—效"关系，明确党参质量标志物，提升党参质量标准，指导优化党参药材、饮片及相关中成药的生产工艺；最终系统性地构建党参全产业链的技术研究体系和高水平研究型及服务型平台。以党参大健康产业发展为主线，基于新品种选育、无公害种植、智能加工，功能因子明确、功效确切的党参大健康产品（新型饮片、食品、保健食品）开发，构筑集科研、种植、加工、销售与应用于一体的全产业链、全要素的新型中药材扶贫模式。

图1　种苗繁育育种

图2　机械化种植示范

目前，凭借党参全产业链联合攻关团队和技术研发及成果转化平台，已突破党参抗旱、抗根腐病等新品种选育技术，选育优良品种（系）2个。通过"前期技术培训，中期投种回收，后期加工销售"三步走的产业发展理念，形成了以种植基地、定制药园为载体的农业扶贫、加工基地为载体的工业扶贫、服务场所为载体的服务业扶贫。通过"统一供种，统一标准，统一加工，统一品牌"，保优质，保收益，促就地加工，就地就业，最终实现带动贫困户精准脱贫。在甘肃省定西市临洮县、定西市陇西县、定西市渭源县、定西市漳县、定西市岷县、陇南市宕昌县、陇南市文县已建设标准化基地8000亩以上，推广示范约2万亩。推动九州天润、中天、佛慈等企业在定西市岷县、定西市陇西县、定西市漳县三个主产区实现区域性专业化党参饮片产地加工一体化生产线10余条，实现了3000户贫困户户均增长5000元以上的扶贫目标。同时，为陇南市文县嘉诚农副产品有限公司、陇南市文县任和农副产品有限公司、陇南市文县建伟商贸有限责任公司等多家民营企业开展技术服务和成果转化，为当地经济社会的发展、产品竞争力提升、产业扶贫、稳脱贫注入了活力。"兰大模式"促进了党参产业扶贫，也为党参产业的健康持续发展提供了巨大动力。

图3 产业扶贫与合作农户培训

图4 种植基地及产品采收加工

图5 产品研发与转化

（二）中藏药资源帮扶贫困群众增收脱贫

甘南藏族自治州作为"三区三州"深度贫困地区，是国家脱贫攻坚的主战场。平均海拔 2960 米，气候高寒，是唐古特大黄、红景天、桃儿七、川贝母、羌活、党参等中藏药材的天然优质产区及优质种苗繁育区。全州藏药材不仅种植历史悠久，而且资源十分丰富，全州已考证整理出的植物类藏药材资源共有 800 余种，占全国藏药材资源的 65%，其中属于国家保护的珍贵稀有藏药用植物 69 科 90 属 158 种。据估测，全州植物类藏药材资源贮藏量达 2000 吨。甘南州的地道藏药材之所以享誉海内外，是由于其拥有得天独厚的自然气候条件和生态环境。甘南州地处青藏高原东北部，年降水量 350～800 毫米，年日照时数 1800～2600 个小时，无霜期 14～200 天，海拔 3000 米左右，≥10℃积温为 2953.7℃，同时垂直气候明显、类型多样，并且该地区工业不发达，大气、水质、土壤基本无污染。这些优越的地理、气候、农田环境，均为发展绿色藏药材产业提供了十分有利的条件。

由于人才短缺、资金不足、产业链条不成熟等，甘南州藏药急需资源开发利用方面的高级专家。兰州大学胡芳弟教授在前期充分调研的基础上，利用兰州大学人才资源及优势科技力量，组织全国中医药全产业链体系专家，组成了甘南州中藏药全产业链发展专家服务团。该服务团以专家服务带动，培养甘南州本地中藏药产业技术骨干和实用人才，打造具有绿色无公害的中藏药生产基地，形成甘南特色的中藏药高附加值产品品牌。同时，服务台还与甘南百草生物科技开发有限公司联合，成立了省级企业技术中心、甘肃省党参研究院、甘肃省陇药行业中心、国家兰州白银高新技术开发区大健康产品研发专家工作站以及硕士生实训基地，为实现甘南州乃至甘肃省中藏药产业高速发展，进而为甘肃的脱贫攻坚和乡村振兴提供人才和技术支撑。

目前，建成的甘南州中藏药全产业链发展专家服务基地有研究人员 77 人，其中正高级 13 名，副高级 20 名，博士、硕士研究生 44 名。甘肃省飞天学者 3 名，陇原创新人才 1 名。服务基地采用"企业＋高校＋基地＋合作社＋农户"的机制，推进唐古特大黄等适合高海拔种植的中藏药材规模化、标准化、集约化种植、产地加工及高附加值优质产品的技术研究及推广。在甘南州合作市、临潭县、卓尼县、舟曲县、碌曲县、夏河县等地，唐古特大黄种植面积达 8000 亩左右，年可采挖 3000 亩，可生产鲜大黄 1.2 万吨，高品质大黄药材 3000 吨以上，优质大黄饮片 1000 吨。在甘肃岷县、渭源、漳县、临洮、文县建成党参种植基

附件2

第六批国家级专家服务基地名单

序号	申报单位	基地名称
1	安徽省人力资源和社会保障局	安徽大别山革命老区金安木南农业产业园助力精准脱贫专家服务基地
2	湖北省人力资源和社会保障厅	湖北武汉市农业科学院专家服务基地
3	广西壮族自治区人力资源和社会保障厅	广西中医药专家服务基地
4	海南省委人才发展局	海南热带甘薯脱毒苗精准扶贫产业专家服务基地
5	四川省人力资源和社会保障厅	四川凉山州布拖黑绵羊良种繁育专家服务基地
6	贵州省人力资源和社会保障厅	贵州省山地特色优势农业产业专家服务基地
7	云南省人力资源和社会保障厅	云南省农科院玉米遗传育种专家服务基地
8	甘肃省人力资源和社会保障厅	甘肃甘南州中藏药产业发展专家服务基地
9	青海省人力资源和社会保障厅	青海藏区传染性疾病应急救治诊疗能力提升专家服务基地
10	宁夏回族自治区人力资源和社会保障厅	宁夏煤矿输送设备专家服务基地
11	新疆维吾尔自治区人力资源和社会保障厅	新疆喀什叶城特色果树专家服务基地

图6　甘肃甘南州中藏药全产业链发展专家服务基地及获批名单

地2万亩，年产优质党参4000吨。目前中藏药产值已超过5.3亿元。初步建成标准化唐古特大黄优质种子种苗繁育基地和种植基地，符合GMP生产标准的现代化精深加工基地，规范化甘南高原中藏药材仓储物流中心，实现全州七县一市以及甘肃岷县、漳县、渭源、临洮、文县等五县中藏药材种植指导、药材加工全覆盖和部分地区高附加值产品的研发及推广。

1. 人才支撑

以兰州大学胡芳弟教授为纽带，借助兰州大学的高水平研究平台，与日本、韩国等国机构长久合作并形成了高品质唐古特大黄、党参等的出口销售机制。积极引进专家和技术，转化科研成果，建立示范基地，培养科技人才。先后柔性引进专家近90人（次），其中，国家首席科学家8名，高级职称25名，专业技术人才50余名。专家主攻领域主要涵盖中藏药种质资源、新品种选育、种植技术、田间管理、病虫草害防控、产地加工、高附加值产品开发、资源综合开发利用、机械化种植及采挖、仓储物流等方向。

图7　科研成果转化示范

2. 项目对接、合作及创新成果应用转化

建设了中藏药材饮片加工厂项目，年产300吨中药提取干粉生产线和700吨GMP中药饮片加工生产线；建成甘南高原中藏药材仓储物流中心，涵盖甘南七县并已辐射甘、青、川三省藏区。与南京中医药大学合作，共同开发唐古特大黄地上部分综合利用技术；与甘肃省食品药品检验研究院合作，共同制定和申报《唐古特大黄饮片标准》。目前，正在进行"甘南大黄"地理标志产品保护和认证工作以及农业农村部农产品地理标志"合作唐古特大黄"的申报；在中国中医科学院中药所、北京大学、上海中医药大学、兰州大学的专家的长期指导下，在卓尼县、临潭县、夏河县、碌曲县、合作市、迭部县，累计建设党参基地8000亩，唐古特大黄基地2000亩；在玛曲县建立了3万亩独一味野生抚育基地，进行了大花红景天和狭叶红景天的人工种植试验，野生羌活的人工驯化实验，突破了川贝母二次休眠、人工管护困难等技术难题，在迭部县、舟曲县推广种植濒危药材桃儿七10亩。

3. 专家服务提升经济社会效益

通过开展科研攻关、项目合作、技术培训，成果转化、人才培养与技术咨询等，改变传统中藏药生产方式，提高中藏药生产的集约化水平和机械化程度，为高质量中藏药销售拓展了渠道。年生产规模增长率达20%，销售规模逐年增长。为甘南州农牧民脱贫致富、社会经济发展提供了良好的示范。

4. "兰大模式"助力脱贫攻坚

通过国家级专家服务基地建设，建立了中藏药全产业链科技创新体系，解决甘南州及甘肃中藏药产业存在的关键技术瓶颈问题，研发推广高原中藏药高附加值产品，培养高素质的技术骨干和实用人才，推动区域经济发展，帮助药农实现脱贫致富、助推乡村振兴。

（三）变草为宝，兰大模式助力产业扶贫

淫羊藿又名仙灵牌，具有补肾阳、强筋骨、祛风湿功效，用于肾阳虚衰所致的阳痿遗精、筋骨痿软、风湿痹痛、麻木拘挛，是临床常用中药。就是这种生长在田间地头、林下、沟边灌丛中或山坡阴湿处的植物，为扶贫开拓了路子。

家住甘肃省渭源县会川镇的孙友良利用土地流转，承包村里其他村民的土地种植淫羊藿。然而，苦于无标准化种植指导和品质鉴定保证，孙友良种植采收的淫羊藿一直卖不上好价钱，他想了多种办法都无果。一次偶然的机会，他结识到来药材基地考察的兰州大学胡芳弟教授，并带领胡教授参观了他的淫羊藿药材种植地，并向胡教授诉说了自己的难处。听了孙友良在淫羊藿药材种植方面的苦恼，胡教授想到，这不正是药学人应该考虑去解决的问题吗？返回兰州后，胡芳弟教授立即组织团队拟订研究方案，先后联系孙友良帮忙寄送药材样品，为孙友良提供的淫羊藿药材免费做了品质评价，并提供了检测报告，这为孙友良高品质淫羊藿药材定了性、贴了标签，一下子打开了销路，提升了产品的附加值。而胡教授为淫羊藿"变草为宝"迈出的这重要一步，为当地产业扶贫提供了内生动力，也为科技产业扶贫再一次贡献了"兰大模式"。

三、陇药产业扶贫，兰大人有担当

胡芳弟教授多年来一直聚焦于甘肃大宗道地药材，在多个方面开展了工作，如药效物质基础、炮制机理、资源综合开发利用等研究，道地药材化合物成分库建立，道地药材产地加工一体化技术体系构建。作为兰州大学中药人，她勇于担当扶贫使命，进一步通过定点调研、访谈、问卷调查等分析，收集贫困户参与中药材产业精准扶贫的形式及其增收来源，分析现有模式对贫困户增收的贡献率、实现脱贫的户数与程度，提出中药材产业扶贫策略。通过农户模式（单独种植，分为散户和合作社两种方式）、企业＋农户模式（即双方合作，按约分成；又可

以分为农户＋企业、农户＋合作社＋企业、农户＋基地＋企业、农户＋合作社＋基地＋企业等具体形式）、企业模式（即企业租用农户土地种植中药材，聘用农户进行）三种模式，从资产性收入、务工薪金、产业发展收入等为农民带来增收。

第四章　文旅扶贫

打造旅游产学研协同扶贫新模式

——北京交通大学助力科左后旗的脱贫实践

摘　要：北京交通大学结合科左后旗实际，探索出一条聚焦核心产业、发挥学科优势、构建旅游产学研协同扶贫的新模式。这一模式完整地遵循和践行了习近平总书记关于旅游产业扶贫、景区社区参与、旅游扶贫与乡村振兴融合等重要论述精神，为当地经济社会发展做出了重要贡献，也成为贯彻落实习近平总书记扶贫开发重要战略思想的生动案例。

关键词：北京交通大学　旅游产学研协同扶贫　科左后旗

2012 年，习近平总书记在河北省阜平县考察扶贫开发工作时提出，要坚持从实际出发，做到宜农则农、宜林则林、宜牧则牧、宜开发生态旅游则搞生态旅游，真正把自身比较优势发挥好。

一、持续七年的旅游产业精准扶贫之路

内蒙古自治区通辽市科尔沁左翼后旗是北京交通大学的定点帮扶对象。在帮扶科左后旗过程中，北京交通大学的扶贫团队历经 7 年，多次深入科左后旗，调研旗县资源与产业基础。经过多次论证和反复求证，结合学校学科优势和特色，紧紧围绕科左后旗产业与资源优势，深入剖析其发展现状与持续竞争力，明确其深层次需求，最终确定旅游产业为科左后旗新兴产业发展的突破口。自 2014 年起，从科左后旗旅游业发展顶层设计的全旗旅游发展规划（修编），到单体景区的概念策划，再到具体项目的选址和景观设计，后旗旅游产业发展的每一个重要节点都有北京交通大学的学科助力。在开展的多项旅游产业扶贫项目中，北京交通大学执行团队还立足教学本职，有机地将智力扶贫与课程教学融合到一起，探索形成了教学科研一体化的扶贫模式，既高效率、高质量地解决了科左后旗旅游

产业发展中的瓶颈问题，对当地旅游产业提质提速发展起了重要的推动作用，也为教学课堂提供了生动的案例，给学生创造了认识产业、了解市场的机会。

（一）顶层设计发力，描绘全旗旅游产业蓝图

科左后旗具有悠久的历史、深厚的文化底蕴和原始的生态景观，拥有蒙古族文化旅游资源、宗教旅游资源、森林旅游资源、生态旅游资源、湿地旅游资源和温泉旅游资源，旅游资源在规模上和数量上都具有一定的优势，具有较好的组合度。同时，原始地貌景观保存良好，工业化程度不高，非常适合旅游业的发展，发展旅游产业也是全旗上下的共识。

针对科左后旗旅游业发展需要，北京交通大学经济管理学院旅游管理教授团队本着科学研究的严谨态度，在原有旅游规划的基础上，先后3次赴科左后旗对当地旅游资源和发展现状重新进行调研分析，并结合当下旅游市场呈现的消费特征与热点，全面剖析了科左后旗旅游产业存在的问题。规划团队指出，科左后旗虽然有较好的旅游资源，但整体旅游产业发展基础差，配套设施欠缺，旅游企业发展水平低，对旅游业的内在规律认识不足。针对这些问题，规划团队从发展战略、空间布局、产品谱系、目的地体系、市场营销、保障体系以及行动计划等方面为科左后旗制定了详细的旅游规划，提出科左后旗应构建以文化旅游为机头、生态旅游为机身、运动旅游和民俗旅游为两翼的旅游产品体系；发展生态度假游、文化体验游、户外运动游、民俗体验游四大特色旅游品牌；建设"一心两带三区"的旅游空间格局；塑造"原真科尔沁，生态左后旗"的目的地形象，从而充分发挥当地旅游资源优势，利用旅游业的拉动作用重构旗域经济的产业链，优化产业结构，把旅游业发展成为科左后旗县域经济跨越式发展的重要抓手。学校规划团队所提出的规划设想，既符合当地实际又适度超前，为科左后旗全旗旅游产业指明了科学的、可行的、具有持续竞争力的发展道路。

（二）重要节点跟踪，明确发展路径

在制定完成总体发展规划，描绘全旗发展的重点后，北京交通大学旅游管理及相关学科团队又持续跟踪科左后旗旅游产业发展的重要节点。自2014年以来，共计完成规划类、咨询类项目6项，覆盖全旗总体发展规划、景区发展规划、景点设计、规划评审等各个环节。具体项目有：

2014年，科左后旗闲趣山庄概念性总体规划；

2014年，科左后旗旅游业发展总体规划（修编）；

2015 年，乌旦塔拉五角枫公园大门设计及配套设施规划；

2015 年，科左后旗大青沟景区 AAAAA 级提升规划；

2016 年，自驾车营地体系选址咨询；

2019 年，草甘沙漠景区发展总体规划。

1. 大青沟景区 AAAAA 级提升规划

大青沟国家级自然保护区地处内蒙古自治区通辽市科左后旗西南部科尔沁沙漠的腹地，总面积 8183 公顷，是一处保存完好的古代残遗森林植物群落与内蒙古自治区著名的珍贵阔叶林自然保护区，也是集森林、草地、泉水、湖泊和沙漠于一体的蒙古族风情浓郁的风景旅游区。2004 年被国家"旅游景区质量等级评审委员会"评定为国家 AAAA 级旅游景区，是科左后旗乃至通辽市旅游产业的龙头景区。然而，随着旅游产业发展水平的不断推进，大青沟景区在产品设计、要素布局、市场营销等方面逐步呈现疲态，无法适应旅游市场的需求。2015 年北京交通大学旅游管理团队再一次承担科左后旗的旅游产业扶贫任务，为大青沟制定提升为 AAAAA 级景区的规划。（见图 1）

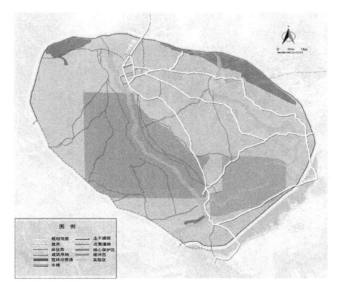

图 1　大青沟景区道路体系规划

规划团队先后 3 次、15 人次前往大青沟景区进行实地调研，与景区管理者、保护区工作人员、当地居民进行深入访谈，了解景区利益相关各方的诉求，并针对游客市场收集了 300 余份调查问卷，最终为大青沟景区设计了温泉风情小镇、360°享受大青沟、艺术家部落、森林之家、森林地宫营地等新型旅游项目，并提出通过发展景区引领境内城镇化和旅游产业协同发展，打造东北地区互联网＋景区发展样本，最终实现从景点景区向现代旅游休闲度假基地转变的目标。规划团队尤其根据大青沟景区开发资金不足的现状，设计了四资循环战略，即通过资源吸引资金、经由资金打造资产、依托资产创造资本、凭借资本反哺和再造资源。

2. 草甘沙漠景区总体规划

草甘沙漠旅游风景区位于科左后旗东南，属科尔沁沙漠边缘，总面积约为 1.35 万亩，是国家 AA 级旅游景区和全国五星级汽车自驾运动营地。景区区位优势非常明显，与辽宁省康平县相邻，距离沈阳市 150 千米，距离长春市 210 千米，距离通辽市 160 千米，被誉为东北唯一的沙漠景区。

景区为村集体开发模式，于 2014 年 10 月对外营业，在经营过程中逐步感受到开发模式粗放、人力资源匮乏，以及景区定位不够准确而带来的各种发展后劲缺乏的问题。

北京交通大学旅游规划团队接受扶贫任务后于 2019 年开始为景区问诊把脉，编制总体规划。规划团队先后 3 次、共计 21 人次前往景区开展资源普查、市场调研等工作（见图 2），为景区提出了完整的发展设计方案。景区于 2019 年 12 月 16 日通过内蒙古自治区旅游局的等级评定，正式晋升为 AAA 级旅游景区。景区所在的车家窝堡村入选了文化和旅游部首批全国乡村旅游重点村名单，并获得了相应的资金支持。

图 2　景区调研现场

（三）教学与科研一体化扶贫模式

在通过产业规划精准扶贫工作过程中，北京交通大学旅游管理团队摒弃了过去传统的教师＋外聘人员模式的规划团队，而是创新性地将扶贫工作融入科研工作，并将科研工作与教学工作有机地结合在一起。主要做法有：第一，将扶贫规划工作进行案例总结，将其融入教学安排中。研究生课程"旅游目的地开发与管理"将科左后旗作为全课案例带领同学剖析。（见图3）第二，将扶贫工作与研究生培养相结合。在大青沟 AAAAA 级提升规划制定过程中，带领优秀硕士生、博士生 5 人参与课题。硕士生与博士生全程参与课题立项、规划内容探讨、实地调研等过程，并承担一定的工作。第三，将扶贫规划项目带到课堂，成为课程学习的研究对象。2019 年承担草甘沙漠规划工作时，带领选修课程的全部 16 名学生前往景区进行资源普查、市场调研，并将景区作为课程案例，根据课程内容全程进行景区剖析。

图 3　课堂现场

二、教学科研一体化扶贫成效

经过七年多坚持不懈的努力，北京交通大学根据扶贫对象的具体问题与具体要求，持续不断地在旅游产业领域为科左后旗提供智力支持，贡献高校的学科积累与智力财富，帮助科左后旗旅游业实现了较快发展，并通过教学与科研一体化的扶贫模式实践，为课堂带去了生动的案例，真正实现了服务国家扶贫工作与学校教学、科研相扶相助的相互促进。

（一）后旗旅游业实现发展飞跃，得到市场认可

随着总体规划中的各项措施在科左后旗旅游经济社会发展中的具体实施，北京交通大学的规划工作对科左后旗的社会经济发展的引导和调控作用逐渐凸显。在全旗总规和后续的景区规划中，北京交通大学的规划团队帮助全旗和景区凝练旅游形象，设计营销措施，目前已得到良好反馈。2017 年端午节小长假，科左后旗共接待国内外游客 10.3 万人次，旅游综合收入 5665 万元。2018 年十一黄金周，科左后旗各景区共接待国内外游客 33943 人次，旅游综合收入达到 2240.238 万元，同比增长 31.42%。在全国知名的旅游 OTA 平台上，均能找到游客对科左后旗的旅游评论，"原真科尔沁，生态左后旗"或"生态大青沟"等旅游形象已经得到了市场的认同。

（二）旅游规划助力景区发展，得到上级认可

北京交通大学团队为科左后旗制定的各项旅游规划，不仅帮助后旗旅游业在市场上得到游客认可，更得到了上级主管部门的认可。规划团队 2014 年制定的闲趣山庄景区规划获得内蒙古自治区旅游局的认可，被评为四星级乡村旅游接待点，并获得 30 万元专项资金的支持。草甘沙漠景区在规划文本的帮助下，顺利晋升为 AAA 级旅游景区，是规划扶贫工作成效的直接体现。

（三）扶贫案例走进课堂，得到学生认可

规划团队将科左后旗的旅游业发展作为案例，贯穿于"旅游目的地开发与管理"研究生课堂中，将课本知识与实践发展有机地结合起来，为学生理解枯燥、抽象的旅游规划方法与原理提供了生动案例，得到了同学们的高度好评。其中，草甘沙漠景区总体规划项目走进 2018 级研究生课堂，规划团队教授带领所有选课学生前往草甘沙漠调研，并在课堂上进行深度讨论，为这些刚进入研究阶段的学生迅速建立了旅游目的地管理及规划的鲜活系统。

三、教学科研一体化扶贫模式的经验

（一）加强调查，树立科研扶贫理念

深刻剖析扶贫对象的实际情况，了解扶贫对象急需解决的问题，对标高校学科优势和特色，寻找双方供给与需求的契合点。同时，以高校严谨的科研理念参加扶贫工作，工作更加细致，效果容易量化。比如，学校在进行所有的旅游规划工作时，均派出规划团队多次进行实地调研，并对客源市场进行问卷调查，同时对当地居民、景区管理人员等旅游业利益相关者进行深度访谈，发展现状中最深层的问题，了解到产业发展的根本需求，因而得出的规划方案能切中要害、解决痛点，成为符合实际、可操作性强的规划方案，从而真正帮助科左后旗实现旅游产业的发展。

（二）持续输出，巩固科研扶贫效果

扶贫攻坚工作与科研工作一样都不是能一蹴而就的，这恰恰成为高校产业扶贫工作长效机制构建的基础。北京交通大学精准扶贫科左后旗，没有天女散花似的普遍撒网，而是瞄准扶贫旗县最需要的产业开发工作，立足高校专业优势、智力优势、人力优势，从顶层设计全旗旅游产业发展到旅游项目选址等具体事务，全方位、立体化、由面到点地持续输出，不间断地助力科左后旗旅游产业的发展，协助科左后旗从全旗到不同景区、景点明确发展任务。

（三）回归本职，教学科研扶贫一体化

高校精准扶贫不仅应该与高校自身的特色和专长紧密结合，更应当与高校的教学工作和科研工作相结合，形成教学科研扶贫一体化工作模式。北京交通大学旅游产业扶贫工作的开展，就是有机融合了旅游管理专业研究生教学、科研等学校本职工作，将人才培养目标和途径有机地融入扶贫工作中。由于目标科学，方案可行性强，执行过程严谨，参与此项工作中的扶贫旗县、旅游主管部门、旅游管理系学生、学校扶贫工作组等多方主体，都高效且高质量地完成了各自的工作目标。实践证明，高等院校参与扶贫工作，探索一条符合双方适宜的教学科研扶贫一体化的道路是可行的。未来，北京交通大学将继续充分发挥自身特点和资源优势，从学校实际教学科研工作需要出发，扶贫工作理念从科左后旗是帮扶对象

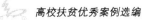
转变为合作伙伴，因地制宜地开展帮扶工作。结合学校特色专业教学科研需求，考虑到科左后旗地区的经济、社会、文化、生态发展基础，学校将逐步推进将科左后旗作为北京交通大学部分专业"教学科研实践基地"的做法，从更高层次上为帮扶科左后旗输出智力财富。

探索具有传媒特色的文化扶贫新思路

——中国传媒大学帮扶云南省漾濞彝族自治县脱贫实践

摘　要：2013 年以来，中国传媒大学定点帮扶云南省大理州漾濞彝族自治县。学校结合漾濞彝族自治县具体县情，坚持以新闻扶贫和人才扶贫为重点，充分发挥学校学科专业优势，为漾濞的文化产业和经济社会发展贡献了重要力量。2019 年 4 月，漾濞彻底摘掉了贫困帽子。

关键词：文旅扶贫　传媒特色　新闻宣传　干部培训

2015 年，习近平总书记在中央扶贫开发工作会议上强调，扶贫既要富口袋，也要富脑袋。要坚持以促进人的全面发展的理念指导扶贫开发，丰富贫困地区文化活动，加强贫困地区社会建设，提升贫困群众教育、文化、健康水平和综合素质，振奋贫困地区和贫困群众精神风貌。

一、案例背景

漾濞彝族自治县地处大理州黑濾江连片特困地区，是云南省 73 个国家扶贫开发工作重点县之一。全县面积 1860 平方千米，山区面积占 98.4%，全县总人口 106067 人，其中彝族占人口总数的 47%，是以彝族为主的民族聚居地区。这里属于横断山滇西高山峡谷区，地形起伏较大，但光照充足、气候温暖湿润多阴雨、土壤肥沃，是一块盛产核桃的宝地，全县核桃种植面积达 107 万亩，94.5% 的农民靠种植核桃生活，被称为"中国核桃之乡"。

当前制约漾濞脱贫致富的因素主要存在以下三个方面。一是教育发展重视程度不够。漾濞彝族人口较多，世代以农耕生活为主，有靠山、靠核桃收入为生的习惯，对孩子的教育重视程度不够，乡村教师资源也不丰富，缺乏较好的教育环境。二是基础设施底子薄。漾濞县是个彝族自治县，山高坡陡，群众居住分散，交通条件落后，直到 2015 年才实现全县村村通，村民的农副产品也不能很顺畅地运输出去。另一方面，虽然漾濞水资源丰富，水资源储量达到了 12.6 亿立方米，但是独特的地形使得山区面积占地比较大，水利工程设施建设存在难点，存在工程性缺水问题。在该县的南边，还存在季节性缺水问题，导致生产用水和生活用水不足。三是产业发展单一。在漾濞，种植核桃的农户占全县总农户数的90% 以上，但生产加工粗放、销售渠道单一、消费习惯尚未养成。此外，近年来核桃价格持续下跌，影响群众收入。四是地理位置与外界隔绝，使得群众对外交流机会少。

2013 年，根据教育部定点联系滇西边境地区工作安排，中国传媒大学负责云南省大理州漾濞彝族自治县定点帮扶工作，先后派出四届挂职干部担任挂职副县长，投身到扶贫伟业中来。多年来，学校根据实际，结合漾濞县县情，坚持以智力扶贫和人才扶贫为重点，充分发挥学校的教育、人才、智力、科技、信息及学科专业优势，服务和推动扶贫对象经济社会发展和自我发展能力。2019 年 4 月30 日，云南省委、省政府宣布，包括漾濞县在内的 33 个贫困县，一举摘掉了贫困帽子。时任县委书记杨瑜动情地说，漾濞能够顺利扶贫脱帽，中国传媒大学做出了重大贡献。

二、做法成效

习近平总书记强调，要坚持精准扶贫、精准脱贫，找到问题根源，增强脱贫措施的实效性。2013 年年底的数据表明，漾濞县的地区生产总值在云南省所有县区中排名第 125 名。针对这一情况，中国传媒大学充分发挥学校智力和教育资源优势，多管齐下开展精准扶贫。自 2013 年以来，学校领导班子与漾濞县委、县政府领导多次组织开展座谈协商，双方互联互通，积极开展校地合作，创造性地开展"扶智"和"扶志"并举的帮扶工作，努力为漾濞县人民办好事和办实事。

（一）倾心设计方案，加强沟通交流

在帮扶漾濞的基础上，2015 年 11 月，中国传媒大学和大理州人民政府在漾濞县共同签订了《中国传媒大学大理白族自治州战略合作框架协议》，加大了对口帮扶的力度。战略合作框架约定：中国传媒大学在文化产业发展、人才培养和干部培训、研究成果转化与产业化合作、区域创新体系建设等方面与大理州开展

合作，确立了对漾濞县精准扶贫领域。双方建立起高级别的协调、交流和互访机制，开展经常性沟通，确保帮扶工作协同推进、相互配合。2016 年 7 月，中国传媒大学与漾濞县人民政府签订了《中国传媒大学教学科研实习基地协议书》。此后，按照协议决定在漾濞县建立了教学科研基地。中国传媒大学师生通过教学科研基地在漾濞县开展了一系列社会实践活动和课题研究活动。

（二）精心遴选干部，全力服务扶贫

中国传媒大学自 2013 年先后向云南省大理州派出 4 名挂职干部。这些挂职干部充分发挥自身专业优势，本着"一张蓝图干到底、一任接着一任干"的坚强意志，在智力扶贫、人才扶贫方面进行了积极探索和努力，为当地脱贫攻坚倾注了大量心血，受到当地民众的广泛好评。

2013 年，中国传媒大学第一任赴漾濞挂职干部孙靖，为漾濞县教育帮扶一共筹措了 322.4 万元。（见图 1）其中：山区教学点改造项目 140 万元；老干部项目 50 万元；残联项目 50 万元；漾濞一中初中部课桌椅更新项目 7 万元；高中贫困生帮扶 2.4 万元；"小水滴"帮扶贫困小学生项目 36 万元；图书捐赠 1.2 万册折合 17 万元；文具捐赠折合 20 万元。2013 年 2 月—3 月，孙靖在全县 9 个乡镇进行 9 场专题巡讲，切实开展乡镇基层公务员心理调适与心理建设培训，培训200 余人次。

图 1　中国传媒大学向漾濞一中高中部捐资仪式

第二任挂职干部金勇到任。他邀请时任县委书记杨瑜同志做客人民网，大幅度提升了漾濞县作为"中国核桃之乡"的能见度和美誉度，同时，金勇同志还引进"圆梦班"，吸引120万元的资金帮扶，帮助60名漾濞一中高中部的贫寒学子。（见图2）一个圆梦班的学生写下这样一段话："感谢您的帮助，让我灰暗的天空多了一道彩虹，让我父母被生活压弯的脊背可以稍稍放松。进了'圆梦班'，父母不用再为我的生活费发愁，我又可以轻装行进在追梦路上。""圆梦班"专项资金分为学生学习生活捐助资金和教师奖励资金两部分。学生每学年有专项学习生活资助费共计30万元，主要用于学生课本费、生活费、学习用具费等，教师每学年奖励资金为10万元。首批120名"圆梦班"的学生是由学校推荐、自愿报名，再经文化课考试和面试层层选拔出来的，每名学生每学年将获得5000元资助。"圆梦班"的师资选配也是禄劝彝族苗族自治县与漾濞彝族自治县最优秀的任科教师。学校还专门对老师进行了为期两周的集训，以让"圆梦班"学生享受最好的师资条件。除了争取"圆梦班"项目落户漾濞之外，金勇同志更积极协调国家发展改革委农经司相关领导，通过有效努力，将漾濞黑惠江流域治理工程项目增至4279万元。此外，还围绕媒介素养、舆论引导等主题，为大理州宣传思想文化战线的领导干部授课，听课人数达600余人次。

图2　"圆梦班"正式落户云南省大理州漾濞县

第三位挂职干部刘东建的挂职时间为2015年4月到2016年5月，他发挥自身专业优势，邀请多名专家到漾濞举办专题讲座，邀请首都医科大学同仁医院、中华民族团结进步协会医药卫生发展工作委员会医疗专家组到漾濞，先后给 48 名疑似先心病儿童进行免费筛查，给 39 名老人做免费体检，并组织确诊的 10 名先心病儿童到同仁医院进行免费手术治疗，为患儿家属节省 20 余万元。（见图 3）围绕教育工作的短板，刘东建同志积极联系中国传媒大学出版社，为漾濞县捐赠图书 349 种，价值 10 万元。他还积极为漾濞县顺濞镇哈腊左完小申请薄弱校改造项目资金 100 万元，用于校舍改造。2015 年 7 月至 10 月，刘东健为当地干部开展了"当代经济社会发展问题的国际经验分析""当代中国社会的问题""坚持'三个自信'弘扬清风正气"等主题的讲座十余场，培训干部逾千人次。

图 3 中国传媒大学邀请专家开展免费救治先心病儿童活动

2016 年 5 月，中国传媒大学派出的第四位挂职干部曲小刚是一位农村金融专家。他联系中国教育发展基金会向新建太平乡中心幼儿园项目提供 100 万元资金支持。在产业发展方面，曲小刚同志组织中国传媒大学文化旅游方面的专家到漾濞调研当地文化旅游业发展情况，对石门关等旅游景区的开发和发展战略及乡村民族文化旅游业发展进行诊断和把脉，为漾濞构建全域旅游建言献计。他还利用中国传媒大学媒体资源和平台，推进漾濞核桃品牌推广和核桃产品营销，有力地提升了漾濞核桃的品牌价值。

（三）用心组织培训，提升干部素质

中国传媒大学党委和历任挂职干部，在教育帮扶方面倾注了大量心血，利用学校平台的优势，争取了大量资金帮扶。同时，中国传媒大学自身也对漾濞县进

行了大量资金帮助,主要体现在历次干部培训,实行"费用全免"的特殊政策。学校为漾濞干部开办培训班,量身定做特色课程。2015 年 4 月,漾濞史上第一次 62 人规模的干部培训在中国传媒大学成功举办,费用全部由中国传媒大学承担。由此,迈开了漾濞干部素质提升的步伐。

自 2015 年 4 月开始,学校先后举办了云南省漾濞县干部领导力专题培训班(2015 年)、漾濞彝族自治县党政领导干部素质能力提升培训班(2016 年,见图 4)、大理州干部教育培训现场教学能力提升培训班(2016 年)、2017 年大理州领导干部新媒体运用及应用能力培训班(2017 年)、漾濞县领导干部综合能力提升研修班(2017 年)、脱贫攻坚与乡村振兴专题培训班(2018 年)。据统计,中国传媒大学自 2015 年 4 月开始,总共投入 80.30 万元用于对漾濞的智力帮扶。

图 4　中国传媒大学为定点帮扶县举办"干部领导力专题培训班"

(四)潜心挖掘优势,大力宣传推介

作为具有传媒特色的综合性大学,中国传媒大学积极发挥自身优势,切实做到宣传漾濞、推广漾濞,为漾濞的文化产业和经济发展贡献了力量。首先,开设了"云上漾濞"微信公众号,大力传播和推介漾濞干部群众脱贫攻坚工作,微信公众号发布脱贫攻坚信息上百条,深受群众关注。其次,邀请时任中央电视台《新闻联播》主播郎永淳到漾濞县做专题讲座并与 60 名"圆梦班"的贫困孩子见面,为他们加油鼓劲。2014 年 9 月,以"圆梦班"启动仪式为契机,挂职干部邀请毛泽东主席晚年机要秘书张玉凤、毛泽东主席晚年图书管理员徐中远局长等贵宾前往漾濞调研考察,进一步提升了漾濞县的知名度。中国传媒大学还组织

戏剧影视美术设计专业学生到漾濞采风，通过文化艺术下乡的方式促进漾濞形象宣传；联系中央电视台《生活早知道》《消费主张》《走遍中国》等栏目到漾濞县拍摄专题节目；联系中国新闻网记者专题采访县高原特色农业和旅游开发工作；组织、参与省内外部分历史文化名城电视台和少数民族地区电视台艺术家走进漾濞文艺实践活动；组织"圆梦班""核桃节""绿镜头发现中国"等多个大型系列报道，中央电视台、新华社、《光明日报》、《中国气象报》、人民网、中新社、云南电视台等多家媒体全程参与报道，提升了漾濞县的影响力和知名度；编写"乡土教材"《家在漾濞》，记载当地风土人情，弘扬民族文化。

三、经验总结

习近平总书记强调，中国在扶贫攻坚工作中采取的重要举措，就是实施精准扶贫方略。扶贫的关键在于"精准"，需因地制宜、因村施策。高校拥有丰富的教育和社会资源，在精准扶贫中的作用不可忽视，应充分发挥学科专业优势，为贫困地区脱贫致富提供有力的智力支持。

（一）发挥挂职干部作用

学校用心派遣扶贫干部，实现一对一定点帮扶，挂职干部能够建立与扶贫地方政府部门的统筹协调和高效沟通机制，为地方政府制定扶贫规划、明确扶贫任务提供必要的支持；充分发挥挂职干部的桥梁纽带作用，引入学校资源和社会资本参与地区建设；充分发挥自身优势，为破解发展难题开良方、出良策，助推地区经济社会发展。

（二）注重智力帮扶力量

学校通过定期干部培训，全面提升管理人员的学习能力、管理能力、执行能力和创新能力；通过引入专家讲座、培训指导等方式切实增强贫困户的技能水平和思想意识，变被动脱贫为主动脱贫；充分依托高校人才优势，组织相关专业和学科力量挖掘帮扶地区的优势特色，大力扶植适应实际情况的特色产业，做好宣传推广，全方位提升帮扶地区的自我发展能力。帮助贫困地区学校拟定长期、近期发展规划，不断提升自身发展能力；帮助制定、完善、修改贫困地区学校的校风、教风、学风，并使其在学校各项工作中得到体现；帮助贫困地区学校实施新课程改革，提高实施水平。

（三）利用技术助力脱贫

学校依托校内外优质资源，在技术引进、产品创新、人才培养等方面提供必要的合作与支持，充分利用技术手段拓宽致富渠道，为开展精准扶贫提供优质智力资源，促进帮扶地区群众提升脱贫能力和科学素质。

探索艺术创意脱贫之路

——中央美术学院助力云南省剑川县脱贫创新实践

摘 要：中央美术学院自2013年起对口帮扶云南省大理州剑川县。多年来，学校发挥艺术人才荟萃、艺术资源丰富的优势，立足剑川、辐射大理，以深切的民生情怀和厚重的责任担当不断深化和拓宽对口帮扶工作，在挖掘民族文化艺术资源、推动民族工艺产业发展、助力艺术人才培养等方面不断开拓实践，振兴以木雕产业为龙头的传统工艺，使"中国木雕之乡"焕发新的生机，为剑川经济社会和文化事业发展做出了积极贡献，传统手工技艺已成为群众脱贫致富的支柱产业。

关键词：传统工艺 创意设计 人才培养 载体平台

习近平总书记强调，无论是全面小康、脱贫还是现代化，一个少数民族也不能少。产业扶贫是最直接、最有效的办法，也是增强贫困地区造血功能、帮助群众就地就业的长远之计。中央美术学院积极发挥专业特色优势，用艺术助力云南剑川脱贫攻坚，努力探索一条既展示艺术教育特点又符合当地实际，既体现规律性又富有创造性的特色扶贫之路，积极推进民族地区特色产业发展，为滇西经济社会和文化事业发展做出了积极贡献。

一、案例背景

大理白族自治州剑川县位于"三江并流"自然保护区南端和国家"一带一路"倡议南丝绸之路经济带上，属国家重点生态功能区县域，是大理州连接丽江和怒江、通向香格里拉、走进川藏的门户。境内有白、汉、彝、回、纳西、傈僳6个世居民族，全县总人口18.48万人，少数民族人口占全县总人口的96.2%，其中白族人口占90.3%，是全国白族人口比例最高的县份。剑川以云南文明之源、南诏石窟胜地、中国木雕之乡、白族文化宝库、滇西革命摇篮、生态旅游乐土"六张名片"著称。剑川手工艺荟萃，木雕、石雕、土陶、布扎、刺绣、古建筑等行业民间工匠大师云集，技艺精湛，群众基础好，具有一定的产业规模。

但长期以来，整个行业还存在不少问题。一是产品缺乏现代创意、设计、包装和营销等，与生活结合度不高，融入现代生活不够，工艺品需求面窄，行业带动效果不佳。二是人才队伍素质不强，参差不齐，能工巧匠对行业信心不足。三是传统工艺展示渠道狭窄，推广力度不够，没有形成影响力。四是在与本地文化结合上内涵挖掘不够，产品附加值低，带动效果不明显。

中央美术学院自对口帮扶剑川县以来，先后派出4名挂职副县长，通过深入调查研究，将中央要求、剑川所需、美院所能进行紧密结合，重点在"智扶"、"技扶"和"艺扶"上下功夫，通过推进一系列帮扶措施，有效助力剑川脱贫摘帽。2014年至2019年，共实现4个贫困乡镇和46个贫困村脱贫出列，7334户30089人退出，贫困发生率从20.18%降至0.86%。目前，省第三方评估检查实现零漏评、零错退，群众认可度达98.72%，脱贫成效被评价为"稳定可持续"。2020年5月16日，云南省人民政府正式批准剑川县退出贫困县。目前，剩余贫困人口也已经全部达到脱贫标准，全面消除绝对贫困。剑川县成功争创了全国民族团结进步示范县、国家园林县城、云南省美丽县城、省级文明城市、省级卫生县城、省级双拥先进县，被省委、省政府通报表扬为2018年度县域经济跨越发展先进县。

二、主要做法

中央美术学院深入学习贯彻习近平总书记扶贫开发重要战略思想，始终秉承"关注现实，服务社会"的优良传统，以"双赢"的理念对待对口帮扶工作，把对口帮扶作为服务国家、服务社会、服务人民的重要阵地，作为锻炼干部、培养队伍的重要舞台，努力探索一条既展示艺术教育特点又符合当地实际，既体现规律性又富有创造性的特色扶贫之路。

2014年4月，学校与剑川县签订《中央美术学院剑川县人民政府关于设立中央美术学院（剑川）实践教学基地框架协议》。为进一步提升学校滇西扶贫工作，推动县校合作向州校合作模式的转变，2016年4月，学校与大理州签订了《大理州人民政府与中央美术学院战略合作框架协议》，7月成立了大理州校地帮扶战略合作领导小组，10月与剑川县签订了《中央美术学院与剑川县政府对口帮扶战略合作项目协议》，为进一步加强深度合作打开了有利局面。2017年11

月，学校与剑川县签订了《中央美术学院驻云南大理剑川传统工艺工作站建站协议》。2020 年上半年，签订《剑川县与中央美术学院 2020 年校地合作项目清单》《关于在中央美术学院教学实践基地剑川县职业高级中学开展"普职教融通"综合高中"美术教育实验班"的帮扶协议》，这些协议的签订标志着以中央美术学院人文美术专业资源与剑川白族历史文化特征相结合的县校合作进入全新阶段，形成县校合作、县所合作、校企合作、校校合作等全方位、多层次合作新模式，对口帮扶形成强大合力。

2020 年学校全方位压实脱贫攻坚主体责任，保持一鼓作气、乘势而上的精神状态，扎实推进"6 个 200"任务计划，顺利推进"6 个 200"任务计划，学校已向剑川投入帮扶资金 200 万元（完成率为 100%）、引进帮扶资金 200 万元（完成率为 100%）、培训基层干部 584 人（完成率为 292%）、培训技术人员 405 人（完成率为 202%）、购买贫困地区农产品 1264845.5 元（完成率为 63.2%）、帮助销售贫困地区农产品 200 万元（完成率为 100%）。

（一）发挥专业优势，强化创意设计，推动传统工艺融入现代生活

中央美术学院对口帮扶剑川后，首先进行了深入的广泛调研，并结合专业优势千方百计提升剑川木雕、石雕、黑陶、布扎、刺绣等工艺品的艺术设计能力，以提高文化附加值。启动了"解读与创意剑川"设计系列综合课题调查研究活动，以艺术院校智力资源提升剑川传统工艺创意设计水平，特别是在设计旅游产品、提升旅游商品档次上下功夫，助力全域旅游发展和脱贫攻坚。先后举办了"手工剑川·走进生活"剑川旅游工艺品创意大赛，邀请专家授课培训、现场指导，举办设计作品展（见图 1），展出 160 余幅作品和 400 多件实物，成功研制出首款土陶烧烤盘和首套黑陶"甲马"等其他创意设计产品，部分设计作品投入旅游市场后，深受游客喜爱。

中央美术学院以石雕艺术为核心，整体打造文旅景观，使第三产业转化成为乡村振兴的重要标志。联合云南大学的优势资源，完成勘查、航测、建模等工作，并争取到 1000 万元经费，开辟了双校帮扶地方的新道路。发挥优势，以在地调研、在地设计、在地展览的方式紧密结合剑川实际，从提高人居环境、乡风文明建设入手，组织了"为现代剑川而设计——提升人居环境行动在地展"等调研设计活动，结合"三清洁"、"河长制"、厕所革命等全县重点工作进行设计，在县职中展出。目前，以"三清洁""河长制"为主题的海报已进行推广使用，达到预期效果。经过认真分析研究，将挑选 1 个由设计学院师生设计的厕所

图1　举行剑川县旅游工艺品创意大赛实物与设计作品展

方案，选择合适地点，由中央美术学院和剑川县共同筹集资金实施。结合旅游革命和大滇西旅游环线建设，积极参与沙溪特色小镇旅游商品 Logo 设计，设计并参与制作玉津桥造型的景点简介牌，设计50多款文创袋和10余款环保纸袋，完成样品制作，并选定7个款式的文创袋和2个款式的环保纸袋投入生产。依托县校合作，持续推进白族服装改良工作，共设计出包括公务服、校服、演出服、常服、礼服等50多款白族服饰，先后在多个场所进行展示，收到了良好的效果。（见图2）通过创意设计，剑川手工艺品以多样化、多元化、轻巧便携的方式融入现代生活，走出了以木雕家具、石狮等大件为主的传统生产模式，发展前景更加广阔。

图2　改良的白族服装展览展示现场

（二）抓实人才培养，强化示范带动，为工艺助力脱贫攻坚提供人才保障

在挂钩帮扶中，学校把为剑川培养一批人才作为工作重点，采取走出去、请进来的方式，下绣花功夫抓实人才培养工作。帮扶以来，学校先后选送了 9 批次近 100 名的剑川书画人才、非遗项目传承人和中小学美术老师到中央美院进行学习，安排业内专业老师为这些骨干人才和行业带头人进行授课指导（见图 3）。同时，以请进来的方式，发挥专业优势邀请国内知名专家学者前来开展讲座、授课 20 余场次，听众超过 2500 余人次，为剑川能工巧匠、非遗项目传承人更好地学习专业知识创造更多机会。"通过学习，让我重新认识民族工艺，从心底树立起了信心，不管是人才的培养，还是产品的创意创新，都是任重而道远。"木雕省级非物质文化遗产项目传承人杨焕培发自内心地说。

图 3　剑川学员到中央美术学院进修

在剑川职中建设实践教学基地，学校先后选派 7 批 22 名研究生到县职中和剑川一中进行支教活动。组织中央美术学院对外美术教育交流中心师生到剑川开展"高参小"项目活动，现场指导开展美术教育。针对年轻人参与传统工艺设计制作的积极性不高等传统工艺传承面临困难的现实问题，组织中央美术学院师资力量在县职中开办了"木雕工艺美术班"，目前已经进行了招生，为传统工艺

的未来发展培养人才。此外，还建立传帮带制度，中央美术学院师生来剑川实践调研设计展览期间，带着剑川县职中相关专业的师生全程共同参与，现场学习，不断提升剑川师生的专业素养。

（三）搭建载体平台，强化深研广推，提升传统工艺的影响力和带动力

在学校的积极努力下，大理传统工艺工作站剑川基地和中央美术学院驻剑川传统工艺工作站于 2017 年 11 月 11 日成立，主要开展传统工艺实训、研习、研究及生产性保护和传承工作。工作站积极参与大理·剑川木雕艺术博览会暨剑川木雕文化节的相关活动，策划组织"剑湖论坛"3 期（见图 4），邀请国内知名专家学者与剑川非遗项目传承人共同探讨剑川木雕在乡村振兴、文旅融合中的机遇和作为，探索剑川大木作与传统民族建筑的新时代特征与未来等，在国内形成了一定的影响力。

图 4　策划组织"剑湖论坛"

此外，学校开展传统工艺大讲堂系列活动（见图 5），举办了以"匠作、设计、生活"为主题的传承人与设计师对话会，寻找传统工艺振兴之路。先后邀请专家学者和文化名人举办了"增强文化自信，自觉保护非物质文化遗产""辟邪思维与图像转译""互易与互益——传统工艺与现代设计的对接"等讲座，让剑

川手工艺人全程参与到系列活动中进行学习提升。学校还通过研讨、论坛、讲座的举办，推动剑川木雕进入专家、学者视野，不断提升学术影响力。

图5 举办传统工艺大讲堂系列活动

最后，学校还积极举办各种赛事和展览，千方百计宣传推介剑川，不断提升剑川文化的影响力和知名度。先后有"滇西奇葩——剑川木雕艺术展"在中央美术学院展出，"滇西新葩——中央美术学院教育帮扶联合展"在剑川展出，受到各界关注和赞誉，中央电视台第一时间进行宣传报道。剑川传统工艺工作站还积极参与完成了《中国影像方志·剑川篇》的拍摄，有效宣传了剑川。

（四）深挖非遗内涵，强化辐射带动，有效助推滇西片区脱贫攻坚

挂钩帮扶过程中，中央美院积极帮助剑川深挖非物质文化遗产的内涵，积极开展非物质文化遗产申报保护传承工作，目前，全县有 57 个非遗项目分别列入国家、省、州、县保护名录，有国家、省、州、县级代表性传承人 391 名，有国家级工艺美术大师 2 名，联合国教科文组织授予的工艺美术大师 2 名。建成 7 个非物质文化遗产传承和实训基地，全县每年参加培训非遗传承学员不少于 1000人次。通过建立一项机制、培养一批人才、引领一个产业、带富一方百姓的"四个一"工程，学校在全县实施"剑川名匠"选育工程，积极探索乡土技能人才培养新模式，一大批能工巧匠通过培训学习后，发挥能人带动作用，建立工作室

开展培训，把课堂设在生产车间、田间地头、户内户外。

在学校队伍的支持和鼓励下，剑川名匠赵怀珠在金华和甸南两个乡镇开展布扎、刺绣培训 8 期，培训 700 余人，使一大批农村妇女增收有了新渠道。中央美术学院的实践教学基地剑川兴艺木雕公司为残疾人专门开设木雕技能"定向性"培训，共开展 6 期残疾人木雕培训班、2 期提升班，培训 162 名残疾人。在云南省人社厅等相关部门牵头协调下，剑川兴艺木雕公司为怒江州贡山县 43 名独龙族、傈僳族、怒族、藏族等学员举办了为期 3 个月的木雕技艺培训，与云南技师学院合作，迪庆州维西县高泉村开展了 3 期木雕扶贫培训班，累计培训学员 196 名。

三、主要成效

（一）通过艺术设计，为剑川的传统工艺走进现代生活插上了翅膀，拓宽了销售渠道

"土陶的包装、外观设计、商标、印章等都帮我们进行了重新设计，还在创新产品设计上对我们进行指导，我们的产品从以前的花盆、瓦猫等传统产品，发展到现在的茶具、茶盘、茶漏、甲马等 50 多个品种，让土陶艺术品更好地走进现代生活，拓宽了用户需求。"剑川董月畅黑陶传承人董志明认为，创意设计带动了整个黑陶产业的发展，用工需求更大了，产品销售路子更宽了。中央美术学院通过艺术设计，改变了剑川传统手工艺以大件为主的单一生产模式，丰富了手工艺品种门类，剑川传统手工技艺正逐渐成为群众脱贫致富的支柱产业。截至 2019 年年底，全县有木雕私营企业 199 家（含规模以上企业 4 家）、木雕个体户 252 家、古建公司 95 家，全县从事木雕工艺人员有 21000 多人，占全县总人口的 11%，其中建档立卡贫困户 360 多户 1200 多人，月收入 3000—4000 元。2019 年，全县实现产值 4.74 亿元，同比增长 11.8%，木雕产业已经成为群众增收致富的"钱袋子"。

（二）通过多形式培训，为剑川的文化人才开通了学习的绿色通道，提升了行业水平

2019 年 12 月，"象通所运"——张绍华作品巡回展在北京师范大学京师美术馆展出，展览在中央美术学院的精心策划帮助下，在北京几所高校巡回展出后

又回到大理进行展出，收到了很好的效果。张绍华是土生土长的剑川青年画家，在中央美术学院挂钩帮扶相关政策的支持下，于2017年年底到2018年年初，到中央美院进行为期3个月的学习，他说，"通过学习，对我帮助很大，夯实了理论功底、拓宽了眼界，了解了行业的发展，对我的创作方向和创作理念产生了根本影响。"中央美术学院以走出去、请进来和实践跟班学习的多种方式，为剑川的文化人才和手工匠人开通了到高校学习、向专家学者学习的绿色通道，在剑川手工匠艺人之间中间形成了比学习、比技艺、比研究的良好氛围，有效提升了行业水平。

（三）通过研讨和展览，为剑川的传统工艺走向世界搭建了舞台，增强了工艺自信

"剑川的传统技艺缺乏的就是行业自信，中央美院不遗余力地举办各种学术论坛、研讨会，开办工艺大讲坛和展览活动，给了剑川传统工匠一双看世界看未来的眼睛，让大家不断增强文化自信，自觉参与到传统技艺的传承保护和发展壮大中，这种潜移默化的影响正在悄悄地改变着剑川传统工艺。"国家级工艺美术大师段国梁说。挂钩帮扶中，中央美术学院围绕剑川传统工艺的文化价值提升、学术界的认同和影响力的提高等，广泛开展各种研讨、论坛、展览活动，并让传统名匠参与到这些活动中，与大师进行对话，走出去参观学习，在研讨学习中对传统工艺进行再认识、再提升、再创造，有效增强了工艺认同、工艺自信。

（四）通过带动和引领，使剑川的传统工艺成为脱贫攻坚的新引擎，带动了群众增收

在中央美术学院的引领下，在当地政府和人民的共同努力下，传统工艺已成为剑川脱贫攻坚的新引擎。目前，全县从事木雕、石雕、布扎刺绣、土陶加工生产销售的群众超过了3.24万人，带动上万名群众实现增收致富。引进企业投资15.8亿元，正在建设省级特色小镇——剑川木雕艺术小镇，建立木雕产、供、销、游、购一体化产业链及服务体系，以龙头企业带动群众增收致富。在中央美术学院的积极推动下，剑川县还发挥优势，积极探索非遗项目助推"三区三州"脱贫攻坚，并取得了显著成效。

四、经验启示

中央美术学院倾情帮扶剑川县，以文化的力量和艺术的创意，使剑川传统文化和传统工艺活了起来，绽放出新的魅力，成为助推脱贫攻坚的新兴力量。2018年，中央和国家机关援滇挂职干部座谈会在剑川召开，中央美术学院对口帮扶工作获得云南省委组织部、省扶贫办、省教育厅主要领导的一致肯定。中央美院文化扶贫的生动实践，给了我们一些启示和思考。

（一）加强组织领导，注重顶层设计，是推动对口帮扶取得实效的根本

中央美术学院与剑川有着深厚的历史渊源。20世纪40年代，剑川人杨自莹变卖家产资助徐悲鸿，两人之间往来的书信保存至今。1980年，时任中央美术学院院长的吴作人带队到剑川考察，并题写了"滇西奇葩""剑川木雕"。中国美协主席范迪安院长两次到剑川写生，题写"剑川县历史文化博物馆"，书写"千年技艺、手工木雕"、"文化兴县"和"哺艺树人"3幅书法作品赠送剑川。对口帮扶中，双方分别成立以党政主要领导为组长，分管领导为副组长的对口帮扶工作领导组，下设办公室，做到有工作机构谋事、有专职领导理事、有专职人员干事、有固定场所办事，推动对口帮扶工作制度化、规范化、常态化运行。建立良性互动的交流合作机制，每年双方主要领导相互交流，达成共识、摸清需求、理清思路，推进帮扶措施更加具体和务实。双方先后签订了对口帮扶战略合作项目协议、实践教育基地框架协议和剑川传统工艺工作站建站协议等，举办中央美术学院·剑川县对口帮扶工作研讨会、视频对接会，全方位、多层次推动合作，形成对口帮扶的强大合力。

（二）所需与所能结合，用心用力帮扶，是推动对口帮扶取得实效的基础

在对口帮扶中，中央美术学院立足剑川实际，准确找到剑川传统技艺和文化传承保护发展中的短板，充分发挥自身的优势，按照缺什么补什么，进行一项一项突破，一对一帮扶，将中央要求、剑川所需、美院所能进行紧密结合，提升了对口帮扶的效果，努力探索出了一条既展示艺术教育特点又符合剑川实际，既体现规律性又富有创造性的特色扶贫之路。学校主要领导多次深入剑川研究挂钩帮扶工作，先后下派4任副县长，一任接着一任开展工作，其中挂任剑川副县长的强勇同志还两次延长挂职时间，倾尽全力开展文化帮扶。2019年，强勇被评为

云南省扶贫先进工作者。2020 年，中央美术学院获评云南省大理州扶贫先进单位，挂职干部韩文超获评云南省大理州扶贫先进工作者。

（三）抓住重点环节，带动手工匠人广泛参与，是对口帮扶取得实效的关键

中央美术学院从对口帮扶之初，就高度重视文化人才培养工作，以非遗传承人为重点，全方位、多层次开展培训。同时，围绕产品设计、产业布局做文章，为非遗传承人搭建平台、发挥作用，有效带动全县广大手工艺者，甚至是普通群众广泛参与到手工制作创造的产业链中，使他们能够在学到一技之长的同时，靠自己的手工技艺解决收入难题，有效助力剑川县村民真脱贫。

（四）勇于担当使命，激活传统工艺在脱贫攻坚中实现新发展，是对口帮扶取得成效的核心

作为唯一一所教育部直属的高等美术学校，中央美术学院对口帮扶剑川以来，以强烈的历史使命感，主动思考研究如何弘扬传承剑川璀璨的民族文化，积极为剑川保护弘扬民族文化建言献策，并利用自身的影响力不遗余力地宣传推介剑川，多次在中央美院及其他高校举办展览，有效提升剑川文化的知名度和影响力。当前，以木雕、石雕、布扎、刺绣、土陶为代表的剑川传统工艺正走向市场，带动效应日渐明显，剑川的民间纸扎、儿童玩具、毡毯、瓿子、大漆工艺等手工艺开始抢救性保护传承，并逐步走入大众视野。同时，中央美术学院组织的大量的艺术设计、人才培训、专题讲座和文化交流活动的开展，让剑川形成了重新审视文化、思考文化、弘扬文化的良好氛围，为进一步增强文化自信、推动剑川文化在乡村振兴中绽放新光彩、激发新活力奠定了坚实基础。

记住乡愁　做乡土文化教育的耕耘者

——同济大学美丽乡愁公益团队扶贫典型案例

摘　要： 自 2014 年起，由同济大学学生自发组建的美丽乡愁公益团队以乡土文化教育为切入点，在云南省大理州云龙县诺邓村开展了持续 7 年的系列教育活动。该团队精准识别村落发展困境，补齐乡土文化教育短板，输送优质乡土文化课程，创设乡土文化创变营，出版《诺邓乡土文化读本》，并形成可推广复制的操作工具包，发起"家园一方志"计划，抓住"返乡青年"和在地青少年两个关键群体，引导他们重识家乡，树立文化自信，唤醒自我认同，为未来乡村培养一批"知乡、爱乡、建乡、守乡"的建设者和接班人，经多年积累，探索形成了极富特色的乡土文化教育的柔性扶贫模式，成为播种梦想的乡土文化教育深耕者。

关键词： 乡土文化教育　内生动力　家乡认同　记住乡愁

习近平总书记强调，"扶贫必先扶志"①，"贫困地区完全可能依靠自身的努力、政策、长处、优势在特定领域'先飞'，以弥补贫困带来的劣势"②。"要充分激发欠发达地区和农村低收入人口发展的内生动力，有利于实施精准帮扶，促进逐步实现共同富裕。"③ 而青少年是乡村未来发展的主人，决定着乡村的未来走向，是脱贫攻坚源源不断的后续力量。因此，对青少年"扶志"，让其增强区域自豪感、文化自信力，掌握建设家乡的方法显得尤为重要。

一、案例缘起

美丽乡愁公益团队是一个由同济大学学生自主发起、致力于乡土教育与乡土

---

① 中共中央文献研究室. 十八大以来重要文献选编（下）[M]. 北京：中央文献出版社，2018：49.
② 习近平. 摆脱贫困 [M]. 福州：福建人民出版社，1992：2.
③ 习近平. 在决战决胜脱贫攻坚座谈会上的讲话 [M]. 北京：人民出版社，2020：12.

文化公众传播的公益团队。该团队希望通过联合各社会群体的力量，深入古老的乡土中国，开展乡土文化梳理、乡土教育服务、乡土文化营造等行动，溯源乡愁根脉，唤醒自我认同，共创家园未来，助力乡村振兴。团队有多学科背景核心成员 20 名，同时采用"社会化共创"方式按项目需要定向招募相关专业志愿者，目前在库人员 1530 名，并形成了志愿者梯度培训体系。团队拥有专家智囊团，包括同济大学、复旦大学、联合国亚太遗产中心等学术机构 20 余名专家学者。

2013 年，美丽乡愁公益团队创始人同济大学学生彭婧，因暑期社会实践第一次来到诺邓古村，在开展村落调研时发现诺邓乡土文化资源丰富，但当地青少年对家乡文化却知之甚少，对家乡发展漠不关心。虽然当地教育硬件设施在多方努力下已得到较大改善，但素质类课程特别是乡土文化教育课程极度匮乏。

乡村振兴离不开文化建设，教育扶贫更应关注文化传承。当乡土文化原有的代际传承链条随着青壮年外出打工而断裂，"空心村"中的留守儿童也难以从缺少文化根系的教育环境中汲取自信与自我认同的养分，而理应承担起重任的学校乡土文化教育开展状况却不容乐观，由此在一些乡村往往形成"文化断裂——认同缺失——逃离家乡——村落凋敝"的恶性循环。

2014 年，美丽乡愁团队对云南省 30 所乡村小学进行调查，访谈基层教育工作者 50 余人，发放青少年问卷 789 份，形成调研报告 1 份。数据显示，30 所小学中没有 1 所开设乡土文化课程；78% 的师生希望乡土知识进课堂；83% 的学校反映，"师资"与"教材"的缺乏是乡土教育难以开展的重要原因。此报告获"挑战杯"大学生课外学术作品上海赛区二等奖，并入选第四届全国乡土教材研讨会论文集。从调研出发，团队意识到乡土文化教育与贫困地区传承人培养的迫切性，由此开启了持续 7 年的自发公益行动。

二、聚焦问题

诺邓村地处世界自然遗产"三江并流"南端的国家级贫困县——云南省大理州云龙县，全村总人口 1080 人，原住民 224 户，其中贫困建档 122 户，人均年收入 1400 元。总人口中从事农业劳作的有 986 人，专事或农闲外出务工者 200 余人，其中 14 岁以下青少年 89 人，且多为留守儿童。

诺邓村曾是茶马古道上的盐业经济重镇之一，是中国历史文化名村，入选中国最美村镇全国六十强。其优势特色在于丰富的文化遗存，如盐文化、白族文化、宗教文化、明清庙宇民居等物质文化遗产，以及洞经古乐等非物质文化遗产，诺邓火腿还入选《舌尖上的中国》等纪录片。随着知名度的上升，旅游开发、农特产品的需求与日俱增，并成为当地脱贫的重要途径之一。

然而，诺邓村老龄化、空心化现象严重，乡土文化逐渐失传，古村希望依托文化资源来实现脱贫之路面临三大困境：第一，本地人特别是年青一代对于本土资源缺乏了解和认知，没有意识到本土资源的重要价值和传承意义；第二，面对丰富的文化资源，村民因为缺乏创新视野与专业方法，无法开展高质长效的保护行动；第三，青少年对家乡的归属感和认同感急速降低，"逃离家乡"现象愈发普遍，难以为乡村振兴发展提供可持续的内生动力。

三、实践内容

美丽乡愁团队结合贫困村落发展需求，以培养"知乡、爱乡、建乡、守乡"的未来乡村建设者为目标，确立"乡土文化梳理——乡土文化教育赋能——乡土文化社区营造"三步走的行动策略。7 年间，开展形式多样、富有创意的系列教育活动，逐步唤醒当地青少年的文化自信与自我认同，催生未来乡村脱贫发展的内生动力。同时，结合诺邓村的实践经验，形成了可复制、可推广、可传播的标准化方案，发起"家园一方志"计划，抓住"返乡青年"与"青少年"两个群体，复制以乡土文化助力地区发展的柔性脱贫模式。

（一）精准补齐乡土文化教育短板

为精准解决诺邓乡土文化教育困境，针对"师资"与"教材"缺失的问题，美丽乡愁团队制订志愿者培育计划，研发乡土文化课程，编写乡土文化读本，为青少年重识家乡奠定基础。

团队为诺邓村引入来自同济大学、中山大学、华东师范大学、重庆大学等高校志愿者 100 人次，涵盖建筑学、城乡规划学、设计学、教育学、管理学等不同专业，持续关注乡土文化教育问题，开展田野调查、文化梳理、教材编撰、教育赋能等行动，补充乡土文化教育缺位的师资力量。

开展 6 次乡土文化创变营，为当地青少年带去优质乡土教育课程，形成山水何处、植物家园、古今生活等 15 门村落认知课程，古建新生、盐的故事、诺邓节日、集市复兴等 9 门家园特色课程，民艺复兴、民宿辩论赛、古村小导游等 7 门实践课程。同时，团队对课程教案及调研资料进行梳理，历时 2 年，形成 10 余万字资料，自主编写并出版发行了《诺邓乡土文化读本》。

目前，团队吸引了充足、专业的志愿者加盟，探索形成了优质、特色的乡土教育课程，深受当地师生喜爱和认可，编写的教材已在诺邓完小使用，成了诺邓文化优质的记录传播素材。

（二）创新方法启迪本土文化认同

打破原有乡土文化教育模式，美丽乡愁团队将创新教育理念融入传统教学，形成独具特色的"乡土教育＋"教育理念，以项目式学习为核心方法，提升青少年能力与素养，真正从内心唤醒当地青少年的爱乡意识。

2017 年 2 月，团队引入游戏化教学方法，设计情景式探索冬令营——"我的故事我的家"，通过角色扮演、游戏闯关等形式，引导当地青少年在实践中了解家乡；引入翻转课堂、戏剧教育方法，带领同学们自主讲述诺邓盐文化，排演盐文化戏剧。2018 年 8 月，团队运用项目式学习（Project–Based–Learning）教学方法，举办"我的未来我的家"夏令营，以青少年自主策划的诺邓古村公共展览为成果导向，成功举办"诺邓乡土文化展"。2019 年 7 月，团队引入"社区参与"理念，复兴诺邓古集市，通过青少年链接多方资源举办公益集市为成果导向，以文化促进产业振兴；2020 年 8 月，团队以家乡宝藏为题，引入"社区工作坊"形式，链接村民、本地返乡大学生、诺邓青少年等不同力量，共同就古村发展议题进行讨论，形成稳定的在地自组织。

经过多年实践，团队形成了"本土认知——能力提升——意识启迪"三维目标，以及从"乡土原点，认知世界"到"变化思辨，社区链接"，再到"多维赋能，共创行动"的乡土教育思路，并不断修正完善。

（三）专业团队深耕古村文化营造

美丽乡城团队突破单向服务形式，引入多方参与机制，形成由建筑学、城乡规划、历史遗产保护、文化产业管理、公共管理等多学科志愿者组成的核心专业团队，指导当地村民和青少年开展各类古村文化营造和保护行动，提升其建设家乡的专业技能。目前，团队拥有多学科背景核心成员 15 名，同时采用"社会化共创"方式按项目需要定向招募相关专业志愿者，目前在库人员 1530 名，并形成志愿者梯度培训体系。团队拥有专家智囊团，包括同济大学、复旦大学、联合国亚太遗产中心等学术机构 20 余名专家学者。

团队深耕乡土文化教育领域，将学术研究与建乡行动相结合，发表调查报告、学术论文 5 篇；依托专家智囊团举办学术讲座 6 次，将"乡村振兴的柔性介入""多方参与"等前沿理论融入实践过程；发起为期6个月的"乡土文化创觉新青年"培养计划，提升志愿者的专业性。目前该计划已举办3期，共培训50余名有理想、有技术、有思考的古村保护志愿者。

在志愿者的指导下，诺邓青少年开展社会调查，形成"老屋故事""洞经古乐"等非物质文化遗产的调研成果；排演盐文化戏剧、绘制白族民居古建名片、撰写家园山水诗歌，形成系列诺邓文化创意作品；通过举办乡土文化公众展览、复兴诺邓古集市等活动，促成诺邓洞经古乐队的公开演出，营造村落文化氛围，再现盐马古道的历史风貌。

（四）持续赋能助力乡村脱贫发展

一方面，团队持续为诺邓青少年赋能，努力培养并形成一支守护家乡的建设者和接班人。与当地乡村教师开展深度交流，共享乡土文化教育成果，指导乡村教师将乡土文化教育与大纲教育相结合；联合云龙县团委成立"同济大学美丽乡愁诺邓古村工作站"，促成诺邓青少年组建"美丽乡愁诺邓古村红领巾志愿者服务队"，指导诺邓青少年以自主形式开展系列具有可持续性的家园行动，在他们心中播下建设家乡的种子；同时，扩大服务群体，吸引云龙籍返乡大学生加入"家园一方志"计划，指导其运用"一方志·青年行动工具包"，梳理云龙在地文化，成立家园文化保育志愿团队，为乡村发展注入不竭动力。

另一方面，团队不断提炼模式为自身赋能，增强项目的可持续性。作为乡土文化教育的耕耘者，美丽乡愁公益团队逐渐形成品牌，发起"家园一方志"计划，以地方刊物为载体，在乡土中国逐渐失落的今天，引导家园传承人记录家乡文化，讲述家园故事，通过工具包研发与平台搭建，鼓励青年返乡开展行动，溯源家乡历史、记录家乡文化，在编写"家园一方志"的过程中，重识脚下土地，增强家园认同感与文化自信力，从而激发自我认同；同时，"家园一方志"作为青年参与家乡发展的切入口，能够引导青年为家乡开展"力所能及"的小事，激发和培养贫困地青年家园创变力与行动力，成为家园文化传承传播的代言人，形成可持续发展的、遍布全国的乡土文化教育志愿者库，着力解决"师资"缺乏问题，从而帮助更多村镇实践乡土文化教育扶贫。迄今为止，"家园一方志"计划已经开展3期，共支持来自全国34个省区市覆盖259所高校的近千名大学生返乡编写地方刊物，传播家园文化。目前，已形成《一方志·水》《味道一方志》《一方志·家园宝藏》等多个主题的300余份地方刊物，并完成包括视频Vlog、手绘地图、家乡文化标识等多项地方文化创作。

除此之外，团队将积累多年的乡土教育做法和经验进行模块化梳理，开发成易于推广复制的"一方志·乡土教育课程工具包""一方一隅·乡村营造工具包"等标准化工具方法，为广大扶贫团队、乡村一线教师赋能，提供相关教案和工具，着力解决"教材"缺乏和标准问题。目前该工具包已在4个项目点成功试用，并为35支大学生支教团队提供方法支持。

四、扶贫成效

（一）打造古村发展样板

7年间，团队在诺邓古村投入志愿者服务累计100人次、35100个小时，直接覆盖当地中小学生近150人，间接辐射村落村民1000余人。其中历时2年，前后田野调查4次，系统完成对诺邓古村的文化梳理，建立了诺邓乡土文化资料库。开展6次乡土文化主题的冬夏令营，收集10余万字乡土文化资料，编辑出版《诺邓乡土文化读本》，首批发行2500册，赠送当地1000册。

联合"铺路石青少年发展中心"，在诺邓完小建立远程教室，引入国外志愿者助教，开设英文在线课程；联合上海日月光华教育集团，前往诺邓参与公共文化展览，并捐赠图书；创立"一诺千集"创意文化市集，引入淘宝直播，2小时内为村庄带来近万元收益。同时，团队积极传播诺邓文化，联合澎湃新闻、《云南日报》、大理电视台等媒体，宣传项目案例和诺邓文化；撰写的诺邓风物志《诺邓：千年盐井与一座古村落的兴衰》发表于四川人民出版社出版的《盐》特辑。

经过多年的培育，催生了诺邓古村第一支"美丽乡愁红领巾志愿者服务队"，成立常态化古村小导游服务站，为古村文化旅游产业提供志愿导游服务；创设诺邓文化活动日，每年8月18日村民自发举办公共活动，传播古村文化，目前已连续举办3年。

（二）形成共创推广模式

团队针对乡土文化梳理，自主研发"家园一方志"乡土文化调研工具包，于2018年7月为25所高校的55支大学生志愿者团队在贫困地区建立乡村乡土文化资料库提供标准化工具支持，形成包括云南省红河州弥勒县巡检司镇高甸村、四川省达州市宣汉县黄金镇沙坝村等地的乡土文化素材库；2018年12月为

110 名来自清华大学、同济大学等高校的返乡大学生提供文化传播标准化工具支持，形成全国 23 个省份 80 个县市地区的水文化名片和数字地图，2019 年 12 月为全国 26 个省区市 112 个地区的 129 个志愿者团队提供文化梳理工具包及青年赋能行动，2020 年 7 月，以家园宝藏为主题，为全国 108 所高校的 327 名志愿者提供《家园一方志》行动模板，为未来乡土文化教育及公众传播提供大数据支持。

研发推广"一方志·乡土文化教育课程工具包"，为浙江省 2 个驻村机构、湖南西部贫困山区 4 个营点、西北地区 35 个大学生暑期支教点、200 余名扶贫志愿者提供乡土文化教育开展辅助工具，为乡土文化教育推广提供理论方法支撑。

（三）扩大项目辐射影响

美丽乡愁团队 2019 年入选第八届中国公益慈善项目大赛百强项目，荣获首届上海公益创业大赛银奖、立邦"为爱上色"大学生农村支教奖全国金奖、上海市"知行杯"大学生社会实践大赛二等奖，纪录片《我的美丽乡愁》荣获第四届美丽乡村国际微电影艺术节乡村单元最佳作品奖；2018 年获第三届"汇创青春"上海大学生文创作品金奖、第四届"互联网＋"青年红色筑梦之旅上海市铜奖；2017 年获"为爱上色"大学生农村支教奖全国金奖、上海市"知行杯"社会实践大赛特等奖；2016 年获"创青春"大学生创业大赛公益组全国银奖、上海金奖；2015 年获"挑战杯"大学生课外学术作品大赛上海二等奖。创始人同济大学彭婧 2018 年入选福布斯 30 位 30 岁以下精英榜教育行业榜单、2017 年荣获上海市"知行杯"社会实践优秀指导教师、2014 年荣获上海市年度大学生人物。

除此之外，提炼项目成果，形成学术指导，团队撰写的调研报告——《美丽乡"愁"：乡土教育开展现状调研报告——基于云南省 30 个村落的实证分析》入选 2016 年第四届全国乡土教材研讨会会议论文集；撰写的学术论文《乡土文化柔性介入乡村空间重构》入选中国城市规划学会乡村规划与建设委员会年会进行会议报告。

以传统文化资源搭建设计赋能帮扶平台

——苏州大学"看见大山"公益帮扶实践项目

摘　要："看见大山"是苏州大学师生共建的一个公益帮扶实践项目，也是中国首家大学生整合型设计赋能帮扶平台，通过非遗活化及衍生品设计、农产品品牌孵化及产业培训、文旅融合实践创新三个层面，对贫困地区进行因地制宜的定点帮扶，以实现其经济、文化生态的全面优化，为脱贫攻坚战的全面胜利贡献智慧。自 2018 年以来，"看见大山"团队始终秉持共建没有贫困，人类协同发展的崇高理想，坚持习近平总书记关于"扶智"与"扶志"相结合的理念，通过对跨 7 个省 16 个县 37 个乡镇的近百项项目的实地调研与实践，创建了"有实效、可闭合、易复制、便推广"的"四部曲"扶贫模式，将优秀的传统文化资源进行"创造性转化"和"创新性发展"，使设计的力量、文化的交融真正赋能贫困地区，使其产生可持续发展能力，完成扶贫闭环，实现乡村振兴。通过近两年的社会实践，团队已完成四季定点帮扶，实现非遗活化 87 项；返乡就业增长78%；帮扶对象月收入均增 1400 元；直接效益 1900 余万元；孵化品牌 63 个；成功注册商标 25 个；受益群众达 1630 户。

关键词：整合型　设计赋能　非遗活化　农产品品牌　文旅融合

　　习近平总书记多次强调，授人以鱼，不如授人以渔，扶贫必先扶智。充分挖掘贫困地区潜在的特色资源，将文化资源、旅游资源、特色农业种植业结合起来，实施文化与多种产业相结合战略，形成属于乡村自有的取之不尽、用之不竭的文化源泉，乡村才能实现长足发展和繁荣兴盛，进而确保打赢我国脱贫攻坚战。

一、案例背景

　　"看见大山"公益帮扶行动源于苏州大学艺术学院 2016 级产品设计专业的

"专业采风"实践课程。这门课程的指导老师范炜焱与郑丽虹长期从事于非物质文化遗产研究，践行非遗手艺的传承与活化，并已经在各自的专业领域取得了令人瞩目的成绩。2018 年 11 月，这两位老师带领 22 位同学来到国家级贫困县重庆市酉阳自治县所辖下的浪坪乡，考察当地非遗。由于传统非遗行业经济收益低，当地几乎没有人再以此谋生，非遗也因此名存实亡。为此，两位老师决定组建"看见大山"公益团队，依托高校资源与专业优势，帮助当地人重新将大山里的非遗资源加以活化，使之焕发生机。

在推动优秀传统文化"创造性转化"与"创新性发展"的思路的指引下，"看见大山"团队以"活化非遗，精准帮扶"为立足点，开展"教育扶贫""产业扶贫""智力扶贫""消费扶贫""精神扶贫"等相关公益活动。

"看见大山"项目充分发挥综合性高校在生态、科技、人文等学科方面的优势，因地制宜，创新性地提出"发现探索于当地，解决落地于当地，服务培训于当地，活化生根于当地"的帮扶模式。项目注重"立德树人"，注重培养学生关注社会民生、解决社会问题的能力和水平，实现了高校"人才培养""科学研究""社会服务""文化传承与创新""国际交流与合作"五大职能的高度融合，在红色青年筑梦之旅上一路高歌。

截至 2020 年 7 月，他们已经先后带领 100 多名学生分别前往重庆酉阳、安徽霍邱、重庆巫山（见图 1）、贵州铜仁、广东梅州、青海西宁、安徽颍上等地，用文化的力量实施帮扶计划。通过"教育培训"，帮助非遗从业人员将古老非遗手艺重返"日用之道"，提高了收益；通过"产业扶贫"，帮助当地乡民或养殖户构建品牌体系，完成品牌赋能，实现增收；通过"智力扶贫"，重构城乡 IP 系统，使帮扶地区因地制宜地实现经济生态可持续发展；通过"消费扶贫"，打造线上销售平台，帮助地方风物实现城市居民合理快速分享的渠道；通过"精神扶贫"，用"扶智"和"扶志"相结合的帮扶理念，唤醒贫困地区人民的文化自信与自豪，进而唤醒贫困地区经济自助活力，杜绝"返贫"现象发生。

从脚踏实地的基层调研开始，到紧锣密鼓地开展实施工作，近两年来，项目团队已经实现了 9 个贫困区县的落地帮扶，完成品牌赋能 6 个，完成在地田野调研非遗项目 47 项，完成单品开发 600 余件。项目事迹已经多次亮相中央电视台，受到央视《新闻联播》《新闻直播间》《朝闻天下》《文化十分》栏目点赞，此外《中国教育报》、《新华日报》、《新民晚报》、苏州电视台等多家媒体也多次报道，备受社会瞩目。此外，项目还相继获得 2018 年苏州国际设计周"最佳非遗创新设计奖"、2019 年苏州博览会"新手工艺运动"十大产品奖与"新手工艺运

图1 2019年,"看见大山"在重庆巫山举行的成果发布会

动"十大品牌奖。2019年,"看见大山"项目又入选国家文旅部主办的每三年一届的大型展览"中国设计大展"(见图2),项目展现的"传统文化融合新设计,传播中国形象"的思路备受关注,并作为三年来唯一的"中国设计扶贫"案例与其他"国之重器""G20视觉形象系统"等26项案例共同组成了第三届"中国设计大展"的重点案例版块。

图2 2019年,"看见大山"事迹被中央电视台《新闻直播间》报道

二、实施进展

目前，"看见大山"团队由苏州大学不同专业领域的师生共同组成，主要包括 6 名不同领域的专家顾问（含苏州大学法籍特聘教授 1 名）、8 名核心成员，以及超过 100 人的志愿者。这样的复合型团队，在不同的贫困区域能够快速反应，从而实现因地制宜，根据当地特色与需求制订独一无二的扶贫计划。

（一）对重庆市酉阳土家族苗族自治县（国家级贫困县）的非遗规划

2018 年 12 月，在范炜焱和郑丽虹老师的带领下，团队一行 29 人走进了连绵起伏的武陵山区，来到国家级贫困县重庆市酉阳土家族苗族自治县。（见图 3、图 4）团队深入山区老农家，走访手工艺从业人员，做了丰富而细致的田野调研，收集了近百份珍贵的苗绣资料，发掘了苗绣艳丽的 71 种色彩组合形式，考察了经过 30 多道工序才能完成的苗族银器锻造技艺，日织半尺纯手工挑花的西兰卡普织造技艺，以及保存火种的柚子龟，生态原木桶蜂蜜提取技艺等。

图 3　2018 年 11 月，"看见大山"公益团队走进武陵山区扶贫

只有真正走进基层，才能看清非遗手艺的生存环境与发展现状，也深刻地体悟到只有融入人文关怀，在可持续性生态发展大背景之下，引导从业人员或企业认识到非遗的深厚历史文化，通过当代视野以及一系列的工具手段，如分析研究

图4 "看见大山"团队在国家级贫困县酉阳下属浪坪乡扶贫

预测非遗发展趋势（见图5），通过设计赋能，让非遗重新回到当下生活。在当代的生活土壤中去创作创新，让非遗老枝萌发新芽。

图5 "看见大山"国际专家团队为酉阳苗绣研发的2020年流行趋势报告

项目组把用于收纳种族火种、寓意吉祥的柚子龟重绘为卡通形象，设计开发了儿童座椅；用盘金绣、叠针绣和平绣等多种技法做成了衣服、帽子、围脖等可爱的诞生礼；将苗族银饰锻造技艺和苗绣技艺与经典纹样相结合，设计制作出一系列形制简约时尚却又千变万化的首饰系列作品；西兰卡普是一种传统的土家族织锦，将其织法技艺及图案元素用于制作眼罩、护照夹或传统蜂蜜包装，转化出来的产品既实用又带有当地特有的文化属性。经过 15 个日夜的连续奋战，师生们结合专业优势，与当地手艺人一道成功打造出了涵盖家具、家居、诞生礼、服装、首饰、生态农产品、旅行用品、户外用品等八大系列的 71 件帮扶成果。（见图 6）

图 6　2018 年，"看见大山"在苏州国际设计周上举行的成果发布会

（二）对安徽省六安市霍邱县（国家级贫困县）的产业品牌设计

2019 年 3 月，"看见大山"团队又深入国家级贫困县安徽省六安市霍邱县，在经过在地调研后发现，当地政府在大力推动发展生态龙虾养殖业，由于技术缺乏，当地乡民始终走不出无法养出好龙虾的困境。为此，项目组发挥综合性高校的学科优势，对当地养殖户进行"教育扶贫"，对整个生态养殖技术和产业链进行指导与规划（见图 7）。目前，经过帮扶后的当地龙虾养殖户的虾塘龙虾亩产量已提升 100%，改良虾塘也超过 3000 亩，300 余户农户得到帮助。

2020 年新冠肺炎疫情暴发情况下，得知当地农户有龙虾滞销的风险，"看见大山"团队再次发挥复合型团队优势，为当地养殖户打造全新的龙虾品牌——"大王虾"生态龙虾，并与工商单位对接商标注册问题。"大王虾"品牌，不仅仅帮助养殖户销售生态鲜活龙虾，还对龙虾进行食品深加工，项目组已开发出"龙虾棕""龙虾烧卖""龙虾捞饭"等生态食品，同时对其进行全案包装设计和

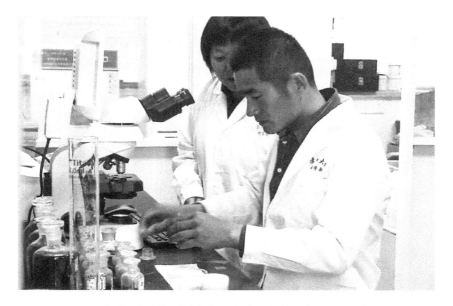

图 7 "看见大山"对安徽霍邱生态龙虾养殖户进行教育扶贫

销售方案策划。在对安徽省霍邱县进行"教育扶贫"后，项目组再次升级帮扶计划，开展"消费扶贫"，通过为养殖户设计线上小程序，城市社区线上推送等方式再次帮助养殖户全面增收。自此，安徽霍邱龙虾养殖已逐渐从生态技术到单一销售再到产品深加工，逐步实现了产业的升级与转化，农副产品的深度开发不断给产业增色。"看见大山"项目也因此逐步探索出了一条生态养殖的产业扶贫新路径。

2019 年 4 月，在苏州创博会上，安徽霍邱的项目帮扶成果一经亮相便迅速走红。经过培训的养殖户生态养殖系统规划得到了社会的全面关注，基于养殖生态圈所产生的一系列农副产品设计开发包揽了苏州创博会所颁发的两大奖项。该成绩也受到中国长江三峡集团的关注，三峡集团扶贫工作小组邀请项目一起合作，深入对口帮扶城市重庆巫山，就当地文旅业进行全面开发与升级。

（三）对重庆市巫山县文旅产品设计

自 2019 年 5 月起，项目团队深入重庆巫山腹地，从考古探源、文学遗韵、非遗资源、舌尖美味、百草识养、巫文化风等 6 个方面进行全面考察，为当地设计出品了 81 个系列近 400 件单品的文旅产品，全面升级了当地文旅融合发展形象。项目从"智力扶贫"入手，为巫山县打造城乡 IP 系统，设计建设了旅游景

图8　2019年，时任苏州市委书记周乃翔亲临指导"看见大山"产业扶贫

区标志性文旅打卡点"云水依——恋城巫山文化交流传播中心"（见图9），并创造性地展开大地艺术规划，以构建当地城市色彩系统，用"高校智囊"助力当地经济发展。

图9　"看见大山"智力扶贫为巫山县打造城乡 IP 系统的内容之一"云水依"

2020年受气候影响，巫山当地的支柱型产业"脆李种植"深受其害，受当地政府邀请，团队再次发挥了复合型团队的优势，给当地脆李产业带去了食品设计与深加工技术，为当地脆李产业保驾护航。目前，项目设计开发的"脆李月饼"已为当地销售企业带去15万份的订单，"脆李有礼"月饼系列礼盒更是收到了三峡集团 4 万份订单，将为当地带去 650 万元的收益。

（四）对贵州省铜仁市（6 个贫困县）的文旅产品设计

2019 年 9 月，"看见大山"应邀前往贵州铜仁，范炜焱和郑丽虹老师再次带领 16 位学生和 12 位志愿者，白天翻山越岭，晚上头脑风暴，穿梭于武陵山脉之间，田野考察了 16 个非遗项目，8 个古镇村落遗址。对当地非遗活化、人文传承、生态保护有了较为全面的理解与探索，最终设计开发出了 40 件文旅产品。期间，9 月 15 日的中央电视台《新闻联播》、9 月 18 日的中央电视台《朝闻天下》相继对"看见大山"活动进行了报道，使之得到全社会的广泛关注。（见图 10）

图 10　2019 年 9 月中央电视台再次报道"看见大山"
贵州铜仁扶贫事迹

铜仁，作为苏州市的扶贫对口城市，在对其进行调研交流的过程中，团队发现了"精神扶贫"的重要性。手艺兴乡或可持续性扶贫不能仅仅只从财力或物力上给予帮助，"精准扶贫"一定要结合"精神扶贫"，要始终贯彻"人人平等"的帮扶态度，以唤醒当地人的文化自信为宗旨。（见图 11）以此为基础，结合高校产学研，进行设计转化，再实现科学合理的商业运用，从而形成"政产学研商"可持续性发展的"精准扶贫"方向，进而唤醒贫困地区经济自助活力，杜绝"返贫"现象发生。贵州铜仁帮扶成果应邀于 2020 年 7 月 31 日亮相"苏州创博会"。

图11　2019 年 9 月，"看见大山"团队深入贵州铜仁山区
开展精神扶贫

"看见大山"除了脚踏实地地践行公益扶贫，还不遗余力地到广东梅州、青海西宁、四川成都，实地考察学习当地扶贫项目，介绍推广自己的扶贫经验，以吸引更多的力量加入公益扶贫团队中，为爱接力。

三、主要特点

"复合型团队"是项目的特点，也是项目的优势之一。苏州大学汇聚着全国门类最为齐全的专业，不仅有艺术学、设计学、文学、史学等文科专业，还有材料学、生物学医学、药学、农学（包括水产养殖、种植技术等）、环境学等理工专业和前沿科研机构。这为团队因地制宜地开展工作奠定了扎实的基础。团队利用苏州大学多学科背景优势，结合专业所学，主打跨行业、跨领域、跨学科的多方融合的服务设计，从源头到落地，为帮扶对象提供完整方案，多方面知识和成果的汇集，必将形成一股强大的合力，大放异彩。

"因地制宜"是项目的特点之二。项目开展的扶贫所辐射的区域范围极其广泛，群体习性也各有差异，用固有的方式去套用扶贫模式是不可行的，因此，因人而异、因地制宜地去推进扶贫工作就成为项目扶贫的基本方式和特征，正因为此，扶贫成果也变得独一无二，不可复制。

"四部曲"扶贫模式更是"看见大山"创建的独有模式。在基层实地扶贫的过程中，团队成员深刻地感知到：自然生态孕育生命、生命需要生养、生养依靠生计、生计造成生业这一基本生产生活关系，并因此而形成了"生生不息"的闭合系统。基于此，项目探索出了一条"发现探索于当地，解决落地于当地，服务培训于当地，活化生根于当地"的帮扶模式。用设计的力量和文化的交融带动当地造血能力，完成扶贫产业链系统工程，在当地生养、生业、生机，最终形成生生不息的闭环。

"国际化"也是项目的特点和亮点之一。在团队的顾问成员团队中，100%都具有海外留学经历，尤其是法国图卢兹大学艺术学院图像色彩研究院院长作为苏州大学特聘教授一直参与团队的扶贫工作，为扶贫工作带来了国际化视野，也让"文化扶贫"成果在国际范围内得到宣传和推广，让世界看到中国文化与设计的力量。（见图12）

图12　"看见大山"国际专家深入贫困地区实施扶贫工作

四、成效经验

依托新兴学科"服务设计"，"看见大山"团队总结出以"服务设计＋（非遗、农业、文旅……）"为主的新农村扶贫振兴计划。这是一个成效显著的经验，将农村资源整合提炼，通过设计转化、品牌赋能，也为消费者提供了新型消费体验。

经过长期的打造与实践，"看见大山"成为一个以文化扶贫为导向的整合创新型平台品牌，品牌形象与理念得到认可并深入人心，且扎实落地的成果直接受惠于贫困人口。"看见大山"真正发挥了文化在脱贫攻坚工作中的"扶志""扶智"作用，从而改善了当地人的生产与生活，达到"授人以渔"的目的。

图 13　苏州大学"看见大山"党建基地和文创基地分别在酉阳、巫山等地挂牌

目前，"看见大山"项目扶贫成效显著，得到了帮扶地区政府、企业和帮扶对象的信任与支持，并给予了极大的期待，希望可以持续不断地实施帮扶。为此，团队于 2019 年 6 月在重庆市酉阳土家族苗族自治县，与重庆市文旅委联合在扶贫对象工作室授牌挂牌省级"传统工艺工作站"和"苏州大学'看见大山'党建共建基地"；2019 年 12 月又在重庆巫山授牌挂牌"苏州大学'看见大山'文创党建共建基地"和"苏州大学艺术学院驻重庆巫山文旅创新研发基地"。（见图 13）这些授牌见证了当地政府对"看见大山"扶贫工作的高度赞赏，期盼不断深入当地，升级帮扶计划。

未来，"看见大山"项目将始终坚持"创造性转化"和"创新性发展"的指导思想，继续完善自己的帮扶模式，积极推广"看见大山"扶贫品牌以及扩大帮扶过程中的品牌孵化成果，让更多的人和企业关注项目，同时吸引更多的优秀人员加入到团队中，以便更有力地参与到不同扶贫需求的实践中去。期望"看见大山"这个创新型服务品牌能逐步成长为国家扶贫的标杆，通过品牌影响力的不断扩大，吸引到全国乃至全世界有着共同理想的优秀人才和志愿者，发挥更大价值，传播中国正能量，输出中国文化新典范。

发展旅游产业 助力乡村振兴

——华侨大学精卫旅游扶贫志愿服务队的扶贫实践

摘 要：华侨大学精卫旅游扶贫志愿服务队是一个少有的以在校学生为主的旅游扶贫公益性组织，旨在发挥精卫填海、矢志不渝的精神，帮助贫困地区通过发展旅游业实现脱贫致富。2015 年至今，团队共计为 19 个乡村的旅游发展出谋划策，完成了 10 余个旅游扶贫试点村的旅游规划工作，累计带动 352 户贫困户，856 名贫困村民通过乡村旅游脱贫致富。政和县念山村在团队的帮助下，不仅成立了旅游发展公司，还成功申报为国家 AAA 级旅游景区，吸引上万名摄影爱好者前来采风、30 余万人次游客前来观光旅游，村民人均收入从 2014 年的 4800 元增长到 2019 年的 13250 元，增长了 1.76 倍；年游客人次从 2014 年的 5000 人增长到 2019 年的 35 万人，增长了 69 倍；全村 17 户建档立卡贫困户全部脱贫。团队两次受邀参加全国青年红色筑梦之旅的启动仪式，团队的公益行动获得了人民网、新华社、《中国旅游报》、中国大学生在线网、《福建日报》、《泉州晚报》等多家媒体的报道，并荣获第十七届"福建青年五四奖章集体标兵"荣誉称号。

关键词：旅游扶贫 乡村振兴 "精卫"精神 青年担当

习近平总书记强调指出，广大青年要自觉践行社会主义核心价值观，不断养成高尚品格。要以国家富强、人民幸福为己任，胸怀理想、志存高远，投身中国特色社会主义伟大实践，并为之终生奋斗。广大青年要自觉奉献青春，为全面建成小康社会多做贡献。要坚持学以致用，深入基层、深入群众，在改革开放和社会主义现代化建设的大熔炉中，在社会的大学校里，掌握真才实学，增益其所不能，努力成为可堪大用、能担重任的栋梁之材。

一、团队成立背景

2013 年，习近平总书记在湘西考察时首次正式提出了"精准扶贫"理念。

2015 年，我国政府工作报告提出要到 2020 年消灭贫困，实现全部贫困户脱贫的目标，并提出发展生产脱贫等 5 种脱贫方式以及包括旅游扶贫在内的精准扶贫十大工程。国务院在《关于促进旅游产业改革的若干意见》中明确提出："加强乡村旅游精准扶贫，加强乡村旅游从业人员培训，鼓励旅游专业毕业生、专业志愿者、艺术和科技工作者驻村帮扶，为乡村旅游发展提供智力支持。"在国家精准扶贫战略背景下，2015 年，国家旅游局启动"全国旅游规划扶贫公益行动"，全国共有 22651 个建档立卡的乡村旅游扶贫重点村，其中，福建省有 472 个村，建档立卡贫困户 10485 户，贫困人口 37783 人。2016 年，国家旅游局联合多个行政部门联合发布《乡村旅游扶贫工程行动方案》，明确提出在"十三五"期间要通过发展乡村旅游带动全国 2.26 万个建档立卡贫困村、230 万贫困户、747 万贫困人口实现脱贫。旅游精准扶贫作为一种造血式扶贫方式，不仅有助于我国经济落后地区的经济发展，提高贫困人口的经济收益，还可以给予贫困人口自我发展的机会，提高贫困人口的自我生存能力，增强贫困人口的自信心和生活满意度。

习近平总书记指出："中国青年要在奋斗中摸爬滚打，体察世间冷暖、民众忧乐、现实矛盾，从中找到人生真谛、生命价值、事业方向。"在国家精准扶贫战略实施背景下，身为旅游管理专业的师生，如何发挥专业优势，助力国家精准扶贫事业，贡献青春力量是我国高校义不容辞的责任。2015 年，为积极响应党和国家的号召，华侨大学决定成立精卫旅游扶贫志愿服务队，团队取"精卫填海"之意，寓意为发扬"精卫填海"不忘初心、砥砺奋进的精神，投身到祖国人民最需要的地方去。

团队核心成员主要是旅游管理、人文地理学、城乡规划等专业的本、硕、博学生，以旅游规划与景区发展研究中心为平台，本着"旅游让乡村生活更美好"的发展理念，致力于为贫困地区旅游发展出谋划策。在整个扶贫过程中，侧重赋予贫困村可持续发展能力，提升乡村旅游经济效益，培育村民自力更生能力，着力通过旅游业发展加强乡村公共服务体系建设，充分发挥旅游在乡村振兴中的独特作用，实现乡村的"百姓富、生态美"。此外，在旅游扶贫的过程中，团队成员可将公益与学习实践相结合，服务乡村，助力旅游的同时将知识转化为生产力，在学习中实践，在实践中公益，在公益中学习，达到锻炼自身的目的。

二、典型案例——团队帮扶福建省政和县念山村

念山村位于福建省政和县星溪乡，全村共 305 户，1203 人。从 2015 年开始，

团队成员全面参与该村的旅游扶贫工作，多次深入该村进行入户调查，了解村民真实发展需求，无偿提供智力支持和技术指导。从编制旅游扶贫规划，做好规划实施的跟踪服务与指导，到对乡村旅游发展的教育培训、项目策划、企业引进、业态培育等，团队都给予无条件支持，并对该村定期进行回访，实时跟进该村的发展情况，最终带动和引导百余户村民走上脱贫致富之路。

（一）风雨无阻，逐户走访

1. 制订周全的调研计划

团队在初步了解念山村的基本情况以后，安排实地调研；与村两委进行交流，了解村情并收集相关资料，走访乡村，梳理念山村发展的优势和劣势、贫困户基本情况，为后期工作做好准备。收集并整理国家旅游扶贫相关政策，制作调查贫困户脱贫需求的调查问卷、访谈提纲等，并请专家顾问进行审核修改，最终确定调查问卷和访谈的内容。

2. 入户了解贫困村民的真实需求

为全面了解贫困村民的真实需求，团队多次到该村对贫困户进行逐一入户走访，无论严寒酷暑，无畏风吹日晒，团队成员认真对待每一户贫困户的发展诉求，和他们深入交流，了解他们的致贫原因和真实需求；此外，对念山村环境进行全面考察，通过实地走访调研，明确该村旅游资源现状，分析旅游发展的可行性。

通过团队实际入户走访调查，该村共有 31 户贫困户，贫困人口 133 人，约占全村总人数的 11%。其中，低保户共 14 户，约占贫困户数的 45.2%，具体情况如表 1 所示。

表 1　念山村贫困情况统计表

分类	低保户	扶贫户	其他贫困户	低保户＆贫困户
户数	14	9	7	1
占贫困户数比例（%）	45.2	29.0	22.6	3.2

（二）事无巨细，发挥专长

1. 编制旅游扶贫规划

高质量的旅游扶贫规划是实现旅游脱贫的第一步，团队成员根据念山村旅游资源禀赋情况和旅游脱贫需求，编制了高质量的旅游扶贫专项规划，为念山村旅游扶贫发展提供了很好的意见对策。

2. 因人而异：全员旅游精准扶贫

经过前期的入户调查，明确了贫困户的贫困根源及其诉求，按照村里开发旅游的参与能力和意愿，把旅游扶贫目标人群划分为：①有参与意愿—有参与能力型；②有参与意愿—无参与能力型；③无参与意愿—有参与能力型；④无参与意愿—无参与能力型四类。通过深入分析，明确该村：①型人群有19户，可以优先安置参与各项旅游服务；②型人群有7户，实际是不同程度的弱劳力，可以对应参与轻劳力服务或旅游后台服务（如绿色食品的挑选和包装装盒）；③④型人群待以时日就会向①②型转化。具体脱贫情况见表2。

表2 念山村旅游脱贫情况表

参与方式	主要方式	脱贫户数	脱贫比例（%）
旅游经营	经营特色民宿或农家乐，为游客提供住宿和餐饮服务	8	26
旅游接待	农家乐的服务人员，游客中心的接待人员，为游客提供咨询或引导服务	9	29
出售土特产	生产、加工、包装、销售当地的特色食品，形成土特产生产、销售一条龙	7	22
租金收入	征用村民土地开发旅游项目、建设旅游设施，村民获得相应的租金或补偿	4	13
分红收入	参加村内旅游合作社，以人力、财力、智力等入股，获得分红收入	3	10

3. 旅游产品设计

梯田景观＋创意景观种植；民俗旅游＋情境化体验设计；美丽乡村＋乡愁体验地；科普教育＋农耕研学基地；生态观光＋梯田艺术衍生；休闲度假＋养生运动娱乐。

（三）实时跟进，全面支持

1. 指导景区建设及运营

团队"陪伴式"帮助念山村成长，为念山村旅游运营提供持续帮扶与指导，加强与该村负责人的联系，指导其旅游发展建设，提供运营建议，促进该村旅游开发走向发展正轨。

2. 申报国家 AAA 级旅游景区

在念山村旅游发展过程中，对其发展现状进行实时跟踪，参照国家 AAA 级旅游景区规范对项目地进行考察，根据其发展情况，帮助其完成申请 AAA 级旅游景区的申报方案，并指导完善景区建设。

3. 牵桥搭线，招商引资

成功的旅游扶贫专项规划是帮助项目地脱贫的第一步，后续的景区建设和运营更是重中之重。团队成员充分发挥自己的专业知识和学习交流平台，主动帮助贫困村做好市场营销、招商引资等。

4. 持续性回访提供智力支持及服务

定期对帮扶村进行回访，与村委及村民进行交流，提供智力支持和技术指导，做好规划实施的跟踪服务与指导，对乡村旅游发展的教育培训、项目策划、企业引进、业态培育等加大支持力度，使念山村成为学校的实践基地、科研基地、科研观察点，鼓励在校学生前往念山村进行实践及科研观测。此外，团队协助念山村举办研学活动、抖音大赛等节庆活动，加强线上新媒体宣传，线下牵线旅行社，增加知名度和游客量。

（四）劳有所获，载誉满满

1. 全国旅游规划扶贫示范成果

旅游扶贫规划具有明确的针对性和实操性，是指导村民脱贫致富的手册。在各个贫困村扶贫规划编制期间，团队成员多次入驻村庄，对贫困村的基本情况、历史文化、资源特点、发展优势等进行一一分析，项目会议上对贫困村旅游形象定位、功能分区、项目设置、规划大纲等进行深入探讨，团队成员认真完成规划初稿，并向当地政府代表进行汇报。由团队主持编制的旅游扶贫规划文本均经过福建省旅游局安排的评审专家进行评审，评审委员会对规划成果进行了高度赞扬，规划顺利通过评审。此外，原国家旅游局在对全国的旅游扶贫规划成果进行评审后，《念山村旅游扶贫规划》成为全国 66 件优秀成果之一，获得原国家旅游局授予的"全国旅游扶贫示范成果"荣誉称号。

2. 成功申报国家 AAA 级旅游景区

2016 年，念山村旅游扶贫规划评审通过后，在团队成员的帮助下，即刻开展国家 AAA 级旅游景区的申报工作。团队成员扎根在念山村,按照国家 AAA 级旅游景区规范对项目地进行改造,提出完整的优化提升方案,对景区停车场、游客中心、旅游厕所等相关旅游基础设施的建设进行实地指导,并制定景区管理方案,加强对景区服务人员的培训。团队成员除了完成相关申报材料的编制、汇报、接待、讲解等多项任务外,还切身投入景区建设中,大到景区停车场选址施工、游客中心设计施工、旅游厕所卫生管理,小到垃圾桶采购、绿化树种选择,团队成员各司其职、脚踏实地,顺利完成项目地国家 AAA 级旅游景区的申报筹备工作。在团队成员的帮助下,念山村正式成立了福建政和星溪旅游开发有限公司,并且成功申报为国家 AAA 级旅游景区,为景区持续发展、村民脱贫致富创造了良好条件。

(五)帮扶效果广受认可

1. 贫困村到旅游名村华丽转变

在团队成员的不懈努力和帮助下,该村不仅成立了旅游发展公司,还成功申报为国家 AAA 级旅游景区,吸引上万名摄影爱好者前来采风、30 余万人次游客前来观光旅游,村民生产的特色生态农产品如地瓜干、地瓜粉丝、酸枣糕、银杏果、田埂豆等的销售空间得到拓展,旅游收入达到 100 多万元。截至 2019 年,该村村民人均收入从 2014 年的 4800 元增长到 2019 年的 13500 元;年游客人次从 2014 年的 5000 人次增长到 2019 年的 35 万人次;旅游收入从 2014 年的 0 元增长到 2019 年的 100 万元;实现贫困户全部脱贫。(见表 3)该村也陆续获评国家湿地公园、中国美丽休闲乡村、全国生态文化村等荣誉称号,实现了从一个落后的贫困村到旅游名村的华丽转变。

表 3 念山村旅游扶贫前后收入说明

年份 \ 类别	旅游人次 (万人次)	旅游收入 (万元)	村民人均 纯收入(元)	带动村民 就业人数(人)	脱贫的贫困户数
2014	0.5	0	4800	6	0
2015	0.81	0.23	6000	43	0
2016	1.74	12	7500	60	14
2017	25	22	11288	176	17
2018	28	60	12500	280	2
2019	35	100	13250	460	—

数据来源:念山村民委员会。

2. 团队成员荣获"荣誉村民"

团队成员秉持着"旅游让乡村生活更美好"的理念,怀着一颗服务乡村的赤子之心奔波在福建省的各个贫困村里,身体力行地实践乡村公益,围绕"旅游精准扶贫政策和措施"开展旅游扶贫公益活动,不畏酷暑,无惧严寒,在贫困村里搞座谈、走访交流,传播旅游开发、景区管理、文化传承、生态保护、产业延伸等知识,帮助建立农民合作社,培养乡村旅游人才,得到了当地政府和老百姓的广泛认可,团队成员李昊和刘丹丹在南平市念山村和龙岩市科桃村的旅游扶贫工作中,表现优异,先后被当地党支部和村民委员会授予"荣誉村民"的称号。

3. 创新高校人才培养模式

团队指导老师以项目建设为依托,成功申报省部级课题3项,发表高水平论文多篇,以学生创新创业大赛为依托,将大学生社会实践和课堂教学紧密结合,以战略性、创新性、开放性、系统性、针对性作为学科内涵式发展建设的指导,构建培养创新创业能力、成就公益梦想、反馈教学计划、凝聚研究方向、获取科研课题、增强家国情怀、承担社会责任等相互支撑的综合性的高校人才培养体系,在实践中传播创新创业理念、改进专业课教学内容、完善课程思政教学体系、增长智慧才干。(2015—2019 年团队申请立项课题见表4)通过理论学习和社会实践的结合,让学生深入了解我国乡村发展历程、发展困境和发展成就的途径,并由此上升到对我国"三农"问题,即农业、农村、农民的认识和思考,有助于青年学生更直观和深入地了解世情、国情、社情和民情,加深对我国社会发展问题的科学理解和准确把握,从而增强社会责任感,培养爱国爱民意识。

表4　2015—2019 年团队申请的立项课题

项目名称	资助机构	结项情况	研究起止时间
旅游扶贫试点村可持续发展能力培育研究	教育部人文社科一般项目	在研	2018.7 至今
福建省旅游精准扶贫模式研究	福建省中特项目	已结项	2017.9—2019.7
龙岩市大池镇大和村旅游扶贫规划	国家旅游局旅游扶贫公益行动	已结项	2015.10—2016.6

项目名称	资助机构	结项情况	研究起止时间
长汀县庵杰乡庵杰村旅游扶贫规划	国家旅游局旅游扶贫公益行动	已结项	2015. 10—2016. 6
南平市政和县念山村旅游扶贫规划	国家旅游局旅游扶贫公益行动（荣获"全国旅游规划扶贫示范成果"）	已结项	2015. 10—2016. 6
龙岩市科桃村旅游扶贫规划	国家旅游局旅游扶贫公益行动	已结项	2017. 6—2018. 1

4. 社会广泛认可

团队的公益行动不仅获得了帮扶村村民的认可，也获得了社会的广泛认可，团队先后获得 2018 年"创青春"全国大学生创业大赛公益创业赛国赛银奖、第五届福建省"互联网＋"大学生创新创业大赛银奖、第十二届"泉州青年五四奖章"集体、第十七届"福建青年五四奖章集体标兵"等荣誉，团队成员李昊荣获第六届"泉州市道德模范"，团队的公益行动也获得了新华网、《中国旅游报》、《福建日报》、《泉州晚报》等多家媒体的报道。

5. 星星之火，构建平台

除了念山村，团队成员还陆续完成龙岩市长汀县庵杰村旅游扶贫规划、龙岩市新罗区大和村旅游扶贫规划、龙岩市新罗区科桃村旅游扶贫规划等多个旅游扶贫试点村旅游规划工作，累计帮扶贫困户共计 352 户，带动了 856 名贫困村民通过乡村旅游脱贫致富。团队在推动贫困地区旅游业的发展、提高当地经济发展水平等方面发挥了重大的作用，带动了一批又一批当地农户通过参与旅游业致富，取得了良好的经济效益和社会效益。

长期以来，"精卫"团队始终发挥先进青年的先锋模范担当，积极组织参与各类乡村社会实践团，对接青年才干与乡村需求。通过发挥在校生的积极性，这一团队积极对外联络各级乡镇、乡村，为广大青年搭建实践平台，使大批青年得以为乡村振兴施展才干，贡献智慧。经过近 5 年的努力，由"精卫"团队指导并选派核心骨干成员参与 35 个（达 300 余人次）社会实践团队深入省内省外各乡村进行调研、项目推广、走访返乡乡贤及基层工作者、社区营造等，多方面、多层级致力乡村舆情调查、乡村面貌调研、文创产品设计、乡村旅游规划等多项工作，成绩斐然，受到调研实践地及各级团委的高度认可。

三、结语

知国爱国，知之深才能爱之切。5 年来，"精卫"团队深入祖国精准扶贫的第一线，奔波于福建省的各个贫困村，用脚步丈量扶贫村的每一寸土地，用知识拓宽扶贫村的脱贫路径，用信念给贫困村民送去温暖与希望。春夏秋冬、四季轮回，不变的是"精卫"队员那颗乐于奉献的赤子之心；翻山越岭、跋山涉水，支撑他们坚持下去的是对于贫困村民的悲悯之心；酷暑严寒、风雨无阻，彰显的是我们新一代青年学生吃苦耐劳的精神；事无巨细，亲力亲为，体现的是团队严谨的态度和专业的知识素养。团队从单纯为了积极响应国家旅游局旅游精准扶贫公益行动的号召，到积极主动参与广大贫困地区的旅游扶贫开发工作，这不仅是公益与奉献，也是引导学生认识国情、体验民情的重要方式，更是帮助学生实现自我价值、履行当代大学生社会责任感的有效途径。

展望未来，华侨大学将坚守公益梦想，不忘初心、牢记使命，勇担社会职责，一如既往地用自己的专业知识为社会做力所能及的贡献，弘扬中华民族扶贫济困的传统美德，吸纳更多致力于乡村事业的同学加入志愿团队，将理论与实践紧密结合，使更多村民受益，助力乡村振兴！

打造"一体化"的全域旅游规划

——华南理工大学助力云南省云县脱贫攻坚实践探索

摘　要：华南理工大学自 2013 年定点帮扶云南省临沧市云县以来，牢牢把握习近平总书记提出的"扶贫开发贵在精准，重在精准，成败之举在于精准"的核心要义，立足地方实际，发挥学校优势，在着眼点上精准谋划，在突破点上精准出击，在结合点上精准聚力，全面推进扶智、扶教、扶产、扶民"四扶一体"纵深发展，充分发挥智库作用和专业优势，精心谋划长远，着力于从传统的"输血式扶贫变为造血式扶贫"，从战略高度为云县打造"'1＋5'五位一体"全域规划，构建"'云县＋社会＋华工'三力驱动"扶贫链造血机制，逐步探索了一条凸显高等教育优势、注重内涵发展质量、激发内生动力实效的精准扶贫精准脱贫之路。

关键词：全域旅游　规划　一体化

2016 年 7 月，习近平总书记在宁夏视察时对全域旅游发展理念和模式给予了高度肯定，指出"发展全域旅游，路子是对的，要坚持走下去"。推进全域旅游是我国新阶段旅游发展战略的再定位，是一场具有深远意义的变革。这场变革意味着旅游从景点旅游模式走向全域旅游模式，实现从小旅游格局向大旅游格局的转变。

一、背景介绍

云县位于云南省西南部、临沧市东北部，面积 3760 平方千米，辖 7 镇 5 乡，194 个村委会（社区），总人口 46.3 万人，居住着以彝族为主的 22 个少数民族，人口居住分散（95％住在山区），属于 592 个国家扶贫开发重点县之一，也是全国 14 个连片特困地区的滇西边境山区县份之一。

一方面，云县面临的发展困境。长期以来，云县整体发展缺乏顶层规划设计，各领域"单兵作战"，资源的有效利用率不高，各乡镇产业发展与其区域优势严重不匹配。因此，云县特色产业弱，拳头产品少，宣传效果差，运营机制缺乏活力，同时受到内生发展动力不足和交通运输不便、基础设施配套不足等主客观因素影响，2012 年年末贫困人口达 5.28 万人。

另一方面，云县具有的发展优势。云县具有得天独厚的旅游文化资源优势，高度契合旅游消费转型升级产品打造的需求。一是特殊的地理位置。云县位于滇西南、滇中、滇西北三区交界，不仅是东出昆明、西通缅甸的要冲，也是临沧市各县与昆明、楚雄、大理等重要地区交往的北大门；云县分水岭上的一滴水，向南流进澜沧江奔向太平洋，向北流进怒江汇入印度洋，"一山二水，滴水两洋"成为云县独有的地理坐标。二是原始的旅游环境。历史与地理的原因，使得云县的经济发展长期滞后，也因此使以澜沧江文化、茶马文化、大丙山及白莺山古茶园、忙怀新石器文明为特色的云县旅游文化资源未被大肆开发，得到了很好的保护，具备发展特色旅游文化产业的优势环境。三是一流的康养资源。丰富的水系以及水电站、瀑布等，形成云县特色的水文景观；县域内 11 个乡镇均具备天然丰富的温泉资源；四季如春的温度与立体的气候保证了云县的宜游、宜居；坚果、咖啡、白木瓜、山地黑肉鸡等健康农产品举不胜举。随着旅游消费升级，云县"康养定制旅游"的丰富资源为打造水、泉、气、农等系列康养旅居产品奠定了良好的基础。

结合云县的具体情况，临沧市和云县分别制定了《临沧市旅游产业"十三五"发展规划》和《云县大旅游产业发展规划（2015—2020 年)》，全域旅游在顶层设计和地方创新的双重驱动下，成为云县驱动经济社会发展的重要引擎之一。云县的区域格局在大交通时代到来的影响下逐步提升，三条在建高速公路（云临、云凤、昔云）、一条在建铁路（大临铁路）将对接周边客源市场，使云县旅游绽放出彩。云县具备农业、文化、温泉等本地优势产业资源，适宜打造"康养＋旅游""农业＋旅游""文化＋旅游""工业＋旅游""科教＋旅游"五位一体的产旅融合"＋旅游"发展模式，撬动云县全域产业提速发展。

华南理工大学深入学习贯彻习近平总书记"两山"理论为基础的绿色发展思想，学校党委书记和校长"双挂帅"的扶贫开发领导小组高度重视云县全域旅游总体规划项目，组建了包括旅游规划、城市规划、新闻传播、文化设计、互联网应用、公共管理等专业教授和相关单位领导的全域旅游规划项目团队。历经 4 批 25 人次深入调研（见图 1）、20 余次专题研讨，举全校之力为云县打造

"'1+5'五位一体"全域规划，构建"'云县+社会+华工'三力驱动"扶贫链造血机制。

图1 学校领导带队赴云县深入调研

二、教育扶贫具体实践

（一）白莺山景区升级改造

全面挖掘漫湾镇白莺山旅游资源，加强基础设施建设，深度开发与古茶相关的文化产品，推进茶文化博物馆、禅茶广场、茶山栈道、茶养生精品酒店及会馆等硬件设施建设，通过茶文化的演绎，开辟茶道、茶养等具有体验性的服务产品，激活180多万棵古茶树潜能，打造"白莺山"品牌。2017年，1万多名茶商、茶人到白莺山考察、购茶，实现交易茶产量约280吨，交易茶产值1400多万元。

（二）昔宜村整体规划

聚焦乡村振兴战略，持续完善旅游基础设施与公共服务体系、鼓励本地村民参与旅游就业创业、打造专属旅游品牌三大抓手。积极推动投资1200万元建设昔宜码头，完成沿江栈道铺设300米、沿江休闲旅游长廊200米、修建污水管网10千米，种植绿化树2000多株；2017年，实现3560名村民人均纯收入10329元。目前，昔宜村已成功申报2018年云南省农村综合改革乡村振兴试点实验示范项目，将进一步有序推进乡村整体规划工作。（见图2）

图2 积极推动昔宜村旅游整体规划

(三)"木瓜酒"项目拓展

学校结合云县白花木瓜优势农业资源，充分利用自身学科特点，创造性地指导云县茅粮集团以"公司＋基地＋农户"的模式在临沧市内发展种植30万亩木瓜基地。2017年，学校利用当地政府为我校食品学院院长曾新安教授在茅粮酒业集团设立的"专家工作站"，向云县优势产业提供科技创新支持，帮助突破技术瓶颈，加速实现产品转型升级，取得了良好的经济效益，年度新增利润3316万元。

(四)"扶贫茶"项目拓展

学校与云县政府、临沧和德立茶业有限公司达成合作意向，充分利用校内、校友和社会资源，帮助"扶贫茶"（见图3）打开销路、拓宽市场。目前，"华南理工大学爱心茶"已量产，学校同步成立创新创业团队，并在校内开设"华南理工大学精准扶贫创新创业产品"主题展示室，在助力云县经济增收和解决当地就业问题的同时，激励企业将销售额的30%反哺学校给"扶贫专项基金"，用于定点扶贫相关的教育、产业等帮扶工作，以及对贫困地区的捐赠等。

图3 华南理工大学"扶贫茶"

三、教育扶贫特点

云县全域旅游规划项目以打造"国家康养旅游景区县"为总体目标，立足当地旅游文化优势资源，抓准云南旅游第三极"新时代康养定制旅游引领者"市场定位，着力打造"云游云县康养一生"的总体形象，制定"1＋5"的全域旅游规划项目包（见图4），即一部全域旅游总体规划加一组特色产品推广方案、一套旅游形象设计系统、一套乡村民居改造指引、一个招商引资项目库、一部招商宣传专题片，助力云县脱贫攻坚。

图4　"1＋5"全域旅游规划项目包

（一）一部全域旅游总体规划，开启云县崭新篇章

规划团队专家组抓住云县旅游发展的核心问题，明确云县旅游发展思路与定位，将康养旅游作为发展重点，形成了包括"规划背景、战略定位、全域格局、乡村振兴、产旅融合、公共支撑、共建共享、行动部署"八大版块的《全域旅游发展总体规划》，打造云县"一核三带四区"全域布局。（见图5）

规划团队按照"国家康养旅游景区县"创新标准对云县进行统一规划，以国内外候鸟旅游市场为主体，提供定制化的康养旅游产品和服务，把旅游业培养为满足人民日益增长的美好生活需要的战略性支柱产业，抢占新时代康养旅游制高点，全面引领云县城乡建设的开放式共享和社会经济的跨越式发展。

目录

图 5 《全域旅游发展总体规划》目录

（二）一组特色产品推广方案，打造云县优势品牌

经过深入调研和实地考察，规划团队结合市场环境、立足城市实际，为云县全域旅游发展定制了一套品牌推广方案，包括云县城市品牌传播概念性方案、《淳林话品牌·云茶》专题方案（见图6）、"山地黑肉鸡"推广方案。

图 6 《淳林话品牌·云茶》专题方案

（三）一套旅游形象设计系统，展示云县文化内涵

结合当地独有的旅游特色，规划团队为云县设计了旅游标志和茶叶标志，为云县旅游形象插上翅膀，通过传播、推广，让潜在旅游者深刻地感受到云县的文

化内涵。云县旅游标志，四形同构，从视觉传达上集中表现"飞"的心理感受，暗喻云县旅游业的腾飞。(见图7)

图7 云县旅游标志及应用效果图

云县茶业标志，在保持"茶"字形的基础上，通过"树""山""人"的抽象整合形成信息传达集中的图形画面，表达双人在山下或家中惬意品茶意韵，用于云县茶产品的品级评定和茶品牌的推广，以提升云县茶品牌的核心竞争力。

（四）一套乡村民居改造指引，勾勒云县美丽乡村

根据《中共中央国务院关于实施乡村振兴战略的意见》精神，将乡村振兴战略融入脱贫攻坚之中，规划团队选取漫湾镇昔宜村作为云县乡村振兴规划示范点，开展城乡风貌控制以及传统村落建筑改造规划工作。(见图8、图9)

图8 昔宜村传统民居航空无人机拍摄图

图 9　昔宜村传统民居改造及活化利用效果图

（五）一个招商引资项目库，聚拢云县发展财富

招商项目库是云县全域旅游规划扎实落地的有力抓手。规划团队立足云县独有的地理位置、社会文化、产业资源，量身定制云县全域旅游招商项目库，包含旅游景区、旅游配套、特色村落、公共服务四大类 75 个子项目。

（六）一部招商宣传专题片，彰显云县蓬勃商机

规划团队充分发挥学科优势，组建招商宣传片制作小组，多次深入云县采集素材、挖掘故事，以云县的人文地理风貌为背景，制作招商宣传专题片。宣传片阐述了云县的地理地貌、文化坐标，以及丰富的康养旅游资源，描绘了云县未来发展新蓝图，展现了云县投资新机遇。

四、主要成效

（一）促生云县脱贫致富内生动力

临沧市人民政府将全域旅游规划成果列入《临沧市旅游产业"十三五"发展规划》，其中云县被提及 25 次，在优化市域旅游空间格局、强化旅游项目建设、打造精品旅游品牌等方面均得到重点关注，并明确提出打造澜沧江旅游带、昔宜特色旅游村、漫湾百里长湖景区、白莺山古茶庄园等主要旅游项目。

云县政府高度重视研究成果，将其纳入"围绕全县经济发展格局、城镇体系

布局和交通设施规划建设布局，按照'一核两线三水'思路总体布局"的云县旅游发展整体规划。持续优化旅游发展空间结构，着力构建主体功能定位清晰、旅游资源高效利用、旅游产业集群发展、旅游经济优势互补的区域发展格局。

云县职能部门全力落实。着力推动云县打造徐霞客旅游文化名片，宣传和弘扬徐霞客精神，凸显云县作为徐霞客一生中足迹"最南端的转折点"重要地位。促进云县成立徐霞客游线标志地认证申报工作领导小组，积极参与 2018 年全国第四批"徐霞客游线标志地"寻找与认证现场终审会学习，扎实做好云县"徐霞客游线标志地"认证相关工作。

（二）提升云县外在魅力影响

1. 放眼全国，提升云县形象和知名度

以宣传为名片，充分利用传统媒介和新媒体，大力宣传云县在脱贫攻坚道路上取得的经验和成绩。近年来，先后在中央电视台《新闻联播》、《中国扶贫》杂志、中国扶贫网、教育部官网、临沧《新闻联播》等进行宣传报道（见图10），传播云县丰富旅游资源、优势产业和特色产品，百度"云县"搜索结果达435 万条，全方位助力云县跳出临沧，走出云南，走向全国。

图 10　《新闻联播》报道云县激活乡村振兴内生动力

2. 背靠广东，打造《淳林话品牌·云茶》专题

依托被称为"一档推动中国品牌发展的节目"的《淳林话品牌》，打造《淳林话品牌·云茶》专题节目，对内激发云县特色行业、企业的品牌意识，对外通过广东广播电视台新闻广播，以及触电新闻、广东广播在线、蜻蜓 FM、企鹅 FM、优酷视频、腾讯视频、爱奇艺等新媒体平台全方位立体式推广，形成云县特色品牌的专业化背书和高层次传播。该项目预计间接带动 19.53 万户农民增收 1.52 亿元，涉及茶园面积 47.2 万亩。

3. 依托校友，促进规划项目转化落地

学校积极链接校友和社会资源，全力推进云县招商项目落地实施。组织继续教育学院广州、深圳、东莞、河源、顺德等地校友会赴云县开展招商引资考察调研，促进云县全域旅游规划项目对接。促成柬埔寨温州同乡会投资考察团、新希望六和股份公司、珠海经济特区电力开发集团有限公司、360 公司、广州白云山拜迪生物医药公司、广东省物质进出口公司等上百家企业来云县考察项目。其中，得园（元亨）投资集团在云县投资 2000 多万元收购 3300 亩生态茶园，建设茶厂，年产值达 5000 万元。

总之，6 年定点帮扶，华南理工大学不忘初心、砥砺前行，在脱贫攻坚战中，与云县勠力同心，并肩战斗。华南理工大学以"'1 + 5'五位一体"全域旅游规划为抓手，深度盘点云县家底，盘活云县优势资源，竭力破解"权力不对等、财力不够、智力不足"问题，精准构建"'云县 + 社会 + 华工'三力驱动"扶贫链造血机制，扎实开展"扶智、扶产、扶教、扶民"，让原本缺乏活力的落后地区自身具有了造血功能和自我发展能力。截至 2018 年年末，云县贫困人口数量从 2012 年年末的 5.28 万人下降到 813 人，贫困发生率从 11.70% 下降至 0.24%。预计到 2025 年，云县旅游客流量有望接近千万人次，综合收入百亿元，投资 200 亿元，创建"全域旅游示范县"。华南理工大学的扶贫工作得到了当地政府和群众的广泛认可，在 2018 年年底县扶贫办组织的定点扶贫县、乡镇、村三级干部群众对直属高校帮扶工作以及挂职扶贫干部工作的满意度调查中，满意率均达到 100%。2018 年、2019 年，华南理工大学扶贫工作均被原国务院扶贫办评定为"好"（最高等次），学校定点扶贫项目连续三年被评为教育部直属高校精准扶贫精准脱贫十大典型项目。在 2020 年滇西脱贫攻坚部际联席会暨教育部直属系统扶贫工作推进会议上，时任教育部部长陈宝生点名表扬了华南理工大学定点扶贫工作。

全域旅游是把贫困地区的绿水青山转化为金山银山的重要途径。云县全域旅游发展总体规划将持续精准聚焦 2019 年中央一号文件，贯彻落实"十四五"规划，结合乡村振兴战略，不断加强体制机制建设，强化法规政策保障，形成一批旅游产业项目；加紧推进全域旅游讲堂、论坛、培训的开办，重点在观念与技能上下功夫，引导当地民众转型成为景区县的优质人力，并借由就业岗位的供应，

全面巩固精准扶贫成果，提升云县整体"活血"功能；积极链接校友资源推介整合，促成一批项目落地实施，并在实施和落地过程中不断完善，提升规划成果转化收益的效能，从而推动当地旅游产业经济长远发展，不断激活并增强云县"内生造血"能力，以实现云县的脱贫攻坚与乡村振兴的有效衔接。当前，乡村振兴战略的号角已经吹响，华南理工大学全体师生将继续努力，汇聚涓涓智慧之流形成强大势能，为国家的脱贫攻坚工程与全面建成小康社会贡献力量。

建立贫困户激励机制　激发脱贫内生动力
——西南财经大学实施"劳动奖励计划"项目探索

摘　要： 贫困群众内生动力不足是脱贫攻坚战中出现的一个重要问题，不仅制约脱贫绩效，还容易引发干群矛盾、贫困群众和非贫困群众间的矛盾。西南财经大学反贫困政策实验室基于以奖代补的理念，设计并在四川省和云南省17个区县推广了"劳动收入奖励计划"，该项目为激发贫困户内生动力量身定制"扶志"方案，即只要贫困户通过劳动增加收入，就对贫困户经核定后的劳动所得按一定比例给予现金奖励。该项目在充分激发贫困人口内生动力、促增收、改善消费水平、加快树立自强新风、理顺干群关系等方面取得明显成效。

关键词： 内生动力　扶智扶志　劳动激励　有条件的现金转移支付

习近平总书记在中央经济工作会议、中央扶贫开发工作会议等重要会议上，多次强调"贫困群众是扶贫攻坚的对象，更是脱贫致富的主体"，"扶贫要同扶智、扶志结合起来"，"充分调动贫困群众积极性"，"激发贫困人口内生动力"。2017年6月23日，习近平总书记在深度贫困地区脱贫攻坚座谈会上的讲话中更是明确提出"要改进工作方式方法，改变简单给钱、给物、给牛羊的做法，多采用生产奖补、劳务补助、以工代赈等机制"。

一、案例背景

党的十八大以来，我国在脱贫攻坚工作方面投入巨大的人力物力，取得了显著成效。但贫困群众脱贫内生动力不足、"等靠要、养懒汉"等问题仍然持续存在，严重制约了脱贫攻坚工作的深入推进。在我国脱贫攻坚工作已进入啃"硬骨头"、攻城拔寨的阶段，建立激发贫困群众内生动力长效机制，推动扶贫工作由"输血"向"造血"转变势在必行。

针对脱贫攻坚工作中贫困户脱贫内生动力不足的问题，西南财经大学发挥学科和人才优势，支持培育了以教育部"长江学者"甘犁教授为主任的"反贫困政策实验室"（下文简称"反贫困实验室"）。该研究团队从 2014 年开始先后在四川省乐山市、凉山州、甘孜州、遂宁市和云南省怒江州等地的 17 个区县开展了名为"劳动收入奖励计划"的激励式扶贫干预实验。

"劳动收入奖励"考虑到激励相容问题，着力破解脱贫内生动力不足难题。项目基于"以奖代补"思想，重点面向有劳动能力的贫困户，采用计算机辅助调查系统，构建多维度贫困评价指标，对贫困户进行精准识别，并根据家庭实际人口结构、生产生活状况、实际收入情况，设计不同的奖励方案，给予差额化的有条件的现金奖励，提高贫困户劳动生产积极性，有效消除贫困户福利依赖心理，推动群众实现从"要我脱贫"到"我要脱贫"的观念转变。通过增加劳动供给来提高家庭收入、扩大生产生活消费、实现稳定脱贫奔康。

二、实施进展

2014 年 8 月，西南财经大学甘犁教授带领研究团队设计了激励相容的扶贫方案，首先在乐山市五通桥区开展试点工作。项目实施对象为家庭人均月收入在 1000 元以下且有劳动能力的低收入家庭，按照人均劳动收入的不同，对家庭施以梯度化的现金奖励（见表 1）。团队严格依照随机对照实验方法，把研究对象随机分为实验组和对照组，只对实验组实施激励，通过对实验组和对照组的比较，获得严谨可靠的实验效果。初期试点实验组规模 118 户，参照组规模 170 户。

表 1 2017 年五通桥区"劳动收入奖励计划"奖励方案

奖励项目		奖励标准	备注
务工和生产经营收入（城镇家庭）	0 ~ 600 元	每增收 10 元奖励 5 元，人均奖励金额 0 ~ 300 元	当家庭月人均收入超过 1400 元时，停止发放奖励金
	601 ~ 800 元	定额奖励 300 元	
	801 ~ 1400 元	人均奖励金以 300 元为基准，每增收 10 元减少 5 元，奖励金额为 300 ~ 0 元	
农业产业（农村家庭）	投入成本	投入成本 ×70%	不与其他产业扶持项目重复；产业投入成本年奖励金不超过 2000 元，销售收入年奖励金不超过 1000 元
	销售收入	销售收入 ×5%	

2017 年，在对试点工作进行系统评估总结的基础上，课题组对奖励方案和实施流程进行了修正优化，相继在乐山市马边县、沐川县以及凉山州雷波县各选择 2 个贫困村开展第二轮试点，参与项目的农户共 402 户。为了比对实验效果，研究团队在同县内选取条件与实验村条件近似的参照村各 2 个。在项目开始前对实验村和参照村进行基准调研，试点结束后再对其进行追踪调查，获取就业、收入、消费等信息，对项目实施效果进行科学评估。

2018 年，在两轮随机对照实验的基础上，研究团队总结了项目实施经验，形成操作方案和操作手册，并与各县（区）政府通力合作，逐步将项目推广到不同经济条件、处于脱贫攻坚不同阶段的地区，试点范围也扩大至乐山市全市 12 个区县（包括高新区）、凉山州雷波县、甘孜州乡城县、遂宁市射洪县、凉山州美姑县和怒江州福贡县等 17 个县（区），覆盖贫困户约 7.2 万余户。截至 2019 年 12 月，通过该项目获得奖励的贫困户累计 43472 户，发放奖励金约 4790.7 万元。

三、主要特点

第一，有效结合高校优势，为脱贫攻坚提供智力支持。劳动奖励计划既是一项扶贫创新实践，也是一个科学研究项目。西南财经大学发挥学科和人才优势，聚焦扶贫攻坚中的内生动力问题设计了大规模随机对照实验，并持续对项目进行科学的追踪评估，为地方政府和行业部门提供可靠的智力支持。校地之间紧密合作使扶贫扶志理念能够真正地落地生根、行之有策。

第二，充分尊重贫困人口的尊严，牢固树立"奖勤"而非"救贫"的理念。一些扶贫政策较少强调贫困户的义务，政策考核以过程导向、行为导向为主。而"劳动收入奖励计划"有明确的结果导向，强调贫困群众是脱贫致富的主体，在鼓励多劳多得、激发其劳动积极性和脱贫信心的同时也促进了他们对家庭生产活动的计划性，逐渐消除他们对政府扶贫的依赖心理。此外，这一做法在一定程度上还能减少未享受扶贫政策的低收入群体产生的不公平感。

第三，与现有的其他扶贫政策形成合力，打好"组合拳"。脱贫攻坚战打响以来，中央和地方出台了一系列针对贫困户的扶持政策。"劳动收入奖励计划"嵌入当地扶贫政策框架，不仅对产业销售进行奖励，还对务工、工商业收入发放奖励，扩大了劳动激励范围。项目促进农户更加深入、积极地参与其他扶贫政策，弥补了其他扶贫政策"重帮扶、轻激励"的不足，起了"催化剂"的作用。

第四，充分利用信息化管理工具，既确保科学严谨也便于操作。课题组自主开发了一套较为完备的信息管理系统，实现贫困户家庭和收入信息一户一档管理、家庭劳动奖励金自动计算、申报收入异常智能提示、收入申报信息逻辑核验等功能，降低了项目执行成本、提高项目执行效率、简化操作程序。

第五，充分利用基层民主评议机制，降低骗取奖励金的道德风险。许多区县在项目实施过程中，充分利用村级干部和村民的信息优势，设立"村级评议小组"会来评议核定收入，通过评议公示机制可有效保证项目实施的真实、公开、公正。

四、项目成效

（一）贫困户的劳动性收入大幅增加

项目试点结果表明，"劳动收入奖励计划"每发放 1 元的奖励金，可使贫困户的劳动收入增加 0.45 元。马边县、沐川县农村地区实施试点项目后，实验组户均劳动性收入比参照组年均增加 2673.44 元，其中工资性收入增加 2221.82 元。

图1　反贫困实验室主任甘犁为获奖村民颁奖

（二）贫困户劳动供给显著提升

实施"劳动收入奖励计划"以来，贫困人口通过发展种植养殖业、劳动务工脱贫致富的积极性明显上升。以乐山市为例，2018 年乐山全市有近 8300 户贫困户获得就业务工奖励金 1021.35 万元，户均获奖 1280 元。从结果来看，获奖贫困户务工比例从 2017 年的 69% 提高到 82.8%，增长了 13.8 个百分点；而未获奖贫困户的务工比例仅增长 7.2 个百分点。此外，获奖的贫困务工者工作时长比未获奖者多增长 11.5 天。（见表 2）

表 2   乐山市 2018 年"就业务工奖励"获奖贫困户和未获奖贫困户的务工比例、工作时长对比

	劳动力务工比例		年工作时长（天）	
	2017 年	**2018 年**	**2017 年**	**2018 年**
获得务工奖励的	69.0%	82.8%	215.7	232.5
未获得务工奖励的	45.0%	52.1%	218.7	224.1
总计	47.4%	55.3%	218.4	225.3

劳动奖励计划对少数民族人口、女性和老人的激励作用更大。以乐山市的"就业务工奖"为例，2018 年汉族贫困户务工比例增长 12.8 个百分点；而彝族贫困户务工比例由 2017 年的 58.2% 增长到 74.9%，增长了 16.7 个百分点。（见图 2）

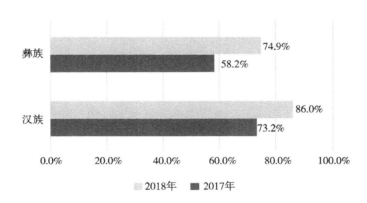

图 2   实施对象民族占比

在凉山州雷波县，实验组的女性劳动力劳动时间比参照组多增加了 318 个小时，而男性劳动力只多增加了 166 个小时。"劳动收入奖励计划"鼓励过去处于不充分就业状态的女性劳动力从事更多劳动。实验组老年人的总就业率增长至 63.4%，增长了 13.4 个百分点；而同期参照组家庭仅增长了 6.1 个百分点。

（三）贫困户创收途径增加

贫困户的生计多样性增强，可以增强抵御各类生计风险的能力。雷波县在实施"劳动收入奖励计划"后，实验组的纯务农户占比下降至41.5%，比2016年下降14.9个百分点；纯务工户从0%增长到4.3%；拥有两种生计来源的农户占比从43.1%增长到48.4%；拥有三种及以上生计方式的农户从0.5%增长到6%。与参照组相比，实验组拥有三种及以上生计方式的农户比例明显增加。

（四）贫困户消费性支出明显增长

试点项目表明，"劳动收入奖励计划"每发放1元的奖励金，可以使贫困户劳动收入增加0.45元，同时消费支出增加0.47元（其中食品支出增加0.42元）。五通桥区实验组家庭每月消费支出户均1324元，比2016年增加9.2%，比参照组高212元；马边县、沐川县实验组比参照组户均食品支出每个月增加159.78元、衣着支出增加31.62元。

（五）贫困人口思想观念得到有效转变

"劳动收入奖励计划"以劳动激励为核心，各区县在此基础上结合本地突出问题，设立了孝老敬老、教育促进、医疗健康和环境卫生改善等其他奖励项目，这有效促进了贫困地区形成良好乡风文明。贫困户更加重视对人力资本的投资，从长远来看有利于转变贫困人口的思想观念，降低对帮扶政策的依赖。

图3　西南财经大学赵德武书记鼓励美姑县采竹村村民奋进

（六）贫困户脱贫内在积极性得到激发

当前，我国各地的扶贫政策种类多、投入大，一些文化程度较低的群众难以充分理解各种扶贫政策的享受条件，容易对政策本身和扶贫干部产生误解。"劳动收入奖励计划"只奖励勤劳的贫困户，不养懒汉，具有积极的引导意义，增强了贫困户劳动积极性和脱贫的信心。此外，"劳动收入奖励计划"按贫困户实际产生的真实收入进行奖励，鼓励贫困户主动报告真实收入，有助于扶贫干部掌握贫困家庭的真实收入，切实做到脱真贫、真脱贫，加快脱贫攻坚的工作步伐。

五、推广建议

"劳动收入奖励计划"的成功实施，需要有持续充足的资金保障和因地制宜的方案设计。为进一步推广劳动收入奖励计划，使其在更大范围内发挥效果，特提出如下建议。

（一）建立资金保障机制

将"劳动收入奖励计划"纳入"贫困村产业扶持资金"等财政扶贫专项资金支持范畴，并建立国家转移支付、专项扶贫资金、社会公益捐赠等多元化资金筹集渠道，避免奖补资金来源单一、支撑乏力、难以持续。

（二）构建奖惩制度体系

构建以"劳动奖励"为核心的贫困户激励制度体系，同时引入惩罚退出机制，对"等靠要"现象实施负向激励。首先，将激励机制的核心定位于激发贫困户主动劳动增收，用有条件的奖励替换无条件的补助。其次，将奖励制度与移风易俗、提升教育质量、改善健康行为等其他扶贫目标相结合，充分调动贫困户的主观能动性，构建完善的贫困户脱贫激励体系。再次，通过鼓励表彰、正面宣传报道等方式，实施精神激励。召开脱贫表彰大会，对脱贫户颁发光荣证，发放脱贫纪念品，通过电视、网站、微信、报纸等媒介，对脱贫典型进行正面宣传等方式营造脱贫光荣、致富光荣的浓厚氛围。最后，可尝试对"等靠要"现象进行负向激励，让"要我脱贫"的人难以坐享其成。例如以"负面清单"形式从社会秩序、村风民俗、环境卫生、个人品德、遵纪守法等方面约束贫困户行为，暂时停止帮扶和享受扶贫优惠政策，直到改进后再恢复。"歇帮"不是"落帮"，更不是不帮，而是通过教育管理，倒逼贫困户主动参与脱贫。

（三）健全创新激励机制

因地制宜，分类施策，给予适当的政策和资金支持，鼓励基层干部创新激励机制。在制定激励方案和激励标准时，应根据实际情况设计合理的激励方案和激励标准。并且要给予基层扶贫干部一定的制度灵活性和资金灵活性，建立责权相当的考核机制和容错机制，鼓励扶贫干部根据当地具体情况，放心、大胆地创新更加有效的扶贫激励机制和扶贫措施。

（四）坚持统筹规划发展

加强对各项到户扶贫项目的统筹，避免各项帮扶措施各行其道，出现互相叠加或福利真空。例如，对中、重度贫困家庭应采取兜底和劳动奖励相结合的方式，对临界贫困家庭可采取少兜底多刺激的扶贫模式，对无劳动能力贫困家庭应使用不同的扶贫手段。

（五）完善多部门联动机制

"劳动收入奖励计划"是一个综合性的激励项目，涉及部门较多。在激励实施过程中，需要完善工作机制，多部门在信息提供、目标核实、项目宣传等方面形成相互补充、相互配合的工作整体。

（六）有序推广项目经验

加强扶贫扶志，激发贫困群众内生动力，是中国特色扶贫开发的重要特征。建议进一步有序推广"劳动收入奖励计划"。第一，在项目实施地的选择方面，可优先选择扶贫难度较大、任务较重的建档立卡贫困村，并逐步向其他农村推广。第二，在目标群体的选择方面，随着全面建成小康社会目标的实现，相对贫困问题和"临界贫困户"问题逐渐凸显，为巩固脱贫成果、有效防止返贫，建议将项目覆盖范围扩大至人均收入略高于贫困标准但就业、教育等方面存在困难的边缘群众，形成勤劳致富、多劳多得的正向激励，为脱贫攻坚及下一阶段的乡村振兴提供持续动力。

第五章　消费扶贫

建立消费扶贫"三步走"产业发展战略

——中国地质大学（北京）驻知海买村
第一书记张磊扶贫探索

摘　要： 中国地质大学（北京）对口帮扶青海省化隆回族自治县知海买村。2018 年 10 月，学校选派青年干部张磊为知海买村第一书记。他带领村民建立"三步走"的产业发展战略：一是成立村合作社，建立养殖基地；二是发展农村电商，与物流企业建立长期合作关系；三是用消费扶贫助力企业提档升级，村与企业建立利益联结机制。通过努力，已成功打造出集生产、加工、销售、物流于一体的特色产业链，知海买村成立集体合作社、建立养殖基地、开设线上线下销售平台，合作社累计销售额达 500 余万元，带动 60 个贫困户共 258 人增收，其中建档立卡贫困户 25 户共 116 人。合作社还与顺丰速运合作，与福顺德、青海青化实业等企业签订生产意向合同，帮助企业提档升级 2 家，带动贫困户就业 80 余人，每户年均增收 2 万余元。

关键词： 产业扶贫　消费扶贫　合作社　农村电商　长效机制

　　2019 年，习近平总书记在内蒙古考察并指导开展"不忘初心、牢记使命"主题教育时指出，产业是发展的根基，产业兴旺，乡亲们收入才能稳定增长。要坚持因地制宜、因村施策，宜种则种、宜养则养、宜林则林，把产业发展落到促进农民增收上来。2020 年，习近平总书记在陕西考察时再次强调，发展扶贫产业，重在群众受益，难在持续稳定。要延伸产业链条，提高抗风险能力，建立更加稳定的利益联结机制，确保贫困群众持续稳定增收。

一、案例背景

　　化隆回族自治县位于青海省东部黄土高原与青藏高原过渡地带，青海省海东市南部。土地为黄河山地、沟谷地，地势自西北向东南倾斜，黄河从县南部穿过。气候严寒，降水少，属青藏高原东部的干旱区。有回、汉、藏等 12 个民族，主要产业有化隆牛肉面和牛羊养殖。化隆自治县总人口 30 余万人，其中 11 万人在省外经营化隆牛肉面，当地居民多数外出务工，老人在家放牧，收入不稳定。限制化隆自治县养殖产业发展的因素主要是交通不便，没有形成规模化生产局面，走向市场的产品参差不齐。

化隆回族自治县扎巴镇知海买村是山区的藏族村落，位于扎巴镇政府西北侧，距离县城 35 千米，辖两个社区，海拔 3000 米，高原藏乡宁静、自然风景优美、民风淳朴和谐、村民热情好客。全村户籍人口 70 户 291 人，村内草场 2800 亩、林地 1067 亩、耕地 1203 亩。自 2013 年以来，中国地质大学（北京）先后选派两届驻村工作队，三任第一书记、两任扶贫队员。经过多年的走访调研，村民生活具有鲜明特点：一是年轻人多选择外出务工，收入不稳定；二是少数村民在村内靠放牧养殖牛羊，多为散养出栏周期长；三是村民种植青稞、油菜、土豆等农作物，收割期因雨水冰雹自然灾害多而影响产量和收入。

二、实践推进

面对重重困境，驻村工作队密切联系群众，经常召开村党员、村两委干部座谈会，与老乡交流，深挖村民的特长和生活习惯。经过多年努力，驻村工作队坚定发展产业信心，瞄准养殖产业发展方向，开展增强基层党组织战斗力、培养致富带头人、转变思想观念增动力、整合资源促增收的产业发展道路。

（一）加强党的基层组织建设

张磊驻村第一次与村民接触就是在全体党员和村两委干部座谈会上。通过座谈交流，了解了村民的想法，他发现村内党员平均年龄在 50 岁以上，文化程度偏低，学习能力以及党员引领等方面较为薄弱。这让张磊书记意识到"一个村子要发展，基础党组织的战斗力是关键"，加强党的基础组织建设才是巩固脱贫工作的关键所在。于是，他想方设法组织大家学习惠民政策、学习政治理论、开展批评与自我批评，在村里走访农家挖掘典型人物、发现致富能手。2021 年 2 月，知海买村换届选举工作成功进行，选举产生了群众信任和比较满意的新一届党支部、村委会班子。这为知海买村打赢脱贫攻坚战奠定了坚强的组织基础。

2019 年，驻村工作队以促进村级发展为契机，组织创建"心连心、手拉手"

党建促脱贫活动（见表1）。中国地质大学（北京）组织优秀党员进村入户，和贫困户同吃同住同劳动，大家一起植树造林、修建护坡，开展丰富多彩的具有鲜明校园特色的主题党日活动，带领村民树立新风、弘扬正气，营造出"为村发展人人有责"的良好氛围。地质大学先后有11个党支部100余名党员走进知海买村参加活动，收到了良好的效果。

表1　"心连心手拉手"党建促脱贫主题活动

党支部	主题活动
海洋学院 两办党支部	1. 植树造林(60 棵青海云杉,1000 元) 2. 消费扶贫(村内用餐 20 元/位,20 位,购买虫草 200 根,4200 元) 3. 西望知海,海洋知识讲座、嘉年华活动,累计捐赠书籍 98 本、标本 17 套、海洋知识光盘 65 张,捐赠投影仪 1 台 4. 参观本康沟民族村 5. 参观红光村,接受红色教育 6. 开展座谈会
马克思主义学院	1. 慰问贫困户 1 户,送上慰问品 2. 与资助学生进行座谈
科技处党支部	1. 捐赠图书208 本 2. 组织扎巴镇政府、知海买村与青海大学进行座谈,探讨目前现状以及今后发展方向
机关党委	1. 植树造林(80 棵青海云杉) 2. 走访贫困户(1000 元) 3. 修建护坡(7699 元) 4. 体验农村生活 5. 捐赠垃圾桶(60 个,价值 7200 元) 6. 参观西路军烈士纪念馆 7. 开展座谈会
珠宝学院	1. 修建爱心图书室(书柜 15 个、桌椅 1 套,价值 3516 元) 2. 捐赠图书 689 本,价值 8213.85 元;捐赠黑板 2 块,价值 1442 元;旗杆 1 个,价值 8240 元 3. 修建村小学瓦房 2661.15 元

（二）扶贫从教育开始

习近平总书记强调，扶贫先扶智。村民们就业情况不佳，内生动力不足，归根结底是因为村民普遍文化水平低，对孩子教育的重视程度不够。张磊认识到只有借助中国地质大学强大的教育资源，细化上一届驻村工作队创建的教育举措，进一步树立教育品牌，多角度、全方位地利用多种形式开展教育扶贫，营造"小手拉大手"的教育扶贫理念，才能更好地转变村民观念、长远地解决脱贫的内生动力问题。

他延续执行 2016 年中国地质大学（北京）设立的纯公益性"雪莲花助学计划"，从小学三年级至大学，按照每学期每人 300 元、500 元、1000 元、2000 元标准资助全村就读学生。为了让学生和家长重视教育，他每次都精心组织助学金发放仪式，要求全村学生及家长参加仪式，还邀请化隆自治县、扎巴镇领导参加助学金发放仪式并请接受捐赠的学生代表发言。受资助学生感激之情溢于言表，为村里其他孩子们树立榜样，让家长认识到让孩子多学文化、健康成长才是村庄的希望。

多年来，驻村工作队积极组织学校教职工参与"雪莲花助学计划"捐助活动，主动和上学经济困难的家庭以"一对一"的形式结成对子进行定点帮扶，从而解决了孩子们上学的诸多实际问题，三年来全村累计接受教育捐助金 27.47 万元，共计资助 407 人次。（见表 2）知海买村学生的入学率和升学率得到了大幅度提高。

表 2　历年资助情况

学期	发放时间	层次	资助金额(万元)	资助人数(个)
2016 年秋季	2016.12	小学	0.45	15
		中学	0.85	17
		高中	0.9	9
		大学	0.4	2
		小计	2.6	43
2017 年春季	2017.7	小学	0.45	15
		中学	0.85	17
		高中	0.9	9
		大学	0.4	2
		小计	2.6	43
2017 年秋季	2018.3	小学	0.75	25
		中学	0.55	11
		高中	1	10
		大学	1.2	6
		小计	3.5	52

续表

学期	发放时间	层次	资助金额（万元）	资助人数（个）
2018 年春季	2018.7	小学	0.75	25
		中学	0.5	10
		高中	0.9	9
		大学	1.2	6
		小计	3.35	50
2018 年春季	2019.3	小学	0.63	21
		中学	0.75	15
		高中	1.1	11
		大学	1	5
		小计	3.48	52
2019 年春季	2019.10	小学	0.6	20
		中学	0.8	16
		高中	1.1	11
		大学	1.0	5
		小计	3.5	52
2019 年春季	2020.3	小学	0.69	23
		中学	0.77	16
		高中	1.20	12
		大学	1.60	8
		小计	4.26	59
2020 年春季	2020.12	小学	0.63	21
		中学	0.75	15
		高中	1.20	12
		大学	1.60	8
		小计	4.18	56
合计			27.47	407

2018 年 7 月，中国地质大学（北京）青海省海东市大学生社会实践基地正式挂牌成立。为拓展孩子们的知识面，驻村工作队继续执行组织"大山里的蒲公英"暑期社会实践活动，量身定做适合知海买村学生实际情况的文化扶贫项目，

进行励志教育、开展趣味拓展训练等活动，让孩子了解外面的世界。

他还带领实践团团员以实地查看的形式，了解居民生活条件；以家访问卷的形式，了解村内孩子的学习状况；以调研当地乡镇企业的形式，了解村内经济建设；以宣讲的形式，为当地居民普及地质灾害预防方面的知识。

2017—2019 年，学校累计派出暑期社会活动 28 支团队，256 名团员，深入化隆自治县知海买村等 24 个村进行活动。（见表 3）

表 3　历年实践团进驻化隆县帮扶统计表

名称	2017	2018	2019	合计
捐赠物资（万元）	32.8	100	6	138.8
实践团（支）	10	11	7	28
实践团人数（人）	93	110	53	256

为了让孩子们树立远大志向，自 2017 年以来，学校以"热爱党、热爱祖国、热爱社会主义、民族团结"（简称"三热爱一团结"）为主题，开展"化隆学子进北京"系列游学活动。（见表 4）连续两年，张磊组织化隆自治县初、高中学生走进北京，带领他们走进北京中小学体验人文素质课程，参观博物馆和校史馆，走访交通运输部党校，参加素质拓展训练，走访北大、清华名校，参观天安门、长城、"水立方"、"鸟巢"和中国科技馆、国家海洋博物馆。

表 4　历年"三热爱一团结"主题活动统计表

	2017	2018	2019	2020	合计
活动时间	11 月 20 日至 11 月 24 日	10 月 22 日至 10 月 27 日	11 月 11 日至 11 月 16 日	11 月 11 日至 11 月 17 日	—
活动人数	20 人	18 人	36 人	36 人	110 人

通过 5 天的活动，孩子们学到了知识，增长了见识，了解了首都北京，感受到祖国的发展变化，加强了他们对党、对祖国、对社会主义的热爱，凝聚了民族团结的力量。每位孩子们心中都播种下报效祖国的种子，激发了他们奋发图强、拼搏向上的精神，增强了他们靠自己的努力走出大山的决心。几年来，参与活动的化隆学生达 110 余人。化隆自治县教育局针对参加活动的学生进行跟踪关注，发现学生们的成绩均有一定程度的提高，并且都树立了远大的理想。村民们对孩

子的教育重视程度逐渐提高。

（三）以产业发展为动力

通过驻村工作队"润物细无声"式的教育，知海买村村民的思想从"让我干"转变为"我要干"，这个变化着实让张磊欣慰。在他的带领下，知海买村2019 年 4 月成立农村经济合作社并投入运营。合作社经营范围有小麦、青稞、燕麦、藜麦、油菜、土豆、枸杞、药材、饲草种植以及销售；牛、羊、猪、家禽养殖以及销售；冬虫夏草采挖、销售；菜籽油、土豆粉条加工以及销售；合作社为本社成员免费提供相关技术指导及信息咨询服务。

合作社充分利用建档立卡户产业扶持项目（群科商铺）和招商引资资金的 3万余元进行商铺装修。村民自主运营销售该村农特产品，为 5 家企业供货。2020年 4 月又成立了扎巴镇知海买村农特产品销售网点。充分利用学校教育资源，为合作社开辟网络渠道，通过淘宝、"e 帮扶"以及直播带货电子媒体扩大销售，合作社与两家企业签订采购意向书，收购牦牛、青稞、土豆、油菜籽等农特产品，用消费扶贫带动产业发展，把知海买村打造成农产品生产基地和生态养殖基地。

为了合作社的长足发展，驻村工作队培养致富带头人的独立工作能力，他们联系顺丰速运打通物流。2020 年 12 月份建设消费扶贫养殖基地，逐步打造生产、加工、经营、销售、物流一体化的经营模式。实现消费扶贫，带动企业发展，促进农民增收的产业发展理念。

牦牛有了销路，村民收入增加，吸引了更多村民选择回村发展。他们申请国家"530 贷款"、互助协会等项目资金自主建起家庭牧场、商铺以及饲料加工厂等企业，村民互助资金放款率达到 94%，这大大减少了他们的创业风险，增强了脱贫致富的内生动力，实现了"输血式"扶贫到"造血式"扶贫的转变。

三、主要做法及成效

（一）党建引领树新风

"心连心、手拉手"党建促脱贫活动的开展使村党员干部热情高涨，他们和远方的客人进行交流探讨，他们看到高校老师、学生的无私奉献精神，他们求发展、要改变的使命感逐渐增强，在党日活动上踊跃发言，提出了诚恳而有建设性的意见，为知海买村的发展出谋划策，进一步增强了基层党组织在各项工作中的战斗堡垒作用。

（二）教育引导转观念

辛勤的付出就会有收获，近三年来知海买村就读高中、大学的孩子增多，村里实现了适龄少年儿童零辍学。知海买村近两年内就有 7 名学生考入大学，其中本科 3 人，分别考入中国矿业大学（北京）、青海大学、海南医学院；专科 4 人，分别考入青海交通职业技术学院、青海建筑职业技术学院、西安海棠职业学院。

（三）产业发展促增收

村民有了干劲，产业发展得到推动，村民享受国家产业扶持政策，对知海买村的发展越来越上心，大家拧成一股绳共谋村子发展之路。2020 年，村合作社营业额突破 500 万元，带动建档立卡户 25 户 116 人稳定脱贫，村民人均可支配收入从 2016 年的 4000 元增加到 2020 年的 11000 元。张磊硬是凭借着顽强的毅力带领知海买村实现了稳定脱贫。辛勤的耕耘终于换来收获！

张磊同志作为中国地质大学的扶贫干部，驻知海买村第一书记，他的脸晒黑了，身体出现了状况，但是群众的收入增加了，村民们脸上的笑容增多了。2019年张磊被青海省委、省政府评为脱贫攻坚先进个人、青海省化隆自治县"脱贫攻坚优秀第一书记"、化隆自治县扎巴镇"精准扶贫先进个人"等诸多荣誉。

2021 年 2 月 25 日，习近平总书记在北京人民大会堂庄严宣布，中国脱贫攻坚工作取得全面胜利。会堂内顿时掌声雷动，久久不能平息。张磊荣获全国脱贫攻坚先进个人光荣称号，他激动得热泪盈眶。他说这不是他个人的荣誉，这是中国地质大学集体的荣誉，这是几任扶贫干部集体的荣誉，这是化隆自治县、扎巴镇、知海买全体干部和广大村民的荣誉。

带领村民脱贫致富是中国地质大学（北京）赋予张磊同志的使命，是当地群众的期望，也是张磊到知海买村的初心。他相信知海买村在乡村振兴的道路上一定会阔步向前，迈向更加灿烂辉煌的明天。

做好"产业+消费"大文章
——天津大学助力宕昌县脱贫实践探索

摘 要：天津大学自 2013 年起定点扶贫甘肃省陇南市宕昌县后，认真贯彻落实习近平总书记扶贫开发重要战略思想，紧盯"两不愁三保障"的基本要求，瞄准宕昌县实际需求，实施了一系列产业扶贫、消费扶贫新举措，扶贫工作取得良好效果。同时，学校强化组织领导，坚持"远近结合、输血造血并重"的理念，发挥学校特色优势，帮助打通宕昌县从生产、销售到消费的扶贫全链条，助力宕昌县初步形成了"产品特、渠道畅、内力强"的农特产品产业发展新局面。

关键词：产业扶贫 消费扶贫 远近结合 输血造血并重

2018 年，习近平总书记在打好精准脱贫攻坚战座谈会上强调，产业增收是脱贫攻坚的主要途径和长久之策，现在贫困群众吃穿不愁，农业产业要注重长期培育和发展，防止急功近利。2019 年，习近平总书记在解决"两不愁三保障"突出问题座谈会上再次强调，要探索建立稳定脱贫长效机制，强化产业扶贫，组织消费扶贫，加大培训力度，促进转移就业，让贫困群众有稳定的工作岗位。

一、案例背景

甘肃省陇南市宕昌县位于甘肃省南部，地处青藏高原边缘和西秦岭、岷山两大山系支脉的交错地带，自然条件恶劣，经济基础薄弱。建档立卡时，宕昌县贫困发生率为 41.41%，2019 年年底下降到 2.54%，但是 2019 年年底仍未脱贫摘帽，仍有贫困村 35 个，贫困人口 7167 人，且都是难啃的"硬骨头"。产业发展方面，存在产品相对单一、市场扩展不够、销量有待进一步提升等问题。

天津大学自 2013 年起定点扶贫甘肃省陇南市宕昌县。学校坚持以习近平总书记扶贫开发重要战略思想为指导，紧盯"两不愁三保障"的基本要求，瞄准宕昌县实际需求，实施了一系列产业扶贫、消费扶贫新举措，扶贫工作取得良好效果。同时，学校强化组织领导，坚持"远近结合、输血造血并重"的理念，发挥学校特色优势，帮助打通宕昌县从生产、销售到消费的扶贫全链条，最大限度化解新冠肺炎疫情的影响，助力宕昌县初步形成了"产品特、渠道畅、内力强"的农特产品产业发展新局面。

二、主要做法及成效

（一）帮助做好产业顶层设计，实现纲举目张

1. 帮助制定宕昌全域旅游规划

旅游产业是宕昌县的支柱产业，宕昌县拥有官鹅沟等绿色旅游景区，发展旅游产业具有一定优势。天津大学针对宕昌县开展全域旅游规划，并帮助设计了宕昌县党群服务中心、宕昌县泽荡湖游客服务中心等。规划设计对于宕昌县加快官鹅沟大景区 AAAAA 级旅游景区创建步伐、创建国家全域旅游示范县、推动全县旅游产业发展上台阶上水平发挥了重要作用。

2. 帮助完善产业发展"宕昌模式"

"宕昌模式"是以贫困户为基础、村办合作社为单元、乡镇联合社为纽带、县联合社为主体、股份公司为龙头的金字塔形产业发展体系。天津大学选派专家进行实地参观、考察和调研，为"宕昌模式"把脉问诊，指导帮助解决贫困村缺乏主导产业、合作社带贫能力不足、贫困户无法直接和市场对接的问题，为宕昌县全面打赢打好脱贫攻坚战提供了重要保障，助力实现"小农户"与"大市场"的有效对接。

3. 发挥科技优势，科技赋能打造品牌

2020 年，天津大学投入 100 万元资金设立"脱贫攻坚"项目，支持科研扶贫，研究内容涵盖产品设计、生产、包装、销售、服务的全过程。学校工业设计专家为宕昌蜂蜜设计了 10 余种特色产品包装，打造蜂蜜品牌。学校市场营销专家对宕昌产品提出"4P营销理论"，从产品策略、价格策略、渠道策略、促销策略等方面助力品牌打造。兴昌蜂业科技有限责任公司是宕昌县全力打造的全县养蜂产业龙头企业，天津大学帮助其设计外包装，打造营销策略，制作宣传视频，

还组织学生为公司绘制文化墙，营造公司文化。

4. 帮助陇南市制定电商发展"十四五"规划

2020 年 7 月 27 日，天津大学党委书记李家俊、党委副书记雷鸣、副校长张凤宝一行受邀赴陇南参加全国产业扶贫会。时任甘肃省委书记林铎在会上表示，天津大学等中央定点扶贫单位及东部协作省市给予了甘肃无私的援助。时任国务院扶贫办主任刘永富在会上表示，天津大学和青岛市对口帮扶陇南市，投入真金白银发展扶贫产业。这是对天津大学的肯定，也是鞭策。在陇南期间，天津大学副校长张凤宝与陇南市副市长李逢春签订了电商扶贫框架协议，时任甘肃省副省长、陇南市委书记孙雪涛、陇南市市长崔景瑜等见签，天津大学帮助陇南市制定电商"十四五"规划，助力陇南继续发展生于大山、立于脱贫、成于创新、贵于化人的电子商务，让电商成为经济社会发展的"衣领子"。

（二）帮助打造扶贫车间，实现示范引领

1. 一碗挂面吃出幸福路——因地制宜打造合作社样板

天津大学选派 90 后青年教师江皓驻宕昌县沙湾镇大寨村担任第一书记。面对村民收入不高、产业基础薄弱、留守儿童较多的局面，江皓带领村民开办挂面生产车间，带动 12 名建档立卡户就业，辐射 86 户 356 名群众增收，已销售超过 100 万元。江皓的事迹先后被《新闻联播》、"国务院扶贫办"微信公众号等媒体报道。

一是深入群众"谋思路"。江皓深入群众中家访时发现，不仅当地农村群众爱吃面，而且当地工程较多，工地对面的需求量也很大。同时，宕昌县又没有成熟的挂面品牌，市场竞争小，而挂面这种产品可以自产自销，不用负担物流运输成本。最为关键的是对务工人员的素质要求没那么高，村里的贫困户简单培训即可上岗。江皓通过深入实际，找到了一条真正能够带领百姓致富的好路子。

二是求贤若渴"铺好路"。要想让产业长久持续，必须培养村里的致富带头人，2018 年年底，经过多番游说，在西安饿了么公司工作的沙湾镇水域沟村村民何喜文被江皓说动，返乡创业。江皓带领何喜文去西安学习生产技术，买了台小型挂面机进行市场探索，一个个工地、一个个超市拉订单，市场的接受度大大超出了预料。这台小型挂面机的成功为日后扩大规模奠定了基础。

三是同心同德"趟出路"。天津大学投入 50 万元支持建设扶贫车间，村两委给予大力支持，带领群众投身车间建设。全新的生产线建设起来了，包装机等一

应俱全。目前，车间每个人每个月都能拿到 2200 元的工资。2020 年 5 月份，车间还为大寨村 86 户贫困户分红了 14 万元。此外，学校还为大寨村安装了公共路灯，为村民安装了庭院灯，"点亮"了他们的生活。

在挂面厂上班的一位村民说："这让我们不用出去就有活干，有钱赚，还能拿分红，兜兜都鼓起来了。天津大学还给我们全村每家每户安装了太阳能庭院灯，晚上整个村都亮起来了，日子越过越亮堂。"一个扶贫车间带来的收入也许有限，却让老百姓看到了希望，认识到通过自己的双手在家门口也能将日子越过越红火。有了产业就有了就业，有了就业，人的思想也会逐渐发生变化。

2. 乡村旅游助脱贫，羌韵花海创新收

2020 年，天津大学推动羌韵花海项目，为宕昌县何家堡乡购置了黄菊、金丝黄菊、玫瑰金、黄冠、胭脂粉、红豆、紫袍、粉鸾等 8 种优质菊花花种共 15 亩。其中 10 亩茶菊不仅在金秋十月扮靓了宕昌县城，采摘后也能成为何家堡乡探索带动农民致富增收的新产业。该项目通过组织游客参观、商品花贩卖直接创收，吸引游客超过 1 万人次，并带动周边 12 户群众发展农家乐和家庭餐馆，实现旅游综合收入 10 万元；通过组织本地"网红"、大学生"三下乡"志愿服务队开展网络带货 15 次，打造线上宣传阵地，推广百花蜜、中药材、时蔬等农特产品 17 种；通过推介官鹅沟大景区、哈达铺红军一条街等旅游资源，发掘间接创收空间，累计完成综合线上交易 124 次，实现经济收入 7.4 万元。

此外，天津大学还投资支持建设了哈达铺菜籽油车间等。

（三）多渠道拓宽销售渠道，帮助农民增收

1. 以创新引领畅销售

一是围绕产品讲故事。2019 年 4 月，天津大学在承办"六卓越一拔尖"计划 2.0 启动大会期间，采购宕昌农特产品制作"扶贫盒饭"，面向全国高校宣传推广，让所有参会代表和师生了解扶贫。2020 年 5 月，邀请专家帮助陇南祥宇公司打造出四个价位的六款"福袋"，"125 元福袋"寓意在建校 125 周年，每一位天大校友都关心扶贫、参与扶贫；"365 元福袋"寓意每一天天大人都在牵挂扶贫；"716.7 元福袋"寓意 7167 名贫困人口必须全部脱贫；"1895 元福袋"寓意建校于 1895 年的天大始终葆有家国情怀，努力为宕昌脱贫贡献力量。这种带有一些神秘性的营销策略一经推出就受到师生的关注，校长金东寒亲自在朋友圈带货，两周内直接销售近 50 万元，并带动签订数个大额订单。天大教职员工变身

"厨艺大师",纷纷拿起扶贫产品制作特色各异的美食拼盘,发起了朋友圈晒扶贫美食活动,后勤保障部借势邀请大厨开办美食制作讲座,营造"人人带货"氛围。

二是线下线上扩渠道。开设天津大学扶贫超市,与多家企业合作销售宕昌和其他贫困县农副产品,临街而开,内外两门,既畅通校内师生购买渠道,又面向社会销售;扶贫超市不定期赴各个楼宇展销,送货上门;自疫情暴发起推进"不见面采购",开通扶贫超市网店。开设"扶贫菜"专窗,从宕昌县采购贫困户合作社生产的农特产品,让"扶贫菜"走进大学餐厅,覆盖全校 11 个食堂,服务近 4 万名师生。举办校内展销会,邀请宕昌电商公司参加校内的"为老服务""年货节""教师节""中秋节"展销会,既是协助消费,又是宣传扶贫。开展"信函销售",向近 80 所兄弟高校寄送花椒、蜂蜜等宕昌农特产品样品,邀请共同采购;教育部规划司扶贫处同志帮助推销,仅天津完达山一家公司就采购近 20 万元的宕昌百花蜜。组织师生校友在"e 帮扶"、中国社会扶贫网、宕昌同城配送等网络平台采购扶贫产品。积极运用网络直播销售方式,扶贫干部、校友会负责人、学生志愿者在学校官方微博、抖音等平台争做"网红"直播带货,受到《人民日报》《新闻联播》等媒体报道。

三是建设队伍增内力。针对当地平均受教育年限不足 6 年的情况,天津大学组织对扶贫干部、脱贫致富带头人、农民专业合作社负责人、技术人员进行分层分类专题培训,把培训办在农村经济发展产业链上,为"宕昌模式"培育急需人才。2019 年培训干部和技术人员超过 3000 人次。"直播带货训练营"手把手教村民成为"带货达人"的事迹被《中国教育报》、《人民日报》、新华网、搜狐网等多家媒体报道,仅《人民日报》客户端的浏览量就近 7 万人次。宕昌县"谷御蛋坊"总经理李琴芳在接受记者采访时表示,通过参加天津大学电商培训课程让她打开了思路和眼界,新型的经营理念使她把自己开发研制的手工"古法皮蛋"卖出了好价钱。现在,李琴芳利用"合作社 + 贫困户 + 电商 + 基地种养"的模式,开发出特色网售农产品古法皮蛋和药膳蛋两大系列产品,带动当地贫困户 40 人,平均每人每年增收 1000 元,形成了产业化发展、多元化增收的特色产业发展格局。

2. 以组织引领强消费

一是校内积极动员形成消费扶贫大合力。天津大学动员各院级党组织抓消费扶贫,充分发挥党支部战斗堡垒作用和党员先锋模范作用,形成了"以购代捐"

"以买代帮"的浓厚氛围；动员校院两级工会发挥组织力，通过慰问品集中采购、组织团购等方式开展消费扶贫；动员后勤系统深挖潜力，动员食堂、外包公司、供应商等共同助力；动员各地校友会组织"助力宕昌·为爱拼单"的消费扶贫活动。

二是中央单位定点扶贫与东西协作形成合力。天津大学积极与天津市合作交流办、市商务局沟通，在市区两级扶贫相关部门支持下，宕昌县电商公司多次参加在天津举办的大型展销会。主动邀请市合作交流办、市商务局和市教委共同主办天津市教育行业消费扶贫大会，15 个企业、行业组织，43 家教育行业单位参加对接会。在宕昌，学校积极与东西协作扶贫宕昌县的青岛市市南区合作，共同扶持农民专业合作社，建设扶贫车间。

三是多方联动，形成消费扶贫大格局。与省市教育系统联动，天津大学党委书记李家俊带队赴甘肃，同甘肃省教育厅、兰州理工大学、兰州交通大学召开消费扶贫对接会，兰州理工大学采购宕昌县农产品已超过 32 万元。与企业、行业组织联动，与甘肃商会签署合作协议，甘肃商会将宕昌产品列入销售清单；与中国农业银行天津分行签署合作协议，中国农业银行在 APP 上建立消费扶贫"天津大学专区"，2019 年联手中国农行开展"联农助农蜂花正茂"秒杀活动，单日销售近 10 万元，2020 年中国农行为天津大学消费扶贫补贴 30 万元。此外，天津大学还协调宕昌电商公司在天津车站、广场等公共场所组织多次展销活动。

三、经验体会

（一）在产业发展方面，短期帮扶与长期帮扶相结合

扶贫工作，短期聚焦农民脱贫增收，长期聚焦构建脱贫机制，既要巩固脱贫成果，又要着眼长远，助力形成稳定脱贫长效机制。要充分发挥贫困地区的资源优势、生态优势，立足实际从顶层设计方面帮助当地做好规划。同时，还要选好切入点，帮助当地打造合作社示范样板，让群众能够看到致富路子，从而激发其自我奋斗意识，提升脱贫的内驱力。

（二）在助力销售方面，线上销售与线下销售相结合

在用好传统线下销售渠道的基础上，着力强化互联网这个增量。疫情防控期间，天津大学扶贫超市开通网店，以"不见面采购"的方式努力克服新冠肺炎

疫情对消费扶贫的影响，被中央电视台新闻频道、《人民日报》等多个媒体报道。为了让师生校友买得放心明白、买了还想买，学校打响宣传战，动员校内网站、新媒体平台将采购渠道长期置于显著位置，让消费扶贫宣传像空气一样无处不在。青年扶贫工作室还开通"扶贫是天大的事"公众号用以宣传消费扶贫、组织"学霸直播带货"等。

（三）在促进消费方面，组织赋能与市场自发相结合

消费扶贫是体现担当、展现社会大爱的实践行动，必须积极组织、广泛动员。与此同时，要以用好政策为契机，让社会看到大山深处的优质农产品，使得产品能够走向顾客身边，并通过优质的产品品质打出市场的美誉度，使"头回客"变成"回头客"。通过打通产品选择、产品生产、产品宣传、产品流通等环节上制约消费扶贫的痛点、难点和堵点，才能开拓出一条可持续的扶贫之路。

拓展贫困地区农副产品销售渠道
探索消费扶贫新模式

——中南民族大学助力武陵山地区脱贫创新实践

摘　要： 中南民族大学在自己的国家级科技企业孵化器中，组建武陵购（武汉）网络科技有限公司，以开办线上网店、线下实体店和大型展销会等运营形式，整合武陵山区优势特色农产品资源和优质企业资源，在农产品质量追溯、相关标准制定、产品品质提升方面完善特色农产品供应链，打通生产、流通、消费三大环节，推动贫困地区农业产业集成化、品牌化、规模化发展，形成了中南民族大学为助力武陵山深度贫困民族地区发展与脱贫攻坚的"武陵购"消费扶贫模式。该模式将"农业生产基地＋农户＋文创＋新零售＋社交电商＋线上商城＋线下展销"有机融合，在拓展贫困地区农副产品营销渠道，增加当地农户收入的同时，推进贫困地区实现整体、快速发展。自2018年至今，"武陵购"帮助湖北武陵山民族地区销售白酒、茶叶、土鸡蛋、水果等特色农产品超过2000万元，先后举办三届"武陵购"精准脱贫攻坚特色产品展销会，现场销售特色农产品1200余万元，为助力武陵山片区打赢脱贫攻坚战、推进实施乡村振兴战略做出了积极贡献。

关键词： 武陵山片区　消费扶贫　"武陵购"电商平台

习近平总书记在决战决胜脱贫攻坚座谈会上的讲话中强调："要切实解决扶贫农畜牧产品滞销问题，组织好产销对接，开展消费扶贫行动，利用互联网拓宽销售渠道，多渠道解决农产品卖难问题。"

一、案例背景

武陵山片区是我国14个连片贫困区之一，片区包括湖北、湖南、重庆、贵州四省市交界地区的 71 个县（市、区）。境内有土家族、苗族、侗族、白族、回族和仡佬族等 9 个世居少数民族，约占全国少数民族总人口的 1/8，其中民族自治地方少数民族人口 1234.9 万人。该地区是我国较早实施扶贫的区域之一，造成当地贫困的主要原因有环境、历史、人才、资金四个方面。

（一）自然环境限制

当地群山围绕，自然灾害频发，基础设施建设落后，交通不便，极大限制了区内交流以及与外界的联系。工业用地和农业用地匮乏，既没有发展工业的区位优势，也很难形成对周边地区的经济辐射，不利于当地经济社会发展。

（二）历史发展滞后

历史上武陵山片区开发较晚，发展迟缓。新中国成立前长期实行封建领土统治制度，新中国成立初期由于交通闭塞、文教不兴，仍没有取得有效的发展，89% 的人口长年处在不得温饱的饥饿状态。改革开放后，仍然受制于闭塞的自然条件，当地贫困现象并未得到根本改变，温饱仍然是主要问题，且随着我国综合国力的整体提升，当地与经济发达地区的差距越拉越大。

（三）人才资源缺乏

受区位影响，当地的教育硬件设施差，师资匮乏，居民受教育程度较低，多数只能进入劳动力密集型的行业，成为制造业的流水线工人。人才流失严重，高水平的技术人才极缺，导致先进的生产方式与生产技术无法在当地得到推广和使用。长期的闭塞，也限制了当地居民的视野和观念，导致他们的现代市场经济意识薄弱，自给自足的小农意识普遍存在，能过且过、小富即安是当地多数居民的心理写照。

（四）资金投入不足

受各方面条件制约，武陵山少数民族地区的市场经济起步迟、发展慢、基础设施跟不上、发展的助推力较小，整体水平很低。虽然当地政府努力创造条件招商引资，但因为交通不便，运输成本高，基础设施不完善，所以外地商人一般不愿意到当地投资办厂。当地资金"输血"有限、"造血"不足的局面，极大地限制了经济发展，加剧了当地的整体落后。

（五）消费扶贫存在困难

当地扶贫产业分散，标准化程度低，质量安全可控性差。扶贫品牌尚未确立，消费者可选产品和服务不多，顾客体验性不足。扶贫产品集中推广体系尚未建立，扶贫产品上行流通服务体系尚不健全。消费扶贫管理经验匮乏，相关激励和推进机制薄弱。消费扶贫与本地生态结合得不够，可持续发展性不足。

二、项目实施

（一）"武陵购"的运营理念

中南民族大学于 2017 年 5 月在学校国家级科技企业孵化器中成立武陵购（武汉）网络科技有限公司，公司现有在职员工 50 余人，承担中南民族大学武陵山特色产品展销体验中心等多个实体店的运营管理。公司整合武陵山区优势特色农产品资源，先后为武陵山片区 20 余个县市的龙头企业、合作社、电商主体、农户提供电商培训、技术运营、双创孵化、品牌建设、营销推广、金融支持等公共服务，建立线上、线下相结合的公共服务体系，在农产品质量追溯、相关标准制定、产品品质提升方面完善特色农产品供应链，提升深度贫困民族地区农产品品牌价值，提升产品知名度、扩大产品销售市场，实现"产品有品牌、销售有价格、销量有保障、农户有收益"。

图 1　坐落在中南民族大学创业孵化基地的
武陵山特色产品展销体验中心

（二）"武陵购"运营模式

1. 激发脱贫动力

因地制宜地发挥贫困地区特色优势，是贫困地区实现脱贫的内生动力。武陵山片区虽然地处偏远、地形多山、交通不便，不利于与外界交流，但当地拥有丰富的农副产品种类，且品质高、无污染，非常符合现代社会高品质生活标准的要求。当地也是少数民族集中分布的地区，浓郁的少数民族文化和特色，是发展旅游业的重要资源。"武陵购"通过线上网店、线下实体店、大型展销会相结合的方式，将当地优质的农副产品、风土人情推广出去，发挥了当地优质资源的比较优势，激发脱贫"原动力"。

图 2 　"武陵购"与咸丰县忠堡镇签订精准扶贫协议，并授予电商精准
扶贫示范基地（左边为忠堡镇镇长罗朝远，右边为"武陵购"
负责人张瑞涛）

2. 拓展脱贫渠道

交通不畅是制约武陵山片区社会经济发展的重要因素。"武陵购"利用互联网的优势，克服了产销对接不畅通的困难，在助力武陵山区农特产品走出大山、走进城市社区，帮助农民增收致富的同时也把当前最新的市场信息、消费需求反馈给片区，实现了片区与外界的信息交互。

2019 年 12 月 17 日，在中南民族大学召开的国家民委派驻武陵山片区联络员座谈会，专题研究推进武陵山民族片区消费扶贫工作。座谈会在共同总结"武陵购"线上、线下电商综合平台实践经验的同时，邀请了中国农业产业化龙头企业协会央联食品保障分会、中广核服务集团有限公司、海禾央联公司、湖北多美橙农业发展有限公司、湖北集优农业开发有限公司等多家单位和企业参会，拓展了武陵山片区农副产品的销售渠道，扩大了当地与外界的信息对接。

"武陵购"现已在国家民委、民族院校、大型社区设立多处武陵山片区名优特色产品展示展销中心，入选湖北省恩施州优质农产品产销对接消费扶贫支持企业，是武汉市洪山区、湖北广电、中石油、央联等单位优质特色农产品供应商；它与中南民族大学双创学院共建武陵山片区乡村振兴大学生双创中心，与武陵山区多个地方政府开展乡村振兴战略深度合作，取得显著成效。

**图3 怀化市属各县领导带领张瑞涛考察合作企业，右起第六人为
"武陵购"负责人张瑞涛**

信息交互的过程，既是促进当地农户增收的过程，也是促进当地经济发展的过程，更是开阔当地居民视野、丰富当地居民思想的过程。思想解放了，人民群众的积极性和创造力就会得到更大的激发和调动，客观上促进了当地从"扶贫"向"扶志""扶智""扶能"的转变，推动了当地扶贫工作由"输血"转向"造血"。

3. 整合扶贫资源

"武陵购"模式为各级政府提供互联网＋消费扶贫公共服务平台、产业扶贫大数据管理平台，构建区域消费扶贫服务中心，整合产品、品牌、渠道优势资源，助力各地农产品品牌建设。它将部分资源资产化，有序吸引社会资本搭建投融资平台，通过一二三产业高度融合，实现景区品质化、康养小镇度假化、乡村旅游多元化。以"一站式的全程服务"实现项目落地，助力乡村振兴发展。此外，"武陵购"以合资/入股等形式支持武陵山区特色农产品生产企业发展，通过引进农业技术人员、建立农产品质量追溯系统、指定相关标准等，推动地方名优特农产品提档升级、做大做优，助力产业扶贫。

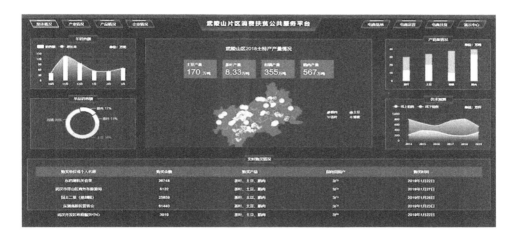

图4 武陵山片区消费扶贫公共服务平台的系统界面

4. 提供智力支持

缺乏人才是制约武陵山片区发展的重要因素，破解人才困局对贫困地区实现脱贫至关重要。与通过电商平台开展消费扶贫不同，"武陵购"消费扶贫模式在中南民族大学的有力支持下成为推进产学研相结合的成功实践。中南民族大学相关研究成果通过"武陵购"与贫困地区政府、农户、企业建立长期合作，为当地脱贫攻坚提供有力智力支持。"武陵购"还与中南民族大学共建武陵山区乡村振兴大学生双创中心，提供创新实践平台，指导、扶持大学生学习"武陵购"模式，引导他们回乡就业创业，对其他消费扶贫项目起了辐射带动作用。

三、项目成效

（一）贫困地区获实惠

1. 增加了武陵山片区农户收入

"武陵购"将农业生产基地、农户、文创、新零售、社交电商、线上商城、线下展销相融合，创新推出助力消费扶贫模式的"社交新零售"服务模式，每年助力武陵山区销售特色农产品超过 2000 万元；举办"武陵购"精准脱贫攻坚特色产品展销会，助力销售特色农产品 1200 余万元；提供了 500 多个就业岗位，营销规模和就业岗位年均增长超过 20%；当地的白酒、茶叶、土鸡蛋、水果等特色农产品通过"武陵购"的推广已经形成地区品牌，知名度和影响力不断提升，当地农户收入明显增加。

2. 提升武陵山片区的知名度

"武陵购"电商平台联系另一家入孵中南民族大学科技企业孵化器的企业——武汉樱果文化传媒有限公司，携手斗鱼网络视频直播平台前往湖北恩施巴东县开展"流量扶贫"行动，助力武陵山深度贫困民族地区消费扶贫。活动以"直播＋公益＋扶贫"的新型传播方式，对巴东县穿心岩村、森林花海、金果茶园及神农溪等地，进行乡村旅游及特色农产品流量推广，通过向直播平台观众全方位、体验式宣传推介，全面提升武陵山民族地区的知名度，进一步畅通特色农产品销售渠道，促进农旅深度融合发展。活动期间，日均直播围观热度达 200 余万人次，累计帮扶当地土特产品销售额超过百万元。相关产品销售链接在平台直播间持续展示，并逐步扩大直播宣传地域，促进特色农产品消费升级。

3. 助力乡村振兴

"武陵购"解决了区域乡村振兴方向和路径问题。一是盘活乡村资源。通过入股、众筹等方式激活贫困地区的沉淀资产。例如，"武陵购"公司从国网湖南电力手中接管了湖南省邵阳市新邵县坪上镇小河村茶厂，积极推广当地优质茶叶资源，实现农户增收。二是打造消费扶贫线上线下综合平台。推进扶贫产业的规模化、标准化、商品化；开展初加工、精深加工延长产业链，提升产品品牌；构建扶贫产品上行服务体系，解决前段一公里产品集货与物流，开展仓储配送，对接消费端；实现消费扶贫政策与服务平台的可持续推广。三是帮助地方政府建立精准扶贫工作管理系统。该系统能直观地为地方政府绘制包含工作地图、工作日志、导航等在内的帮扶工作一张图，制作包含贫困户信息、贫困户生活条件、扶贫结对信息、扶贫政策等内容的部门政策一张表。同时，系统也对接了国办贫困户基础信息，实现一户一码，能够支持多个行政部门联动和上报扶贫数据，整合惠民政策资金数据库、贫困户基础信息库和扶贫资金数据库，为政府数据比对和数据公示提供数据支撑。

（二）民族高校展担当

为少数民族和民族地区服务是民族高校的办学宗旨，帮助民族地区尽快实现脱贫是民族高校的责任和担当。中南民族大学利用自身在技术和人才方面的优势，结合自身服务民族地区的办学背景，聚焦武陵山贫困地区的特点，有针对性地申报研究课题和项目，并通过"武陵购"平台，将研究人员和研究成果更有效地与贫困地区实现对接，产生了更大的社会效益。

新冠肺炎疫情发生后，"武陵购"充分发挥电商平台优势，认真贯彻原国务院扶贫办等七部门《关于开展消费扶贫行动的通知》精神，积极推进优质农特产品产销对接，先后与国家民委机关服务局等部委机关、多家事业单位和大中型企业开展战略合作，探索建立产销对接消费扶贫长效机制，真正打通武陵山特色农产品生产、流通、消费等环节"瓶颈"，最大限度化解新冠肺炎疫情对贫困地区农产品销售和贫困群众增收带来的不利影响。2020年4月9日至13日，"武陵购"电商平台与国家民委机关服务局联合开展"抗疫助农助力扶贫春茶节"活动，通过"线上推广、电商交易、以买代帮"形式，助力湖北省恩施土家族苗族自治州、五峰土家族自治县等地销售春茶近10万元，帮助60余家茶企建立线上销售渠道，助力广大茶农积极应对新冠肺炎疫情影响、实现脱贫脱困，受到社会各界一致好评，体现了民族高校服务少数民族和民族地区的使命和担当。

（三）电商平台得收益

企业作为市场主体，营利是其根本目标。武陵购（武汉）网络科技有限公司采取线上运营方式，享受高校科技企业孵化器相关减免费政策。依托民族高校，为企业面向民族地区，打开经营局面，扩大营销"朋友圈"提供便利。目前，本公司已成功入选湖北省恩施州优质农产品产销对接消费扶贫支持企业，成为武汉市洪山区、湖北广电、中石油、央联等单位优质特色农产品供应商。

四、经验与启示

第一，电商平台是帮助贫困地区实现脱贫的有效途径。电商采用现代信息技术，通过互联网，把贫困地区的特色、优势广泛宣传、推广出去，能够克服贫困地区地理条件差、交通不便等不利条件，帮助推动贫困地区与外界信息共享、渠道共享、资源共享，推进贫困地区快速脱贫。

第二，高校参与为消费扶贫提供了更多技术、智力支持。电商参与消费扶贫多数只是停留在销售层面，而在高校的技术和智力支持下的电商可以从深层次改造、提升贫困地区的产业、产品结构，进而刺激贫困地区实现一系列的连锁反应，这对扶贫工作由"输血型"向"造血型"转变有着十分积极的意义。此外，高校教职员工的购买力相对较强，可以为贫困地区的产品和服务提供稳定的消费渠道。

第三，"武陵购"模式在助力贫困地区脱贫中"大有可为"。目前，该消费扶贫模式虽已初见成效，但仍然存在平台知名度不够高、农副产品质量良莠不齐、平台与农户和供应商的合作不深入、地方政府支持力度不够等多方面的困难和不足。学校将以此为切入点，加大科研投入和研发创新力度，从生产、流通、销售、消费等多个环节，推动贫困地区完善农业产业链，推进供给侧结构性改革，助力农业产业高质量发展。

构建消费扶贫"一体两翼"新模式

——电子科技大学扶贫攻坚实践

摘　要：电子科技大学深入学习贯彻习近平总书记关于消费扶贫重要指示精神，以"一体两翼"建设为抓手，扎实开展消费扶贫实践。"一体"即构建社会多方力量共同参与的高校消费扶贫新格局，"两翼"即建设好教育系统消费扶贫"e帮扶"平台载体和牵头搭建好高校"消费扶贫联盟"组团式协作组织，构建教育系统"组团式"消费扶贫新模式。"e帮扶"平台于2020年1月上线，已先后联合79所高校，累积用户17万余人，上线帮扶地区农产品7395种，覆盖17个省（区、市）141个帮扶县，累计销售农特产品3400余万元。高校"消费扶贫联盟"汇聚16所成员高校，探索高校开展组团式消费扶贫的长效机制，为提升高校帮扶质效和社会影响奠定了组织基础。

关键词：脱贫攻坚　消费扶贫　一体两翼　长效机制

2019年，习近平总书记在解决"两不愁三保障"突出问题座谈会上指出，要探索建立稳定脱贫长效机制，强化产业扶贫，组织消费扶贫，加大培训力度，促进转移就业，让贫困群众有稳定的工作岗位。2020年，习近平总书记在决战决胜脱贫攻坚座谈会上再次强调，要切实解决扶贫农畜牧产品滞销问题，组织好产销对接，开展消费扶贫行动，利用互联网拓宽销售渠道，多渠道解决农产品卖难问题。

一、以组团共建凝聚合力，开辟消费扶贫新路径

电子科技大学自2013年起参与定点帮扶工作，8年来深入一线广泛开展调查研究，校领导深入受援地区走访调研45人次，从生产端、流通端到销售端，把脉消费扶贫"症结"，围绕贯彻落实习近平总书记关于消费扶贫重要指示精神，

打造教育系统消费扶贫"e帮扶"平台载体和牵头搭建好高校"消费扶贫联盟"组团式协作组织,推动实施消费扶贫"一体两翼"建设方案。

2019年,在教育部发展规划司的指导下,学校联合相关高校两次集中研讨,共同谋划高校消费扶贫新路径,由电子科技大学委托校友企业建设教育系统消费扶贫"e帮扶"平台,并于2020年1月10日正式上线,为推动高校消费扶贫工作提供了平台载体,有效推动受援地区农副产品触网上线,加强受援地区扶贫产品宣传,促进产销对接,并不断强化平台向"运行规范化、作用平台化、贡献可视化、效益常态化"方向发展。

2020年,为实现高校优势互补、分工协作、合力攻坚,教育部发展规划司指导组建八大高校"扶贫联盟",电子科技大学牵头组建高校"消费扶贫联盟"。2020年8月28日,由16所高校共同组成的高校"消费扶贫联盟"(名单详见表1)正式成立,成员高校覆盖了华北、华东、华南、西南和华中地区,为开展学科互补、区域互补的组团工作奠定了基础,进一步凝聚了高校消费扶贫力量,奠定了高校"组团式"消费扶贫的组织基础。

表1 高校"消费扶贫联盟"成员单位

序号	高校名称	序号	高校名称
1	电子科技大学	9	中国石油大学(华东)
2	北京交通大学	10	中南财经政法大学
3	北京中医药大学	11	湖南大学
4	天津大学	12	华南理工大学
5	大连理工大学	13	重庆大学
6	同济大学	14	西南大学
7	东华大学	15	西南财经大学
8	华东师范大学	16	山西大学

至此,学校"一体两翼"的消费扶贫行动方案形成,即以习近平总书记关于消费扶贫重要指示精神为指引,构建社会多方力量共同参与的高校消费扶贫新格局,建设好教育系统消费扶贫"e帮扶"平台载体和牵头搭建好高校"消费扶贫联盟"组团式协作组织,坚持消费扶贫与脱贫攻坚、乡村振兴战略部署全局相统一,着眼于可持续和高质量发展,在巩固拓展脱贫攻坚成果、建立稳定脱贫长效机制、解决相对贫困问题等方面开创了一条教育系统"组团式"消费扶贫新路径。

二、高质量推进"两翼"建设，发挥消费扶贫新能效

（一）串起"合作链"，变单兵作战为集团攻坚

在教育部指导下，电子科技大学携手各参与高校，秉承"政策引导、高校推动、市场运作、社会参与"的原则，以"短期促贫困户增收、中期促产业发展、长期构建消费扶贫长效机制"的工作目标，扎实推动"e帮扶"及联盟建设工作，筑牢高校消费扶贫的载体平台和组织基础。

汇聚多方力量，打造平台新阵地。在教育部的指导支持下，学校组织集中研讨和召开推进会，自上而下，发布倡议文件和开展推广活动3次，为推动平台建设提供了强有力的政策保障；积极组建"专业人员统筹管理、志愿者居中参与、基层电商人员落地执行"的工作队伍，先期共组织研发及运营人员93名、53所高校869名志愿者以及受援地区电商从业人员2600名参与平台建设，提供了全方位的人力保障；团队先后实地赴福建、云南、贵州、陕西、甘肃、四川等13个受援地区进行现场对接，与北京大学、清华大学、浙江大学等12所高校进行了30余次研讨，并实行"一校一县一人"的服务机制，结合疫情防控形势成立"携手抗疫工作组"，不断强化平台建设机制保障。

高校携手合作，吹响联盟集结号。组织15所联盟高校开展消费扶贫研讨会，总结工作经验，分享新举措、新思路。响应全国消费扶贫月活动号召，高校"消费扶贫联盟"向全国高校发起"校际携手助脱贫师生接力奔小康"消费扶贫月活动倡议，倡议全国高校积极开展集中式大宗采购行动、推进组团式福利采购行动、发起高校联展接力行动以及共推扶贫育人行动。国家扶贫月期间，联合"e帮扶"平台开展"师生校友助脱贫农特优品校园行"扶贫产品高校联展活动，扩大受援地区农副产品展销受众面。

（二）打通"流通链"，变分散经营为规模销售

一是建立线上、线下相结合的产品推广模式，提升扶贫产品的知名度。依托各高校智力和人才优势，指导定点帮扶县开设"e帮扶"线上"一校一馆"农产品展销馆80个，线下组织高校消费扶贫展销会，让品类丰富的扶贫产品直面消费者，促进扶贫产品的推广宣传。二是整合产销资源，促进订单式规模化销售。汇聚联合83所参与高校与335家受援地农特产品企业，围绕农家特产、生鲜果

蔬、粮油等六大类农产品，建立以高校批量采购为主、订单式、规模化的产销对接模式。三是打通信息及物流瓶颈，确保消费扶贫渠道畅通。推进受援地区农产品"供销直通车"计划，联合各高校、地方企业逐步建立农产品供应信息平台、消费需求清单库以及物流配送保障名录，实现 56 个供销信息的长效对接，已实现或正推进与中国邮政、申通快递、菜鸟驿站、京东物流等物流企业的战略合作，不断促进地方仓储、运输等综合服务体系的完善，有效打通供销信息互通链和物流畅通渠道。

（三）提升"价值链"，变土特产品为畅销品牌

一是实施种养殖业"科技赋能行动"，提升生产水平。立项研发数字资源分析大数据平台，推动国土资源科学规划、精细利用，建设"天空地一体化"水稻农情精准监测与分析大数据平台，保障了水稻长势精准监测、药肥精准施用，实施"智慧养猪""智慧果园""智慧茶园"等一批农业信息化项目，提升消费扶贫产品生产端高效化。二是指导开展农产品"提档升级行动"，提升产品质量。依托平台指导企业和贫困户对八类农产品开展分级包装、分级定价等工作，强化从业人员市场化服务意识和售后服务能力，推动消费扶贫产品加工端标准化。三是加速推进"塑品专项行动"，突出品牌效益。平台积极构建地方企业为主体、高校推动、社会资源参与、地方政府支持等多方参与的品牌建设格局，有计划、分阶段地挖掘、选育、塑造完成"岑巩果干""麻江蓝莓果蜜""美姑生态鸡蛋""甘洛赤松茸""宕昌当归"等特色品牌，并指导开展无公害农产品、绿色食品、有机食品认证等工作，同时利用线上和线下扶贫农产品展馆、高校食堂扶贫农产品"窗口"，联合传统电视媒体和抖音等新社交媒体多渠道开展"直播带货"活动，不断拓展农产品销售渠道，打造消费扶贫产品销售端品牌化。

（四）延长"产业链"，变资源禀赋为产业优势

一是深化"产销消"一体化模式，建立消费扶贫长效机制。在流通链不断畅通和价值链逐步完善的基础上，创新推出高校"定制式""菜单式""订单式"等多形式活动，加快推进高校后勤、工会等大宗采购，以及师生、校友等个人采购，增强消费端需求黏性，积极拓展高校以外的消费资源，不断强化消费扶贫产业链条。二是深化"大消费扶贫"内涵，挖掘地方资源禀赋产业价值。深入调研高校定点帮扶县文化及景观资源，筹备上线四川省、贵州省内的 5 条定制化旅游消费扶贫专线，不断拓展受援地区群众致富增收渠道。同时，把科教融入帮扶

工作，积极筹划建立消费扶贫育人品牌，推动举行首届联盟高校扶贫产品文创（营销）大赛，把文化保护传承工作与旅游产业开发相结合，不断提升社会经济效益，着力推动受援地区乡村旅游经济，实现一二三产业融合发展。

学校消费扶贫工作在 2019 年和 2020 年连续两年入选全国消费扶贫优秀典型案例。特别是在 2020 年新冠肺炎疫情防控期间，依托"e 帮扶"平台持续开展"共抗疫助扶贫""齐心助鄂"等活动，携手 59 所高校实现湖北地区和未摘帽贫困县农产品 735 万元的销售额。充分利用 1000 余名高校大学生组成的消费扶贫志愿者团队力量，通过助农直播带货、产品内容创作宣传、消费扶贫倡议等形式，多措并举，实现受援地区农副产品 3400 余万元的销售额，为打赢脱贫攻坚战贡献力量。

三、把握新发展阶段要求，打造消费扶贫新常态

（一）完善机制建设，提升消费扶贫常态化驱动力

在脱贫攻坚战取得全面胜利之后，消费扶贫需要由攻坚期阶段性政策驱动向全面推进乡村振兴政府市场社会多元化驱动的方向发展。在推动"e 帮扶"平台和"高校消费扶贫联盟"消费扶贫模式不断建设过程中，需要坚持以"助力受援地区群众持续增收"为根本宗旨，秉承"消费引导产业发展、合作开启小康之路"的建设理念，不断完善合作高校共建共享的组织机制、农村经济统筹升级的经营机制、产销协同供需一体的管理机制，以市场化导向，引导消费扶贫行动规范有序开展。

（二）加强人才支撑，增强乡村经济自我造血能力

一是着重培养地方产业发展人才。坚持发挥高校学科、人才等优势，组织建设消费扶贫联盟师资培训"专家库"，在政策、服务、管理等方面开展专题培训指导。通过"师资走出去"和"学员请进来"相结合，持续培养乡村本土致富带头人，强化对消费扶贫事业的人才保障，提升农村干部群众主动开展经济建设的致富能力，促进受援地区实现由"外部输血"向"自我造血"的积极转变。二是突出育人功能，引导高校学生参与消费扶贫事业。接下来，在推动联盟和平台共建的过程中，不断完善将消费扶贫与高校育人相结合的措施方案。打造一支志愿队伍、一批实践基地、一个育人品牌，不断建设消费扶贫"国情育人大课

堂"，成为青年报国的新实践。

（三）强化参与氛围，促进消费扶贫理念深入人心

一是开展理论研究，为消费扶贫提供科学指引。学校成立数字乡村振兴研究中心，并与帮扶地区政府共建数字乡村振兴研究基地，加强对消费扶贫各链条环节的理论研究。二是宣传消费扶贫理念，汇聚更多资源投入到消费扶贫事业中。积极吸纳各高校和社会力量，广泛开展消费扶贫相关活动及政策宣传，形成师生广泛参与的消费扶贫新风尚，引导更多人通过"以购代捐""以买代帮"等方式参与消费扶贫，帮助受援地区群众稳定脱贫。如学校开展全校师生共同消费品尝高原土豆这一种"人人能为、人人愿为"的方式，营造良好参与氛围，取得良好成效，受到各大媒体的广泛报道，点赞转发达亿次，产生了积极广泛的社会影响。

电子科技大学消费扶贫"一体两翼"建设模式，是深入学习贯彻习近平总书记关于消费扶贫重要指示精神的生动实践，是在脱贫攻坚事业中贯彻落实新发展理念的积极探索，是高校参与脱贫攻坚事业的有力举措。今后，电子科技大学将继续提高政治站位、积极响应党的号召、服务国家重大战略需求，深化"一体两翼"消费扶贫建设内涵，围绕"建机制、重长效、聚合力、出实效"的工作原则，在"上下同心、尽锐出战、精准务实、开拓创新、攻坚克难、不负人民"的脱贫攻坚伟大精神的引领下，继续在巩固拓展脱贫攻坚成果同乡村振兴有效衔接工作过程中推动消费扶贫不断开创新局面，助力乡村振兴战略的全面推进。

第六章　科技扶贫

以信息化建设优势
助力贵州省长顺县脱贫攻坚

——北京邮电大学的科技扶贫创新实践

摘　要： 北京邮电大学充分发挥计算机学院（国家示范性软件学院）在信息科技领域的学科与人才优势，组建由专业教授、研究生、本科生构成的科技扶贫团队，瞄准定点扶贫县贵州省长顺县信息化建设痛点，破除信息壁垒，打造平台促进数据靶向流通，为该县建设自主研发的"长顺农产品产销对接系统""长顺脱贫攻坚可视化数据库"等一系列信息化平台，组织研发"智慧神泉"蓝牙旅游导览系统、"slam导览机器人"，以智能交互助力当地经济社会发展。同时，学校将扶贫工作与学生社会实践、专业技术实践相结合，为学生成长锻炼提供广阔舞台，组建"蓝图创新工作室"激励学生开展创新创业实践，自主探索实现了一批新技术新应用，逐步形成了具有人才优势与科技特色的扶贫扶智北邮方案。2021年北京邮电大学计算机学院获评"全国脱贫攻坚先进集体"。

关键词： 科技扶贫　信息化建设　精准扶贫　立德树人

2018年，习近平总书记在打好精准脱贫攻坚战座谈会上指出，脱贫攻坚，精准是要义。必须坚持精准扶贫、精准脱贫，坚持扶持对象精准、项目安排精准、资金使用精准、措施到户精准、因村派人（第一书记）精准、脱贫成效精准等"六个精准"，解决好扶持谁、谁来扶、怎么扶、如何退问题，不搞大水漫灌，不搞"手榴弹炸跳蚤"，因村因户因人施策，对症下药、精准滴灌、靶向治疗，扶贫扶到点上、扶到根上。

一、案例背景

长顺县位于贵州省中部，黔南布依族苗族自治州西部，属黔中经济区、黔中核心城市群、贵安新区重要拓展区和黔南"贵惠长龙"环贵阳城市经济带，是黔中经济区中离省城贵阳最近的新阶段国家扶贫开发重点县。全县总面积1543平方千米，辖5镇1乡1街道，共82个自然村（居），总人口26万人，少数民族人口占57%。受历史等因素的制约，长顺是国家"八七"扶贫攻坚重点扶持的贫困县之一，其中县南部是有名的麻山极贫地区。由于区域性交通不便，缺乏技术人才，长顺县信息化建设缓慢，具体表现在以下几个方面。

（一）农业生产信息成本高，产销信息对接难

长顺县通过北京邮电大学、广州市越秀区、贵州省司法厅等定点帮扶单位的集中定向采购拉动农副产品生产加工业，产业扶贫成效明显，但各定点帮扶单位和社会采购往往以大宗商品订单的形式发送到县供销社，而农产品种植数量分散在全县8万农户手上，村组层面的数据孤岛现象严重。一方面，存在供销社进行种植养殖信息采集难、销售订单匹配难、农作物信息填报失真而错过销售期的情况，极大影响当地产业扶贫政策的下沉，阻塞农户脱贫进程；另一方面，受喀斯特地貌影响，"山地""坝区"等不同土质差异较大，存在贫困农户不了解所在土地适宜种植作物及方式、不了解所产作物的销售路径等信息流阻塞现象，既容易使供销社产生未能及时收集农产品导致大订单"丢单"，致使采购方订单"空单"情况，又会使农户种养殖收益的风险增加，脱贫攻坚进程难以加快。

（二）基层干部"跑表"压力大，扶贫信息可视化难

面对全县7个乡镇82个自然村的普通农户，基层干部需要将每个脱贫户建档立卡情况进行登记，由于统计数据要求时效性，经常出现乡镇干部为统计信息"跑断腿"的情况，大量的走访调查耗费时间挤压了数据整合分析的时间。由于缺少能够将贫困户建档立卡信息与土地等自然资源情况相结合的可视化数据分析系统，长顺县进行致贫原因地域分析和脱贫攻坚作战图的绘制存在困难，进行乡村振兴的统筹资源规划就更难。综上三点所述，长顺县需要引入信息技术人才和资源，解决信息化基础薄弱致使脱贫攻坚存在的痛点问题，打通"信息孤岛"，降低信息聚合分析成本，实现县域经济更加高效高质量发展。

（三）旅游资源信息化服务能力差，智慧旅游建设难

随着党的十九大提出实施"乡村振兴战略"，国内休闲农业和乡村旅游蓬勃发展，产业规模稳步扩大，助力乡村振兴能力不断增强。在我国12.8万个贫困

村中，55%具有发展乡村旅游的基本条件。2017年长顺县承办了贵州省第十二届旅游发展大会，通过建设神泉谷、广顺州署、千年银杏王、杜鹃湖等一系列景区，吸引大批来自贵阳、安顺等大城市居民进行周末休闲游，过夜旅客同比增长316%。但作为少数民族聚居地，"方言重"的现象使当地缺乏讲普通话更专业的随行导游。同时，山地峡谷特色景区线路较长，以该县主要建设推广的神泉谷景区为例，9.25平方千米的巨大景区面积与较少的导游数量成为景区软服务能力的突出矛盾，在岗50余名导览车司机多为当地就业，缺乏以标准普通话进行景区讲解的能力。信息时代下，智慧旅游作为一种全新旅游形态，是全面网络化、高度智能化、应用普及化和产业高端化的旅游，是旅游信息化的高级阶段。而长顺县基础信息化设施建设的滞后，为智慧旅游发展带来不便，未能给游客提供更好的观光体验。

北京邮电大学积极学习贯彻习近平总书记扶贫开发重要战略思想精神，对贵州省长顺县开展定点帮扶、精准扶贫工作。计算机学院是北京邮电大学人才培养实力最强、科研攻关能力最强的学院之一，在计算机科学与技术、人工智能、大数据网络工程、物联网等方向具有优势特色。学校计算机科学与技术作为国家"双一流"建设学科，始终坚持为国家培养计算机专业人才和计算机通信复合型人才。为充分发挥在信息科技领域的学科与人才优势，2017年4月起，由北京邮电大学计算机学院牵头启动了关于同长顺开展"助顺邮我"科技帮扶的系列工作。学院通过参与学校大学生创新训练项目的形式，组建由专业教授、研究生、本科生构成的科技扶贫团队，培养了一支具有较强创新与实践能力的学生技术力量，自主探索实现了一批新技术新应用，逐步形成了具有人才优势与科技特色的扶贫扶智北邮方案。

二、具体实践

2017年，北京邮电大学在经过多次实地走访与座谈调研后，同长顺县人民政府签署合作框架协议，由计算机学院牵头建设"助顺邮我"科技扶贫项目，同长顺县农工局、供销社密切合作，以解决长顺县信息化通路建设中的痛点。其后，按照协议，北京邮电大学打造了"长顺扶贫信息平台""长顺农产品产销对接系统"，精准采集农户个体信息，并以村组为粒度进行全县农产品的产销智能匹配、投放销售信息，做到"政府摸得清、产品卖得快、农户得实惠"。

（一）建造扶贫信息平台，构建沟通渠道

"长顺扶贫信息平台"建设启动于 2017 年 4 月，并于 2018 年 6 月交付当地使用。该平台集扶贫政策、种植养殖通用技术、大宗农产品市场同步价格等信息为一体，支持电脑、手机等多终端访问，方便农户对这些信息随查随用。平台由各个部门负责管理相关板块信息，以农工局为例，引进赵碧芬、金必勇等多位农业专家解答农民在平台的种植养殖问题留言，以平台搭建农户与专家的靶向沟通渠道。

（二）破除信息壁垒，优化农产品产销途径

"长顺农产品产销对接系统"与"长顺脱贫攻坚可视化数据库"建设启动于 2018 年 3 月，于 2019 年 2 月开展使用培训与测试工作，当年 7 月交付当地使用。"长顺农产品产销对接系统"目前已接入全县 7 个乡镇 130 余位信息管理员，系统内嵌入自主设计的智能匹配算法，滞销预警与订单自动匹配功能，全流程优化了长顺农产品的产销途径，为长顺县年均 3000 万元农产品订单搭建产销对接平台。同时，为长顺县百余名乡镇干部开展系统使用培训，并实现了面向个体农户差异化信息投放的功能封装，将信息流的"大水漫灌"变为"精准滴灌"。在完成平台信息整合的基础上，通过"长顺脱贫攻坚可视化数据库"打造 40G"云上长顺"，实现长顺县 7 个乡镇 82 个村 1468 个组的 8 万名农村居民各类信息云端存储、分类统计与人口信息底图的绘制绘，结合无人机航拍各村组面貌，导出脱贫攻坚作战图。

（三）打造数字化景区，助力旅游业发展

"智慧神泉"旅游导览系统建设启动于 2017 年 11 月，第一代手持导览器于 2018 年 8 月交付使用，第二代车载导览器与配套基站网络于 2019 年 7 月正式交付当地使用。依托北京邮电大学智能通信与软件北京市重点实验室，团队连续攻克室内外多信号融合精准定位等多项技术难题，在长顺县文旅局的支持协助下，在长顺峡州文化旅游开发有限公司旗下运营的神泉谷景区、广顺州署文化园景区部署旅游导览系统。以神泉谷景区为例，团队面对景区"导游少，面积广，线路长"的特点，打造以"车载导览为主，微信小程序为辅，VR 体验为亮点"的"智慧神泉"旅游导览系统，设计景区线路 8 千米的 54 处讲解点，通过 145 个蓝牙基站热备份与 GPS 融合方式实现景区 9.25 平方千米内游

客定位全覆盖，实现车载导览器自动定位并播放讲解。同时，"智慧神泉"项目参展在北京召开的黔南旅游推广大会，并由黔南州副州长文海涛亲自推介。项目的核心定位技术支持了所设计的导览系统在任何信号条件下提供游客丰富的观光体验。团队提请国家发明专利"基于 ibeacon 与 GPS 融合的室外定位旅游导览系统"等 2 项，获得多项实用新型专利、外观设计专利、软件著作权等。项目具有较强的可复制性与可持续性，旨在加强景区运营承载力，提升景区服务软实力，打造长顺更亮丽的"神泉名片"。项目自投入运行以来，已累计服务游客 50 万余人次。

（四）构建智能交互机器人，打造景区新名片

学校计算机学院充分发挥信息学科特色优势，瞄准需求、精准发力，系统化开展科技帮扶工作，目前正在研发基于 SLAM 的移动式多模态交互导览机器人（见图 1）。该机器人计划在 ROS 平台下基于 SLAM 技术移动定位导航，运用人工智能算法自主创新语音交互功能，实现景区室内外场景下的智能讲解、自主导览、带货拍照等功能。该项目旨在将机器人与 AI 领域相关的前沿技术应用到山地景区的实际运营场景中，进一步完善智慧旅游导览系统的体系化服务布局。

图 1　导览机器人外观

三、主要成效

（一）信息化建设成效显著，拉动县域经济高质高效发展

目前上述信息化系统在长顺县使用效果良好，极大地减少了基层干部的工作量，同时提高了扶贫政策下沉的精准性和扶贫工作的可持续性。同时，系统具有高度的集成性和可复制性特点，可根据不同乡村情况进行功能定制调用。项目提请国家发明专利 4 项，外观设计专利 1 项和多项软件著作权，有力推动了长顺县信息化建设与经济社会发展的紧密对接，受到贵州省扶贫办、黔南州领导的重视推广和一致好评。2017 年至今，三大信息化平台已完成在长寨街道杉木村的试点使用，目前逐步覆盖长顺县 8 万农村居民，并同县供销社合作开展全县系统管理员使用培训，进入稳定使用期，长顺县电子贸易成交量规模由 2016 年年底的 33 万元增长至 2018 年超 500 万元。2018 年试用当年，该县 21 个贫困村出列，贫困人口减少 2.25 万人，贫困发生率降低到 6.45%，农村常住居民人均可支配收入达 10172 元，同比增长 10.4%。

基于游客精准定位的"智慧神泉""智慧广顺"旅游导览系统，在同长顺县文旅局、长顺峡州文化旅游开发有限公司的密切合作下，在长顺县神泉谷景区、广顺州署文化园景区现已通过 VR 云上体验、车载定位导览和微信小程序讲解，极大地丰富了游客的观光体验，减轻景区运营压力，仅投用当年五一黄金周期间接待游客就已超 30 万人次，拉动长顺县第三产业消费增加值取得大幅度增长。2020 年 3 月，经贵州省人民政府公告，贵州省长顺县正式退出贫困县序列，脱贫攻坚战取得了良好的成绩。

（二）引导学生将扶贫与技术实践相结合，形成人才梯队良性循环

在保证各项帮扶工程保质保量推进的同时，北京邮电大学将科技扶贫工作与学生技术实践、志愿服务、创新创业教育相结合，实现了学校信息技术人才的工程思维培养。依托项目开发团队组建了横跨 7 个学院 50 余人的"蓝图创新工作室"，鼓励来自不同学院不同专业的师生通过项目开发实现技术横向交流，使科技扶贫工作在助力当地信息化建设的同时也成为学生成长锻炼的广阔舞台。两年来，工作室赴长顺当地开展实地调研累计达 61 人次，学生志愿服务总时长达 7730 个小时。其中，2017 年、2018 年暑期赴当地开展社会实践，组织师生在项

目测试、落地建设的同时开展在生联村红军标语墙前重温入党仪式，走访贫困农户和驻村干部等主题教育实践活动，两人获评共青团北京市委"暑期社会实践先进个人"；2019年4月学校将创新创业文化融入科技扶贫工作，组织60人团队赴长顺县第四中学举办"大学生创新创业计划优秀项目展"，将北邮的科创实践文化带入长顺，并通过组建研究生支教团等方式厚植长顺县的人才沃土。

（三）鼓励学生参与项目开发，在多项重大赛事获奖

积极引导学生将青春奉献到祖国最需要的地方。通过参与项目开发，一批优秀项目成员获得成长锻炼并收获了相关荣誉。其中，项目成员徐萨作为北京市唯一代表，参加在浙江杭州举办的2019年全国大众创业万众创新活动周，与全国31名代表一同受到李克强总理接见，作为旗手代表参加教育部在嘉兴南湖举办的本次大赛青年红色筑梦之旅活动授旗仪式和启动仪式，由时任教育部副部长钟登华为全国31名代表授旗；项目成员王景辉、潘畅、闫钰承等参加2019年北京市"一带一路"国家大学生科技创新训练营活动。团队先后获得第五届"互联网+"创新创业大赛北京赛区一等奖一项、二等奖一项，北京市"挑战杯"学生创新竞赛三等奖一项，获得两项大学生创新创业计划市级项目认定，北京邮电大学"创青春"创业计划大赛一等奖等奖项。蓝图创新工作室案例成功入选国务院扶贫办组织评选的2020年"志愿者扶贫案例50佳"。

探求深度贫困村寨的永久脱贫之道

——中国农业大学李小云教授团队扎根云南瑶寨的扶贫实践

摘　要：中国农业大学李小云教授团队从 2015 年开始扎根云南省勐腊县深度贫困瑶寨河边村。团队以协助河边村村民走出贫困陷阱为目标，基于可持续脱贫的考量，形成了河边实验的框架：只有通过以新业态产业为主导的复合型产业体系大幅度提高农户收入，才有可能走出贫困陷阱。经过 6 年多的努力，该团队逐步探索出了以主导产业拉高村民收入为特点、以复合型产业为核心的深度性贫困综合治理的河边创新实验。这一实验让河边农户的收入显著提高，生活有了明显的改善。河边实验的成功得到了各级领导和社会各界的广泛关注，2020 年国务院扶贫办主任刘永富一行考察河边扶贫实验，指出河边扶贫实验是减贫的中国案例；李小云教授及其团队于 2017 年、2021 年先后获得"全国脱贫攻坚奖创新奖""全国脱贫攻坚先进个人"等荣誉。

关键词：深度贫困村寨　永久脱贫　河边实验　创新实验

2017 年，习近平总书记在深度贫困地区脱贫攻坚座谈会上指出，深度贫困地区是脱贫攻坚的坚中之坚，要加大力度推进深度贫困地区的脱贫攻坚。

一、案例背景

河边瑶寨位于云南省西双版纳傣族自治州勐腊县勐伴镇，行政隶属为勐伴镇勐伴村民委员会的一个村民小组（自然村）。河边村系 1982 年由高桥旧址搬迁而来，地处西双版纳热带雨林自然保护区南腊河流域。全村（常住人口）共有 57 户，206 人，其中劳动力 138 人，除 2 人为汉族外，其余皆为瑶族（蓝靛瑶）。河边村现有土地 782.3 亩，其中水田 145.7 亩，旱地 636.6 亩，橡胶林地 2800 亩左右（其中半数与某橡胶开发公司存在开发争议）。人均水田地 0.67 亩，人均旱地 2. 95 亩。农户生计的主要来源是种植业和养殖业，主要种植水稻、玉米、甘蔗及砂仁，主要养殖冬瓜猪。农户的主要收入来源是甘蔗种植、砂仁采摘及外出打工。河边实验实施以前，农户居所均为人畜混居的破旧简陋的木质干栏式房屋，村内无硬化路，通村路为约 8 千米长的土路。河边村 2015 年人均可支配收入 4303 元，人均消费支出 5098 元，人均债务 3049 元。

二、河边创新实验过程

自 2015 年 1 月，国务院扶贫开发领导小组专家咨询委员会委员、中国农业大学文科讲席教授李小云及其工作团队长驻云南省国家级贫困县勐腊县河边村，探索深度贫困地区的脱贫问题及乡村振兴问题，主要从深度贫困的致贫原因、脱贫策略以及与乡村振兴有机衔接三个方面研究深度贫困的综合治理问题。李小云教授团队认为：深度贫困群体的脱贫远远比转型性贫困群体的脱贫复杂和困难。深度贫困群体是指生活在落后地区、边远山区、少数民族地区的集体性陷入多维度贫困陷阱的群体，这样的群体在收入性和非收入性两个维度上处于深度性和长期性的贫困状态。深度贫困群体是脱贫攻坚工作中的重中之重，也是扶贫工作中的难中之难。因此，研究深度贫困群体的致贫原因并探索相应的脱贫之路对于最终解决中国农村贫困问题具有重大的现实意义。另外，深度贫困地区和深度贫困群体脱贫之后依然面临着可持续发展的问题，而乡村振兴战略则又为深度贫困的治理提出了新的方向。

中国农业大学李小云教授团队长期扎根处在深度贫困的瑶寨，用绣花功夫探索扶贫方案，形成了输血与造血相融合的稳定脱贫长效机制。河边扶贫实验从 2014 年 12 月开始至今，经历了以下三个阶段：

第一阶段：河边贫困诊断阶段（2014 年 12 月—2015 年 8 月）。团队通过与勐腊县委县政府、勐伴乡镇党委政府和河边村民近 10 个月的参与式贫困诊断发现，河边村属于典型的深度贫困村寨，整体性长期陷入贫困陷阱中。基于贫困诊断的结论，团队认为如果不提供综合性的外部支持，河边村不可能摆脱贫困，同时，如果河边村民的收入不能有大幅度的提高，河边村也不能摆脱贫困。

第二阶段：河边深度贫困综合治理方案形成阶段（2015 年 8 月—2015 年 12 月）。基于参与式贫困诊断，在勐腊县委县政府、勐伴镇党委政府的直接领导下，团队与村民共同讨论形成了充分利用河边村气候资源、雨林资源、瑶族文化资源发展高收入的新业态产业，摆脱依赖低收入传统农业的生计结构，从而帮助河边村民走出贫困陷阱。同时，提出在新业态主导产业的驱动下，持续发展冬瓜猪养殖、养蜂、养鸡、养鱼、自烤酒等辅助性产业，将水稻为主的种植产业作为基础产业，打造复合型产业脱贫模式，应对生计风险，实现河边村稳定脱贫。基于打造复合型产业的规划，团队在人居环境、瑶族文化、村庄治理等方面开展全面综合治理，依托脱贫攻坚实现与乡村振兴有机衔接。

第三阶段：河边深度贫困综合治理建设阶段（2016年1月—2018年12月）。这一阶段，在团队帮扶下，先后建成瑶族妈妈的客房47间，现代化的卫生间47个，瑶族妈妈的厨房15间，集体猪舍6座，现代化会议室1间，儿童活动中心1所，商业酒吧1个，休闲商店1个，4G网络覆盖全村。在河边村开展了冬季蔬菜和中草药的示范种植，以及冬瓜猪、土鸡和蜜蜂的示范养殖，自烤酒酿制等小型加工业。

第四阶段：河边新业态产业正式运营（2019年1月至今）。2019年1月，河边村注册成立雨林瑶家专业合作社，合作社中的专业工作团队正式承接河边新业态产业的运营。

三、河边创新实验的理论设计

中国农业大学李小云教授工作团队从2015年1月进入河边村，开始对河边村的贫困诊断，发现河边村是一个长期处于深度贫困的村庄。李小云教授团队以协助河边村民走出贫困陷阱为目标，基于可持续脱贫的考量，在具体项目设计上将精准扶贫和乡村振兴有机衔接起来，从而形成了河边实验的框架。这个框架的核心是只有大幅度提高农户收入，并且确保收入的可持续性和多样性，河边村才有可能走出贫困陷阱。河边实验的目标是研究造成深度贫困陷阱的因素；设计多维度的发展干预措施，探索能使村民走出贫困陷阱的路径；将扶贫与乡村振兴战略有机衔接，探索从摆脱深度贫困到实现乡村振兴的模式。河边实验实施的原则是政府主导、大学及公益组织参与、调动农民主体性、优势互补。河边实验是一项定位于在政府直接领导下、社会组织参与的创新实验。基于河边实验的需要，中国农业大学李小云教授在云南省勐腊县注册成立"勐腊小云助贫中心"（以下简称"小云助贫"），通过"小云助贫"招募志愿者，筹集社会资金，展开创新性和补充性的建设。由于最终摆脱贫困的主体是贫困群体自身，因此，河边实验将所有的治理活动均落实到农户层面。

河边实验主要包括以下五个方面的内容：

第一，探索政府主导、社会参与、村民为主体的精准扶贫模式。河边扶贫实验遵循国家、省、州、县、乡各级党委政府制定的扶贫规划，严格在政府的领导下，大学、社会组织、志愿者实现政府扶贫的"三补充"（补充政府扶贫的能力、资源、短板）。2015年，李小云教授团队在中国农业大学和勐腊县人民政府的支持下于勐腊县民政局注册第一个优质的社会组织，用于筹集社会资金，实现优质公益资源下沉。所有的扶贫行动都以农民为主体，始终围绕农民增收展开工作。

第二，探索河边新业态为主导的复合型产业模式。这一产业模式的核心建设内容是嵌入式瑶族妈妈的客房（见图1）、瑶族妈妈的厨房、现代卫生间、现代会议室、现代酒吧、休闲商店等共同构成了新业态产业的基础，实现小型高端会议、休闲经济、自然教育融合的产业方向。同时，通过培育一系列的辅助型产业——养鱼、养鸡、蜂蜜、冬季蔬菜、花椒、自烤酒加工等，帮助农户抵御市场与自然的风险。此外，支持河边村的传统种植业作为基础产业。这一产业模式，一方面帮助河边村村民摆脱对低收入传统生计的依赖，将各方面的资源转化成能够产生新业态产业收入的资产，另一方面帮助河边村民摆脱对生态资源的依赖，形成替代性的生计结构。

第三，形成农民自主经营与管理的治理模式。促进以自我发展、自我建设为核心的农民自主发展的能力建设，通过建立"雨林瑶家专业合作社"，培育村内管理团队，将以"瑶族妈妈的客房"为主的新业态产业交由村内管理团队统筹管理，逐步提升河边村内生的发展能力和治理能力。

图1 河边瑶族妈妈的客房

第四，建立阻断贫困代际传递的机制。为了稳固河边脱贫的成果并实现可持续发展，河边扶贫实验建设了一所面向河边村学前儿童的儿童活动中心。基于这一中心的有效运营，实现了儿童现代教育与营养改善融合的阻断代际贫困的常态化机制。

第五，精准扶贫与乡村振兴有机衔接的机制。按照乡村振兴的目标和原则设计脱贫攻坚的项目，做到一次性衔接。通过瑶族妈妈的客房等市场机制保存瑶族文化。通过发展新业态产业为美丽乡村建设提供内在动力。

四、河边创新实验的成果

河边扶贫实验实施以来，河边村的面貌发生了根本性的变化。2018年年底，河边村实现了整体脱贫。借助于河边扶贫实验的推进，农户的精神面貌焕然一新，满意度大幅度提高，收入显著提高，生活有了明显的改善。2017年，包括瑶族妈妈客房和瑶族妈妈餐厅在内的全村新业态产业的收入达到了19万元。2018年河边村全村户均收入增加到35000元。2018年，包括瑶族妈妈客房和瑶族妈妈餐厅在内的全村新业态产业的收入达到了58万元。2019年，包括瑶族妈妈的客房、瑶族妈妈餐厅、新型农业在内的全村新业态产业的收入达到了121万元。2020年，河边村的新业态产业受到了新冠肺炎疫情的一定影响，但通过多年来复合型产业的培育，在很大程度上帮助河边农户提升了抵抗风险的生计韧性，减轻了新冠肺炎疫情对河边农户生计的负面影响。

通过多年的实验建设，河边村已经从过去一个比较闭塞的瑶族村寨转变为一个面向世界展示中国扶贫故事的美丽瑶寨。（见图2）河边村建成了一栋栋体现瑶族建筑文化的干栏式木质楼房。通过建设集体猪舍，河边村实现了人畜分离，通过全面的人居环境改善，河边村的村容村貌已经打造成了城里人待得住的宜居环境。与此同时，通过推广现代化的洁净卫生间实现了河边村的厕所革命，同时建设现代化的厨房实现了厨房革命。普惠性的厨房革命和厕所革命，让河边村村民在真正意义上过上了现代生活。通过儿童活动中心开展持续的学前教育工作，帮助河边村阻断代际贫困的传递。基于这些扶贫成果，河边村永久性地告别了贫困。

在此期间，来自欧洲、北美、东南亚、非洲等各个地区的外国专家、政府官员、基层村干部、媒体记者到访河边村，同时举办了近50场国内学术会议与政策研讨会，以及几十次冬令营、夏令营。通过这些多层次的外部交流，传统的瑶

图 2　2018 年 9 月，河边村脱贫面貌

寨焕发出新的景象：孩子们和大人都学会了普通话，开始适应现代生活方式，与城市的现代观念相连接。一个有机连接传统与现代的美丽瑶寨正在形成。儿童活动中心等场所的建设运行形成了阻断代际贫困的机制。现代的教育、营养保障、城乡儿童的互动促进了河边村儿童的健康成长，为长久地实现脱贫创造了根本条件。河边村的瑶家雨林专业合作社在村委的领导下，形成了治理性和发展型的管理结构，既确保了河边村的长治久安，也实现了河边村产业兴旺。

五、河边创新实验的影响

河边实验得到了社会各界和各级领导的广泛关注。时任云南省委书记陈豪一行在 2017 年 5 月到河边村实地考察。全国政协常委、全国政协经济委员会副主任、中央农村工作领导小组原副组长陈锡文于 2018 年 1 月赴河边村调研深度贫困治理实验。全国人大常委会委员、农业与农村委员会副主任委员刘振伟一行于 2019 年 3 月考察河边实验。李小云教授因河边实验为国家治理深度贫困提供了重要的决策参考而获得"2017 年全国脱贫攻坚奖创新奖"。2020 年 8 月，国务院扶贫办主任刘永富在时任云南省委副书记王予波、副省长陈舜的陪同下考察河边扶贫实验时指出，河边扶贫实验是减贫的中国案例。2021 年，李小云教授因河边实验取得的成果荣获"全国脱贫攻坚先进个人"称号。

在过去的几年间，河边扶贫实验得到了来自各个方面媒体的极大关注与报道。（见图 3）据不完全统计，有近 400 家媒体报道了这一实验。百度检索河边扶贫实验，有 700 多万条内容。这些报道的媒体包括国家官方媒体（新华网、人民网、中央电视台、《光明日报》等），地方官方媒体（《云南日报》、云南电视台、北京广播电台等），主流媒体（《南方周末》、澎湃新闻、《新京报》等），互联网媒体（今日头条、搜狐网、新浪网等），公益行业媒体（中国慈善家、《公益时报》等）、公益行业自媒体（《公益慈善周刊》《南都观察》）等。此外，也有部分国际媒体对河边实验进行了深入报道。

图 3　中央电视台《新闻联播》2019 年 2 月 13 日深度报道河边实验

河边实验的初步经验具体表现在：第一，产业扶贫的关键是产业要有特色、有市场，能够大幅度提高农民收入，且扶贫产业体系能有效应对自然和市场的风险；第二，扶贫不可只输血，解决眼前问题，而应着眼于将扶贫的输血式投入转变成为可以造血的资源；第三，不同的扶贫资源应该围绕着建立新业态产业进行整合；第四，深度性贫困村庄的扶贫与脱贫需要有一支住得下来、具有高度专业水平的工作队伍；第五，将一个远离现代化市场的深度贫困村庄与现代化经济对接，其结果最终取决于贫困农户自身的能力建设。

河边实验的核心经验是坚持政府主导、高校与公益组织深入最后一公里，积极发挥农民的主体作用。第一，政府领导具体到位，协调整合资源，解决具体问题，依托政府帮扶单位落实政策实施，做到了政府主导性优势的充分发挥；第二，高校专家长期驻村，与政府和农民共同分析致贫原因，研究脱贫思路，充分发挥治理优势；第三，公益组织深入扶贫最后一公里，筹集社会资源，补充政府资源不足，充分发挥扶贫的绣花优势并动员农民自主设计、互助建设，充分发挥农民的主体性优势。

河边实验的意义：探索了政府主导、高校及公益组织参与、农民为主体的扶贫模式；探索了通过发展新业态产业将精准扶贫与乡村振兴有机衔接的扶贫方式；探索了高校和公益组织如何在最后一公里发挥作用的机制；探索了如何将政府用于扶贫的公共资源转变成为农户创收资产的路径；探索了如何培育乡村以农民为主体对接市场的能力。

走出一条以激发群众内生动力为抓手的致富之路

——中国石油大学（北京）对口帮扶南华县脱贫实践

摘　要：中国石油大学（北京）自 2019 年定点帮扶云南省楚雄州南华县以来，深入学习贯彻习近平总书记扶贫开发重要战略思想，高度重视对南华县的帮扶工作，依托学校学科、专业、人才、科技优势，动员和争取各方面力量，以产业扶贫、科技扶贫为突破口，积极作为，改变"输血式"粗放扶贫模式，从解决困难群众最关心、最实际的利益问题入手，激发困难群众自主脱贫的内生动力，助力南华县打好脱贫攻坚战、实现可持续发展。

关键词：产业扶贫　科技扶贫　志智双扶　内生动力

2018 年，习近平总书记在打好精准脱贫攻坚战座谈会上指出，坚持群众主体，激发内生动力。脱贫攻坚，群众动力是基础。必须坚持依靠人民群众，充分调动贫困群众积极性、主动性、创造性，坚持扶贫和扶志、扶智相结合，正确处理外部帮扶和贫困群众自身努力关系，培育贫困群众依靠自力更生实现脱贫致富意识，培养贫困群众发展生产和务工经商技能，组织、引导、支持贫困群众用自己的辛勤劳动实现脱贫致富，用人民群众的内生动力支撑脱贫攻坚。

一、实施进展

自 2019 年起，中国石油大学（北京）定点帮扶云南省楚雄州南华县。具体做法如下。

（一）提高站位，强化统筹，展现责任担当

1. 突出统筹谋划

学校将定点扶贫工作纳入重要议事日程，列入全年工作重点，紧密结合南华

县实际制定帮扶方案，成立领导机构和工作机构，明确责任分工。每两次党委常委会会议至少有一次专题研究部署扶贫工作，强化统筹协调、整合资源，推动工作落实。扶贫工作在全面从严治党工作部署会、党群部门联席会上进行再传达、再部署，各级党组织全力支持，动员和组织教职工参与扶贫工作，形成扶贫合力。学校领导多次带队赴楚雄州南华县调研，与楚雄州、南华县的主要负责同志座谈交流，进行实地考察，为切实做好定点扶贫工作奠定基础。

2. 强化资源保障

学校充分发挥扶贫工作领导小组的统筹协调作用，完善定期调度机制，每周至少一次研究调度定点扶贫工作，督促推动扶贫重点工作，协调解决难点问题。建立扶贫工作周报制度，每周通报相关工作进展、主要做法及南华县脱贫攻坚成效。建立宣传报道制度，总结扶贫好经验、好做法，营造良好氛围。学校因北京、新疆两地办学，能够调动的资金、资源并不多，但在学校运行资金紧张的情况下，仍全力保障扶贫资金充裕。在自身投入的基础上，调动整合各方力量，多渠道筹措资金、争取更多资源投入扶贫工作。

3. 加强协作联动

学校充分学习借鉴东南大学定点扶贫经验，建立了畅通的沟通渠道。创新工作模式，对于差异性工作进行补位匹配，对于同质性工作共同协作开展。扶贫工作负责人带队赴南华县调研，协商推进扶贫工作。建立校地联系工作机制，加强与南华县的沟通联系，定期交流通报有关信息。选优配强扶贫干部，在防疫形势仍然严峻的情况下，两位挂职干部依然奔赴南华县开展工作，他们迅速进入角色，充分发挥了桥梁纽带作用，确保了学校扶贫项目及时落地启动。

4. 完善过程管理

学校从资金整合管理、项目进度控制、效果核验跟进审计等多方面统筹发力，加强项目过程管理。加强督促力度，确保各项政策、措施按时落实到位。管好用好扶贫资金，将项目管理列入扶贫实施方案，强化资金管理，统一预算、使用。全程跟进项目执行进度，重点项目优先考虑、积极推进。设置审计专项工作小组，对全部扶贫项目执行情况、程序、效果进行审计核验，提出审计报告2份，帮助解决各类影响项目实施的具体问题，全力提升扶贫成效。

（二）多措并举，扶志先行，激发内生动力

1. 产业帮扶突破发展瓶颈

学校聚焦南华县脱贫攻坚难点重点和短板，支持基础设施建设。其中，投资 200 万元，硬化南华县羊城庄村村组道路 4.2 千米，解决了当地 143 户困难群众出行难问题；投资 40 万元，对南华县石门村主引水管进行改造，建成 1.6 千米饮水管线、加压泵站一座以及 20 立方米饮水池一个，解决了当地 27 户村民的人畜饮水及田地灌溉难题；投资 50 万元，在罗武庄乡易地搬迁安置点建设扶贫车间，打造电商销售平台运营用房和扶贫刺绣车间，助力乡镇集体经济发展和群众增收；投资 150 万元，配套沪滇帮扶资金建设生猪养殖小区，主要承担建设龙川镇石门村生猪养殖小区进场道路及人畜饮水项目；投资 10 万元，在南华县罗武庄乡建设爱心超市，鼓励贫困群众自力更生，引导树立"我要脱贫"的意识。

2. 科技帮扶助推城乡发展

为更好地发掘南华县资源禀赋、区位优势，促进经济社会发展，学校投资 50 万元设立南华县产业扶贫专项课题，共设置了包括南华县域农林经济与绿色发展产业链、价值链现状与远景规划，南华县矿产资源、开发与利用调研等在内的七大专项课题，为南华县经济社会发展全面把脉，开好"药方"。

3. 消费帮扶激发困难群众内生动力

学校以"订单模式"直接面向南华县罗武庄乡困难群众收购 300 万元的农副产品，惠及农户 120 余户。消费扶贫资金直接进入农户的口袋，最大限度发挥消费扶贫的辐射带动作用；学校以工会福利、餐厅采买等形式，直接采购贫困地区农副产品，共计 121 万元；发布关于积极购买、帮销困难地区农副产品的倡议，广大师生、员工和校友通过"e 帮扶"平台购买贫困地区农副产品，共计 5.3 万元；学校"e 触即发，鲜果到家"学生创业团队、校团委抖音直播间等加入扶贫工作，开展线上推广销售，帮助南华县销售农副产品。

4. 技能培训提升致富本领

学校依托培训资源优势，构建起远程教育、本地学习、到县培训等多种方式相结合的培训体系。其中，学校邀请中国农业科学院专家到南华县指导果树种植，开展专题培训讲座，现场为果农解决果树种植栽培过程中遇到的难题；开展

各类培训，共为南华县培训基层干部 796 人、技术人员 463 人，各类培训有效提升了广大基层干部和技术人员的理论水平和职业技能；结合南华县彝族特色，传承民族刺绣文化，出资开展彝族刺绣技能培训 2 期，共培训绣娘 194 名，其中 54 名妇女实现就业。（见图 1）

图1　学校组织开展多种形式技能培训

（三）彰显特色，"提智"支撑，助力基础教育发展

1. 教育帮扶提升基础教育质量

首先，学校全力提升南华县基础教育质量，立足南华县教师培训需求，邀请北京市名校名师，专场培训中小学教师 251 名。其次，学校协调附中、附小，接纳由南华县选派 2 名教师骨干跟岗学习，提升职业技能和教学水平。组织附中、附小领导专家赴南华县实地考察中小学建设，促成附中、附小与南华县中小学的帮扶共建。再次，学校选拔 3 名优秀推荐免试研究生赴南华县开展支教活动。还有，学校全面启动对接南华县"大手拉小手"一对一线上支教志愿服务活动，112 名师生志愿者参与其中，为 102 名南华中小学生进行线上学业辅导（见图 2），暑假线上支教未间断，总支教时长达 1500 余个小时，教学辅导和思想交流的效果受到了学生及家长好评。最后，根据南华县实际需求，学校设置马克思主义理论专业硕士学位在职研究生专项指标，助力南华县干部队伍建设，为脱贫攻坚提供人才支撑。

2. 爱心助学解除求学后顾之忧

学校开展了基层党支部与南华县贫困家庭学生结对子、设置专项奖学金等一批特色助学活动。学校全部 83 个教职工党支部与 80 名南华县贫困家庭学生结对子，每年给予每名学生 1500 元助学金，同时积极开展学业和思想帮扶。学校设置了 5 万元奖学金，奖励品学兼优的南华县学生，2020 年 10 月 29 日，在中国石油大学（北京）励志奖学金颁奖仪式上，校领导为首届获奖学生颁奖并进行座谈交流。

图 2　学校老师与南华县困难家庭学生连线授课

二、经验总结

（一）既有高站位，又有真感情

学校提高政治站位，从全面建成小康社会、保持党同人民群众血肉联系的角度出发，理解、认识扶贫工作的极端重要性。学校充分发挥石油人特有的优良传统，坚持以上率下，以带头参与、真抓实干的实际行动，凝聚全校师生共识。学校大力宣传报道，激发师生对贫困群众质朴的情感，感染、带动全校师生自觉参与。学校将所能够筹集、调动的力量都投放到了南华县，做到了全部教师、全体教师党员、全部教工支部都参与扶贫工作。学校直接、间接投入扶贫资金 890 余万元，人均投入近 6000 元；将设置马克思主义理论专业硕士学位研究生单考指标投放在南华县，所资助的学生实践活动、支教力量全部集中到南华县；全部教职工党支部与南华县贫困家庭学生进行了结对子；全校 1500 多名教职员工全员参加消费扶贫，更有 40 多名非在编职工主动作为，人均消费 1400 多元。退休教职工自愿捐款以及学生自发组织的爱心义卖活动获得的 1.5 万元的收入全部捐给南华县困难家庭。这些举措，饱含着石大人的深情，展现了石大人的责任担当，诠释了对南华县贫困群众的深情厚谊。

（二）既因地制宜，又通力协作

学校充分尊重当地风土人情、个体差异，加强校地协同联动，目标共进、责任共担，使扶贫工作更有"乡土气"。学校完全从实际出发，因地制宜地制定扶贫规划和措施，最大限度回应当地需求，应南华之所需，尽学校之所能。学校积极发挥主导作用、组织优势，凝聚后方力量；南华县委、县政府全力支持，前方协调配合；两位挂职干部很好地发挥了桥梁纽带作用；当地困难群众真心拥护和积极参与，切实把帮扶举措落实到位。学校出资配套沪滇帮扶资金兴建生猪养殖小区建设入场道路、引水工程，小资金发挥关键作用，投产后预计年产出 300 余万元收益，大部分将用于当地困难群众脱贫致富，赢得了当地村民的广泛称赞，被颂为"石大来石门开"，通往猪场的道路也被当地政府和村民亲切地称为"致富路"。

（三）既解决问题，又激发动力

学校将提智、扶志作为扶贫的根本目标取向，跨越简单的资金投入、人员输送的传统扶贫模式，改变传统消费扶贫形式，绕过中间环节，直接面向南华县罗武庄乡困难群众，以"订单模式"集中收购 300 万元的农副产品，全程参与、指导生猪收购、屠宰、检疫、冷链运输，实现了从农户手里直接到师生餐桌，让学校与南华山区之间有了"直通车"，惠及农户 120 余户，感情在这个跨越 2700 多千米的买卖中传递、升温，师生更加关切、牵挂远方的南华县。而消费扶贫资金直接进入农户的口袋，真正让他们心热起来、行动起来。

（四）既真抓实干，又锻炼精神

在全力做好扶贫工作的同时，学校积极寻求扶贫工作与高校自身发展的契合点、共振区。扶贫工作成了党员学习教育的有效措施和载体，基层党组织通过脱贫攻坚这场硬仗的锤炼，更加焕发生机活力，充分发挥战斗堡垒作用。广大党员干部锤炼党性、强化作风、增长才干。全体动员、全员参与的帮扶模式，集中的扶贫宣传报道，对社会产生了巨大震撼和正向激励，为师生提供了全面熟悉社会、了解国情的平台。教师职工挤掉了"书生气"，思想信念更加坚定，教学科研方向更加明确。扶贫工作成了培养学生的"第二课堂"，鲜活的事例成为学校思政教育最生动的内容，培育学生的家国情怀，增强其报效祖国的责任感和使命感。

面向未来，实现脱贫攻坚与乡村振兴有效衔接的任务依然艰巨。学校将进一步提高政治站位，勇担历史使命和社会责任，解答好脱贫攻坚的时代命题，为巩固脱贫成果、推进乡村振兴、全面建成社会主义现代化国家贡献力量。

厚植学科优势　凝练专业特色

——东南大学定点扶贫云南省楚雄州南华县的创新实践

摘　要： 东南大学高度重视定点扶贫工作，充分发挥好高校思想库、智囊团的作用，积极整合学校城乡规划、交通工程、土木工程等学科优势资源，凝练专业特色，紧密围绕南华县脱贫攻坚实际情况以及经济社会发展中遇到的重大问题精准发力，帮助南华县修编城市规划、编制交通规划并为南华县依黑么村制定村间道路提档升级方案、出资修建村间道路，修缮多个水库，切实提升了当地百姓的安全感、获得感和幸福感，为助力南华县打赢脱贫攻坚战、向高质量发展转型奠定坚实基础。

关键词： 学科优势　科技扶贫　扶贫实效　乡村振兴

2019 年，习近平总书记主持召开解决"两不愁三保障"突出问题座谈会时指出，在饮水安全方面，还有大约 104 万贫困人口的饮水安全问题没有解决，全国农村有 6000 万人的饮水安全需要巩固提升。如果这些问题没有得到较好解决，就会影响我国如期打赢脱贫攻坚战。东南大学积极整合自身学科优势资源，利用专业特色，帮助定点扶贫地区——云南省楚雄州南华县从根本上解决当地的生活饮水、生产灌溉等问题，为南华县脱贫致富奠定了坚实基础。

一、南华县城市总体规划项目

（一）项目背景

南华县是川、黔、滇东通往滇西、缅甸、印度等国家和地区的咽喉要塞，史誉为"九府通衢"，是一个因交通而生的城市。《南华县城总体规划修编（2004—2020）》实施以来，城市各项建设逐步推进，取得了较好的成绩，县城风貌大有改观，城市路网和用地发展基本符合规划要求。总体而言，在当时的社会经济条件下，现行的总体规划对推进南华县的城市化进程起了积极的指导作用。但现行总体规划自编制迄今已历十余载，而且随着南华县的快速发展，特别是楚（雄）南（华）一体化进程加快以及广大城际铁路、楚南一级路的开工建设，原有规划已无法满足新形势下的发展需要，各种矛盾日益浮现，难以继续指导城市建设的长效发展。2013年校地结对，在校地充分沟通的基础上，2014年南华县委、县政府正式委托东南大学城市规划设计研究院帮助修编城市规划。由全国工程勘察设计大师、设计院总规划师段进（2019年当选为中国科学院院士）担任总设计师，由设计院规划三所所长薛松主要负责具体城市规划事项，开展对南华县城市总体规划第三轮修编工作。

（二）项目实施

东南大学城市规划设计研究院在承接此次城市总体规划修编工作后，即刻启动相关工作，成立了南华县城市规划修编工作组。工作组通过多次实地调研考察，确定本轮规划修编工作的指导思想、工作原则、技术路线和主要内容。

工作组通过实地走访、问卷调查、数据测绘等形式，开展大量艰苦细致的调查研究，对南华县的历史沿革、人文地理、社会经济、城镇现状等进行了充分论证，对原城市规划和城镇建设发展中存在的突出问题进行了透彻分析，最终确定了本轮城市总体规划修编的主要内容为"区域定位、发展目标和战略的提升""新型城镇化发展策略与路径的选择""优化空间布局和城市综合交通体系""塑造城市特色，提升城市品质"四个部分，确定"南华县总体规划实施评估报告""南华县城市总体规划公众调查分析""南华县国民经济和社会发展规划研究""南华县城市总体功能定位与区域协调发展研究""南华县人口与用地规模研究""南华县产业经济与发展动力机制研究"六项专题研究框架。城市规划修编工作充分考虑南华县发展所处的新形势，坚持问题导向与目标导向相结合，从城市发展的客观需求出发，制定城市发展的目标，在实现目标的过程中发现问题、研究问题、解决问题。

（三）项目成效

东南大学城市规划设计研究院立足南华县发展现状以及面临的新机遇、新挑战，以问题和目标为双重导向，通过科学论证和专家决策，在深刻总结上一版《南华县城总体规划修编（2004—2020）》实施情况的基础上，历时一年编制了

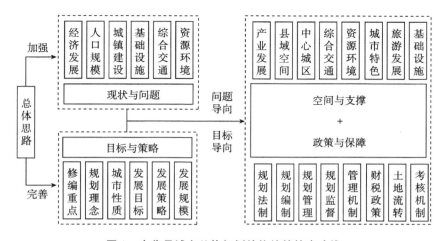

图1 南华县城市总体规划的修编的技术路线

《南华县城市总体规划修改（2015—2030年）》，后续根据当地发展建设要求，进行进一步修改完善，形成《南华县城市总体规划修改（2017—2035）》并经楚雄州人民政府批准实施。2015年，东南大学帮助南华县修编城市规划项目入选教育部办公厅举办"滇西边境片区精准扶贫典型项目"。经修编的城市规划方案目标定位明确，空间布局、发展方向、特色提升等方面切合实际、科学合理，得到了省、州、县领导和专家的肯定和社会各界的赞誉，成为南华县发展、建设和管理的基本依据，为南华县高质量发展打下了坚实基础。时至今天，这份城市总体规划的优势已在南华县的面貌中初步显现，县城依然保留了"十字街"传统风貌格局，旧城区街道正逐步进行人居化改造，鹦鹉山、两旗海的自然山水得以保护性开发，县城东部的新区也处于快速发展之中，成为未来生活生产主要的拓展方向。

图2 由东南大学设计的南华县城市湿地公园及南华县人民医院

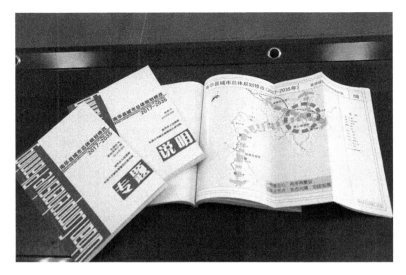

图3 《南华县城市总体规划修改（2017—2035）》

二、南华县交通规划项目及红土坡镇依黑么村农村道路建设工程项目

（一）项目背景

随着南华县城市规划修编工作陆续进入执行阶段，对未来一段时间南华县空间发展形态、城镇用地布局进行了系统安排。作为城市的重要组成部分，城市综合交通系统的规划编制工作也应配套加紧进行，这有利于迅速领会城市总体规划的意图，落实公交优先战略，有序引导城市建设，实现城市发展目标，提供高效的综合交通支撑体系，从而实现城市交通与城市土地、经济的协调发展，促进城市结构的合理布局和城市经济的全面发展。2016年，由东南大学交通规划设计研究院赵蓉龙书记和黄飞主任牵头，正式启动《南华县城市综合交通规划》编制的相关工作，同时，启动对红土坡镇依黑么村村间道路勘测工作，切实改善依黑么村内部交通及对外交通，有力促进当地经济发展。

（二）项目实施

东南大学交通规划设计研究院多次组织专家团队赴南华县开展实地调研、部门走访和专项调查，在南华县城市规划的基础上，根据城市现状、交通现状以及城市总体规划，针对南华县的城市特点和城市交通的具体特征，以适应未来城市经济社会发展为目标，综合运用交通工程、系统工程的理论和方法，对城市综合交通提出有针对性的、具有可操作性的科学规划方案，切实实现交通引导发展理念、公交优先发展理念、停车调控发展理念。

图4　交通规划专家团赴南华县龙川镇人民政府调研、
在南华县人民政府召开工作协调会

此轮交通规划的主要内容包括"交通现状调查分析与评价""交通发展趋势""综合交通体系构建""交通需求分析""交通发展战略""对外交通规划""道路交通规划""公共交通规划""慢行交通规划""停车设施规划""客运枢纽规划""物流与货运交通规划""交通管理与信息化""规划方案评价""近期建设规划""实施对策和措施"等16个部分，并制定科学合理的研究技术路线。同时，以住房和城市建设部发布的《城市综合交通体系规划编制导则》作为依据，紧密结合南华县发展现状、发展趋势和发展要求，探讨先进理念的落实方法。从战略层面上发挥综合交通建设的统领、引导作用，促进综合交通支撑城市发展向引导城市发展的转变，从实施层面上对公交优先、停车调控、枢纽整合、慢行友好等先进理念在规划方案中予以落实。

与此同时，交通规划设计研究院院长丁建明亲自带队赴东南大学在南华县的扶贫示范点、南华县红土坡镇依黑么村进行实地调研，为依黑么村农村公路建设做好工程设计工作。在无人机航拍及现场勘测工作的基础上，根据地形合理选线，制定村间道路设计方案。

（三）项目成效

东南大学交通规划设计研究院在多次实地调研、现场勘测、系统论证分析的基础上，根据调研及问卷、测绘数据分析，完成了《南华县综合交通规划

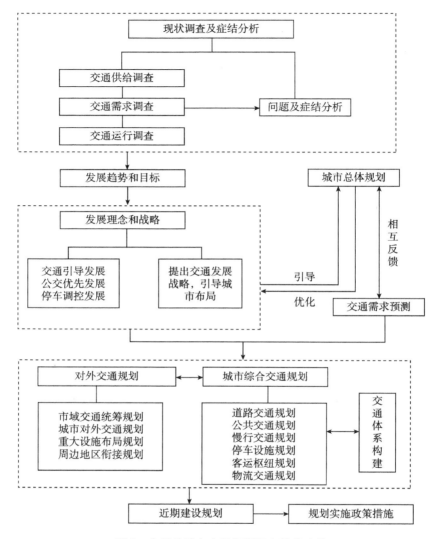

图 5　南华县城市交通规划研究技术路线

（2015—2030）——工作大纲及居民出行调查分析》并交付南华县人民政府，为南华县建立完善综合运输体系、最大限度发挥交通基础设施效益、实现城市交通管理科学化奠定了基础。同时，编撰《南华县依黑么村农村公路工程设计》方案。学校在 2017 年投入专项资金 200 万元，帮助依黑么村扩建并且硬化石洞寺、上村、梳头山、团山共 4 个村民小组内道路 5.37 千米，直接受益农户 123 户 552人，其中建档立卡贫困户 56 户 250 人。2018 年再次投入专项资金 200 万元，帮助南华县依黑么村扩建并硬化六组新村、依黑么、大村一组、大村二组、团山、

图6　项目组在依黑么村现场勘测、利用无人机航拍

石洞寺共 6 个村民小组内道路硬化 4.64 千米，直接受益农户 175 户 769 人，其中建档立卡贫困户受益 55 户 231 人。至此，依黑么村作为楚雄州唯一一个国家脱贫攻坚监测点，从根本上解决了过去晴天尘土飞扬、雨天泥泞难行、车辆更是不能出入村庄的问题，村民都称这条路为脱贫路、小康路、幸福路。2020 年，学校又投入专项资金 123 万元，帮助南华县马街镇硬化唐家村委会至中山段村组公路 2.68 千米，沿途唐家、中山、改板山 3 个村民小组共 120 户 502 人受益，其中建档立卡贫困户 24 户 102 人。

三、南华县水库修缮及饮水安全保障项目

（一）项目背景

解决好百姓饮水安全问题不仅是脱贫攻坚的重要指标，更关乎脱贫攻坚成色。云南大山中百姓的饮用水主要依靠水库，由于云南气候独特，每年 6 月至 9 月的雨季，水库主要用来蓄水，其余时间为旱季，当地百姓生产生活都要依靠水库中的蓄水。在南华县及其下属乡镇村，有大大小小各类水库 50 余个，但这些水库大多修建于新中国成立前后，受制于经济发展落后、施工技术匮乏等因素，普遍存在年久失修、工程老化、坝基渗漏等严重情况，不仅影响当地百姓生产生活，在雨季甚至可能存在决堤的安全隐患。从 2019 年起，东南大学把保障南华县饮水安全作为定点扶贫工作重点，把修缮水库作为工作抓手，由点及面逐步铺开，切实提升当地百姓的安全感、获得感和幸福感。

（二）项目实施

学校党政领导高度重视帮助南华县开展水库修缮工作，多次赴南华县实地调研考察，了解水库使用现状和存在问题，明确年度水库修缮工作计划，各项工作挂图作战、倒排工期，有条不紊扎实推进。同时，充分发挥学校土木工程、材料科学等学科优势，多次选派相关领域专家赴南华县指导水库修缮工程，专家根据实地走访、勘测，提供有力专业技术支撑，有针对性地制定水库坝基加固、溢洪道加固、放水设施改善、修缮防汛抢险道路等修缮方案并指导当地施工队施工。

图7　校党委书记左惟、校长张广军赴南华县龙川镇
白衣村白衣闸水库进行实地调研考察

（三）项目成效

2019年，学校投入专项资金300万元，对南华县龙川镇白衣村委会白衣闸水库、红土坡镇依黑么村委会大地么坝水库、南华县龙川镇斗华村山神庙水库、南华县龙川镇二街社区3个小坝塘（席草坝小组秧田坝、戈西小组门前坝、新坝稍小组新坝）进行修缮加固，解决了当地百姓693户3008人（其中建档立卡贫困户148户632人）的饮水安全问题，解决了2390亩农田的灌溉问题。2020年，学校再次投入专项资金187万元，为南华县红土坡镇山尾村新建两个百姓安全饮水坝塘，为一街乡咱租村修缮坝塘，为龙川镇二街社区更换自来水水表，支持南华县2020年农村百姓饮水安全保障工程项目，惠及当地百姓1432户6419人，其中建档立卡贫困户257户1042人。同时，每年水库修缮项目施工也带动当地近百人就业增收。

四、结语

精准扶贫贵在精准、重在实效、志在长效。东南大学作为一所以理工科为特色的综合性大学，一直以来秉承诚朴求实的精神，胸怀匠心、砥砺前行。多年以来，学校积极整合学科、人才、技术等优势资源，提炼鲜明专业特色，在助力南华县精准脱贫的过程中，瞄准制约南华县经济社会发展的症结和切实之需，靶向对症，精准发力，不断巩固和扩大扶贫成果、惠及民生，在南华县脱贫攻坚主战场践行高校的担当作为。

在南华县脱贫摘帽后，东南大学将深入贯彻习近平总书记关于深化东西部协作和定点帮扶工作重要指示精神，坚决落实好"不摘责任、不摘政策、不摘帮扶、不摘监管"的政策，继续保持攻坚态势，与南华县共同会商，分析发展现状，厘清发展思路，明确发展方向，完善帮扶举措。东南大学将继续发挥各个学科优势，在南华县建立乡村振兴服务工作站，全面融入南华县经济社会发展，进一步巩固脱贫成果，接续解决好剩余贫困人口脱贫问题，切实增强人民群众的获得感、幸福感和安全感，扎实做好乡村振兴时代课题。

充分发挥扶贫产业园龙头作用

——厦门大学定点帮扶宁夏隆德县的创新实践

摘　要：厦门大学在对宁夏回族自治区隆德县进行定点帮扶过程中，积极探索科技扶贫的新思路和新方法，以厦门大学康业扶贫产业园为依托，秉持"虚园实建、科技赋能、产销对接、内外联动"的理念，充分发挥学校优势，将产业园打造成为学校开展科技扶贫、智力扶贫的重要载体。这一模式成为隆德县加速产业聚集发展、促进贫困人口就业创收的重要平台，有力推动了隆德从"输血式"扶贫到"造血式"扶贫的蝶变，为隆德县有效脱贫注入了强大的内生动力，进一步巩固了隆德县脱贫后的成果成效。

关键词：科技扶贫　扶贫产业园　龙头作用

习近平总书记多次对产业扶贫做出重要指示批示，发展产业是实现脱贫的根本之策。要因地制宜，把培育产业作为推动脱贫攻坚的根本出路。产业扶贫是最直接、最有效的办法，也是增强贫困地区造血功能、帮助群众就地就业的长远之计。要加强产业扶贫项目规划，引导和推动更多产业项目落户贫困地区。产业是发展的根基，产业兴旺，乡亲们的收入才能稳定增长。要坚持因地制宜、因村施策，宜种则种、宜养则养、宜林则林，把产业发展落到促进农民增收上来。

一、主要做法

厦门大学坚持以习近平新时代中国特色社会主义思想尤其是习近平总书记扶贫开发重要战略思想为指导，主动融入习近平总书记亲自关心、倡导、推动、发展的闽宁协作大局，通过建设扶贫产业园，全力帮扶宁夏回族自治区隆德县打赢脱贫攻坚战、巩固脱贫攻坚成果。厦门大学通过推动科技成果转化、做好公共服务、配合政府招商引资、购买产业园产品等方式，助推和保障了产业园健康发展，为宁夏回族自治区德隆县有效脱贫注入强大动力。

（一）虚园实建，让产业园建设"实"起来

在 2015 年国家扶贫日之际，厦门大学与校友企业、宁夏康业投资有限公司签署隆德县厦门大学康业扶贫创业园建设协议。学校依托校友企业宁夏康业投资有限公司，在原有隆德县产业园区中小企业（创业）孵化园的基础上，注入厦大品牌、资源和优势，建设"隆德县厦门大学康业扶贫产业园"。该产业园位于隆德县六盘山工业园区内，规划占地 1000 亩，由宁夏康业投资有限公司投资 5亿元建设，建成四期标准化厂房 64 幢 24 万平方米。

学校把产业园建设作为产业扶贫的最重要抓手，精心谋划，高位推动。2015 年以来，校党委书记、校长每年都深入产业园考察调研，实地指导产业园建设发展。派驻隆德县的挂职副县长等把产业园作为最重要的联系点，在产业园扩建、招商引资、技术提升、产品销售、务工就业等方面与工业园区管委员、产业园各企业建立长效沟通渠道，协调各类资源，帮助解决产业园发展中遇到的难题。同时，选派经济学院、管理学院等专家学者为产业园建设把脉会诊、出谋划策，并开展有针对性的专题培训。目前，已在产业园建成县级电商服务中心、科技研发和质量控制实验室、农业科技研发示范基地等公共服务机构，并为产业园举办各类培训，安排产业园数位企业家免费参加 EMBA 学习。利用学校的品牌价值，吸引了著名企业海底捞公司、福建生命之友科技公司等企业前来开展合作。这些实实在在的措施，不仅使产业园具有了厦门大学的品牌价值，更具有高科技、高质量发展的内涵，为进一步招商引资、助推隆德县经济发展奠定了坚实基础。

（二）科技赋能，让产业园内涵"厚"起来

扶贫扶智，科技先行。依靠科学技术推动脱贫攻坚进程是扶贫战略的重要组成部分，更是巩固脱贫攻坚的重要支撑。对扶贫产业园来说，推进科技创新是提升产业园核心竞争力、激发内生发展动力的必由之路。学校充分发挥自身学科、人才、科技和平台优势，为产业园建设提供强有力的科技支撑。

1. 设立科研课题，攻克技术难关

立足隆德县资源禀赋和重点产业发展方向，设立相关课题，开展科研攻关。一是开发马铃薯淀粉。支持药学院吴彩胜副教授开展隆德县马铃薯淀粉及现有产

品的消化特性研究，探索隆德马铃薯适用于糖尿病人食用的主要物质基础，并进行相关机制探索研究，努力开发符合糖尿病人群的低血糖指数食物。二是提升肉牛饲料品质。肉牛产业是宁夏回族自治区、固原市和隆德县重点鼓励发展的产业之一。化学化工学院卢英华教授与隆德企业申报自治区重点研发计划项目，研究利用复合微生物制剂发酵青贮饲料，以改善饲料品质，提高动物生长速度和饲料利用率，降低动物排泄物，改善养殖环境。三是探索隆德中草药有效成分。隆德县是中药材的重要产地之一，中药材产业已成为促进隆德县经济发展、农民增收和生态环境建设的特色优势产业。学校科研人员运用 QE 高分辨质谱和 MS/MS 等方法，帮助隆德县化验检测中药材有效成分，努力研究、利用隆德当地药材的新成分。通过厦门大学提供的科研助力，提高产业园核心竞争力，更大限度开发隆德县资源，更好推动隆德县经济社会发展的同时，深挖潜力，为可持续发展注入更多厦大智慧，为巩固脱贫攻坚成果提供更多厦大方案。

2. 派驻科研人员，送厦大智慧上门

学校组建专家服务团、博士服务团等，选派知名专家学者和博士生、硕士生走进产业园企业，走向田间地头，现场帮助解决产业园企业科技问题。生命科学学院田惠桥教授多次走进产业园企业种植基地，用多倍体技术使中药材提质增量。生命科学学院、环境与生态学院师生有关科研团队与产业园企业线上线下沟通，指导有关试验开展。这些科研人员的进驻，实际上是将厦门大学科技成果、知识、智慧送至隆德县，真正为产业园企业改进了生产工艺，提高了产品的科技含量，为产业园创新发展增加了活力。产业园企业表示："有了厦大科技的'撑腰'，我们的产品质量更稳定，市场信誉度也高了一截。"产业园发展日益趋好的同时，必将为隆德县提供更多就业机会，解决更多就业问题，促进当地经济发展，提高人均收入水平。

3. 建设科研平台，提供仪器设备

联合宁夏大学，建立"厦门大学—宁夏大学—隆德县人民政府农业科技研发示范基地"，选派药学院、环境与生态学院专家团队开展马铃薯加工、中药材、药食共用产品等研发工作，并建立了厦门大学、宁夏大学和宁夏黄土地农业食品有限公司（厦大校友企业）质量安全控制实验室。该实验室投入高效液相色谱仪等贵重设备（价值300万元），主要识别和鉴定产品成分，提高食品安全。为进一步提高当地科研水平和产品质量，学校按照有关程序和规定，向援建的隆德

县黄土地农产品质量安全控制实验室捐赠气相色谱质谱仪等 8 台原价值 148 万元的仪器设备以及一台价值 20 万元的学校科研成果拉曼光谱农残检测仪。产品质量和安全性的提高进一步提升了产品的销售量，有利于隆德县创收增收。

（三）产销对接，让产业园销路"多"起来

产业园生产的产品不仅要产得出、产得好，还得卖出去、卖上好价钱，产业园才能真正健康发展，才能持续带动当地人口收入提高。学校紧紧抓住产销对接这个"牛鼻子"，依托厦门大学这个"大市场"，做好消费扶贫这篇"大文章"，将隆德县特色产品广泛推广宣传，助力隆德县增收。

1. 积极采购产业园产品

一是采购产业园产品作为教职工福利。学校工会和离退休处分别购买隆德县粉丝、党参、黄芪、当归、枸杞等产业园产品。二是依托后勤集团饮食服务中心，集中采购产业园六盘春清真牛羊肉。学校每年真金白银的投入，是以实际行动巩固脱贫攻坚成果的坚实保障。

2. 帮助销售产业园产品

一是学校发挥校友资源优势，积极联系校友企业或企业中的校友，帮助销售包括产业园产品在内的隆德产品。如学校积极联系上海医药集团，帮助销售党参、黄芪等。二是发动师生购买产业园产品。学校利用每年年货节、扶贫日等，在学校人流量大的三家村等地，邀请产业园企业开展展销活动，向师生推介隆德县优质产品。在做好直接采购定点扶贫县产品的同时，学校也努力推动更多隆德产品的销售，直接为当地人口增收做出了有益的尝试。

3. 在校建立直销平台

一是无偿提供黄金地段店面并免费装修，建设隆德特色产品营销中心，线上线下展示、销售隆德县优质特色产品。二是学校在窗口紧张的情况下，在学校人流量最大的勤业餐厅、竞丰餐厅专门开辟了"厦门大学精准扶贫宁夏隆德县特色食品窗口"，制作铁板黑椒牛排骨、牛肉粉丝、牛肉煲、牛腩罐等广受师生好评的特色菜品，将产品直供食堂，实现产销对接，以此打造了全校师生员工人人关心脱贫攻坚工作、人人参与脱贫攻坚工作的良好局面。

（四）内外联动，让产业园发展"快"起来

产业园的发展既要建好园区本身，把各种资源要素运用到产业园建设上，使产业园长壮变强，也要积极创造良好的外部条件，着力发挥出产业园的辐射带动作用，不仅带动当地人口摆脱贫困，更要为实现乡村振兴做出更大的贡献。产业园统筹园区内与园区外产业协同发展，实现内外有效联动。

1. 来学校举办经贸合作推介会

学校充分利用校庆契机，积极向校友和社会各界推介隆德。举办厦门大学—宁夏隆德县"对口帮扶暨经贸合作推介会"，多家校友企业与隆德县人民政府签署了十大项目建设协议，内容涉及农副产品深加工、生物医药、智慧园区建设、服装加工、电商平台等，为产业园招商引资工作提供了良好的资源和平台。产业园不断发展壮大需要依赖招商引资，而招商引资有利于当地就业、创业以及增收创收，巩固摆脱贫困后的成果。

2. 去农村建设扶贫车间

为了解决产业园企业长期招工难和贫困村富余劳动力就业增收创收难的问题，学校出资 100 多万元援建张树村扶贫车间。带动贫困户在家门口实现就业，提高贫困人口内生动力和造血功能，扎扎实实将脱贫攻坚成果巩固好、发展好、坚持好。

3. 到网上建立电商平台

隆德县具有发展电子商务的良好条件，但缺乏相关软硬件条件支持。为了更好地开展定点扶贫工作，学校捐赠 102 台电脑在产业园建立"厦门大学隆德县电商服务中心"。该服务中心除了提供硬件支持外，还从人员培训、销售渠道拓展、物流优化等方面提供全过程、全方位的服务。"互联网＋"大学生创新创业大赛金奖项目、学校信息学院博士生导师多次赴隆德指导电商运营。经济学院和管理学院制订培训计划，对隆德县电子商务从业者进行培训。电商平台适应当前大趋势，以此带动隆德县融入现今主流模式中，更好地在面对形势变化时做出相应的探索与努力，实现脱贫攻坚成果的最优化。

二、经验启示

2019 年，产业园实现生产总值 4.1 亿元。入园的 50 家企业提供就业岗位 2200 个，其中吸纳本地贫困人口就业 1760 人，占园区就业总人数的近 80%，吸纳建档立卡贫困户劳动力 277 人，占园区就业总人数的 13.8%，解决就业困难残疾人就业 55 人。在校县企的共同努力下，产业园规模不断扩大，效益不断增加，为隆德县的经济社会发展和解决就业做出了重大贡献。截至目前，学校援建张树村扶贫车间实现就业人员 43 人，其中固定人员 33 人，临时人员 10 人，建档立卡户 10 人，平均月收入 1600 余元。在厦门大学长达 7 年的接续帮扶下，在扶贫产业园的直接支撑下，隆德县于 2019 年 4 月正式退出贫困县序列，实现高质量脱贫摘帽。

依托产业园建设，厦门大学在巩固隆德县脱贫攻坚成果方面的举措扎实、成效显著，在巩固脱贫攻坚成果方面探索出了一条高校开展产业扶贫的新路子。

（一）完善机制是关键

学校与隆德建立并坚持互访交流的良好机制，校地双方进一步畅通高效的沟通机制。学校领导坚持高位推动脱贫攻坚工作，尤其是在隆德县摆脱贫困序列之后，高度重视巩固脱贫攻坚成果、实现乡村振兴战略的有效衔接，建立校党委常委会会议常态化研究扶贫工作机制，及时研究解决包括产业园发展在内的脱贫攻坚需要支持的事项。学校建立起由校领导亲自督亲自抓、扶贫办统筹协调、各单位积极参与的脱贫攻坚联动机制，学校各级领导纷纷带队赴隆德县考察调研，用实际行动决战决胜全面脱贫攻坚。

（二）人人参与是重点

只有部分人参与的脱贫攻坚事业是不完整的，而被动参与的脱贫攻坚事业也是脆弱的，很容易导致贫困地区出现返贫现象。人人积极主动参与，才能真脱贫。厦门大学全体师生员工认真学习贯彻习近平总书记扶贫开发重要战略思想，紧紧围绕在以习近平同志为核心的党中央周围，在学校党委的坚强领导下，人人积极主动参与脱贫攻坚的局面进一步打开。党务工作者以党建引领、科研工作者以科学技术支撑、广大师生员工以消费助力等，特别是充分发挥挂职扶贫干部的作用，全方位、深层次地推进脱贫攻坚取得实效，为巩固脱贫攻坚成果赢得了人心、赢得了主动。

（三）汇聚资源是保证

厦门大学充分运用学校的品牌影响力，为产业园的招商引资凝聚了广泛合力。按照隆德县产业发展需求，重点组织校友企业到隆德投资置业，进一步提高招商引资的针对性和成功率。利用学校广大海内外校友资源，多措并举将社会资源汇聚到一起，帮助将产业园的产品销售到国内外市场，积极做好消费扶贫，持续巩固脱贫攻坚成果。

搭建农民致富新平台 构建开放式帮扶体系

——西安电子科技大学运用"农掌门"平台帮扶蒲城县科技脱贫的创新实践

摘 要： 2013 年起，西安电子科技大学定点帮扶陕西省蒲城县。近年来，学校充分发挥电子信息特色学科和智力人才优势，主动对接当地西甜瓜产业发展，量身定制研发了"农掌门"惠农服务平台。凭借"互联网 + 现代农业"精准帮扶模式，"农掌门"高效打通了农业科技信息服务与推广的"最后一公里"，顺利帮助蒲城县 1300 户贫困户实现稳定增收，取得了明显的经济效益和社会效益，逐渐成为享誉全国的科技惠农服务品牌。

关键词： "农掌门" 科技扶贫 稳定增收 内生动力

习近平总书记强调，产业扶贫是最直接、最有效的办法，也是增强贫困地区造血功能、帮助群众就地就业的长远之计。要加强产业扶贫项目规划，引导和推动更多产业项目落户贫困地区。

一、项目基本情况

（一）项目背景

陕西省蒲城县地处关中平原东北部，全县总面积 1584 平方千米，下辖 15 个镇 2 个街道，275 个行政村，总人口 80 万人，农业人口 67.8 万人，2011 年被确定为全国扶贫开发工作重点县，全县有贫困村 119 个，2018 年年末建档立卡贫困人口 13350 户 46834 人，是典型的农业大县。西甜瓜产业是蒲城县传统优势产业，2019 年全县西甜瓜种植总面积达 17 万亩，总产量在 50 万吨以上，"蒲城西瓜"取得了国家农产品地理标志登记证书。然而，蒲城县西甜瓜产业存在智慧化程度低、附加值低、自然灾害频繁等问题，使得农业生产效率较低，农民收入微薄。因此，落后的农业信息化水平一定程度上制约了蒲城县的经济发展。

科技扶贫一直是西安电子科技大学十分关注的问题。"种什么？怎么种？卖给谁？"借用高科技手段，搞清楚这几个贫困农户最关心的问题，也就把准了精准扶贫的"脉"。为了解决产业发展过程中的贫困农户与市场、贫困农户与专家信息不对称的问题，帮助当地贫困农户快速找到可靠的"帮手和出路"，西安电子科技大学计算机科学与技术学院刘志镜教授团队充分发挥学科专业优势，紧密结合蒲城县西甜瓜产业发展需求，深入贫困县扶贫一线，历经数日奋战，终于搭建起了农业专家与农户面对面交流和发展订单农业的科技惠农服务之桥——"农掌门"。2015 年 11 月，在第 22 届"杨凌农高会"上，作为当地精准扶贫、精准脱贫的科技惠农平台，"农掌门"正式发布并上线运营。

（二）项目介绍

"农掌门"是集农业专家与农民远程"零距离、面对面"咨询服务、以云计算和大数据技术为基础的病虫害分析与灾情测报，以及线下配合服务 O2O 于一体的农业"互联网＋"综合服务平台。平台整合农业专家、涉农专利、技术服务等相关数据 400 多万条，分为用户端和专家端，共开发有 3 个版本的免费用户端，包含科技大讲堂、病虫害诊堂、种养技术咨询、行业资讯和电子商务等 5 个板块。它可以及时播报农业资讯，根据生产季节发布相关科技讲座视频，通过聘请西北农林科技大学、渭南农科所等科研院校的 24 名农业专家教授和农艺师，为农业生产一线的农民朋友提供丰富的种植养殖技术服务，随时接受群众咨询，为广大农民朋友和农业专家教授架起一座科技桥梁，有效地解决了农业科技信息服务与推广"最后一公里"的问题，实现"零距离，面对面服务"。"农掌门"平台还集成了"慧农商城"电子交易系统和全国各县未来 15 天的天气预报系统，将农业生产资料销售由传统的线下交易方式转变为方便快捷且种类繁多的电商营销模式，为广大农民提供优质、便捷的农资购销服务窗口和指导农业生产的气象预报。

二、项目实施进展

6 年里，刘志镜教授团队中的 40 多名专家深入蒲城县田间地头实地调研考察 70 余次，多次走访对接蒲城县农业设施服务局、科技局以及农户，精心设计并不断更新升级"农掌门"平台，围绕"以农产品生产为基础、以信息服务为主导，以打造国家农产品地理标志产品为目标，以农业专家为支撑，以多领域专家融合为纽带，以农业产品全产业链服务为主线，以品牌战略为商业价值推广"的全新扶贫思路，探索创建了"高校+政府+县域企业+合作社+基地+贫困农户+产品经销商（网红、微商、抖音）"的"七位一体"产业助推扶贫运行模式。这一模式通过汇聚与整合资源，建立开放式帮扶体系，进一步带动产业发展，进而帮助更多贫困户精准脱贫致富。

（一）精准对接需求，量身打造平台

针对蒲城县西甜瓜产业智慧化程度低、附加值低、农业生产效率较低的产业发展痛点，刘志镜教授科研团队深入蒲城产业一线（见图1），分析蒲城县贫困人口的类型，查找贫困产生的原因，围绕农民最关心的"种什么、怎么种、卖给谁"三个核心问题，将精准扶贫、"互联网＋"与智慧农业相结合，研发部署了具有自主知识产权的"农掌门"科技惠农平台。该平台是利用现代互联网信息技术开发的新型农技服务平台。它不仅具有为农民提供丰富的种植养殖技术服务、病虫害远程互动诊断和农业大棚种植可视化监控等功能，还可以通过大数据挖掘分析，及时、准确地判断出病虫害地理位置分布与灾情漂移趋势，实现了农业病虫灾害预警，为农业防灾减灾提供了科学依据。平台还创新性地建立了一套完整的农业专家服务量化评估体系，使服务质量得到有效监管。通过平台，一个普通农民可以随时、随地找到省级知名的农业专家教授，专家教授可以远距离服务农民。可以说，"农掌门"打破了传统的专家归属体制，实现了专家的跨体制服务。

图1　刘志镜教授科研团队深入一线，实地对接需求

（二）建立示范基地，助力产研融合

学校依托"农掌门"科技惠农平台，按照"一围绕（围绕服务帮扶县经济社会发展需求）、三专门（专门专家团队、专门运营场所、专门运行保障资金）、一稳定（长年稳定发挥作用）"的建设标准，于2017年12月正式成立西安电子科技大学"农掌门"产学研一体化示范基地，组建了以学校计算机科学与技术学院12位具有高级职称的专家为主体的基地专家工作站，每年固定投入10万元用于基地建设。学校领导高度重视基地建设，学校党委书记查显友（见图2）、校长杨宗凯、副校长蒋舜浩多次深入基地（见图3），指导基地建设。现基地与国家西甜瓜产业技术体系、西北农林科技大学、陕西工业云、国家（杨凌）农业大数据中心、渭南市农业科学研究所、陕西省西甜瓜产业技术体系等结成了战略合作伙伴关系。

图2　校党委书记查显友指导基地建设

图3　校长杨宗凯、副校长蒋舜浩指导基地建设

重点围绕扶贫平台的研发，基地目前已联合西北农林科技大学组建跨学科集成攻关研发团队，针对重点帮扶产业，开展实用技术的研究和成熟技术的推广，联手打造"农掌门"科技扶贫品牌，以品牌为旗帜带动整体产业发展，实现价值再造。2019 年"农掌门"基地实验新品种西甜瓜 460 余种，属国内首创，也是一地实验 460 种异地瓜种植成功的世界首例。2019 年全国西甜瓜岗位专家品鉴与技术交流会也在蒲城举行。"农掌门"瓜王大赛在陕西、山东等地举行，通过电视直播、网络直播，观众达 300 万人次。（见图 4）"农掌门"在西甜瓜领域具有很高的声誉，其产品现已成为西甜瓜领域全国著名品牌。在"农掌门"的助推下，蒲城县西甜瓜成为国家农产品地理标志产品。

图 4　基地举办 2019 年蒲城瓜王大赛

图 5　刘志镜教授分享科技扶贫体会

（三）加强辐射带动，提升经济效益

"农掌门"平台立足蒲城县，从西甜瓜单一产业做起，为蒲城县脱贫工作做出了贡献，培育发展出一批专业知识较强的农户，逐步扩展，稳步提升蒲城县域农业生产效率与水平。发布至今，"农掌门"平台逐步成熟，具备了走出蒲城，辐射全国，应用于农业种植生产全领域的实力。"农掌门"积极拓展推广，立足蒲城，辐射全国，建立酥梨、苹果、瓜菜等扶贫实验基地 11 个，西甜瓜种植、新品推广等技术服务辐射云南、陕西、山东、甘肃、宁夏、青海、黑龙江、辽宁、吉林等 18 个省区市及老挝、越南、缅甸等东南亚地区及俄罗斯地区，咨询人数达到 10 余万人次，在精准脱贫、农民科学种植、县域经济发展等领域效果显著。

"农掌门"通过自己分布在全国的 11 个西甜瓜试验示范基地，优选出适合当地气候、湿度、土壤环境等条件的新品种，推荐给西甜瓜种植农户，直接化解了农民对种子优良与否的担心，解决了农民种什么的问题。对此，农民们深有感触地说："要发家、种西瓜。"

2018 年 8 月，"农掌门"受邀参加中央电视台财经频道的《创业英雄汇》节目（见图6），当场获得社会融资 1000 万元，"农掌门"品牌获得了广泛的社会认可。

图6　"农掌门"参加中央电视台《创业英雄汇》现场

（四）打造电商扶贫模式，助力消费扶贫

在搭建平台的同时，学校科技扶贫专家团队积极打通上下游，供、求群体两手抓，积极整合社会各方力量，打造电商扶贫模式，解决农产品销售"最后一公里"难题。学校先后投入30万元在蒲城县兴镇、紫荆街道以及洛滨镇建设3个电子商务扶贫培训基地。针对建档立卡贫困户和电商从业者，定期组织举办西安电子科技大学蒲城县电子商务特色产业扶贫培训班（见图7），邀请学校计算机相关领域教授、京东西北地区运营负责人以及学校优秀创新创业代表"小满良仓"创始人张旺团队等作为讲师讲授电商实操相关课程，累计培训学员千余名。同时，学校积极推进京东商城"中国蒲城扶贫特产馆"建设，帮助贫困户解决农产品销售"最后一公里"难题。

图7 学校深入蒲城乡镇，开展蒲城县电子商务特色产业扶贫培训班

（五）扶贫成果再扶贫，提升社会效益

"农掌门"已经成为学校与蒲城县人民政府联合打造的扶贫品牌，也是蒲城县产业发展的一张新名片，在西甜瓜领域具有很高的声誉。历时5年建设发展，"农掌门"积攒了丰富的产品生产、市场营销、品牌打造等多方面的经验，极具推广价值。为此，学校党委抓住要点，总结经验，创新实施"扶贫成果再扶贫"理念，将"农掌门"的经验推广到学校承担的另一个扶贫点——国家深度贫困县陕西省白河县。

陕西省白河县距西安市350多千米，位于陕西省安康市东部，秦巴山区东段。北临汉江，隔江与湖北省郧西县相望，是陕西省深度贫困县之一。学校专家团队多次深入山区一线，观看企业产品生产线、了解产品的特点，通过座谈了解

制约企业发展核心问题所在，掌握企业希望给予帮扶的要点以及制约县域企业，特别是贫困县县域企业发展的核心问题。针对企业不同特点、不同类型，实施一对一的帮扶，解决企业的痛点和难点，着力在如何拉伸产品链、网络化产品的点位与产品包装等几个方面进行重点帮扶。2018年12月，学校正式在白河县成立西安电子科技大学白河县"农掌门"木瓜产学研一体化示范基地（见图8、图9），依托"农掌门"原有平台以及运营经验，促进白河县木瓜产业的发展。

图8　学校白河县"农掌门"示范基地　　　　图9　学校专家调研白河县基地建设

三、主要成效及特点

"农掌门"平台于2015年8月设计完成并试运营，11月5日正式上线运营。经过5年的运营，"农掌门"平台下载次数达到53000多次，已为用户解决农业生产问题100000多个，对县内1300户种植贫困户精准跟踪指导"保姆式""手把手"服务，直接帮助他们提高经济收入。同时，"农掌门"平台先后取得7项软件著作权，并被陕西省列为"秦云工程""农业云"建设内容，"农掌门"互联网+农业科技服务系统研发与推广项目获得了2017年陕西省渭南市科学技术一等奖、2016年度蒲城县科学技术特等奖。

"农掌门"平台惠农实效显著，典型示范带动作用明显，得到了中央电视台、《光明日报》、陕西卫视、《西安日报》等媒体的宣传报道。（见图10）"农掌门"用了不到5年的时间，帮助一个普普通通的农民企业变成了在全国范围内具有影响力的县域扶贫企业典型。其主要经验如下：

（一）大胆创新，开启"智慧农业"新篇章

"农掌门"科技惠农服务应用平台体现了三方面的创新：一是定点扶贫理念

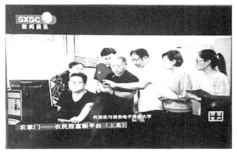

图10 各级媒体报道农掌门平台典型示范作用

模式的创新。作为一款农业生产辅助应用的平台，"农掌门"开创了移动端应用辅助农业生产的先河，成了智慧农业、科技农业领域的领导者。它开创了农业专家与包括贫困农户在内的广大农户远程交流的新模式，并通过大数据方式对资源进行记录和整合，利用网络拓宽农产品销售渠道，体现了技术的创新，提供了智慧农业发展的更简易便捷的新方式。二是商业模式的创新。建立在定点扶贫机制下，创建具有科技扶贫自身造血功能的"农业科技推广公益服务 + 微利商业服务"新模式，开辟了农副产品种、产、销一体的互联网商业新格局。三是组织管理模式的创新。能够量化考核并溯源扶贫农业专家的服务质量和水平，是这个平台最大的创新点之一。"农掌门"建立了一套完整的农业专家服务量化评估体系，使专家的服务质量得到有效监管，打破了传统的专家归属体制，实现了专家的跨体制服务，为应用此软件的贫困农户们带来了更加便捷有效的技术保障，助力蒲城县西甜瓜产业智慧化发展。

（二）精准把脉，打造最接地气的互联网 + 服务平台

在农村，农民最关心的三个问题，即"种什么、怎么种、卖给谁"。产业扶贫就是要顺着这个"脉"，精准把脉、精细化研究、精细化推进，才能解决扶贫的关键难题。"农掌门"新服务模式彻底解决了这个难题，一是通过专家指导、新品种选育以及市场动态分析，以市场需求为导向，确保农民种植品种收益，有效解决了种什么的问题。二是通过"零距离、面对面"的远程专家技术咨询服务，解决了"怎么种"的问题。三是通过掌控相关农产品生产一线数据和市场动态，将农户手中的产品及时推向市场，解决了"卖给谁"的问题。

四、未来发展设想

"农掌门"科技惠农服务应用平台是高校教师学科团队发挥科技人才优势、参与扶贫的结晶，已经成功帮助蒲城县于2019年5月8日被陕西省人民政府批准退出贫困县序列。平台价值在蒲城县西甜瓜产业得到了验证，产生了良好的经济效益，也在一定程度上创新了蒲城县农业产业发展的路径。未来，西安电子科技大学将尽最大努力巩固扶贫成果，将先进的科技成果复制到更多需要帮助的贫困县及相关产业，为乡村振兴提供强大的科技支撑。

学校将继续以必胜的信心，不断完善"农掌门"科技惠农服务平台，使其持续发挥作用，扩大辐射区域，带动更多农民增收，为乡村振兴贡献力量。

第七章　健康扶贫

探索构建医疗帮扶的"大理模式"

——清华大学第一附属医院助力南涧彝族自治县 儿童先心病救助工作的创新实践

摘 要：2013年清华大学启动定点帮扶云南省大理州南涧彝族自治县的工作。清华大学第一附属医院主要承担了其中的医疗帮扶工作，积极发挥技术优势，在当地开展了深入持久的治疗儿童先天性心脏病的救助扶贫工作。在8年的救助实践中，逐步形成了当地政府、基金会、医院三方联合的医疗帮扶"大理模式"，实现了"医疗服务一条龙，患者看病零负担"。这种联合救助先天性心脏病的创新模式，具有见效快、受益面广、可复制、可持续性强等特点，已从南涧的星星之火，发展到全国28个省（自治区、直辖市），涉及48个国家级贫困县，并延伸到"一带一路"沿线国家，先后救助贫困家庭先心病患儿4000余人，救助人数在全国医院中名列前茅。中央电视台、新华社等主流媒体给予多次报道，认为对精准扶贫、精准脱贫有典型和示范意义。2020年12月，这一模式在第三届全国优秀扶贫案例报告会上获评"防止返贫优秀案例"。

关键词：医疗帮扶　大理模式　先天性心脏病　脱贫攻坚

习近平总书记指出，没有全民健康，就没有全面小康。要把人民健康放在优先发展的战略地位。清华大学第一附属医院主动承担社会责任，积极参与全国脱贫攻坚，服务健康中国建设。

一、案例背景

2013年清华大学启动定点帮扶云南省大理州南涧彝族自治县（国家级贫困县）的工作。学校高度重视，持续派出干部到南涧挂职，并陆续开展了教育、医疗、人才智力、产业、党建、消费等领域的帮扶工作。在定点帮扶南涧县的工作中，清华大学第一附属医院（简称"一附院"）主要承担了其中的医疗帮扶工作，特别是一附院心脏中心积极发挥自身优势，全力参与到南涧县的儿童先心病治疗工作中。

由于南涧县处于海拔较高的偏远山区，受地理环境、经济状况、卫生保健水平等因素的影响，先心病的发病率相对较高。从 2013 年开始，经过前期调研、摸底排查，一附院党委了解到了这一情况，随后发起了以先天性心脏病救治为主体的医疗救助行动，这一行动持续至今已有 8 年。为最大限度地减轻贫困家庭治疗费用，当地政府、基金会、一附院做了大量的协调与沟通工作，坚持以人民为中心，特别是在筛查确诊流程、医保支付比例、基金救助比例、组织救治方案等方面克服了重重困难，最终实现了"医疗服务一条龙，患者看病零负担"，形成了政府、基金会和医院三方联合救助的医疗帮扶新模式——"大理模式"。

二、做法与成效

（一）主要做法

1. 医疗救助：以解决治疗费用为起点

结合南涧当地先天性心脏病高发、经济发展滞后、治疗费用高昂等实际情况，一附院充分发挥自身技术优势，与多家慈善基金会进行合作，充分发挥当地政府的协调能力、基金会的资金筹措能力，创造性地提出了"三个一部分（政府报销一部分、基金救助一部分、医院减免一部分）"的医疗救助新模式，实现了贫困家庭患儿治疗费用的基本零负担，并全部在术后进行统一结算。政府、基金会、医院指定专门部门负责该项工作，有效保证了工作开展的连续性。比如，2013 年 5 月，一附院与南涧县签署了先心病救治协议，该县的第一批患儿于同年 6 月来一附院接受了免费心脏病手术，在当地引起很好反响。2013 年 12 月 23 日，一附院又与大理州人民政府、爱佑慈善基金会共同签署先心病救治协议，发起"大理州——清华大学第一附属医院少数民族地区贫困家庭先心病儿童救助行动"。州里成立领导小组，主管卫生工作的副州长任组长，负责指导、协调、监督等工作；领导小组办公室设在州卫生健康委（卫生局），一名副主任（副局长）任办公室主任，一名相关人员负责日常工作；一附院和基金会都设有专门的部门负责人具体对接协调。因患儿治疗费用是由当地政府（报销一部分）、基金会（救助一部分）、医院（减免一部分）共同承担的，在北京治疗期间，患方无须承担治疗费用，并且患儿的一名监护人的住宿也将由院方免费安排；患儿康复出院后，当地有关部门还根据家庭实际情况给予一定的交通补助。此项救助行动得到了大理州 12 个县区的积极响应。

图1　2016 年 3 月 2 日，清华大学第一附属医院到
北京站接云南先心病患儿

2. 实地培训：帮扶当地医务人员提升技术水平和医疗服务能力

授人以鱼，不如授人以渔。由于地理环境等因素，先心病高发，在每年新出生的婴儿当中都有相当比例的先天性心脏病患儿。医疗救助必须在明确诊断后进行，一年一次的确诊筛查不能够满足当地不断增加的新病人的诊断工作，特别是一些需要及时救治的病例。为能够及时发现确诊新增的病例，做到早发现、早诊断、早治疗，一附院通过在当地手把手带教、不定期派驻专家短期驻点帮扶以及免费接受当地医务人员到京进修学习，使进修人员在提升技术水平的同时，也学习了科室管理经验。

3. 远程培训：依托互联网＋，开展学术交流、疑难病例讨论、远程学习培训

短期的集中学习对医务人员的水平提升有很大的帮助，但是受一附院专家定期驻点帮扶、当地派遣医务人员脱产进修学习有困难的限制，集中现场带教机会有限。为实现对当地医务人员的持续技术提升，依托互联网＋医疗培训开展了包括学术讲座交流、疑难病例讨论、科室远程查房等形式的线上业务学习，先后有儿科、超声诊断科、妇产科、麻醉科等科室开展帮扶。

图 2　2018 年 11 月 9 日，张明奎院长在大理州人民医院带教查房

4. 基地建设：借助持续的医疗帮扶，在条件具备的医院支持成立新科室、设立疾病筛查基地

通过当地医务人员脱产学习、一附院专家驻点帮扶、远程带教等多种形式的培训，当地医疗机构实现了科室从无到有的突破；原有科室业务能力得到极大的提升，一附院还在当地挂牌设立一附院先天性心脏病筛查基地。

5. 常态帮扶：依托互联网＋，借助远程诊断平台，实现分级诊疗和常态化医疗帮扶

当地医疗团队水平的提升和科室业务的拓展，促进了当地医共体建设，实现了业务无缝对接，切实提高了当地的分级诊疗水平，有效解决了当地群众看病难、看病贵的问题。

（二）主要成效

1. 医疗救助，助力家庭摆脱贫困

在历时 8 年的时间里，在南涧县共进行了 9 次确诊筛查工作，为南涧筛查先心病疑似患儿 650 名，确诊 96 名患者（6 名成人）需要手术治疗，义诊筛查累计减免挂号、检查费用 20.41 万元；累计为南涧县 78 名患者（成人 4 名）完成手术，争取基金救助 100 余万元。其中有 4 名成人先心病患者（2 名建档立卡贫困户）通过手术恢复了健康，患者具备了劳动能力，家庭摆脱贫困。项目的开展使先心病患者获得了很好的救治机会，最大限度地减轻了贫困患儿家庭的经济负担，解决了贫困家庭看病难、看病贵的问题。8 年多来，一附院的医疗救助项目在大理州持续开展，完成了对全州 12 个县市 9 次先心病筛查确诊工作，从 2814 名疑似患儿中确诊出 830 名需要手术治疗的患儿，义诊筛查累计减免挂号、检查费用 90 余万元。有 30 个批次的 611 名患儿在一附院完成手术，全部获得成功，基金会直接救助治疗费用 900 多万元。一附院免费接收包括南涧、宾川、弥渡、巍山等地医疗机构的心脏超声诊断、儿科、护理等专业 20 余名医务人员进修学习，极大地提升了当地心脏彩超的诊断技术水平和儿科诊疗护理水平。

2. 医疗帮扶，有效提升技术水平

自 2013 年以来，一附院连续 8 年 9 次派遣累计包括心脏内科、心脏外科、超声诊断科、儿科、妇产科、麻醉科等专业 40 人次的专家进行帮扶工作，先后免费接受南涧县妇幼保健院 4 批 12 名医务人员进行进修学习。2015 年以来每年都有因发现及时，病情较重需要尽快手术而迅速获得救治、恢复健康的病例。

3. 互联网＋培训平台，持续开展更多业务交流

依托互联网技术的发展，开展多种形式的学术交流，特别是新冠肺炎疫情暴发以来，借助腾讯会议、雨课堂等直播平台，一附院与南涧县妇幼保健院等多家医疗机构进行包括儿科、超声科、妇产科在内的学术交流、远程查房 8 次，受益人员达 40 余名。2020 年 6 月，新冠肺炎疫情防控期间，一附院应南涧县卫生健康局的邀请，通过"雨课堂"直播平台为南涧举办"突发公共卫生事件应急能力提升培训"系列讲座，南涧县卫生健康系统 500 余人同时在线听课，近 2000 人次参加。

4. 科室建设实现从无到有的突破

南涧县新生儿科一直以来处于空白状态，新生儿患者无法实现在县域内治疗，须长途转运到 90 多千米以外的州级医院住院治疗，对患者家庭来讲经济成本高、人力耗费大，保健院医护人员转送压力大。多年来，为解决"老百姓看病难、看病贵、新生儿住院远"的问题，南涧县妇幼保健院历届领导班子都把新生儿科的建设放在优先发展的位置上，多次研讨，但苦于新生儿科成立要求标准高，医院缺场地、缺设备、缺技术、缺人才等问题。

清华大学对口帮扶南涧县以来，一附院主动承担起支持南涧县建设新生儿科

**图3　2020年6月10日，通过互联网+教育远程培训
南涧县医务人员**

的任务。在一附院的持续医疗帮扶下，南涧县妇幼保健院于2018年3月18日成立新生儿科，实现了科室从无到有的突破，避免了以往需要长途转运大理州的治疗风险。新生儿科的成立是南涧县医疗卫生健康发展史上一个重要里程碑，实现了南涧县新生儿科从无到有的突破，弥补了多年来县级医疗机构新生儿不能住院治疗的短板，避免长途转运风险，给全县新生儿患者带来了福祉。同时，医疗技术的提升还有效降低了南涧新生儿死亡率和5岁以下儿童的死亡率（详见表1）。

表1　2017—2020年南涧县新生儿死亡率和5岁以下儿童死亡率

	新生儿死亡数（人）	死亡率（‰）	儿童（<5岁）死亡数（人）	死亡率（‰）
2017年	25	10.15	28	11.37
2018年	10	4.68	17	7.96
2019年	4	2.05	14	7.17
2020年	10	5.82	13	7.57

　　南涧县妇幼保健院新生儿科成立三年多来，共收治患儿1101名，97%治愈出院，仅3%转往上级医院。新生儿科的启动运行，进一步提高了南涧县危重新

生儿患儿的诊治水平，极大地方便了县域内新生儿就医，使危重新生儿能够得到及时治疗，大大降低了新生儿死亡率，减少新生儿转诊率，减轻了老百姓的负担，为避免因病致贫、因病返贫做出了重要贡献。

5. 超声影像技术人员水平提高，具备独立诊断能力，复杂先心病患儿明显减少

通过培训，超声影像技术进修人员熟练掌握了先天性心脏病的诊断技能，使他们回到当地能够独立开展一些简单先心病的检查和诊断。同时，一附院利用每年到当地确诊筛查的机会，注重对当地医务人员进行现场培训和业务指导。通过多次、短期现场指导使当地医务人员的业务水平得到进一步提升。临床对发现的问题及时干预，有效降低了当地复杂先心病患儿的出生率。2016 年 10 月，一附院第四次到南涧县妇幼保健院进行确诊筛查，结果显示，当地复杂先心病患儿的出生比例较以往以及其他地区有了明显降低。

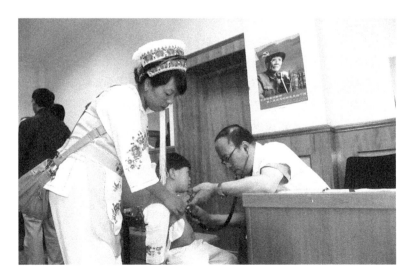

图4　2013 年 9 月 11 日，清华大学第一附属医院专家在大理州人民医院为白族小朋友听诊

6. 持续帮扶见成效，助力南涧县妇幼保健院创建和两个基地评审

2020 年 10 月 30 日，大理州南涧县创建危重孕产妇和危重新生儿救治中心顺利通过现场评审验收。南涧县妇幼保健院顺利完成"二级甲等妇幼保健院"和"两个中心建设"，医疗服务质量迈上新台阶。这也开创了云南省内唯一一个将两个中心建在保健院的先例，是一附院持续多年医疗帮扶的结果。

7. 大理模式，星火燎原，全国推广，引起广泛关注

2013 年起在清华大学定点帮扶的南涧县开展儿童先心病筛查救治工作，经过多年的不断发展，内容日益丰富，在学校挂职干部、校友的推动下，一附院先后在先心病高发的云南、贵州、四川、西藏、宁夏等十几个省区的贫困地区和少数民族聚居区广泛开展帮扶救治。

一附院开展的先心病救助工作影响力不断扩大，渐成星火燎原之势。目前先心病救助范围覆盖全国 28 个省区市，涉及近 50 个国家级贫困县，受益人群包括汉、满、蒙、回、藏、彝、苗、鄂伦春族等 40 多个民族。截至 2020 年年底，累计有 4000 余名复杂先天性心脏病患儿获得救治，获得慈善基金支持 7000 余万元。该项目还走出国门，服务"一带一路"沿线国家和地区，惠及蒙古国的 33 名患儿。该项目多次被中央电视台、新华社、北京电视台、政府网站等主流媒体报道，引发社会持续关注。

2018 年 1 月 4 日，宁夏回族自治区固原市隆德县落实"大理模式"的第一批先心病患儿抵达一附院；2 月 12 日，福建省闽侯县挂职宁夏隆德县副县长的樊学双，在成都召开的全国脱贫攻坚座谈会上，向习近平总书记汇报工作时还着重介绍了一附院救治隆德贫困家庭先心病患儿的情况；2018 年 6 月 22 日，隆德县第二批 11 名贫困家庭先心病患儿抵达一附院进行手术治疗，中央电视台纪念改革开放 40 周年、宁夏回族自治区成立 60 周年大型政论专题片《家园》栏目摄制组，选取该素材进行节目制作，该节目已经于 2018 年 9 月 19 日在中央电视台综合频道播出；2020 年 1 月 16 日，中央电视台新闻频道《新闻直播间》播出以一附院救治贫困家庭先天性心脏病患儿为素材的新闻专题节目《攻坚之星：先心病患儿免费治疗帮贫困家庭走出困境》；2020 年 8 月 18 日，《新华每日电讯》第四版，整版报道了一附院先心病救助项目；2020 年 12 月 23 日，一附院项目入选第三届优秀扶贫案例报告会，并获得"防止返贫优秀案例奖"。

未来，清华大学第一附属医院将进一步充分发挥自身的专业优势，继续开拓创新，在巩固拓展脱贫攻坚成果，实现乡村振兴和全面建设社会主义现代化国家的伟大征程中做出新的更大贡献。

三、经验与启示

通过多年来的先心病救治工作，学校深切体会到，健康作为民生之本，是影响群众生活质量和幸福指数的重要因素。健康问题是一个基础性、系统性、长期性工程，必须由政府主导，多方参与，共同配合，常抓不懈。

第一，要把握精准扶贫内涵，坚持标本兼治，工作做实做细。精准扶贫是党中央和国务院对扶贫开发工作的新要求，是解决扶贫开发工作中底数不清、目标不准、效果不佳等问题的重要途径。精准扶贫，关键要增强针对性，做到精细化，确保可持续。一附院领导班子基于这样的认识，立足自身实际，针对大理地区贫困落后，医疗资源匮乏，先心病患儿较多的状况，充分发挥自身优势，既努力解决群众因病致贫，因病返贫的现实问题，又注重立足长远，通过提高当地医疗卫生水平，解决群众看病难的问题。精细是精准的保障，没有精细也就谈不上精准。在帮扶过程中，学校、一附院正是把医疗扶贫活动具体落实到了各个环节和相关人员，把人员安排、服务流程、费用保障等都进行了细分细化、精确落实到相应主体，对扶贫活动的直接开展和后续保障进行了统筹考虑，才提高了扶贫工作的精准性、有效性和持续性。

第二，要加强组织领导，确保项目顺利实施。在项目实施过程中，清华大学、当地各级政府都高度重视，积极发挥领导和组织协调作用。大理州成立了"大理州——清华大学第一附属医院少数民族地区贫困家庭先心病儿童救助行动"领导小组；在项目推进过程中，清华大学多位校领导先后到南涧、大理调研指导，对医院的医疗帮扶工作给予鼓励和支持，并在学校的扶贫工作推进会上进行总结和提出要求；清华大学派出的挂职干部在组织、沟通协调过程中发挥了积极作用。医院还指定专门的部门和人员分别对接州卫生局和基金会，负责具体落实。领导重视、组织有力，保证了项目的顺利实施和持续开展。

第三，要积极整合社会资源，形成扶贫合力。医院联络爱佑慈善基金会等多家慈善组织以及社会媒体和各方爱心人士共同参与，形成强大合力。基金会不仅出资救治，还聘请第三方评估机构对先心病救助项目进行评估，保证了项目的实施效果。

第四，要及时总结经验，形成长效机制。一附院与当地政府以及基金会探索这种"医疗服务一条龙，患者看病零负担"的困难家庭患儿先心病救治的"大理模式"，实践了"健康扶贫确保公平"的指导思想。通过认真总结，各种媒体平台进行及时有效地推广，引发社会关注，吸引了更多的社会力量积极参与，有效解决了贫困群众看病难、看病贵的问题，切实解决了群众因病致贫因病返贫的问题，让这种模式在贫困地区生根发芽、造福于民，使医疗扶贫得以延展和深化，为扶贫工作积累了宝贵的经验，也为接续奋斗乡村振兴奠定了基础。

创新打造多维立体健康医疗精准扶贫模式

——复旦大学定点帮扶云南省永平县的创新实践

摘　要：2012 年以来，复旦大学深入贯彻落实党中央、国务院关于打赢脱贫攻坚战部署要求，定点扶贫云南省大理州永平县。学校充分整合附属医院、优势专科、专项基金等资源，重点实施健康医疗精准扶贫计划，着力改善当地医疗短板，在县、乡、村，有规模、成系统地开展以健康筛查、疾病防治、技术应用、乡村医师全员培训为主的扶贫工作，构建了以"医院深度结对""医疗人才培养""专家工作站""互联网＋医疗服务网""专项基金支持"为特色的"五维健康扶贫平台"，创新打造网格化立体健康医疗精准扶贫模式，显著提升了永平县的"健康曲线"，为当地培训医护及医院管理人员超过 3000 人次，建立了 5 个专家工作站，实现实时远程的放射影像和病理会诊，永平县县域内就诊率提升至 95% 以上，助力实现"大病不出县、小病不出村"的健康脱贫目标。

关键词：精准扶贫　网格化立体健康扶贫平台　医疗资源下沉

习近平总书记指出，没有全民健康，就没有全面小康。健康扶贫属于精准扶贫的一个方面，因病返贫、因病致贫现在是扶贫硬骨头的主攻方向。2012 年，复旦大学开始定点扶贫云南省大理州永平县。此后，学校重点实施健康医疗精准扶贫计划，着力改善当地医疗短板，构建"五维健康扶贫平台"，创新打造网格化立体健康医疗精准扶贫模式，显著提升了永平县的"健康曲线"。

一、案例背景

永平县位于云南省大理州西南部，是一个典型的集多山区、多民族、深度贫困于一体的特困农业县，属国家 832 个扶贫开发工作重点县之一，该县面积 2884 平方千米，总人口 18.6 万人。全县共有 3 个县级医疗卫生单位，2 家私立医院，

7 所乡镇卫生院，73 个村卫生室，1 个社区卫生服务中心。该县医疗资源匮乏，基础医疗设施及医疗体制建设不完善，缺乏专业、优质的医疗资源，因病致贫、因病返贫问题突出。

二、具体做法

（一）结对帮扶，建强县级医院

复旦大学积极探索学校附属医院与永平县人民医院结对帮扶援建模式。经过与上级主管部门沟通，成功将永平县人民医院纳入原国家卫生计生委"三级医院对口帮扶贫困县县级医院"之列。2016 年 4 月，复旦大学附属金山医院、永平县人民政府、永平县人民医院共同签署了《三级医院对口帮扶贫困县县级医院责任书》，结成了帮扶"对子"，形成每半年选派 5 名医务人员驻点永平县人民医院的长效帮扶机制。自 2016 年 5 月派出第一批援建永平医疗队，累计已派出 11 批 56 名队员到永平县人民医院开展医疗帮扶。据统计，自 2016 年 5 月至 2021 年 3 月，共诊疗门急诊患者 9595 人次，开展各类手术 1058 例，进行会诊及疑难病例讨论 1793 次，义诊 5510 人次，学术讲座培训 105 次，培训 14783 人次，教学查房 779 次，各类手术示教 169 次。病理远程诊断中心使用至今已完成病理诊断 7482 例，其中阳性病理报告 266 例，通过远程助诊系统完成疑难病例远程会诊 37 例。自 2019 年 9 月，收治入院患者 7116 人次，出院患者 6908 人次。

2020 年 8 月，复旦大学附属金山医院与永平县人民医院续签"对口援建协议"。复旦大学附属浦东医院作为新生的补充力量，与永平县人民医院签署"对口援建协议"，主要从外科和医院管理两个方面提供帮扶支持。复旦大学附属浦东医院联合护理学院组成永平品管圈辅导小组，帮助永平县人民医院将缺血性脑卒中患者 DNT 平均时间由原来的 130.5 分钟缩短到了 43.3 分钟，该项成果荣获第八届全国医院品管圈大赛"时速圈"二等奖，这是永平县人民医院获得的第一个国家级奖项。复旦大学附属浦东医院还在永平县人民医院成立"复旦—浦东医院云病理永平分中心"，捐赠了一台价值 10 万元的冷冻切片机设备，并开展技术指导，填补了永平县人民医院术中快速冰冻切片病理诊断的空白。

图1　2016年，复旦大学附属金山医院与永平县人民医院结对帮扶后，
建立了复旦金山—云南永平病理远程诊断中心，并启动了对口帮扶
云南永平远程助诊系统

（二）募集资源，提升支撑保障

针对永平县卫生基础设施陈旧、基本医疗设备短缺、农民就医看病不便等实际难题，学校充分调动附属医院资源，联合社会爱心企业，向永平县捐赠医疗仪器设备。复旦大学附属金山医院向永平县人民医院捐赠1台价值66.9万元的数字病理切片扫描仪；协调陈灏珠院士医学发展基金及其他社会资源为永平县14个村卫生室配备了健康一体机；组织爱心企业向永平县捐赠了价值600多万元的64层螺旋CT；帮助永平以510万元的成本价引进了价格近千万元的1.5T核磁共振设备；复旦大学附属浦东医院捐赠了冷冻切片机等器械设备，极大地改善了当地的医疗条件，有效地提升了永平县的医疗服务能力。目前还在协调云南省民族商会一批价值2000万元的医疗设备捐赠和爱心企业128层CT捐赠，将进一步提升永平县的医疗基础设施，惠及永平百姓。

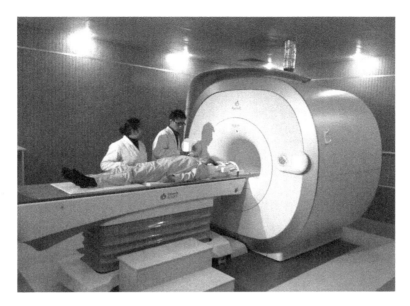

图 2　2017 年，复旦大学帮助永平县人民医院以成本价引进一台价值近
千万元的 1.5T 超导核磁设备，并承担医技人员培训工作

图 3　2020 年 11 月，复旦大学附属浦东医院向永平县人民医院赠送冷冻
切片机设备并进行现场指导，"浦东—永平云冰冻病理会诊中心"
在云南省永平县人民医院正式启用

复旦大学发动社会资源，在复旦大学陈灏珠院士医学发展基金下设立专项基金"福平医疗救助基金"，开展"心·肝宝贝"等救助计划，将永平县重大疑难杂症的患者接到上海，由国内顶尖专家团队进行救治。"心·肝宝贝"救助计划自 2017 年 8 月启动以来，累计成功救助来自西部贫困家庭的 46 位先心病患儿和 14 位肝脏疾病患者。其中较高难度手术由中国科学院院士、中山医院心内科主任葛均波和中国科学院院士、中山医院院长樊嘉主刀。

（三）医疗培训，培养本土人才

复旦大学发挥学科和附属医院的资源优势，针对医护和医管人员，分为县、乡、村三个层次，从预防筛查、疾病诊疗、康复护理以及医院管理 4 个方面开展培训，帮助永平打造高质量的医疗团队。

图4　2019 年 7 月，复旦大学组织附属医院医生在永平开展"生命护航——云南永平心肺复苏急救培训科普活动"，来自复旦大学附属中山医院、儿科医院、金山医院、第五人民医院、闵行医院的医务人员担任培训师资，讲授成人和儿童心肺复苏急救培训要点，开展实训操作演练，科普急救知识和技能

学校将到沪培训和赴滇培训相结合，2012 年以来，先后接收 108 名医务工作者来沪进行为期 1—6 个月的进修学习，并组织各附属医院专家定期到永平县开

展专题讲座、临床教学和学术交流活动，全国卫生系统先进工作者蔡蕴敏同志在永平设立"创面诊疗工作室"，培养国际造口治疗师和创面专科护士；协调安排永平县骨干医生参加"沪滇心血管内科新进展培训班"，由陈灏珠院士、葛均波院士领衔授课，至今已成功开展四届，为云南培养了200多位基层医学人才；组织附属医院医疗质量安全、临床药学、护理、行风、门诊、信息和后勤保障与装备及院办8个分委会委员组成"医院管理扶贫讲师团"开展巡回讲课；定制乡村医生全覆盖培训计划，开展"永平县全科/乡村医生继续医学教育远程培训"系列项目，切实提高乡村医生临床实战能力，掌握关键技术，使其真正成为有能力的卫生健康"守门人"。

（四）专家驻点，建强专科平台

复旦大学持续推进永平医疗的专科内涵建设，建设专家工作站点，提升专科服务能力。2019年4月，在永平同步落地5个专家工作站，包括"中山医院心血管病李高平""华山医院神经内科邬剑军""儿科医院儿科影像乔中伟""妇产科医院妇产科吴志勇""金山医院重症医学钟志越"等工作站，实施"培养一支队伍、发展一套技术、配置一套网络、建立一个模式、建设一个高地"的"五个一"工程。

图5　2019年7月，复旦大学附属金山医院党委书记、泌尿外科主任
陈刚在永平县人民医院开展带教活动

图6 自 2012 年起，学校组织各附属医院的专家定期到永平县开展义诊。
图为复旦大学附属眼耳鼻喉科医院院长周行涛教授正在为患者进行检查

（五）远程医疗，共享优质资源

复旦大学针对受援医院具体需求，利用"互联网＋"技术手段，开展远程查房、远程带教、远程会诊等远程服务，构筑健康医疗帮扶的"云端支撑"。复旦大学附属金山医院建立了数字化远程疑难"云病理"诊断平台，2016 年启用复旦金山—云南永平病理远程诊断中心，实现数字病理远程诊断与会诊、病理基础知识培训和在线病例讨论等服务。2018 年正式启动了对口帮扶云南永平远程助诊系统，建立绿色通道，帮助贫困地区百姓及时通过专家远程助诊系统治疗疑难杂症，真正实现"零距离"帮扶。截至 2020 年，附属儿科医院、华山医院、浦东医院已通过远程会诊中心与永平县人民医院联通。同时，学校推动"乡镇医疗全覆盖"试点，构建乡镇医疗"数据网络"，开发"乡村体检平台"，对接云南省居民健康档案管理系统和云南省家庭医生签约系统，在永平县博南镇 14 个村试点，共有 3000 余人次参与集中体检。

三、扶贫路径构建

（一）夯实基础，改善基础设施条件

医疗服务能级与基础设施配备密切相关。永平县人民医院的五官科曾经因为缺少基本设施配备只能以眼科为主，医学影像诊断设备落后导致一些疾病只能到上级医院就诊。学校调动附属医院、校友、爱心企业等资源，根据具体需求通过直接捐赠、帮助引进、减免优惠等方式针对县、乡、村分级配备相关设施设备，改善整体医疗设施配备水平。

（二）精准发力，帮助建强"龙头"医院

县乡村三级医疗体系中，要提高县域医疗卫生服务能力，县级医院是关键的切入点。学校发挥医学教研优势，通过附属医院的对口援建，医疗队的长期进驻，专科内涵的建设，医院对医院、科室对科室的深度结对，整体提升受援医院的诊疗水平。

（三）持续发展，培养"带不走的医疗队"

学校不仅为永平县医疗发展不断注入资源，更注重其本身的"造血"能力。学校着力于将自身的学科及医疗优势资源转化为永平自身发展的动力和能力。学校持续开展分层分类培训，通过"走出去"和"请进来"相结合的方式，开展全过程、全方位、全覆盖培训，为当地培养医疗卫生人才，推动永平县卫生事业发展。

四、主要成效

（一）抓好"龙头"，县人民医院办医水平显著提升

2019年，永平县已退出贫困县序列，2020年永平县顺利通过脱贫攻坚普查，现行标准下农村贫困人口全部脱贫，永平县医疗卫生服务水平大幅提升。以永平县人民医院为例，业务范围逐步健全，业务能力显著提升，与2012年相比，永平县人民医院门急诊人次几乎翻了一番，手术台次增长了263%，危重病人抢救

人次是原来的 23 倍多，县内患者就诊率上升至 95% 以上。

（二）授人以渔，"造血式"帮扶激发内生动力

多层次、分类别的医疗培训提升了永平县医疗队伍整体的能力水平，留下了"带不走的医疗队"，更激发了当地医生担当作为的意识。复旦大学附属浦东医院联合复旦大学护理学院组成永平品管圈辅导小组，帮助永平县人民医院将缺血性脑卒中患者 DNT 平均时间由原来的 130.5 分钟缩短至 43.3 分钟，永平县人民医院的"时速圈"从全国千余个项目中脱颖而出，荣获第八届全国医院品管圈大赛二等奖，这是永平县人民医院获得的第一个国家级奖项。

（三）互联网赋能，推动医疗体系三级联动支持

学校通过构建"互联网＋"医疗帮扶体系，联通沪滇，将附属医院的资源辐射到永平县，开展日常化的医疗帮扶支持。同时，通过开发"乡村体检平台"不仅为一线医生提供了在线决策支持，还逐步探索实现"体检—医疗"过程的对接，开发以县级医院为枢纽的上下转（会）诊平台。

五、项目经验和推广价值

在设计和实施健康医疗扶贫项目的过程中，复旦大学统筹谋划、靶向施策、分步推进，整合附属医院、学校产业公司和基金会等各方力量支援永平县医疗资源建设，形成了可供复制推广的精准扶贫模式。复旦大学"网格化"的立体健康医疗扶贫模式点面结合、实地项目与"云端支持"相结合、沪滇两地互联互通，全面打造从居民到医疗机构、从健康筛查到疾病诊治的卫生健康"全链条"，实现全县健康医疗全覆盖。

一是健康主体结点"全覆盖"。突破原有的传统医疗扶贫模式，将健康扶贫的对象从受援医院向前延伸至受援地居民和乡村卫生站，覆盖受援地的所有健康主体结点。

二是健康管理打通"全链条"。将健康扶贫的重点从传统的医疗和诊治扩展至包括受援地全部人群的健康与筛查、疾病管理和康复护理的全流程；将健康扶贫的内容从原有向受援医院派遣医疗队员和捐赠医疗仪器设备扩充至全医疗行业人才培养和建设专家工作站特色专科平台，重在提升当地的持续发展能力。

三是尽锐出战形成"集团军"。将健康扶贫的主体从单个附属医院"单打独

斗"支援转换为发挥高校整体优势，集结全校和社会资源，多方出力，放大健康扶贫实际效力。

四是互联网医疗帮扶"无界限"。依靠信息化手段，跳出了传统健康扶贫的局限，依托"互联网＋"零距离联通"上海—永平"医疗信息，提升健康扶贫效率的同时大幅度扩展了受益面。

校地结对　开展健康扶贫的新方案

——郑州大学精准施策助力河南省卢氏县全面提升医疗保障水平的创新实践

　　摘　要：郑州大学深入学习贯彻习近平总书记扶贫开发重要战略思想，于2018年开始承担校地结对帮扶工作，定点扶贫河南省三门峡市卢氏县。郑州大学坚持实施精准扶贫战略，在智力、科技、培训、人才、产销、医疗、文化等方面扎实开展帮扶工作。其中，在医疗扶贫方面，学校充分发挥学科优势，积极促进优质医疗资源下沉，组织郑州大学附属医院结对帮扶卢氏县医院，着力发挥河南省医疗行业的领军龙头效应，为老区群众顺利脱贫架起了"医疗防护网"，担当起老区群众脱贫路上的"健康守护神"。

　　关键词：脱贫攻坚　健康扶贫　校地结对帮扶

　　习近平总书记深刻指出，没有全民健康，就没有全面小康。要把人民健康放在优先发展的战略地位，以普及健康生活、优化健康服务、完善健康保障、建设健康环境、发展健康产业为重点，加快推进健康中国建设，努力全方位、全周期保障人民健康，为实现"两个一百年"奋斗目标、实现中华民族伟大复兴的中国梦打下坚实的健康基础。

　　郑州大学自2018年承担校地结对帮扶河南省三门峡市卢氏县工作以来，坚持实施精准扶贫战略，充分发挥学校智力、科研、人才等优势资源，举全校之力，助力卢氏县2020年顺利如期摘帽。在脱贫攻坚工作中，郑州大学尤其注重健康扶贫工作，充分发挥一流大学医学学科优势，积极促进优质医疗资源下沉，组织郑州大学第一附属医院、第二附属医院、第三附属医院和第五附属医院结对帮扶卢氏县人民医院、卢氏县中医院和卢氏县妇幼保健院，着力发挥河南省医疗行业的领军龙头效应，为卢氏县医疗健康事业发展做出了积极贡献。

一、基本情况

2018 年以来，郑州大学各附属医院始终心系卢氏县人民群众的身心健康，先后组织附属医院专家 180 余人赴卢氏县开展临床教学、技术培训、手术等医疗帮扶活动，安排接收卢氏县 153 名医护人员到郑州大学各附属医院进修培训，着力落实"派出一支队伍，带好一所医院，服务一方群众，培训一批人才"的结对帮扶举措，扎实开展健康扶贫工作。其中，涌现出了多位优秀的医务工作者，如 2018 年 11 月 23 日《河南日报》专访已经 99 岁高龄、刚刚大病初愈的郑州大学教授、郑州大学第一附属医院主任医师张效房的先进事迹。张效房教授从事眼科教学、医疗和科研工作 70 余年，99 岁高龄的他于 2018 年 10 月 21 日随队专程赴地处伏牛山深处的卢氏县官道口镇参加"河南省复明行动·中国流动眼科手术车启动仪式"。"为病人服务是医生的责任！"张效房教授始终践行着自己的誓言，而他的事迹也正是郑州大学与卢氏县结对开展健康扶贫工作的一个缩影。

二、工作进展

（一）"结上对子"成亲戚

自 2018 年郑州大学与卢氏县开展结对帮扶以来，郑州大学四个附属医院先后与卢氏县卫计委和卢氏县人民医院、中医院、妇幼保健院结成对口帮扶关系。郑州大学各附属医院立足于各自特色优势，全面精准开展各项医疗帮扶工作。各附属医院分别签订了《对口帮扶目标责任书》，明确工作目标、工作时间、工作纪律和要求。通过一对一的对口帮扶，制定详细的帮扶目标和任务，每年"解决一项医疗急需，突破一个薄弱环节，带出一支技术团队，引进一批科研项目"，着力提升临床专科服务能力，帮扶建设重点特色专科，大力培养合格专业人才，加快骨干医师业务提升，推广适宜开展的医疗技术，使常见病、多发病、部分危急重症的诊疗能力显著提升，培养了一批具有较高水平的临床专业技术人员和医院管理人才。被帮扶医院努力构建分工协作机制和分级医疗体系，充分发挥县域医疗中心作用，为群众提供优质的医疗服务，医疗服务能力显著提升。至此，郑州大学结对帮扶卢氏县健康扶贫迈出了实质有效的步伐。

图1　郑州大学第二附属医院与对口帮扶单位卢氏县中医院签约仪式

（二）"问诊把脉"出实招

结对帮扶以来，学校各附属医院按照"保基本、强基层、建机制"的原则，以提升受援医院服务能力和水平为主线，以满足基层居民看病就医需求为落脚点，提高农村常见病、多发病和重大疾病医疗救治能力，大力开展技术培训、坐诊、查房、手术指导、疑难病例会诊讨论、远程医疗、技术支持、人才培养等帮扶工作。各个附属医院利用节假日，不定期组织经验丰富的科室主任、专家教授，深入卢氏县开展义诊活动，把省级专家的技术和服务带到了当地百姓的"家门口"。特别是针对卢氏县各个医院医疗卫生人员紧缺、有资质的卫生人才少、技术力量薄弱、业务水平不高、基础设施不足等症结，各附属医院积极进行驻点技术帮扶，帮助各帮扶医院开展日常诊疗服务，加强临床专科能力建设，提升常见病、多发病以及部分危急重症的诊疗能力。

郑州大学一附院率先与卢氏县卫计委签署帮扶协议，每期派驻 8 名优秀博士或专家在卢氏县人民医院定期坐诊，目前为止已累计派出 64 名博士或专家。专家们的工作范围兼顾全院，既包括门诊，又深入病房和手术室，使卢氏广大患者足不出户就能享受到省级专家的优质医疗服务。第一附属医院还与卢氏县医联实现互通及双向转诊，结合按病种收费政策，试行受援医院内符合规定的病人"一站式打包收费"机制，打通受援医院上下 HIS、LIS、PACS、EMRS 信息连接，实现病人信息共享，落实检查结果互认制度，推行"疑难复杂病种病人住院检查

**图2 郑州大学党委副书记李兴成看望郑大一附院专家团队和参加义诊
活动的研究生博士服务团**

在基层医院、诊断治疗手术在上级医院，续贯治疗和康复再转回基层医院"的一体化医疗模式，使"基层首诊、双向转诊、急慢分治、上下联动"的分级诊疗制度落地生根，切实降低病人医疗费用，让受援医院惠及区域内人民群众。郑州大学二附院先后派驻卢氏县中医院专家32人，深入相关临床科室开展教学查房、病案讨论、业务指导等形式多样的医疗活动。郑州大学三附院暨河南省妇幼保健院主要领导先后4次到卢氏县妇幼保健院对接帮扶，按照"没有妇幼健康，就没有全民健康"的工作理念，积极与卢氏县妇幼保健院对接，特别是在妇产科、儿科、护理等方面推行精细化安排、科学化指导、规范化管理。郑州大学五附院多次利用全国扶贫日等活动到卢氏县开展大型义诊活动。

（三）"等额对调"建队伍

郑州大学各附属医院认真开展"等额对调式"对口支援工作，先后共接收153名卢氏县人民医院医务人员短期进修学习，在一对一"导师制"带教的基础上，指派临床水平高、教学能力强、医德医风好的带教老师进行培训，开展教学查房、疑难病例讨论、示教手术、专题讲座等活动，为卢氏县人民医院培养了一批优秀的专业技术人才，使他们成为医院的技术骨干，为医院的进一步发展提供

图3　郑大三附院医生与卢氏妇幼保健院医生交流

了较有力的人才保障，缓解了医院技术人才短缺的问题。同时，各附属医院给予卢氏县进修人员免收进修费、免费安排住宿，提供职工餐卡等优惠政策，为基层医务人员提供了良好的学习和生活环境。

　　三年来，郑州大学一附院先后免费为卢氏县人民医院轮训75人次，医务培训100余次，会诊及疑难病例讨论200余次，开展手术示教30余台次，提高了卢氏县人民医院医疗水平的诊断能力。郑州大学第二附院先后组织63名卢氏县中医院医、护、技等人员进修学习，开展院内及科内大、小型学术讲座50余次，指导骨伤科微小切口骨折内固定手术、外科前列腺手术20余例；指导CT、MRI、超声等检查患者2400余人次。郑州大学三附院暨河南省妇幼保健院为卢氏县妇幼保健院的近20名儿科医师和儿科护师专项轮训6个月。通过业务培训，切实提高了卢氏县各医院对疑难杂症的诊疗水平。

（四）"跟踪指导"保实效

　　健康帮扶不可能一蹴而就、一劳永逸，为受援医院"输血"的同时还要完善"造血"功能，激发内生活力，让先进的医疗技术在当地"生根发芽"，真正为百姓提供便捷实惠的医疗卫生服务。目前，郑州大学各附属医院按照"脱贫摘帽有尽头，对口帮扶永远不会停止，也一定不会停止"的要求，正在与对口帮扶医院建立长期的对口支援关系，使郑州大学各附属医院和卢氏县各医院形成固定帮扶关系，形成对口支援的长效机制，使工作经常化、制度化，确保支援工作取得实效。各附属医院着重加大对卢氏县各医院的人才培养力度，支持基层医务人员到上级医疗机构进修，建立长期的人才培养机制，变"输血"为"造血"，真正建立"一支永远不走的医疗队"，推动医院的自主发展。同时，郑州大学各附属医院还积极落实《国务院办公厅关于推进医疗联合体建设和发展的指导意见》等文件精神，通过远程医疗、纳入医联体、共享医疗资源等方式，实施人才、技术、设备、项目、管理等多方面、全方位的长期紧密合作，共享医疗卫生发展成果。

三、主要特点及成效经验

一是落实政治责任，突出以上率下。郑州大学党委坚决扛稳抓实脱贫攻坚政治责任，成立扶贫工作领导小组，探索建立"学校做后盾、干部当代表、师生齐上阵"的工作格局。每年制定结对帮扶工作方案、工作计划，定期研究脱贫攻坚工作，选派优秀干部到帮扶地挂职，细化任务分工，压实帮扶责任，加强指导督查，推动帮扶工作走深走实。2018年至今，校领导班子19人次、各附属医院48批次赴卢氏县开展医疗帮扶工作，确保帮扶举措落实落地。

二是落实精准要求，突出优势特色。充分挖掘和发挥郑州大学附属医院作为河南省医疗行业"集团军"的独特优势，提升帮扶措施精准度；组织附属医院开展巡回义诊、远程医疗、技术支持、人才培养等帮扶工作；创新开展"专家教授故乡行"活动，以县域籍贯为纽带、以乡情为联结，定期免费给贫困地区群众带去专家级医疗服务，取得了良好的社会反响。

三是落实考核机制，突出帮扶成效。紧密结合卢氏县各医院实际情况，着力在"扶智""造血"上做文章。各附属医院通过签订《对口帮扶目标责任书》，进一步明确工作目标、工作时间、工作纪律和要求。郑州大学党委将"校地结对帮扶、助力脱贫攻坚"增列为各单位年终考核和党委书记述职的一项重要内容，定期对各基层单位帮扶工作情况进行督查和通报，加强监督和考核，确保工作有效落实。

今后，郑州大学将大力弘扬脱贫攻坚精神，咬定青山不放松，脚踏实地加油干，继续认真落实教育部、河南省委省政府交给郑州大学的帮扶任务，助力帮扶县（村）巩固脱贫攻坚成果，促进脱贫攻坚与乡村振兴有效衔接，努力绘就乡村振兴的新的壮美画卷，在实现共同富裕的伟大征程中贡献力量。

打造精准扶贫医疗惠民新模式

——中南大学定点帮扶江华瑶族自治县的创新实践

　　摘　要：健康扶贫是全面提升贫困地区人口健康水平，进一步实现防贫减贫与巩固脱贫成果的有效举措。中南大学自2013年定点帮扶江华瑶族自治县以来，经过充分调研论证，发现受地理位置等多重因素的制约，江华县医疗卫生发展存在明显短板：基础医疗设施存在"硬伤"、基本医疗服务具有"软肋"、人才队伍建设遭遇"瓶颈"、群众健康生活理念"缺失"。特别是基层村镇，境遇堪忧。针对上述问题，中南大学坚持以习近平总书记关于"努力全方位全周期保障人民健康"的指示精神为工作指引，充分发挥自身基础医学、护理学、药学等6个优势学科以及4所湘雅附属医院医疗健康资源，精心实施医疗帮扶工程，打出包含医疗资源整合、专家驻点帮扶、学科建设指导、人才造血计划、党政决策顾问、健康科普宣教、基层硬件提升、分级诊疗建设、智慧远程医疗、医药产业促进等举措在内的一整套破解县域健康贫困问题的"组合拳"，全面提升江华县医疗服务能力与健康水平，有效解决江华县区域性健康贫困问题易发、多发、频发的现实痼疾。江华县医疗健康领域呈现出全新气象：医疗服务能力显著提质，疾病救治保障有力；医疗资源整合对接，远程问诊渠道通畅；医疗负担大幅下降，致贫返贫风险持续走低；医疗理念广泛传播，健康生活观念深入人心。

　　关键词：健康扶贫　湘雅资源　医疗惠民　新模式

　　2016年，习近平总书记在全国卫生与健康大会上强调，没有全民健康，就没有全面小康。要把人民健康放在优先发展的战略地位，以普及健康生活、优化健康服务、完善健康保障、建设健康环境、发展健康产业为重点，加快推进健康中国建设，努力全方位、全周期保障人民健康，为实现"两个一百年"奋斗目标、实现中华民族伟大复兴的中国梦打下坚实的健康基础。

一、案例背景

江华瑶族自治县位于湖南省永州市，地处湘、粤、桂三省（区）交界处，是国家扶贫开发工作重点县、革命老区县和库区移民县，为典型的"老、少、边、穷、库"地区。全县总面积 3248 平方千米，下辖 17 个乡镇，总人口 54 万人，其中瑶族人口 37.5 万，被誉为"神州瑶都"。2014 年，全县识别贫困人口11.54 万人、贫困村 112 个，贫困发生率为 22.4%。

长期以来，江华县受到地理位置偏僻、产业规划滞后、基础设施薄弱等多重因素的制约，在医疗卫生建设领域严重"营养不良"，县域范围内因病致贫、因病返贫现象易发、多发、频发，对推进区域性整体脱贫攻坚工作产生了极大的阻碍。自与江华县结对帮扶以来，中南大学与江华县委、县政府积极酝酿、主动商讨，多次组织专家团队深入调研（见图 1、图 2），准确把脉脱贫攻坚形势，千方百计寻找江华县脱贫难、返贫易的老旧"病根"，以"望闻问切"式的宏观战略思维，诊断出了江华县医疗卫生健康领域的明显短板。具体为：第一，基础医疗设施具有"硬伤"。江华县总体医疗设施与设备缺乏，尤其是基层村镇卫生院所大多没有配备基础性常规设备，大病救治能力与基础医疗水平严重匮乏。第二，基础医疗服务存在"软肋"。江华县缺乏系统化、体制化的健全的基本医疗卫生服务体系，因此很难满足当地日益增长的医疗服务需求和健康管理需要。第三，医疗人才培养遭遇瓶颈。地方发展的落后，加剧了江华县医疗卫生人才流失以及相关人才引入的困难，形成了医疗人才培养的"困局"与"怪圈"，愈发影响当地医疗队伍水平的提升。第四，健康生活理念明显缺位。江华县长期以来较差的物质生活条件，也使得当地贫困群众缺乏健康生活理念、公共卫生意识以及预防保健观念，以至于健康问题没有获得足够的重视，也很难认识到健康与贫困之间存在的内在联系。

总体看来，江华县所存在的医疗卫生体制、资源、服务、理念等诸多方面的现实困境，是当地贫困人群易因病致贫、因病返贫的"发病"根源。如何从江华县的"病根"入手，清除医疗卫生领域的障碍荆棘，化解江华县健康贫困危机，最终实现以健康为要旨的扶贫脱贫目标以及巩固现有脱贫攻坚成效，显得十分关键和迫切。

二、具体做法

（一）赋能紧缺临床学科，组建新湘雅驻点帮扶专家团

中南大学湘雅三医院与江华县人民医院签署了《临床专科共建协议》（见图3）。2013 年至 2020 年 10 月，湘雅三医院先后投入劳务补贴近 300 万元，抽调重症医学科、麻醉科、普外科等 21 个临床学科 80 余位医疗专家驻江华县帮扶指导，每年每人驻点工作 6 个月。中南大学湘雅附属医院支援团队因帮扶延续时间之长、学科范围之广被媒体誉为"湖南省最强驻点帮扶专家团"。

中南大学湘雅系统驻点医师们帮助江华县当地医疗机构谋定新方向、应用新技术、拓展亚专科，期间共计接诊 10000 余人次，操作或手术 1200 余台次（其中 20 余台为当地首例手术，填补了相关术式空白），开展学术讲座（见图4）、技能培训等 2000 余次。通过人才驻点与专科共建，江华县多个医学学科从无到有，由弱转强，医疗实力与学科水平大幅提升。例如，江华县人民医院重症医学、口腔医学、介入医学逐渐发展成永州市南部地区首屈一指的特色医疗中心，大批新技术、新项目上马，填补了江华县医疗领域的诸多空白；江华县妇幼保健院成功创建为二甲妇幼保健院，白芒营中心卫生院成功创建为二级综合医院，业务辐射到邻省周边乡镇；2018 年 11 月，湖南省卫生健委批复同意江华县人民医院设置为三级综合医院；2020 年 6 月，江华县人民医院成功获评为湖南省助理全科医生培训基地。这无不标志着该县医学学科、临床专科发展踏上了新的台阶。

（二）赋能县域医疗团队，实施三位一体"人才造血计划"

受医疗健康领域发展落后的现实情况影响，江华县长期陷入"引进难、流失快"的医疗人才培养"怪圈"。为此，中南大学深入实施"进修培养、技术指导、专题培训"三位一体"人才造血计划"，帮助江华县培训本地医务人员，加快建设本土化医疗团队。一是发挥 4 所湘雅附属医院临床教学优势，与江华县人民医院以及县级医院和部分乡镇卫生院签署医疗精准扶贫战略合作协议，利用系列国家级教学研修平台先后免费接收、培训江华自治县医护人员 74 人，真正实现人才培养"点对点"帮扶；二是选派专家以业务授课、教学查房（见图5）、现场义诊等形式开展定点指导，推行"手把手"专业帮扶；三是举行"新湘雅基层医院院长论坛""新湘雅基层大讲堂"等主题活动（见图6），先后对江华县

受援地各级医疗机构院领导、科主任、管理人员进行培训 2000 余人次。中南大学切实为江华县培育了一批骨干医务人员，带动了江华县医疗卫生人才队伍整体提升。

（三）赋能党政决策部门，充当医疗改革发展思想智库

中南大学校领导先后有 30 余人次前往江华县开展实地调研，现场部署扶贫工作；相关职能部门赴江华县实地考察 2500 余人次，积极为当地改革发展和精准脱贫建言献策。依托中南大学湘雅系统优势医疗资源，学校组建了由校领导牵头，二级单位负责人及权威专家、科室主任、管理干部为主体的健康扶贫专家咨询顾问团，为江华县各级党政及卫生、健康、疾控部门提供决策咨询、专家指导1000 余次（图 7）。中南大学还先后选派湘雅三医院评价部、医务部、人力资源部等部门优秀干部到江华县人民医院驻点或挂职，帮助当地医院完善现代医院管理体系，推动创建三级医院，取得显著成绩。此外，2020 年新冠肺炎疫情防控期间，中南大学扶贫工作队队长、分管江华县卫生健康工作的县委常委、副县长张国栋第一时间奔赴江华县，担任江华县疫情防控领导小组常务副组长兼任医疗防疫组组长，全面部署疫情防控工作，江华县疫情防控形势良好，持续被划为低风险区域，经济社会秩序有序恢复。

（四）赋能当地医疗系统，建立四级分级诊疗服务体系

中南大学积极贯通分级诊疗壁垒，实施搭建"互联网＋医疗"信息服务平台，采取"市—县—乡（镇）—村"一体化模式畅通各个诊疗层级，建立了"村卫生室、社区诊所（社区卫生服务站）—乡镇卫生院（社区卫生服务中心）—江华县县级医院—中南大学湘雅三医院"四级分级诊疗服务体系（见图8），实现了多层次医疗机构之间的分级诊疗和定向转诊。此外，中南大学湘雅二医院通过国家紧急医学救援队可提供急救、门诊、外科救治、监护治疗、化验和医疗供应等紧急就医服务。湘雅三医院将江华瑶族自治县人民医院作为航空医疗救援网点医院，创新开展医疗资源救助新模式。2019 年 4 月，湘雅三医院组织指导江华瑶族自治县人民医院完成江华县首例空中医疗救护任务，打通了江华县基层困难群众生命健康救助新通道。

（五）赋能远程医疗平台，搭建移动医疗智慧数字病区

中南大学充分利用数字信息技术，积极推动江华县智慧医疗远程服务平台建

设。一是构建"内接县乡两级公立医疗机构,外接省市优质医疗资源"的远程医疗服务网络,创建"新湘雅移动远程医疗平台",可实现基于"新型专业影像传输和微信化互动交流"模式的远程会诊,打破上级医生会诊时间和空间的限制。二是积极开展江华县远程心电、远程影像诊断中心、远程会诊、远程教育中心和江华好医在线 APP 建设。中南大学向江华县捐赠了价值近 200 万元的移动远程医疗设备,帮助其开展远程移动医疗和慢性病筛查服务,实现江华县远程医疗服务全覆盖。三是构建基于智慧医疗体系的"数字病区",配备 1 台 55 寸触控高清终端、5 台移动医生终端及 Web 端、手机端应用软件,致力于贫困群体能够在江华县当地获得优质的医疗卫生服务、完整翔实的健康档案信息和全生命周期的自我健康医疗管理服务。

(六)赋能基层医疗机构,打通常见病救治"最后一公里"

为了提高江华自治县基层医疗卫生机构的综合救治水平与能力,满足贫困人群对于大病就近救治的现实需求,中南大学联合江华县共同拟定《江华瑶族自治县基层医疗卫生机构标准化建设实施方案(2017—2019 年)》,把基层医疗卫生机构标准化建设作为推进健康扶贫和全面小康的重要内容抓紧抓实。2019 年,中南大学指导江华县 7 所乡镇卫生院、217 个村卫生室完成标准化建设,消除 43 个卫生室空白村;2020 年,完成江华县 304 个村卫生室标准化建设,实现了江华县全县基层医疗卫生机构标准化建设全覆盖。此外,中南大学还高度重视党建、群团工作在基层健康扶贫中的积极作用,深入开展"以党建促帮扶"系列健康公益活动(见图 9)、"服务百姓健康行动"、"万名医师支援农村卫生工程"、"野战医院"医疗队走进江华山区(见图 10)等项目,为瑶山深处民众们开展免费体检、送医送药、集中义诊和健康讲座等活动 50 余场,并对驻点扶贫村长山村的先天性心脏病儿童患者、听力迟缓儿童予以筛查与免费救治。

(七)赋能瑶医瑶药产业,加速推进"健康江华"

中南大学依托湘雅药学院、基础医学院专家团队,一是加大瑶医瑶药项目研发力度,对江华县传统瑶药植物"扁枝石松""青钱柳"的关键开发技术已申请国家专利;协助江华县民族中医医院研究开发出适用于不同人群的抗高尿酸、血脂高症、高血糖、高血压的五大健康产品"青钱柳破壁茶"、"柳叶清茶"、"复方青钱柳茶"、"薏米茯苓茶"和"五宝茶"(固体饮料);此外,瑶龙香精油试剂、产后复元方、强身健骨方、发汗退热方等一批瑶药方剂于 2020 年已批量生产和上市。目前已完成"中南大学湘雅瑶药研究中心"和湖南省"十四五"重大科研平台（基地）"特色瑶药活性小分子发现与开发湖南省重点实验室"申报材料的准备工作。二是实施瑶医药推广计划，协助江华县开发具有瑶医瑶药特质的特色专科，发掘瑶医瑶药的推广应用，加大对江华县瑶医瑶药的宣传；开展江华县瑶药材产业扶贫行动计划，鼓励中医药企业到江华县贫困地区建设瑶药材生产基地，目前已建成 200 亩艾草种植基地。

三、扶贫路径构建

（一）扶贫、扶技两手抓，提升健康扶贫内生动力

医务人员培养和医疗团队建设是贫困地区实现健康扶贫内生发展的重要影响因素。中南大学在健康扶贫中，既抓常规健康扶贫工作，又强调对人才扶技的支持，全力帮助江华县培养健康扶贫生力军，构建完善合理的人才梯队，激发了健康扶贫内生动力。

（二）新技术持续赋能，延伸医疗健康服务末梢

中南大学在帮扶中合理嵌入"互联网＋""智慧医疗"等新理念、新技术；选派高水平医生持续驻点，引进医疗领域新方法新术式，提高优势医疗资源下沉转化率，为传统会诊和危急重症救治等医疗服务持续赋能，增强健康扶贫总体效度。

（三）医疗救治与观念塑造相结合，激活健康扶贫主体意识

在健康扶贫中，中南大学除着力提升江华县医疗救治能力外，还积极推动健康理念的促进，在贫困地区群众中普及药品常识和公共卫生知识，宣传疾病预防与健康意识，传播正确的健康观念，深化贫困个体对健康问题的主体认知，阻断由观念落后诱发的健康致贫因子。

（四）充分发挥"党建＋"优势，凝聚健康扶贫合力

注重发挥党建在健康扶贫工作中的引领作用，是中南大学健康扶贫相关举措的核心所在。学校积极借助学科与湘雅附属医院的党建优势，充分激发广大师生党员的担当服务精神，深入开展"以党建促帮扶"系列健康公益活动，凝聚了

健康扶贫的巨大合力。

四、主要成效

（一）医疗能力显著提质，疾病救治保障有力

一是对基层医疗机构标准化建设的指导，推动了江华县各级医疗机构医技水平的显著提升，增强了江华地区大病、重症救治的基础能力；二是系统培养了本地医疗人才队伍，激活了发展内生动力，为实现江华乡村医生本土化培养提供了可能；三是帮助江华县建立了医联体内"基层首诊、双向转诊、急慢分诊、上下联动"的分级诊疗制度，让优质医疗资源得以顺利下沉，优化了医疗服务水平。经过中南大学精准帮扶，江华县医疗健康领域呈现出全新气象：2019 年，江华县域内住院就诊率达 92%，较 2016 年提升 12%；县外医保基金报账支出占总支出的 22.8%，较 2016 年下降了 5%；乡、村两级基层医疗卫生机构诊疗人次达 85.4 万人次、占比 64.62%，较 2016 年增加了 8.9%。各项数据表明，江华县县域医疗健康服务能力大幅增强，基本实现了群众"小病不出乡、大病不出县"目标。

（二）医疗资源整合对接，远程问诊渠道通畅

在建立新湘雅移动远程医疗平台的基础上，中南大学积极整合江华县医疗资源，切实解决了贫困群众看病难问题。如中南大学附属湘雅三医院主动对接江华瑶族自治县人民医院，依靠远程心电、影像、会诊、教育四个中心，实现了与 17 家乡镇卫生院的互联互通以及向有条件的村卫生室有效延伸，最大限度辐射全域贫困人群，使贫困群众能够享受"乡检查、县诊断"的新型医疗服务模式，在家门口就能获得上级医院专家提供的便捷、质优、价廉、可持续的医疗健康服务。2019 年，全县远程心电诊断 9574 例、影像诊断 4362 例，"江华好医在线"问诊 4733 人次，对贫困人口及"四类慢病"重点人群线上管理购药 3108 人次，居民评价 2071 人次，居民评价满意率达到 95%。远程诊疗平台以及医疗远程会诊工作，得到了广大贫困病人的肯定和欢迎，取得了良好的社会效应。

（三）医疗负担大幅下降，致贫返贫风险持续走低

医疗负担居高不下，是造成贫困人口脱贫难、返贫易的重要原因之一。为破

解基层贫困群众"看病贵"难题，中南大学充分依靠自身学科优势与诊疗经验，助力江华县重症、慢性病贫困人口的医疗减负。如协助江华县整合政策资金，出台了有关提高报销比例、医疗健康补贴、"扶贫特惠保"的组合优惠政策建议，推动江华县与贫困户开展医疗签约，将贫困人口大病住院报销比例提高到90%以上，充分落实健康扶贫优惠政策，切实减轻了健康扶贫对象的医疗负担。2019年以来，江华县建档立卡贫困人口及低保户医保报账人数达到8302人次，累计报账额2603.07万元，贫困人口由于优惠政策少支出医疗费达284.75万元，得到湖南省人社厅、医保局和财政厅等部门的高度认可。

（四）医疗理念广泛传播，健康生活观念深入人心

健康扶贫不仅需要医疗帮扶，还要进行理念帮扶，传播正确的健康生活观念。湘雅医学院的党员博士医疗团、专家博士团深入开展送医下乡等精准扶贫支援行动，使江华县贫困地区群众逐渐树立起正确的公共卫生意识和健康保健理念，从个体层面降低贫困人群的致病返贫风险。如中南大学湘雅4所附属医院多次到江华县开展送医下乡大型免费义诊活动，不仅为贫困村民们免费进行血压、血糖测量及心率测定，还现场讲解了药品常识、公共卫生知识，推动疾病预防和健康生活理念的普及工作。中南大学送医下乡等医疗扶贫活动取得了良好的社会反响，曾获得湖南卫视、芒果TV、新湖南、《当代商报》等主流媒体的广泛报道。

图1 中南大学党委书记易红（前中）、常务副校长胡岳华（前右二）
视察由中南大学湘雅三医院支持建设的江华县人民医院远程医疗情况

图2　中南大学校长田红旗院士（前排右二），党委副书记、纪委书记
伍海泉（前排左二）调研江华县人民医院远程医疗情况

图3　中南大学湘雅三医院副院长黄飞舟（左一）与江华县人民医院院长
李昌江签署《临床专科共建协议》

图 4 中南大学湘雅三医院、湘雅医院为江华县人民医院召开讲座

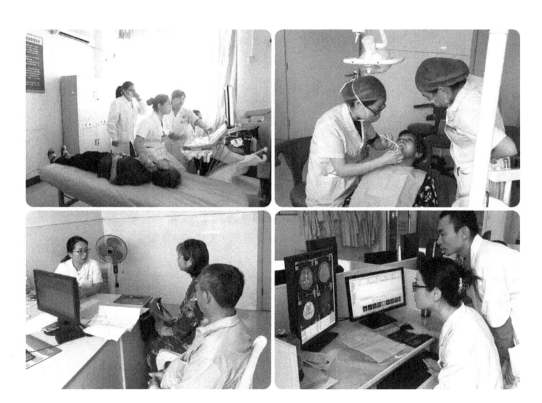

图 5 中南大学派出常驻医生赴江华县受援医院接诊及示范带教

图6 新湘雅基层大讲堂暨江华县乡村医生培训班

图7 中南大学湘雅三医院、公共管理学院调研健康扶贫工作

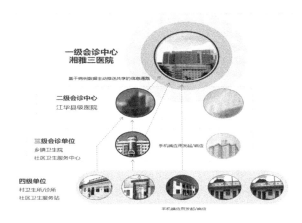

图8 中南大学指导江华县建立四级分级诊疗服务体系

图9 湘雅医院深入开展"以党建促帮扶"系列健康公益活动

图10 湘雅二医院"野战医院"医疗队走进江华山区

滇西茶马古道上的白衣天使

——中山大学坚持"三个一批"建设助力云南省凤庆县医疗水平"双倍增"

摘　要： 2013 年以来，中山大学根据教育部部署，积极发挥医科优势，探索"造血式医疗帮扶"模式，在云南省凤庆县着力开展"三个一批"建设，大力培养一批医疗人才队伍，长期派驻一批专家医疗团队，精心打造一批重点科室基地，通过全方位、立体式的医疗帮扶，助力凤庆县人民医院夯基础、强学科、育人才、带队伍，对凤庆县人民医院全部学科培训实现"全覆盖"，切实提升了县域医疗水平。经校地共同努力，凤庆县人民医院掌握近 60 项新技术，新增科室 10 个，获得 6 个云南省临床重点专科，建成五大中心，手术台次和出院病人数实现"双倍增"，凤庆县人民基本实现了大病不出县。

关键词： 医疗人才队伍　专家医疗团队　重点科室基地

党的十八大以来，以习近平同志为核心的党中央坚持人民至上，始终心怀人民，不忘贫困群众，高度重视扶贫工作。2016 年 8 月 19 日，习近平总书记在全国卫生与健康大会上的讲话中指出，"患病是致贫返贫的重要原因。据统计，我国农村贫困人口中患大病的有二百四十万人，患长期慢性病的有九百多万人。要深入实施健康扶贫工程，提高贫困地区医疗卫生服务能力，做到精确到户、精准到人、精准到病，通过加强人才培养、对口支援等形式提高当地卫生服务能力，保障贫困人口健康。"2018 年 2 月 12 日，习近平总书记在打好精准脱贫攻坚战座谈会上的讲话中要求"扎实做好产业扶贫、易地扶贫搬迁、就业扶贫、危房改造、教育扶贫、健康扶贫、生态扶贫等精准扶贫重点工作"。

闻名世界的"滇红"原产于云南省凤庆县，1000 多年前，马背商人们在这里走出了世界上最古老的经贸商路——"茶马古道"。云南省凤庆县地处云南省西南部边远地区，临沧市西北部，境内均为山区峡谷，交通不便，受自然条件的限制，许多患者从乡镇到县城就医要翻山越岭，历经半天车程，殊属不易，危急重症的患者求医治病要跨越千山万水到城市医院，更是千难万难。"没有全民健康，就没有全面小康。"2013 年以来，中山大学根据教育部部署，积极发挥医科优势，探索"造血式医疗帮扶"模式，在云南省凤庆县着力开展"三个一批"建设，大力培养一批医疗人才队伍，长期派驻一批专家医疗团队，精心打造一批重点科室基地，通过全方位、立体式的医疗帮扶，助力凤庆县人民医院夯基础、强学科、育人才、带队伍，对凤庆县人民医院全部学科培训实现"全覆盖"，切实提升县域医疗水平。经校地共同努力，凤庆县人民医院掌握近 60 项新技术，新增科室 10 个，获得 6 个云南省临床重点专科，建成五大中心，手术台次和出院病人数实现"双倍增"，基本实现了大病不出县。

一、大力培养一批医疗人才队伍

一是深入开展专家医疗帮扶活动。2013 年以来，学校主要领导多次深入基层一线调研，精准把脉施方，按照"缺什么、补什么"的思路，先后委派中山眼科中心、附属第一医院、孙逸仙纪念医院、附属口腔医院、附属第三医院、附属第六医院、附属第七医院、附属肿瘤医院、附属第五医院 9 所医院，分 24 批次共 301 位知名专家教授，轮流到凤庆县人民医院开展医疗帮扶活动。开展疑难病例诊疗、带教查房、带教手术、培训讲座及帮助医院健全各类技术规范和工作制度等工作。共带教查房 550 余人次，示教手术 670 余台次，为百姓义诊 7000多人次。赠送部分医疗器械及实用的医学书籍，为 1502 名在校贫困中学生赠送近视眼镜，为 590 余名白内障患者实施免费手术并赠送人工晶体、常用眼药水。同时，联系费森尤斯赠送价值 500 余万元的血液净化设备，解决了凤庆县终末期肾病病人就近就医困难的问题。

二是着力人才培养及学科建设。2013 年以来，中山大学各附属医院专家教授共到医院开展培训讲座 237 场次，受训 11670 人次，实现全部学科全覆盖培训，培养了 13 个学科带头人。孙逸仙纪念医院、附属第七医院接收凤庆县人民医院班子领导轮流挂职学习、业务骨干进修学习 10 批次 54 人次。启动凤庆县人民医院首个科研项目——中山大学附属第七医院·凤庆县人民医院医学胃癌精准化"三位一体"防治模式项目，并给予 30 万元的资金支持。中山眼科中心专家团队赴凤庆县郭大寨乡团山村为 50 岁以上的俐侎人进行盲情调查，填补俐侎族群眼健康信息的空白。邀请凤庆县人民医院派员参加学术会议及眼科、妇科等实操培训共计 60 人次。2019 年凤庆县首次迎来国家级"临床护理教学新理论和教学技能培训班"，院科两级质量与安全管理以及诊疗技术水平得到显著提升，打造了一批带不走的医疗队伍。

三是着力搭建远程诊疗教学平台。中山大学支持远程平台建设资金 15 万元。2018 年 10 月，中山大学附属第七医院开通与凤庆县人民医院远程医疗服务平台，每周三上午七点半凤庆县医务人员即可参与附属第七医院 MDT 实况。2019 年 8 月，中山大学附属第七医院·凤庆县人民医院远程病理诊断中心挂牌建立，通过优质病理专家资源远程平台共享，做到"患者不外出、标本不外流、诊断有标准、技术有保障、医疗有质量"。同时，中山眼科中心眼底外科与凤庆县人民医院建立远程诊疗教学平台，每周一到周五上午八点与中山眼科中心同步进行早交班、病例报告与讨论，通过该系统还可申请到中山眼科中心多个专业联合会诊。2020 年 5 月，中山大学附属第七医院携手中国移动临沧分公司助力凤庆县人民医院智慧医院建设暨 5G 技术应用启动仪式在凤庆县人民医院举行。凤庆县将依托中山大学附属第七医院强大的综合技术支持，不断推进基础网络建设、5G 医疗应用建设，打造医院 5G 网络带动下的智慧病房、远程会诊、远程手术指导等先进的现代化医疗服务模式，推动医院医疗业务无纸化、远程化、零时差服务广大群众，为全县群众健康生活、幸福生活保驾护航。

二、长期派驻一批专家医疗团队

一是专家带头，精准结对帮扶。2018 年 8 月，中山大学附属第七医院与凤庆县人民医院签订三年持续性帮扶协议，并委派张常华副院长任凤庆县人民医院挂职院长。中山大学附属第七医院院长、美国外科学院院士、香港医学科学院资深院士何裕隆多次赴凤庆县开展医疗帮扶和实地指导。围绕"工作机制再完善，帮扶渠道再拓宽、帮扶举措再精准"，不断务实加大对凤庆县人民医院的帮扶力度。针对医院管理的薄弱环节、疾病谱及学科建设需求，坚持每季度派出 20 余位管理和临床专家团队到院开展带教查房、辅导小课、专题培训、手术示教、科研帮带，举办国家级继续教育培训班，搭建远程医疗教学平台以及义诊等。期间，接收凤庆县人民医院 3 名院领导半年的顶岗学习，临床、行政职能中层干部短期轮训学习 25 人次，临床一线骨干进修 12 人次。

二是创新方式，组团派驻帮扶。2019 年 5 月起，中山大学连续委派附属第六医院、附属肿瘤医院、中山眼科中心、附属口腔医院、附属第一医院、孙逸仙纪念医院、附属第三医院、附属第七医院共 14 位专家到凤庆县人民医院开展持续3—6个月的"组团式"帮扶。每次一有中山大学的医疗专家来到凤庆县的消息，凤庆县的老百姓就能实实在在地在家门口感受到"健康扶贫"的成效。2019 年，凤庆县的王大哥整天愁容满面："妻子被医院诊断为视网膜脱落，需送省城大医院做手术，但去省城要翻山越岭，花钱费时不说，人生地不熟的，不知道怎么办！"恰好此时，中山大学眼科医生李永浩进驻凤庆县人民医院的消息传来，他抱着试一试的想法，带着妻子赶往县人民医院。妻子实施了视网膜脱离修复术，很快康复出院。"这对我们家来说是天大的好消息……千言万语道不尽我们心中的感激！"2020 年，家住凤庆县鼎新村的村民瞿国海前不久外出务工时突发高烧，多方求医问诊，但一直没有找到病因，也没有得到有效治疗，病情日渐加重。就在这时候，瞿国海听说中山大学的专家到凤庆县人民医院坐诊，就找到了赖菁教授。据赖菁教授介绍，瞿国海入院时已经属于急性重症的状态，而且已经出现了超高热，血压也持续下降，表现为感染性休克，多器官功能出现损害。接收病人后，赖教授根据多年的临床经验，诊断出瞿国海患了恙虫病，对症下药之后，终于挽救了他的生命。"授人以鱼不如授人以渔"，"输血"的同时，更要"造血"。专家们在带去技术的同时，更着重把技术留下，培养一批本地的优秀医疗队伍。他们不仅身体力行为患者诊疗、手术，更是积极利用门诊坐诊、示教手术、理论授课等一切机会，手把手传授给当地医生新技术，传授前沿知识，传播新理念。乳腺癌作为女性最常见的恶性肿瘤，严重威胁着当地女性健康和家庭幸福。中山大学附属肿瘤医院孔亚楠医生将国内外前沿的乳腺癌治疗理念和先进技术引入科室，带领普外科团队开展了凤庆县人民医院首例乳腺癌前哨淋巴活检术，较传统手术可显著改善早期乳腺癌患者的生活质量；开展了首例基因检测指导下的靶向治疗，让患者不必长途跋涉就能接受与国际接轨的治疗；将规范化新辅助治疗带入临床实践，使原本不可手术的局部晚期乳腺癌患者重新获得根治性手术的机会。中山大学附属第六医院熊斐医生结合凤庆县人民医院放射科设备实际情况，完善对比剂过敏反应处理方案、危急值诊疗流程；新开展乳腺 MRI 检查等技术，填补了县级医院乳腺 MRI 成像的技术空白，并在中山大学附属六院远程影像会诊工作站的基础上进行拓展并建立远程业务学习平台，针对当地基层放射科医生开展多层次的线上医教研素质培训。中山大学附属第一医院张涤华医生在实际工作中发现当地患者肾结石发病率较高，提出通过对结石成分进行分析鉴定以明确病因及发病机制；在规范化治疗的同时，充分考虑肾脏及腹膜透析患者的需求，积极为患者解决实际问题；与肾内科的同事一起深入基层，慰问病患，心系群众。中山大学附属第七医院李明哲医生将加速康复外科理念融入急诊手术当中，开展并实施了当地首个临床研究项目"加速康复外科在急诊腹腔镜阑尾切除术中的有效性及安全性研究"；积极推进落实中山大学附属七院"凤庆县胃癌精准化三位一体防治"项目，旨在对高危人群进行胃癌早查早筛，提高早期胃癌的诊断率。中山大学孙逸仙纪念医院的罗年桑医生、耿登峰医生和林永青医生采取"接力式"帮扶，其间共开展心血管介入手术100余台；通过冠脉及血管介入手术演示、专题讲座及疑难病例会诊等方式，大大提高了当地心血管介入医生的规范化治疗和手术操作水平，为当地心血管疾病患者带来实实在在的帮助。14位派驻专家为凤庆县带去了新技术、新理念、新平台，让老百姓在家门口就可享受优质医疗服务。

三是扎根基层，上门帮扶。中山大学医疗专家在派驻凤庆县期间经常主动到最基层去，到最需要先进医疗技术的地方去，让长年居住在深山里的患者得到有效治疗。专家们利用周末的时间，翻山越岭，路途颠簸，深入凤庆县郭大寨彝族白族乡，深入团山村等少数民族聚集地，送医送药上门。他们利用周末参加凤庆县幼儿园及县环卫工人的口腔义诊及宣教工作，为群众检查口腔疾患，做卫生宣教，免费开展龋齿治疗、拔牙手术、小儿牙髓炎及根尖脓肿应急处理等诊疗工作。中山眼科中心的李永浩医生完成了对俐侎人族群的眼盲情况调查研究，组织了贫困地区郭大寨乡小学480多名小学生的近视防控工作，并将建立云南省少数民族基础眼保健筛查基地。中山大学附属肿瘤医院的孔亚楠医生经常定期下乡开展义诊，积极推广乳腺癌早筛早查项目，普及早发现早诊断早治疗的理念，帮助提高乳腺癌患者的生存率。医疗专家们践行着中山医人"救人救国救世"的家国情怀，向基层医务工作者和群众展示了"敬佑生命、救死扶伤、甘于奉献、大爱无疆"的医者风范和时代担当。

三、精心打造一批重点科室基地

一是实现医院重点科室基地全面打造。帮助新增设置肾内科、消化内科、神经内科、康复医学科、重症医学科、心内科、病理科、科教科等10个科室；成立消化医学中心、眼视光学中心、产后康复中心、高压氧治疗中心、血液透析中心，在附属第一医院及附属第七医院的帮扶下目前技术水平处于市级领先，这五大中心建设有序推进，顺利通过国家胸痛中心验收，危重孕产妇救治中心、危重儿童和新生儿救治中心通过市级验收，卒中中心、创伤中心建设全面启动；2014

年至今获得了急诊科、临床护理、儿科、眼科、口腔科及麻醉科 6 个云南省临床重点专科建设项目；2018 年顺利通过县级中心医院提质达标晋级验收；2019 年入选国家全面提升县级医院综合能力第二阶段 500 家县级医院之一；被中国县域医院院长联盟授予"县域慢病健康管理中心试点建设单位"。云南省人社厅团队专家工作站项目——中山大学附属第一医院蒋小云团队专家工作站建立；云南省科技厅院士（专家）工作站项目——中山大学附属第七医院何裕隆专家工作站已申报完成。麻醉科在附属肿瘤医院派驻专家指导下申报的云南省科技厅基础研究专项面上项目"术后认知功能障碍"通过初步审核。

二是实现县域医疗领域新突破。开展了县域内首例腹腔镜直肠癌根治术、胰十二指肠切除术、NBNA 评分、高危儿出院后的随访、腹腔镜全宫切除术、宫腔镜电切子宫肌瘤手术、外科法腹膜透析置管术、带 CUff 中心静脉导管置入、橡皮樟隔离技术、玻璃体视网膜手术、超声引导下神经阻滞麻醉及镇痛、小肠造影（CTE、MRE）技术等近 60 项新技术，填补县域内医疗领域多项空白，实现了县域医疗领域众多新突破。中山大学附属肿瘤医院邢蔚医生发挥围术期麻醉相关超声应用的专长，与凤庆县人民医院麻醉科同事一起完成了首例超声引导下胸椎旁神经阻滞镇痛下的肾切除术，缓解患者术后疼痛；完成了首例骨科儿童胫腓骨骨折的术前神经阻滞留管镇痛，让患儿在无痛苦的状态下完成了石膏外固定和核磁共振、CT、彩超等必要的术前功能检查；采用超声引导下腹壁神经阻滞的麻醉新技术，协助外科医生完成了首例神经阻滞麻醉下的腹膜透析置管术，解决了肾透析患者常规使用抗凝药物后，采用椎管内麻醉出血风险高的问题，既满足了手术需要，又降低了麻醉风险。中山大学附属口腔医院蔡华雄医生调研发现，凤庆县口腔科根管治疗技术较为落后，现代化的根管治疗理念尚未建立，科室的设备陈旧老化、缺乏先进的设备及材料，治疗手段较少。在派驻期间，他分秒必争，在凤庆县首次开展了"橡皮障隔离技术""热牙胶充填术"等现代根管治疗技术。中山大学附属第六医院曹务腾医生在临沧市县级医院中率先开展恶性肿瘤影像分析，采用国际 AJCC 指南，给每一位肿瘤患者带来精准的术前影像评估，完成了凤庆县人民医院一系列新技术，包括直肠磁共振成像、小肠 CTE MRE 技术，填补凤庆县级医院技术的空白。中山眼科中心派驻专家李永浩医生和凤庆县人民医院的同事一起完成了玻璃体视网膜手术近 50 台，远远超过了云南省大部分市级眼底病的同期手术量。《人民日报》2018 年 7 月将中山大学医疗扶贫列为助力脱贫攻坚"高校样本"。"我看到了！"对于赴云南省临沧市凤庆县开展扶贫义诊的中山大学中山眼科中心医疗队来说，这无疑是他们在当地最想听到也是最常听到的一句话。作为中山大学对口帮扶凤庆县派出的第一支医疗队，中山眼科中心医疗队多次组织由白内障、眼底病、视光学等专家构成的医疗队到凤庆县开展医疗扶贫义诊手术和培训基层医务人员等工作，当地百姓亲切地称呼他们为中山大学的"光明使者"。

2020 年 7 月 29 日，云南省临沧市委书记杨浩东在云南省决战决胜脱贫攻坚系列新闻发布会临沧市专场中介绍，至 2019 年年底，临沧市 94357 户 368942 人建档立卡贫困人口全部脱贫，562 个贫困村、28 个贫困乡（镇）全部退出，临沧提前一年实现贫困人口和贫困村"清零"目标。中山大学帮扶的云南省临沧市凤庆县已较早于 2019 年 4 月成功脱贫摘帽。悠悠民生，健康最大。"没有全民健康，就没有全面小康"；"经济要发展，健康要上去，人民的获得感、幸福感、安全感都离不开健康"；"人民健康是民族昌盛和国家富强的重要标志"……党中央把人民健康放在优先发展战略地位。中山大学汇聚医科强大力量，聚焦云南省凤庆县卫生健康短板，坚持开展"三个一批"建设，大力培养一批医疗人才队伍，长期派驻一批专家医疗团队，精心打造一批重点科室基地，采取建硬件强基础、专家"组团式"驻点坐诊带教、搭建远程诊疗及教学平台等多点发力精准帮扶，为云南省凤庆县医疗机构夯基础、强学科、育人才、带队伍，既让全县老百姓在"家门口"就能享受与广州一样优质的医疗服务，又留下了先进的医疗技术，为凤庆培养了一支能胜任、能战斗、带不走的医疗队。通过中山大学的医疗帮扶，凤庆县在医院管理、诊疗技术水平、临床服务能力、科教研等方面得到全面提升。

探索构建多级联动的健康扶贫新体系

——广州中医药大学定点帮扶广东省南浦村的脱贫实践

摘　要：广州中医药大学深入贯彻落实习近平总书记关于健康扶贫重要论述精神，在对广东省清远市清新区太平镇南蒲村的定点帮扶中，把健康扶贫作为脱贫攻坚的主攻方向，以学校优质医疗资源为支撑，以帮扶地区各级医疗机构为依托，以加大人才培养力度为重点，整合校地资源，助推优质医疗资源下沉，为群众提供安全、有效、方便、价廉的公共卫生和基本医疗服务。经过多年努力，南蒲村的健康保障服务体系初步构建，医疗能力和服务水平得到全方位提升。

关键词：健康扶贫　校地联动　医疗资源下沉

习近平总书记多次指出，没有全民健康，就没有全面小康。健康扶贫是精准扶贫的一个重要方面，是防止因病返贫、因病致贫，巩固脱贫攻坚成果的重要内容。只有推动医疗卫生工作重心下移、医疗卫生资源下沉，推动城乡基本公共服务均等化，为群众提供安全、有效、方便、价廉的公共卫生和基本医疗服务，才能真正解决好基层群众看病难、看病贵问题。在这一过程中，也需要充分发挥中医药防病治病的独特优势，为建设健康中国、实现中华民族伟大复兴的中国梦贡献力量。

一、精准施策，整合优质医疗资源，构建健康扶贫新体系

南蒲村是省定贫困村，位于广东省清远市清新区太平镇东部，总面积约 1.8 平方千米，耕地面积 1242 亩。下辖 13 个村民小组，共有 548 户，总人口约 2200 人。村内地势平坦，以种植水稻、花生，养殖塘鱼、清远鸡为主。共有建档立卡贫困户 48 户 114 人。2016 年 4 月至今，广州中医药大学定点帮扶南蒲村。在此期间，广州中医药大学领导多次带队深入清远市清新区进行扶贫调研、实地考

察，并安排医学学生志愿者入村，对当地的常见病、多发病进行全面调查摸底，为南蒲村近2000人建立了健康档案，对村民的健康情况进行精准识别，干预重点人群的疾病预防和治疗。

调查发现，定点帮扶的南蒲村所在的区镇医疗资源匮乏、医疗力量薄弱。疾病是致贫的主要因素，贫困户中患有精神和肢体以及多重残疾的人口占22.8%，慢性病和大病的占17.5%，病残数合计占40.3%。因病致贫、因病返贫现象比较普遍。为此，学校决定以3所附属医院优势医疗资源为支撑，以学校医学专业为依托，整合资源，精准施策，着力造血，在"以健康为中心，以预防为重点，建立全民健康保障体系"的大健康观的引导下，与当地医疗机构进行深度合作，以加大人才培训培养的力度为重点，带动当地医疗机构全方位提升，构建校地联动的健康保障服务体系，着力帮助当地解决医疗资源匮乏、因病致贫、因病返贫的问题。

二、与帮扶地市、区中医院深度合作，提升区域诊疗水平

2016年定点帮扶以来，广州中医药大学致力于对市、区中医院提供技术帮扶和智力支持，以加强卫生人才培养为重点，推动医疗卫生工作重心下移、医疗卫生资源下沉，持续为当地居民提供优质的医疗服务，全面提升帮扶地区区域诊疗水平。

（一）大力指导帮扶清远市中医院

近几年来，广州中医药大学与清远市中医院开展深度合作。一是清远市中医院先后成为广州中医药大学博士后创新实践基地、研究生培养基地、临床教学基地、广州中医药大学第二附属医院（广东省中医院）的协作医院。二是学校与清远市中医院合作开展优秀中医临床人才师承培养等项目，从清远市中医院遴选了几十名医疗人员与广州中医药大学导师实施一对一的师承学习等方式，培养高层次人才，提高人才创新能力。三是共同搭建资源共享平台，开辟产学研通道，确立协同创新机制。经过几年的努力，清远市中医院已发展成为集医疗、康复、教学、科研、预防、保健等功能为一体的三级甲等中医院。

（二）校地共建清新区中医院

2017年，广州中医药大学与清远市清新区合作共建清新区中医院，利用学

校的医疗教研资源和人才优势，推进清新区医疗卫生事业发展，助力健康扶贫事业。共建的区中医院总投资 3.5 亿元，设置床位 400 张，按二级甲等中医院进行建设。该项目建设由广州中医药大学给予全程指导，在医疗技术、人才、管理等方面给予全方位支持，指导并帮助清新区建立医联体或医疗集团，以期带动清新区整体医疗卫生事业健康发展，提升区级医院综合服务能力。

三、全面帮扶镇、村卫生院（站），提升农村基层医疗服务能力

几年来，广州中医药大学大力推动南蒲村城乡基本公共服务均等化，全面帮扶镇、村卫生院（站），提升农村基层医疗服务能力，为群众提供安全、有效、方便、价廉的公共卫生和基本医疗服务，基本实现"小病不出村、大病不出县"，真正解决好基层群众看病难、看病贵问题。

（一）与镇卫生院合作建设医联体

广州中医药大学第三附属医院与清远市清新区太平镇卫生院成立了医联体。每个月派出专家到镇卫生院进行业务指导和出诊看病，并在人才培养、医疗技术、急危重症和疑难病人诊治等方面对镇卫生院进行帮扶。同时，镇卫生院也是广州中医药大学第三附属医院的创伤骨科教学基地。经多年帮扶，太平镇卫生院目前已发展成为二级综合医院。

（二）多渠道提高乡镇卫生院临床服务能力

广州中医药大学通过"走下来，送上去"相结合的方式，以"医疗健康扶贫"助力"精准扶贫"。根据太平镇卫生院的需求，持续组织专家到太平医院查房、进行病例讨论、为有需要的住院病人会诊。先后安排多批次太平镇卫生院的医护人员到广州中医药大学第二附属医院（广东省中医院）进修学习。对管理人员和妇科、皮肤科、儿科、护理等临床科室业务骨干进行对口培训，对当地医生进行全方位的业务指导。加快了镇卫生院医疗人才培养，提升了当地医疗水平，为太平镇卫生院留下了一支带不走的医疗队。

（三）建成标准化村卫生站

2017 年，清新区太平镇南蒲村在广州中医药大学的帮助和指导下，建成近100 平方米的村级标准卫生站。卫生站提供的基本医疗服务主要包括疾病的初步

诊查和常见病、多发病的基本诊疗以及康复指导、护理服务；危急重症病人的初步现场急救和转诊服务；建立全村居民健康档案。卫生站设有诊室、治疗室、公共卫生室和药房，做到四室分开，相对独立，分区布局合理，符合卫生学标准。卫生站还设立值班室，配备一般诊疗设备和急救设施，并配有远程治疗设备，在必要时可通过该设备进行远程诊疗。

广州中医药大学对村卫生室人员进行全方位的技术帮扶，通过对村医采取临床进修培训、远程教育、对口技术帮扶等多种方式，提升村医的业务能力和技术水平。其中特别重视中医药知识培训，指导村医运用中医药技术和方法防治疾病。在广州中医药大学的大力帮扶下，村卫生站总体服务能力和条件上了新台阶，为群众提供了基本医疗服务。发挥了治小病、管慢性病、转大病和传染病、疑似传染病人的报告转诊等功能，搭建了方便农民就近看病的重要平台。

（四）开展经常性的义诊活动

精准扶贫工作开展以来，广州中医药大学经常性组织各附属医院和其他医疗机构到清远市太平镇卫生院、南蒲村开展大型义诊活动。针对当地的常见病、多发病安排专家到现场义诊，让当地的村民不出村镇就能享受到省级专家教授的诊治服务。义诊期间不仅有临床专家坐诊，还安排了护理、药学、检验等方面的专家提供护理、用药、检验结果咨询服务，现场免费检测血型血糖。同时，对行动不便的患者入户开展义诊。近五年，先后开展大型义诊活动近 20 次，参加义诊的各科医疗专家 400 余名，义诊共服务全镇乃至清远市范围内群众 5000 多人次，发放药品共计 10 余万元，给贫困群众带来了实实在在的实惠。

四、加强定点帮扶地区重疾的预防和治疗

为使人民群众的一些先天性疾病、可预防性疾病能够早发现、早治疗，减少后续转变为大病、重病的医疗费用负担，广州中医药大学实施综合防控策略，开展先心病筛查和早期治疗，切实做到守护儿童"心"健康、强化妇女"两癌"筛查不漏网，积极动员社会力量对困难家庭进行医疗救助，做好定点帮扶地区重疾的预防和治疗。

（一）开展全区先心病筛查和治疗

2017 年 11 月，广州中医药大学第二附属医院（广东省中医院）和广东省一

心公益基金携手区卫计局，在区红会开展贫困家庭先天性心脏病（简称"先心病"）患儿和风湿性心脏病患者筛查活动，在 60 多名疑似病例中筛查出 11 名儿童符合手术指征。根据患者的病情，开展"慈善资助一点，医院减免一点，当地医保报销一点，家庭自付一点"相结合的救助模式，安排他们在广州中医药大学第二附属医院（广东省中医院）心脏外科进行了手术，并为清新区贫困家庭筹集社会资金超过 15 万元。

2018 年 8 月，广州中医药大学第二附属医院（广东省中医院）联合广东省慈善总会、清远市慈善总会等机构，在清新区人民医院举行"大爱救心"项目清远义诊活动，在 30 多名患者中共筛查出 6 名符合手术指征的儿童，已陆续安排到广州中医药大学第二附属医院（广东省中医院）心脏外科进行手术，让更多的"先心病"贫困家庭看到了希望，这次筛查引入社会公益资金 12 万元。

（二）高比例进行"两癌"筛查

"两癌"（宫颈癌、乳腺癌）作为威胁女性健康的两大杀手，发病率位居女性恶性肿瘤的前列。为有效提高妇女健康水平，做到"两癌"疾病早预防、早诊治，广州中医药大学驻村工作队每年均积极组织驻地帮扶村适龄妇女开展"两癌"筛查工作。利用扶贫入户的机会、村广播大力宣传"两癌"筛查工作的重大意义，充分利用党员支部群、村民宣传群让"两癌"筛查工作人人皆知，确保在家适龄妇女全部参加。在筛查期间，联络交通工具对较远妇女进行安全接送，由于宣传到位、措施得力，南蒲村每年的"两癌"筛查工作都能高比例圆满完成。

五、宣传普及健康知识，聚焦定点帮扶村群众的疾病预防

学校充分发挥中医药防病治病的独特优势和作用，发扬中医"治未病"思想，强化"预防为主"的理念，通过形式丰富、行之有效的一系列活动，普及健康知识，提倡健康生活方式，让健康卫生和疾病预防的理念普及到每个村民。

（一）派出医疗专家驻村，助力医疗资源下沉

2016 年 5 月起，广州中医药大学共派出 3 批 7 人以医疗专家为主的驻村队伍。扶贫工作队在村里免费开设专家门诊，义务坐诊，在为村民免费看病诊治的同时，开展常见病知识讲座，帮助基层医务人员提升诊疗水平。

（二）健康扶贫"三下乡"，提高村民预防疾病的意识和能力

为了深入开展健康扶贫，推动健康扶贫疾病预防控制和医疗救治工作开展，广州中医药大学积极做好健康扶贫"三下乡"活动。近5年来，利用寒暑假组织医学学生"三下乡"活动20余批次，共有400多名学生参与其中。"三下乡"期间，医学学生面向群众开展健康教育咨询、健康政策咨询、疾病防治咨询，宣传预防保健、疾病控制、卫生法律法规；进行健康政策宣传，使群众深入认识健康保健、冬春季传染病防控、饮用水卫生安全等与群众健康密切相关的科普卫生知识；开展医疗卫生义诊，对群众进行诊疗、查体、量血压，解答患者咨询的相关问题，切实帮助群众解决问题；普及中医药知识，宣传中医治未病思想，普及八段锦等中医健身方法，特别是在新型冠状病毒感染的肺炎疫情防控工作中，广州中医药大学驻村工作队不仅为帮扶地积极筹措疫情防控物资，并积极宣传利用中医药知识抗疫，得到村民的积极响应并取得较好的效果。

（三）促进中医药文化进校园，关注帮扶地青少年的身心健康

中医药文化博大精深，是中华民族的瑰宝。为了把中医药文化带入校园，加强学生对中医中药的认知，引领青少年养成健康向上的生活方式，广州中医药大学积极携手驻地中小学，每年多次开展"中医药文化进校园"主题活动。组织帮扶地中小学生参观该校的中医药博物馆，开展健康讲座，为师生讲授校园急救知识和青少年颈椎病的预防知识，在帮扶地中小学建立"中医药科普知识服务点"。通过"小手拉大手"带动家庭学习中医药知识，在帮扶地营造了"学中医、信中医、爱中医"的浓厚氛围。同时，还依托大学心理学科，积极开展心理辅导和讲座，关爱帮扶地学生和留守儿童的心理健康。

六、干预定点帮扶村群众重疾治疗，着力解决因病致贫、因病返贫的问题

广州中医药大学附属医院为定点帮扶的南蒲村群众专门设立绿色通道，对患有重大疾病的贫困户和群众精准到人，积极安排到学校附属医院进行救治，并减免医疗费用，赠送医疗药品，使其尽快恢复劳动能力，从根本上解决因病致贫、因病返贫的问题。

贫困户冯志明夫妇都患有轻型地中海贫血症，2007年其子冯振宗出生后被

诊断患有 β 型重症地中海贫血症，从此这个本就拮据的家庭开始了长达 8 年的输血、排铁、注射丙种球蛋白提高免疫力的治疗过程。2015 年 10 月，冯振宗与姐姐骨髓配型成功，进行了骨髓干细胞移植手术，手术很成功，病情得到了控制。驻村工作队进村以后积极发起众筹，学校干部职工率先捐款 13000 多元，广州中医药大学第二附属医院（广东省中医院）结对帮扶投入 10000 多元，定期为冯振宗检查身体，送医送药和营养品。目前冯振宗的身体逐渐康复，家庭情况也逐渐好转。

贫困户何夭 30 年前不小心被一根生锈的铁钉扎到脚，后因供儿子读书，不舍得花钱治疗，一直拖到感染不能够走路，甚至面临截肢的风险，失去劳动能力，家庭陷入前所未有的困境。广州中医药大学安排的对口帮扶单位中药学院积极帮助何夭联系医院，治疗脚伤，并解决所需要的医疗费。中药学院定期组织人员到何夭家中慰问，资助何夭的儿子何志冬的学费和生活费，共投入资金 36000 多元，解决了他的后顾之忧。

五保户何顺全，多年前，感觉腹部疼痛，检查出患有膀胱结石，由于家庭贫困和疼痛症状不明显，未及时治疗。2016 年，查出膀胱结石变大，疼痛明显，影响正常的生活和劳动。经驻村工作队多方联系，广州中医药大学的帮扶单位财务处资助，为其安排检查和手术，手术取出的结石足有鸡蛋大小。术后学校财务处领导多次上门定期慰问，送上医疗药品，共投入资金 10000 多元。目前何顺全已基本恢复健康，生活质量得到了明显提升。

以上是具有代表性的几个病例。5 年来，广州中医药大学在精准医疗帮扶方面投入大量的人力物力，各二级单位定期组织人员对建档立卡的贫困户进行慰问和健康检查，送医送药，了解贫困户的健康状况，及时提供必要的医疗救助，较好地解决了定点帮扶的南蒲村因病致贫返贫的问题。

经过 5 年多的努力，广州中医药大学定点帮扶的清远市清新区南蒲村校地多级联动的健康扶贫体系初步构建，实现由"输血"到"造血"的转变，健康扶贫成效突显，被省市区多家媒体广泛报道，获得政府部门和社会各界的广泛赞誉。今后，广州中医药大学将继续发挥自身优势，助推优质医疗资源下沉，探索长效帮扶措施，全面提升帮扶地区中医诊疗服务能力，继续在乡村振兴中贡献力量。

校县联姻促发展　共铺健康脱贫路

——西安交通大学帮扶云南省施甸县健康脱贫创新实践

摘　要： 为学习贯彻习近平总书记扶贫开发重要战略思想，西安交通大学以"西迁精神"为引领，制定了扶贫挂钩帮扶施甸县工作方案，先后派出医疗专家团队进驻施甸县人民医院，找准施甸医疗卫生发展滞后的根源，托管医疗，建立专家工作站，组建医疗急救和救助中心，搭建远程诊疗平台，捐赠医疗设备完善设施，完善制度建设强化管理，提升人才技术培训能力、补齐施甸医疗短板，有效提升了施甸县的医疗服务水平。

关键词： 西迁精神　施甸县　健康扶贫

习近平总书记指出，没有全民健康，就没有全面小康。要把人民健康放在优先发展的战略地位，以普及健康生活、优化健康服务、完善健康保障、建设健康环境、发展健康产业为重点，加快推进健康中国建设，努力全方位、全周期保障人民健康。要重视重点人群健康，保障妇幼健康，为老年人提供连续的健康管理服务和医疗服务，努力实现残疾人"人人享健康服务"的目标，关注流动人口健康问题，深入实施健康扶贫工程。

西安交通大学与施甸县人民政府签署了《西安交通大学与施甸县人民政府扶贫挂钩帮扶及战略合作框架协议》后，制定了西安交通大学扶贫挂钩帮扶施甸县工作方案，通过"传技术、带人才、送设备"形式，使施甸县医疗服务水平得到不断提升。

一、找问题补短板

西安交大针对施甸县医疗机构在管理服务上存在的问题，多次进行研究部署，提出解决方案，并派出管理团队对施甸的医疗工作行政、业务、医务等方面托管管理，补齐医疗短板。

一是健全医疗管理制度。2018 年，应施甸县委、县政府的邀请，西安交大派出专家组对施甸卫生医疗工作进行全面的考察了解，查找问题根源，帮助其突破思维界限转变思想观念，制定施甸县医疗改革措施方案。2019 年 9 月初，西安交大帮扶团队通过充分征求各级领导意见建议，制定出 8 项行政管理制度，并向 7 家基层乡镇卫生院印发了《施甸县人民医院医疗服务共同体城乡居民医疗资金按人头打包付费试点工作实施方案》。

二是搭建医疗中心平台。在 3 位专家的用心用情帮扶下，建立了施甸县人民医院与西安交大一附院的远程会诊平台，让施甸县的患者不出县便能享受国家级专家的会诊和建议。施甸县人民医院顺利通过了云南省县级公立医院提质达标验收，眼科获得了云南省"补短板重点专科培育项目"，胸痛中心及卒中中心顺利通过云南省卫生健康委认证，胸痛中心顺利通过国家胸痛中心认证。

三是抓好建设补短板。西安交通大学按照建立"八个机制"、实行"十个统一"、保持"四个不变"的运行机制扎实推进施甸县紧密型医共体建设工作。加快信息化建设和"创伤中心""危重孕产妇救治中心""危重儿童和新生儿救治中心""肿瘤中心""癫痫中心"等建设工作，不断提高施甸县医疗服务质量和技术水平，切实为 34.79 万施甸人民，特别是 91314 名建档立卡贫困人口的健康保驾护航。

二、夯基础提服务

一是强化人才技术培训。医务能力弱是施甸县在提升医疗服务水平上面临的最大短板。在帮扶工作中，西安交大将强化医务技能培训、提升服务水平作为提升服务水平的重点，通过建立工作站、现场指导、学术交流、交流实践学习等方式，加大对县、乡、村医务人员的培训力度。西安交大先后安排 17 批 96 名专家对施甸县 2400 多名医疗技术工作人员进行培训辅导，通过实地教学查房、病例讨论、会诊、专题讲座等形式，示例检查了 80 余例病人，现场点评并提出了规范有效的诊疗方案。

二是"传帮带"提升服务水平。2018 年 8 月 22 日，西安交通大学"王雪教授团队专家工作站"建立，工作站采取了专题学术讲座、现场指导、示教查房、学术交流、远程带教等方式，使施甸县人民医院重症急症急救能力和水平得到了大幅度提升。还邀请西安交通大学附属医院及陕西省重症医学分会专家团队进驻开展了学术讲座、现场指导、示教查房、学术交流、义诊咨询等服务。"王雪教授团队专家工作站"累计远程交班查房61次，获益患者268名；为施甸200余名基层医生开展了重症、急诊基层培训1次；利用远程会诊中心开展网络教学"百草枯中毒"救治培训1次，刷新了以往"百草枯中毒"的救治理念。

三是派出医疗专家托管县人民医院。西安交大一附院通过在全院范围内认真遴选，于2019年7月16日派遣行政、业务专家团队3人（其中1名专家任院长、2名专家任副院长）对县人民医院行政、业务等方面进行托管帮扶。派驻专家到任后通过对施甸县人民医院的深入调研，建立健全了医院的各项管理制度，并狠抓落实，同时结合施甸县人民医院2019年度工作重点，积极研究部署"提质达标"及"两个中心（胸痛中心、卒中中心）达标"工作，并为保山和施甸积极争取了多个会议和学术交流的机会。此外，还与云南省胸痛中心建设委员会主任杨丽霞教授所在单位签订了帮扶和转诊协议，为今后的施甸县人民医院心脏导管室的建设与PCI技术的发展奠定了基础。

四是完善县域内医共体建设。2020年1月1日成立了由王雪院长任理事长的施甸县紧密型县域医疗卫生共同体理事会，并投入100万元资助施甸县医共体建设。通过整合施甸县乡村医疗卫生服务资源，建立起"基层首诊、双向转诊、急慢分治、上下联动"的分级诊疗模式，提高医疗卫生资源配置使用效率，提高服务能力，促进县乡村三级医疗卫生机构共同发展。

三、搭平台转观念

一是搭建专家服务平台。西安交通大学第一附属医院党委书记马辛格等7人对施甸县人民医院进行行政、业务等方面托管工作以来，施甸县人民医院病理科在西安交大一附院病理技术员李晓锋手把手的带教下，完成了第一例冰冻切片的诊断和各种病理特殊染色，建立病理远程诊断会诊平台，实现了施甸县人民医院病理专业的"零"突破。

二是建立网络服务体系。第一附属医院血液净化科刘华副主任指导施甸县人民医院开展带隧道带涤纶套中心静脉留置术、自体动静脉内瘘成形术，开创了县域内血管通路技术的先河，处于县域内血液透析血管通路技术领先地位，大大减轻了患者的就医负担，进一步实现了大病不出县的分级诊疗目的，为血透患者带来了福音。

三是建立了远程会诊平台。在西安交大一附院的鼎力支持下，施甸县人民医院完成了与西安交大一附院的远程会诊平台建设，并于 2019 年 9 月初正式投入使用，施甸县人民医院的医生和患者与西安交大一附院的专家面对面会诊交流，让施甸县的患者不出县就能享受到国家级专家的会诊和服务。

四是捐赠医疗设备完善设施。2018 年派出妇产科、儿科、重症医学科 5 名专家到施甸县开展了为期两周的驻点帮扶工作；捐赠施甸县人民医院一台价值 500 万元的数字肺影像分析系统，分别捐赠给施甸县人民医院、县妇幼保健院、姚关中心卫生院 1 台价值 50 万元"宫腔观察吸引手术系统"。西安交大还联系校友企业为施甸县卫生系统共捐赠价值 700 万元的医疗设备。在西安交大一附院张林琳教授带领下，施甸县人民医院完成了首例尿道狭窄重建术，开创了保山市"舌黏膜切取尿道移植术"的先河，填补了施甸县开展此类手术的空白。

四、编制疫情防控网

在全国新型冠状病毒感染的肺炎疫情防控期间，西安交大第一附属医院王雪教授团队结合县情，制定周密的防控措施方案，保障了施甸新型冠状病毒感染的肺炎疫情防控期间"零感染"。同时，此次的新型冠状病毒感染的肺炎疫情的防控体系建设，也为施甸医疗卫生的传染病防控打下了坚实的基础。

一是建立起疫情防控网络。抗击新冠肺炎疫情期间，曾参加过 SARS 及HEN1 突发公共卫生事件救治工作的王雪院长果断带领医院职工有条不紊地开展疫情防控工作，并根据工作的环节需要，以县人民医院文件的形式制定颁布了31 项疫情防控指导性文件，严格把握住县域范围内新型冠状病毒感染的肺炎疫情的管控。在帮扶团队三人的带领下制定发布的流程得到了云南县域医院及医共体下的 13 个乡镇卫生院的积极响应，实现了施甸县新冠肺炎零病例。

二是"西迁精神"在施甸绽放。王雪教授带领的西安交大医疗团队坚守施甸医疗防疫一线，制定防控措施、制作防护服穿脱示教片、现场指导防控工作，为施甸医护人员树立起不畏艰难、勇挑重担的榜样。特别是西安交大对口帮扶的医疗团队大年三十告别家人，连夜奔赴千里之外的施甸，不停歇地奋战在抗疫一线的精神，深受施甸人民的敬仰，让西安交大的"西迁精神"在施甸大地绽放。

在西安交通大学与施甸县的共同努力下，施甸县医疗服务水平得到很大提升，最大限度地满足了施甸人民"大病不出县"的看病就医需求，切实为 34.79

万施甸人民，特别是 91314 名建档立卡贫困人口的健康保驾护航。通过帮扶，施甸县人民医院顺利通过了云南省县级公立医院提质达标验收，眼科获得了云南省"补短板重点专科培育项目"，胸痛中心及卒中中心顺利通过云南省卫生健康委认证，胸痛中心顺利通过国家胸痛中心认证。

第八章　生态保护扶贫

绘制"两山"蓝图　开拓"生态＋"脱贫之路

——东华大学定点扶贫云南省盐津县的创新实践

摘　要： 东华大学自2013年定点扶贫云南省盐津县以来，深入学习贯彻习近平总书记扶贫开发重要战略思想，充分发挥学校学科优势、整合人才资源、动员校内外力量，与盐津县委、县政府和各级干部一道绘制"绿水青山＋金山银山"蓝图，开拓了一条以"生态＋"全域旅游和农副产品产业发展相结合的绿色脱贫之路，为盐津县打好脱贫攻坚战做出了重要贡献。

关键词： 生态保护扶贫　绿水青山　金山银山　环境治理

习近平总书记指出，生态环境优势转化为生态农业、生态工业、生态旅游等生态经济的优势，那么绿水青山也就变成了金山银山。新农村建设一定要走符合农村实际的路子，遵循乡村自身发展规律，充分体现农村特点，保留乡村风貌，留得住青山绿水，记得住乡愁。

一、实践背景

（一）盐津县发展的现实问题

盐津县位于云南省东北部，是国家重点扶持贫困县。当地教育、文化、科技、产业等基础设施薄弱，建档立卡贫困人口10万余人，贫困村86个，其中深度贫困村36个。全县山地面积占总面积的99.92%，且多发山体滑坡、泥石流等自然灾害。长期以来，盐津在脱贫攻坚和经济发展的道路上，面临着诸多困难和新的发展问题。

一是逐步出现的环境污染问题。随着盐津县农村生活方式的改变和贫困人口易地搬迁，废弃的塑料垃圾和电子垃圾所占的比例越来越大，生活垃圾中的不可降解成分逐渐增多，如废弃塑料、破旧衣物、废弃家电用品等。由于缺乏相应的垃圾处理处置措施，村边、路边、沟边便成了垃圾的堆放地。处理方式仅仅是填埋，实际上是堆置于山谷，成为孕育蚊、蝇、蟑螂等的温床。这些携带致病细菌、病毒的害虫危害当地居民生活，影响美丽乡村建设，也影响生态旅游的发展。大量生活污水直接排放，污染饮水，雨季还会将污水和垃圾带入河道，造成流域和下游河流污染。

二是盐津整体发展的顶层规划设计需要优化。盐津山高谷深，乡村道路交通、农田水利等基础设施建设成本高，加上文化旅游、农业等优势资源没有实现有效整合，出现了产业发展滞后、特色农副产品和旅游产品供给不够丰富、运营机制不畅等问题。截至目前，盐津所处的滇东北红土高原旅游区在整个云南旅游版图里还处于旅游冷点区域，2017 年盐津县所属的昭通市旅游总收入在全省 16 个州市中排名后三位，国际旅游具有较大的发展空间。

（二）盐津县发展的潜在优势

盐津县在地域、生态、历史、文化等方面有着一定的优势，高度契合发展生态农业和游客消费转型升级的产品需求，具备实现"绿色发展"的良好基础。

一是在自然环境上，当地年降雨量为 1226.2 毫米，森林覆盖率达 56%，造就了"路在绿荫中、房在丛林中、人在美景中、心在自然中"的宜居环境，曾获得国家重点生态功能区县。当地特色农副产品有茶叶、竹、特色蔬菜、中药材、花卉、乌骨鸡、白酒等，曾获得全国"休闲农业与乡村旅游示范县"、中国特色魅力百强县等称号。

二是在地域和文化上，盐津是滇、川、黔的门户，素有"咽喉西蜀、锁钥南滇"之称，内昆铁路、昆水公路、水麻高速纵贯全境。留存有源远流长、特色鲜明的僰人文化、南丝路文化、滇川门户的"三川半"文化以及多民族的非物质文化遗产。

二、实践内容

（一）描绘"两山"美景，规划"生态＋"发展蓝图

学校认真学习贯彻习近平总书记扶贫开发重要战略思想，与盐津县委、县政府和各级干部齐心协力，共同绘制"绿水青山＋金山银山"的"两山"蓝图，

合力开拓"生态＋"全域旅游和农副产品产业发展相结合的脱贫之路。

1. 深入调研，加强顶层设计优化发展规划

学校深入贯彻习近平总书记以"两山理论"为基础的绿色发展思想，历经6批40余人次深入调研、10余次专题研讨，为盐津出谋划策。2020年4月，时任校长蒋昌俊、副校长邱高带队赴盐津调研期间（见图1）提出了"科学治污保护青山绿水，全面发掘当地生态、历史、人文等多方面的内涵和优势，发展绿色农副产品集约生产和销售，拓展生态康养、红色文化和人文历史为特色的全域旅游，以差异化、多元化竞争模式打造以盐津县为区域中心，联动周边市县，辐射云、贵、川、渝的全域旅游新面貌；在此基础上进一步长远谋划，结合乡村振兴，以城市集群发展为引擎，探索驱动云、贵、川、渝地区未来经济发展新模式"的规划建设思路。

一是保护"绿水青山"，学校针对盐津县缺乏治污工程技术和环保管理的问题，发挥学校科技创新和智力优势，建立低成本、高能效、易推广的生态治污环保模式，助力涵养"绿水青山"的盐津；二是推进"生态＋"发展理念，充分发挥生态、人文、历史的优势，在"生态＋"全域旅游、绿色农副产品产销两大方面助力盐津把"绿水青山"转化为"金山银山"。

图1　校长蒋昌俊赴盐津调研推进扶贫工作

2. 密切校地交流，培训提升干部能力

学校一直以来高度重视选派干部、交流互访和培训盐津基层干部。自定点扶贫工作开展以来，学校先后选派了5位挂职干部，其中2位挂职副县长，3位挂职村第一书记。学校与盐津县保持密切交流，校领导和盐津县领导多次会商沟通，共同研讨扶贫工作，形成"绿色发展"的共识。

围绕实现"两山"蓝图和"生态＋"发展规划，学校连续组织盐津县各级干部、企业家赴上海，开展"乡村振兴"系列培训，累计培训200余人（见图2）。学校设计了"理论学习＋参观实践＋资源对接"式的培训模式，内容包含专题课程和讲座、新农村示范基地的参观实践和企业家座谈会等，蒋昌俊校长亲自为盐津干部授课。通过培养一批又一批的盐津骨干，起了以点带面的作用，为盐津描绘"两山"美景和"生态＋"发展提供了源源不断的人才动力。

图2　学校举办盐津乡村振兴骨干人才研修班

（二）生态治污，保护盐津"绿水青山"

学校在中央高校基本科研业务经费中设立盐津专项，组织环境科学与技术学院陈泉源教授团队深入定点扶贫第一线，为盐津农村生活污水和生活垃圾处理规划和设计了"两污"治理科技扶贫示范工程。（见图3）

1. 因地制宜，研发生态治污技术

从2016年至今，陈教授团队8人先后4次赴盐津考察调研，通过详细的技术方案比对、论证，根据村镇和扶贫安置点的功能、人口、地形地貌、地质特点、气候、排放要求和经济水平，因地制宜地选择多种处理方式，研发运行维护管理简便、经济有效的处理技术，突破技术瓶颈，优选工艺环节，形成适应山区散居特点的生活污染治理技术方案，为农村生活垃圾和生活污水"两污"治理提供智力支持。

图3 陈泉源教授团队深入当地调研

2. "绿水青山"保护成效明显

"两污"治理科技示范工程的长期目标是帮助盐津保护和建设"绿水青山"，具有代表性的是在盐津县首个乡村旅游示范区——牛寨乡敦厚村和落雁乡牛塘村小岩扶贫安置点建设的农村生活垃圾、污水治理工程，覆盖21个村社区，帮助当地3000余人解决了部分生活垃圾及污水排放问题。

一是农村生活污水净化处理科技示范工程。学校科研团队研发的农村生活污水微动力处理系统、生态浮床技术和微生物—植物复合技术使污水中的各种污染物高效同步去除，污水处理后各项指标达到《城镇污水处理厂污染物排放标准》一级标准，可用于农作物灌溉，2017年至今，帮助节约灌溉用水4000余吨。该项目统筹生态效益和环境美学效应，真正实现了污水处理设施"建得起、用得起、管得好"目标，赢得了地方好评。（见图4）

二是农村生活垃圾的治理科技示范工程。在深入细致的调查基础上，根据盐津农村生活垃圾实际情况，采取"分类＋回收＋焚烧＋烟尘净化"模式对垃圾进行精细处理，在源头控制二噁英生成，结合活性炭吸附处理，降低烟气污染治理的成本。2017年至今，累计处理生活垃圾240余吨；同时变废为宝，垃圾焚烧飞灰和炉渣经固化稳定化后用于铺路，累计节约两村镇铺路硬化灰土30余吨，实现垃圾无害化、资源化、减量化处理，设备投资和运行费用较低。（见图5）

图4　农村生活污水治理前后对比

图5　农村生活垃圾治理前后对比

（三）推进"生态＋"发展模式

保护生态环境，发展绿色产业是践行"两山理论"的良好载体和重要途径，环境保护和生态农副产业及旅游发展有助于实现"绿水青山"到"金山银山"的跨越。

1.　"生态＋"环境保护项目高效稳定运行

在如何利用"绿水青山"带动经济发展、创造"金山银山"的问题上，习近平总书记多次强调，保护环境就是保护生产力，改善环境就是发展生产力。学校根据"生态＋"发展规划，推进了环境治理的可推广模式。

"两污"治理科技扶贫示范工程属于山区农村生活垃圾和污水处理方式，不能照搬或套用城镇生活污水处理模式，充分结合了山区农村实情和生活污水特点进行工程设计。基于可耕地很少、经济基础薄弱，生活污水处理运行费用十分有限，只能集成厌氧、缺氧、微动力曝气好氧和生态浮床技术，使污水处理能耗最小化，在保证污水处理效果的前提下，降低污水处理运行成本。学校科研团队从可推广的角度把污水处理装置外形美观性进一步提升，与山区风景协调一致，从而成为集观光与科普于一体的特色基地，从而在"生态"盐津中探寻了相似区域可推广、可复制的"绿色"经济模式，助力脱贫攻坚。（见图6）盐津县当前已投入建设生态污水净化项目32个，垃圾焚烧点21个，预计可以帮助一万余人解决生活、农田灌溉用水和生活垃圾的处置问题。

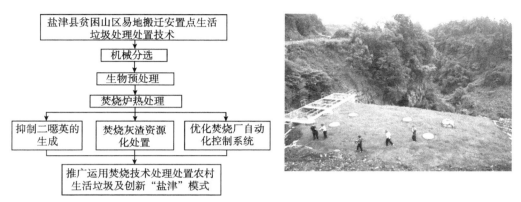

图6　规划设计低成本、可推广的"盐津生态治理"模式

2. "生态 +" 全域旅游项目蓬勃发展

习近平总书记深刻指出，发展全域旅游的路子是对的，要坚持下去。学校旅游管理专业吴晓隽团队通过调研深入了解盐津的地域、生态、文化、历史等方面的综合情况，梳理了盐津县的旅游资源，帮助盐津提炼出其中最具开发价值的资源——南丝路文化、豆沙关古镇、乌蒙山水和乡村旅游资源，并围绕总主题定位与目标客源市场，规划以文化旅游为基础的"环盐津"城市集群发展为引擎，驱动云、贵、川、渝地区以旅游发展带动消费增长、产业升级的发展建议。

一是盐津文化旅游规划稳步实施。在规划设计报告中，学校帮助盐津明确"人文生态康养旅游目的地"的定位，（见图7）抓住市场机遇，提前布局，提高文化品位，形成高品质康养度假的精品目的地。采取错位竞争，推出三大主题相组合，主打"南丝路关隘古道文化"主题，辅以"乌蒙大山大川大峡谷"和"生态乡村、康养度假"两个次级主题。当前盐津县文广旅游局已采纳部分主题，盐津县结合各类主题建设的住宿设施累计已达178处，预计能提供3000余个房间，进一步为全域旅游的发展打下了良好的基础。

二是区域联动的资源整合效果明显。专家团队提出结合盐津县城市与交通发展的总体规划，通过整合区域的旅游资源优势，打造跨区域的主题游线，以形成区域联动关系，促进区域间的旅游联盟。（见图8）同时，提出进一步整合资源，打造"南丝路国际论坛"IP；推出乌蒙养生季，整合分散的资源和元素，打响统一品牌；巧用新媒体做好移动互联、自由行年代的主客共享型目的地营销等意见。目前，盐津已举办的第三届国际山地自行车赛，吸引了12000余人到普洱观看；庙坝油菜花文化旅游节、兴隆茶花节等节日，加大了景区景点节日赛事开发力度，打造豆沙关、庙坝梨坪花香酒谷、国家农业公园等16个精品景区建设，不断丰富旅游要素和内涵；扶持了旅游特色商品生产销售企业300余家，扩充该县旅游特色商品达2000余种，以服务吸引更多的客人，全面推进全县旅游发展。

| 图 7 | 学校整合盐津文化 | 图 8 | 盐津县域内旅游产业的规划设计 |

3. "生态 +"农副产品项目生产销售持续扩大

一是消费扶贫带动"生态 +"快速发展。2018年学校消费扶贫（见图9）和推广销售400余万元盐津农副产品，包括大米、蜂蜜、竹笋、茶叶、食用油等近20个品种，把盐津的农副产品引入校园，推向上海市场，受到广泛好评。通过帮助当地农产品走出大山，打响"生态 +"美誉，促进了盐津县16家农产品和旅游企业参加2019年在昆明举行的南博会（见图10），主动寻求跨区域资源合作，共计签订意向性供货或合作金额1610万元，迈出了农产品区域合作的新步伐。

二是包装设计提升"生态 +"品牌形象。学校对接当地政府和企业提出的需求，在中央高校基本科研业务费中设立"盐津特色农副产品包装设计创新研究"专项，资助10万元。项目紧扣盐津县"一精品，三有机"主题，把"生态 +"农副产品与当地生态康养、人文历史相结合，帮助塑造了"黑凤凰""庙坝白酒""龙凤茶庄"等多个品牌。

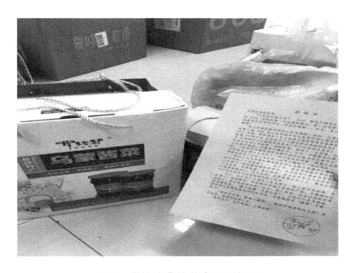

图 9 学校消费扶贫产品及倡议

图 10 盐津产品南博会销售现场

三是中药材研究助力"生态＋"提升能级。盐津县中药材天麻、重楼、黄精等是当地"生态＋"农副产品的主要代表。学校帮助联系上海中医药大学，并在当地设立 15 万元中药材研究经费，依托上海中医药大学专家对盐津县中药材进行研究检测，为当地中药材产业发展把脉问诊。目前，盐津县已成立了以星海中药材种植合作社联合社为首的 26 家企业，有盐津东胜乌天麻等 3 家企业落户盐津，天麻、重楼、黄精、瓜蒌等 10 余个品种已成规模，种植面积达 12 万余亩，年出产鲜药材 5000 余吨。

四是打通物流和电商销售渠道助力"生态＋"拓展市场。学校抓住盐津"好山，好水，好空气，好食品"的"生态＋"农副产品特点，构建新型现代经营之路，在产品线中体现"生态＋"的概念，充分发挥产品中的生态价值。帮助筹建了"东华大学扶贫盐津农产品展示专区"和线上微店，现场展出了竹笋、蜂蜜、茶叶、食用油、大米、天麻等 6 个品类 40 余种农特土产。（见图 11、图 12）在推广和帮助销售盐津"生态＋"农副产品的同时，通过展区启动仪式等推广活动对盐津"生态＋"全域旅游的特色和吸引力进行了广泛的传播。仅启动仪式首日，累计关注微店达 300 余人，参观教师和学生达 600 余人次，累计线上转发 1200 余次。

图 11　邱高为农产品展示基地揭牌

图 12　农产品推广现场

三、未来展望

东华大学将围绕"两山"美景和"生态＋"发展蓝图，进一步结合乡村振兴战略，不断加强体制机制建设，全力帮助盐津县留住"绿水青山"，找到"金山银山"。一是生态治污成果得到昭通市人民政府的好评和重视，结合周边县市环境保护需求，学校将和地方政府携手推广生态治污项目；二是进一步引入全新概念，打造特色品牌，整合周边县市资源驱动全域旅游；三是继续通过科研助力，线下线上宣传等途径，帮助盐津产业在市场竞争中发展壮大，促进当地产业不断改进和完善。整体上推动当地"生态＋"环境保护、全域旅游、农副产品产业长远发展，不断激活并增强盐津"造血"能力，助力盐津县乡村振兴事业发展。

聚焦中药产业提档升级　引领巴山药乡绿色发展

——中国药科大学用"两山理论"探索"四个三"扶贫模式

摘　要： 2013 年以来，中国药科大学紧密围绕镇坪"巴山药乡"的自然资源禀赋，践行"绿水青山就是金山银山"的发展理念，从突出"三大导向"、破解"三大难题"、聚焦"三大产业"、构建"三大机制"四个方面助推镇坪中药三产融合，通过绿色发展引领镇坪脱贫致富。

关键词： "两山理论"　中药产业　绿色发展

党的十八大以来，习近平总书记在不同场合反复强调，要牢固树立绿水青山就是金山银山的理念。我们既要金山银山，又要绿水青山。这就必须处理好生态保护与扶贫开发的关系，提升贫困地区可持续发展能力。

镇坪县位于陕西省最南端，东邻湖北，南接重庆，全县面积 1503 平方千米，人口 5.9 万人，下辖 7 个镇 58 个行政村。大巴山主脊横亘县境南部，南江河纵贯南北，将镇坪县切割为东西两半，形成"两山夹一谷"的地貌、"八山一水一分田"的格局。交通的不便、土地的紧缺、教育的落后、信息的闭塞深深制约着镇坪的发展。从单一资源型的"木头经济""煤炭经济"到低水平的"药材经济"，镇坪一直在探索发展之路，但苦于缺资金、缺技术、缺人才、缺市场，一直没有找到适合的发展路径。2012 年，镇坪依然是国家重点帮扶的贫困县，全县 58 个村中有 43 个贫困村，建档立卡贫困人口 5725 户、15994 人，贫困发生率超过 25%。

2013 年以来，中国药科大学承担了定点帮扶镇坪县脱贫致富的光荣使命，为帮助镇坪摆脱贫困，振兴乡村，实现从美丽镇坪到幸福镇坪的发展目标，学校紧紧围绕镇坪"巴山药乡"自然资源禀赋，践行"绿水青山就是金山银山"发展理念，以保障和改善民生为出发点，以发展壮大中药产业为着力点，以促进产业融合为落脚点，积极探索"四个三"扶贫模式，坚持走保护和开发并重、生态与经济双赢的绿色循环发展之路，让秦巴山区真正实现产业因中药而强、百姓因中药而富、生态因中药而美。

一、突出"三大导向"，找准发展定位

（一）突出产业扶贫导向

习近平总书记指出："产业扶贫是稳定脱贫的根本之策。"[①] 一个地方的发展，关键在于找准路子、突出特色。欠发达地区抓发展，更要立足资源禀赋和产业基础，做好特色文章，实现差异竞争、错位发展。落实产业扶贫政策，要稳固做到四个"精准"：产业选择精准、项目设计精准、支持投向精准、贫困人口收益精准。镇坪位于全国四大药带的"巴山药乡"，自然资源禀赋优越，尤其是中药材资源丰富，有1730种中草药，其中400多种中药材载入《中国药典》，史有"无地不药、无农不药、无商不药"的传统，境内适合中药材种植的面积高达40万亩，具有发展中药材种植业得天独厚的条件。中国药科大学秉承"精业济群"的校训，立足药学教育、药学研究、药学服务，充分发挥"双一流"学科——中药学学科优势，通过资源潜力、市场前景、群众参与度、效益对比等调研论证，选定中药产业作为镇坪脱贫攻坚主导产业。

镇坪属北亚热带山地湿润气候区，有优渥的生态环境，森林覆盖率高达88.6%；有纯净的空气，空气质量全年都在优良等级以上，连续三年名列陕西省第一；有优质的水源，南江河干流水质保持在Ⅱ级以上，良好的生态背景把镇坪孕育成中国首个长寿文化之乡。历史蓄积的生态优势，如何科学地转化为经济发展的红利，是生态好、经济差的贫困地区普遍面临的难点课题。随着国民经济的快速增长，社会大众对于旅游服务业的需求不断增强。从镇坪的资源优势、市场潜力以及经济社会的发展趋势来看，发展生态旅游业是必然的选择。大力发展旅游业，提升消费体验，能够把县外消费者引进县内消费，有效防止市场信息风险、运输成本风险。学校立足镇坪"生态立县、旅游兴县"的发展方向，紧抓"健康中国"战略机遇，找准绿水青山与金山银山的结合点，聚力发展集旅游、康养、文化、扶贫于一体的综合扶贫服务业，努力实现生态强县、绿色富民。

---

① 习近平.在打好精准脱贫攻坚座谈会上的讲话［M］.北京：人民出版社，2020：13.

（二）突出规划引领导向

推动扶贫开发、推动经济社会发展，要有一个好思路、好路子。精准扶贫落实到产业发展方面就是要尊重市场规律，避免产业同质化，要坚持从实际出发，因地制宜，厘清思路、完善规划、找准突破口。学校根据镇坪中药材资源状况以及地理、气候、土壤、中药材生长习性等综合要素，组织生物医药、经济管理等多个领域的专家学者为当地的中药产业把脉开方，先后编制了《中国药科大学定点帮扶镇坪县规划》《镇坪县中药产业发展规划》，并且积极为《安康市生物医药产业发展规划》《镇坪县"十三五"规划纲要（中药产业部分）》献计献策，通过壮大镇坪的中药产业辐射带动整个安康地区的生物医药产业发展。根据"资源保护、科技支撑、品牌带动、市场引领"原则，以中药材休闲观光、标准化生产基地、饮片和成品药加工、养生药膳、保健旅游商品等开发为重点，帮助镇坪构建中药全产业链发展模式。一是因地制宜，大力发展林下中药材种植业，建成一批种植示范区，通过示范引领带动农户种植的积极性。二是引进资金、技术实力雄厚的中药企业，大力发展药材深加工和制药产业，加快医药生产企业聚集，形成规模效应。三是围绕中药保健产品开发、传统中药文化体验、中药种植观赏等大力发展旅游康养产业，促进中药一、二、三产有机融合，引领中药产业高质量发展。

（三）突出企业带动导向

习近平总书记多次强调：要动员全社会力量广泛参与扶贫事业，形成扶贫开发工作强大合力。企业在产业扶贫过程中要发挥好推动作用。针对镇坪发展中药产业的短板、弱项，学校加大药业企业培育引进力度，发挥龙头企业的带动引领作用，强化其与贫困户的利益联结机制。在中药产业的种植、生产加工、康养旅游等方面，引进境内外投资，先后注册成立公司3家，培育中药材加工企业7家，重点推进三大项目落地，形成每个项目都有龙头企业带动、小微企业（农户）参与、产业资金投入的产业业态。加大龙头企业、标杆企业的扶持力度：在中药种植方面，发挥振兴药业、安得药业种植基地的示范作用，通过"政府扶企业，企业建基地，基地带农户"的模式，以劳务雇佣、土地流转等多种形式建立企业与农户的利益联合体，有效带动农户增收脱贫。在中药材加工方面，发挥普欣药业、振兴药业等龙头企业的带动作用，延伸产业链条，加快产业聚集，建设镇坪中药材加工业的高地。在中药康养方面，抢抓飞渡峡中药康养小镇和南江湖中药康养示范区建设，结合乡村振兴战略和美丽乡村建设，大力发展绿色经济、美丽经济，实现生态经济化、经济生态化。

二、破解"三大难题"，打通发展瓶颈

（一）着力破解交通难题

结对帮扶之初，镇坪县是陕西省唯一不通二级公路的县域，从平利向南进入镇坪便是险象环生的盘山路，更是无路出陕南。一条高速公路的修建，是实现陕渝经济圈互通互联的必然，更是巴山群众走出山区、脱贫致富、迈向小康的殷切期盼。学校主要领导先后5次与陕西省委、省政府领导和部门共同谋划，提出"脱贫攻坚、交通先行"的发展思路，得到了陕西省委、省政府的大力支持，时任陕西省省长胡和平同志到现场调研、做指示批示，亲自推动镇坪境内平镇高速公路的建设。平镇高速公路总投资110亿元，于2016年开工建设，计划于2020年8月底建成通车，届时镇坪至安康的车程将缩减至1个小时。该工程大部分路段穿越山体、架于水上，桥隧比例达到82.62%，途径生态保护区、水源涵养区，环境保护要求非常高，建设的困难程度可见一斑。在建设过程中，各级部门高度重视自然生态环境的保护，妥善协调好生态文明建设与经济社会发展的关系。几年来，镇坪各级道路全面提档升级，基本实现了镇坪交通体系从省市县的"主动脉"到镇村的"毛细血管"全方位连通，总体呈现出"人能进来、货能出去、钱能留下"的发展态势。

（二）着力破解规模难题

地方要发展现代工业经济，必须形成一定的产业规模，才能摊薄基础设施投入，有效降低运营成本。镇坪属于边远山区，连片的工业用地极为短缺，又处在国家主体功能区规划的"限制开发区域（重点生态功能区）"、南水北调水源地，大大增加了工业化成本。跳出区域限制，大力发展"飞地经济"，把镇坪的优势资源和招商引资的重大项目"飞入"交通便捷、区位优势明显、物流畅通发达的安康高新园区，能有效破解镇坪区位瓶颈和用地难题，实现生态保护与经济社会的均衡发展。镇坪县飞地园区按照"县上建基地、飞地作加工、区域拓市场"的模式，坚持"规划引领、基础先行、产业跟进、分步实施"的推进思路，依托陕南秦巴山区道地中药材资源优势，稳步发展生物医药、富硒食品、新型材料

等绿色主导产业。园区不断优化投资环境，完善投资服务，培植"亲商、安商、扶商、富商"的招商理念，先后引入安康普欣药业、莲花黑荞健康产业、安康振兴实业等一批龙头企业入驻园区，有效带动了镇坪工业发展。

（三）着力破解技术难题

学校充分发挥技术、人才、信息等方面的优势，建立了定点扶贫专家库，组建成立秦巴中药材研究中心、中药配方颗粒标准化工程技术研究中心，为镇坪中药产业发展解决技术难题。开展中药资源普查是发展中药产业的前提。镇坪药材品种多、分布广，摸清摸准家底是第一步。学校组织 60 余人次专家团队参与镇坪全国第四次中药材资源普查。通过进山采集标本，收集照片影像，制作中药材标本，统计药材来源地、分布情况等信息，精准掌握镇坪野生中药材分布、生长情况，为巴山宝库的进一步开发提供科学依据。坚持开发与保护并行，做好镇坪道地中药材资源的保护，建立濒危中药材自然保护区和现代中药保种育种基地，促进可持续发展。

开展中药材科学研究是发展中药产业的基础。学校提供科研专项资金累计 600 余万元，先后资助支持专家教授 100 余位，参与镇坪中药材质量鉴定、野生抚育、种质改良等课题研究 40 余项，同时加强校地合作，申报国家、省市级科研课题 5 项，帮助镇坪完成了黄连、玄参、川牛膝、独活、天麻、杜仲等中药材样品成分检测分析，特别是从镇坪黄连中分离并鉴定化合物 41 种，其中 12 种化合物首次分离得到，并研究了其独特的降脂活性。经鉴定，镇坪黄连含小檗碱（别称黄连素）8.11%（《药典》规定标准是 3.6%），镇坪葛根所含黄酮高达 30%，其中葛根素含量达 6%，居全国之首，党参乙醇浸出物 65.36%（《药典》规定标准是 55%），天麻含天麻素 0.7%（《药典》规定标准是 0.1%），有效成分含量均高于国家药典标准。帮助"镇坪黄连"成功通过国家地理标志农产品认证，"黄连 1 号""黄连 2 号"选育推广成果获得安康市科技进步一等奖。

开展科技产品开发是延伸产业链条的有效手段。学校利用镇坪优质自然资源和农副产品，加强科技产品的研发与生产，提高镇坪产品的科技附加值和市场竞争力。进行菊芋降糖系列产品、"天星米面包"、"金丝皇菊面包"、"高山富硒茶花护肤水"等健康产品研发。将镇坪艾草、野菊花等草本植物"变废为宝"，研发外用抗眼疲劳助睡眠的中药护眼眼罩，仅上市 1 个月就销售了 12000 余盒。

三、聚焦"三大产业"，拓宽发展路径

（一）药材种养业增质

学校深入调研、科学规划，引导镇坪优先发展具有传统优势的地道药材和具有种植经验的药材品种，重点发展全省及周边地区制药企业所需的主要药材种类和大宗药材中用量大而紧缺的种类，适宜发展具有药食等多功能产品开发的种类，特别是具有治疗疑难病症新药开发前景的种类。推行"龙头企业＋种植基地＋专业合作社＋农户"的参与式扶贫模式，发挥龙头企业、专业合作社对贫困人口的组织和带动作用。根据不同药材对气候环境、土壤条件的要求以及本身的生长习性，按照 GAP 标准，推广标准化种植，提高中药材种植的规范性、科学性。改进种植方式，变山坡林地为良田良地，改分散的种植为集中种植，科学统筹、规范管理、统一服务，提高药材的生产质量。积极探索多种形式的贫困人口利益保证机制与市场风险抵御机制，在资金贷款扶持、药材种子供应、生产物资保障、农业技术指导等方面给予农户大力支持，充分调动农户种植的积极性。实行种植基地统一采购、统一销售，保护收购价格，最大限度降低药农的风险，增加药农的收益。2019 年，全县累计发展各种草本药材 6.5 万亩，木本药材 8 万亩，规划保护野生药材 60 万亩。玄参种植面积 2.5 万亩，年产量 5000 吨；黄连种植面积 1.8 万亩，年产量 1500 吨。镇坪县药材产值达 1.06 亿元，占种植业总产值的 32.7%，全县已有药材种植户 8710 户，占总农户的 73%，农民人均种药达到 2.8 亩。药材产业已成为镇坪县域经济发展的重点产业，成为当地群众发家致富的"良方"。

（二）中药生产加工业增值

产业扶贫的实践证明，单一型、资源型扶贫产业难以达到稳定长效的增收效果，要最大限度留住产品价值，延伸产业链条是关键之举。学校抢抓中医药发展的机遇期，加快中药材深加工业聚集发展，积极引进安康普欣药业、安康振兴实业等中药企业入驻镇坪飞地园区。其中，普欣药业"中药配方颗粒项目"整合安康地区中药材种植基地（包括玄参、黄连、绞股蓝 GAP 基地）、中药材提取生产线、中药饮片公司等资源，聚力打造陕西唯一、辐射西北五省区的颗粒剂生产企业。该项目注册资本 1 亿元，其中港资 7500 万港币，一期计划总投资 3 亿元，占地 100 亩，按照国家新版 GMP 要求，建设生产车间、仓库、动力车间、危险品库、三废处理中心、质检研发楼等生产及辅助设施。项目建成完成 500 味中药配方颗粒品种申报备案后，预计年平均设计生产能力为 6 亿包，年工业总产值为 12 亿元，项目投产第一年达到 50% 的生产能力，第二年达到 75%，第三年实现 100%，投产 5 年内实现产值 20 亿元以上，总利税 8 亿元以上，将成为镇坪县域经济发展的助推器、持续增长的压舱石。

学校坚持医药企业引入与本地企业改造相结合，帮助已停产 8 年的镇坪县制药厂恢复生产，技改扩建年产 5000 吨中药饮片加工生产线，改造生产厂房和临时仓储场所 4000 平方米。协助安康振兴药业申报工信部中药材种植生产基地建设项目（独活基地）并通过考核，到账项目资金 500 万元，有力壮大了本地企业的发展。

（三）康养旅游业增效

多渠道、全方位加强产业融合，促进一、二、三产有效衔接，实现一产强、二产优、三产活，才能进一步提升产业扶贫的质量。学校立足镇坪县生态资源禀赋和中药产业优势，以镇坪"生态立县、旅游兴县"的全域旅游示范县建设为契机，结合镇坪"旅游＋""＋旅游"的大旅游发展战略，全力推进中药康养旅游业，努力建成产业融合、城景相映的宜居、宜业、宜游新镇坪。

2018 年，学校联合香港长江实业、常州方圆制药等企业，引进飞渡峡中药康养小镇项目。该项目依托镇坪 AAAA 级旅游景区飞渡峡，规划面积 5 万亩，拟投资 20 亿元，重点打造以中药文化体验区、中药养生观光区、中药主题康养区、高端养生体验区为核心，集休闲旅游、健康养生、农业观光、文化交流等于一体的康养旅游综合体。学校充分发挥一流学科"中药学"的科技力量，通过对镇坪飞渡峡地区中药资源的充分挖掘，以道地中药材种植、中药健康产品研发、中医药疗养为支持产业，发展长寿经济，形成以中药食疗养生和气候养生为核心，以中药养生产品为辅助的中药康养基地，创造工作岗位约 1000 个，带动周边约 2000 人增加收入。

2019 年，学校进一步完善产业布局，重点打造南江湖康养旅游扶贫示范区项目。该项目总投资额约为 5.6 亿元，采用 PPP 模式进行建设，目前已到账资金 1.7 亿元，主要包含康养生态体验板块（中医药博物馆、中医药养生舱、中医芳疗体验馆）、百草园种植基地板块（黄连示范种植基地、百合、芍药、白芨等中药材种植园）、欣陕高山富硒茶庄板块、冷水鱼生态园板块等四大板块，其核心区域为康养生态体验板块，着力打造集中医药康复理疗、养生保健、文化体验于一体的中医药健康旅游示范基地，配套学校研发的药膳、药妆、养生保健产品，达到吸引游客养生体验的目的，实现"高峡平湖，南江花谷，万户致富，健康镇坪"的发展目标。该项目被列入财政部第四批 PPP 项目示范库，已吸纳 200 余名村民直接参与示范区建设，带动 8 个贫困村 561 户、1333 人实现脱贫致富。

四、构建"三大机制"，夯实发展保障

（一）完善组织领导机制

学校坚持贯彻落实扶贫开发工作领导责任制，始终高站位、高标准、高强度推进定点扶贫工作，形成了党政一把手亲自抓、分管领导牵头抓，组织部门具体抓、其他部门协同抓，院系（支部）对口抓、专家教师领衔抓的扶贫工作组织领导体系。每年定期召开校党委常委会会议、定点扶贫专题会议、工作调度会议，研究推进定点扶贫工作。校领导班子成员先后 26 次带队到镇坪考察调研，实地推进帮扶措施落地生效。邀请陕西省、安康市领导先后 8 次带队来校共商扶贫大计，邀请镇坪县领导 12 次到学校谋划扶贫举措，密切校地交流合作，有效形成脱贫攻坚的合力。积极构建"大扶贫"工作格局，成立书记、校长任组长，15 个部门、学院负责人为成员的定点扶贫领导小组，全校师生 300 余人次赴镇坪开展工作，营造"人人关心扶贫、人人参与扶贫"的良好氛围。

（二）完善人才支撑机制

选派扶贫工作队是加强基层扶贫工作的有效组织措施。学校坚持"选硬人、硬选人"，紧扣脱贫攻坚阶段性目标任务和镇坪中药产业发展需求，精准选派 5 位专家教授挂职镇坪县副县长。2013 年选派本地籍副教授了解当地实情，找寻镇坪致贫根源，2014 年选派商学院教授帮助制定医药产业发展规划，2016 年选派中药学学科青年骨干、具有国家级技术开发区锻炼经验的教授以发展中药材种植及深度加工为突破口，全力推进镇坪中药材产业发展，2018 年选派中药资源学专家开展中药资源普查、中药科技产品开发，2020 年选派年轻干部助力镇坪打赢脱贫攻坚战。同时，学校积极选派 2 位骨干教师任驻村第一书记，沉在一线，干在基层，推广技术，指导种植，推动农村集体经济发展和贫困人口精准脱贫。

扶贫先扶智，扶贫必扶志。学校坚持每年举办产业精准扶贫培训班，邀请院士、长江学者、知名专家教授 100 余人次，为镇坪县党政干部、企业和乡镇负责人等进行培训，并组织多位教授和专家奔赴千里，深入田间地头手把手指导，累计培训镇坪县扶贫干部、企业负责人、技术人员、创业致富带头人等 6000 余人次，拓展提升当地干部群众的发展理念。发展教育是拔除穷根、阻断贫困代际传递的治本之策。学校开展"筑梦药大"暑期夏令营活动，组织镇坪中学生来校研学交流，引导镇坪学子树立医药报国志，厚植返乡创业情。通过"农村专项"累计录取镇坪籍本科生 19 名，已顺利毕业 8 人，其中博士 1 人，为镇坪培养了高端医药人才，不断增强持续发展的内生动力。

（三）强化责任落实机制

学校党委按照教育部的要求，严格落实扶贫责任，明确学校书记、校长是定点扶贫工作第一责任人。坚持把扶贫开发同基层组织建设有机结合起来，真正把基层党组织建设成带领群众脱贫致富的坚强战斗堡垒。不断深化"院镇共建、支部结对"党建扶贫模式，组织全校 7 个二级党组织、23 个教工党支部分别与镇坪 7 个乡镇、21 个村党支部、1 个企业党支部、1 个科研单位党支部结对共建，开展组合式帮扶，以党建引领产业扶贫、科技扶贫、教育扶贫、健康扶贫、消费扶贫等各项工作。共建院部定期与结对方对接交流机制，了解对方需求，在教育物资、师资培训、产业发展、农产品采购等方面给予针对性的帮扶。

"人不负青山，青山定不负人。"中国药科大学坚持以"两山理论"为指导，不断完善"四个三"扶贫模式的内涵，帮助镇坪坚定不移地走绿色循环发展之路。在学校真情帮扶下，在全县干部群众不懈努力、艰苦奋斗下，镇坪县已成为陕西省中药强县，主要经济指标在安康市名列前茅，连续三年获"陕西省县域经济社会发展争先进位奖"，2018 年成功在安康市率先实现整县脱贫，2019 年综合贫困发生率下降至 0.54%，成为陕西省唯一一个入选生态环境部第三批 23 个"绿水青山就是金山银山"实践创新基地的县份。学校扶贫工作事例连续 4 年入选教育部精准扶贫精准脱贫十大典型案例，扶贫工作受到中央电视台、中国教育电视台、《光明日报》、新华网等多家媒体的深入报道。

科技创新培育特色产业　绿水青山就是金山银山

——华中科技大学定点帮扶云南省临沧市临翔区精准脱贫创新实践

摘　要： 云南省临沧市临翔区是国家级贫困县（区）。根据中央统一部署，华中科技大学于2016年对临翔区开启科技扶贫工作，成效显著。首创普洱熟茶纯净发酵技术，革新传统熟茶发酵生产方式，实现高品质普洱熟茶稳定可控发酵生产，在当地茶企应用并投入规模化生产，打造"纯造普洱"品牌产业。茶企辐射全乡14个行政村4.1万亩茶叶基地茶农，带动全乡447户1803人建档立卡贫困户稳定增收。创建高品质金线莲高效繁育和高产种植技术体系，突破以往种苗"繁殖系数小、成活率低"瓶颈，打造出与高品质普洱熟茶交相辉映的第二个品牌产业"叫雨山仙草"金线莲。已带动100余人就业，实现人均增收3000元/月以上。该项目目前已陆续在全区20个行政村推广，可进一步促进乡村可持续发展。

科技扶贫项目获"教育部精准扶贫十大典型项目"、"互联网＋创新创业大赛国家银奖"、"求是杯"创业计划大赛国家银奖；入选2019年云南省第四届"科技入滇"重大科技成果展示；扶贫项目点成为2019年教育部直属系统扶贫工作推进会唯一的科技成果转化扶贫现场示范点，入选中央组织部、农业农村部组织的系列培训案例，得到央视新闻频道和财经频道、云南卫视、新华网、人民网等多方位报道。华中科技大学扶贫办于2020年获"全国脱贫攻坚先进集体"。

关键词： 科技扶贫　特色生物资源技术突破　"纯造普洱"　金线莲

习近平同志指出：发展产业是实现脱贫的根本之策。要因地制宜，把培育产业作为推动脱贫攻坚的根本出路。根据中央统一部署，华中科技大学对云南省临沧市临翔区进行定点扶贫。学校通过深入调研临翔区特色资源和独有生态环境，利用学校科技优势，积极发挥高校社会服务功能，建立以当地特色资源为依托、以现实需求为导向、以精准脱贫为目标的"科技＋产业"帮扶模式，育成"纯造普洱"和"叫雨山仙草"金线莲两大特色科技产业。

一、聚焦特色资源，科学精准施策

临翔区是国家级贫困县（区）。经过几轮贫困对象信息动态调整，截至 2017 年 5 月，该区仍有建档立卡贫困乡 4 个，贫困村 56 个，农村贫困户 10745 户，贫困人口 42414 人，贫困形势严峻，且资金、技术短缺，内生动力不足是其主要致贫原因。创新科技，培育特色产业，是实施精准扶贫的关键举措。

临翔区资源丰富，环境优美，如何将当地特色资源变成优势资源，将绿水青山变成金山银山，带领人民脱贫致富，是临翔区政府亟待解决的问题。华中科技大学党委高度重视扶贫工作，党委书记、校长等领导多次带领专家团队赴临翔区深入一线调研，临翔区政府积极配合，多次互访。双方领导和专家团队在深度调研临翔区自然资源和环境资源特色的基础上，确定临翔区特色资源产业发展面临的两大痛点，具体如下：

痛点 1：茶产业落后，特色茶资源没有发挥品质优势。临沧市是云南省四大普洱茶产地（保山，临沧，普洱，西双版纳）之一，仅临翔区就有近 25 万亩茶园，其中，优质茶园 23 万多亩，古树茶园 5 万亩，有机认证茶园 0.3 万亩，雨林联盟认证茶园 0.1 万亩，是闻名遐迩的昔归茶原产地，好山好水产好茶，有"天下茶尊"之称。全国普洱茶原料中约有一半来自临沧，是中国主要的普洱茶原料基地，年产量超过 1.5 万吨，是山区和半山区农民的主要经济收入来源之一。但是，如此丰富的茶资源和产量，却由于茶产业滞后，主要以原料销售为主，茶农人均茶叶毛收入仅为 2842 元，临沧茶产业长期处于高产量、低产值的局面。而且，据海关统计，2016 年，普洱茶出口量为 2937 吨，仅占茶叶出口总量（32.9 万吨）的 0.9%，严重制约了茶产业发展，这与云南省普洱茶尤其是普洱熟茶生产标准化程度较低，品质差异大、不稳定，不能满足国外对茶叶品质和标准的要求密切相关。因此，通过科技创新普洱茶加工技术，提升加工品质和标准，扩大茶加工生产规模，是促进普洱茶全球市场推广和当地农民增收不可替代的紧迫扶贫任务。

痛点 2：林下经济产业匮乏，特色环境资源没有发挥生态优势。临翔区靠近北回归线，属亚热带山地季风气候，森林覆盖率为 76.2%，有"国家森林城市"之称，四季如春，年平均气温 16.8℃～17.9℃，光照充足，雨量充沛，具有优越的气候和土壤环境。因资金、技术缺乏，林下经济产业匮乏，是当地农民贫困的重要原因之一。因此，有效利用临翔区的天然气候和生态优势，发展高价值的特色林下经济产业，是实现农民脱贫致富的有效途径。

金线莲是兰科开唇兰属多年生草本植物，含金线莲苷、多糖类、酚类、黄酮类等有效成分，具有清热凉血、祛风利湿、强心利尿、平肝、解毒等功效，被称为"药中之王"。野生金线莲仅在我国台湾、福建、云南、贵州等地有零星分布，且自然繁殖系数低，生长周期长，过度采挖已导致资源稀缺，价值很高。因此，大力发展金线莲仿野生栽培技术，扩大金线莲种植规模，市场前景巨大。但由于金线莲生长条件苛刻，扩大种植规模十分困难，目前仅在我国台湾、福建等地有一定量的人工栽培，且因仿野生条件不足，田间栽培的成活率仅为 20% 左右，严重制约该产业的发展。而临翔区特色气候条件和生态环境很有可能满足金线莲的种植要求，值得深入研究种植推广技术，但仍面临种苗繁殖效率低、成活率低、品质低等瓶颈问题。学校前期通过系统深入研究，建立金线莲种苗快繁和田间移栽技术体系，在此基础上，通过进一步科技创新，全面解决金线莲在临翔区种植推广面临的瓶颈问题。建立优化金线莲种苗快繁、大棚培育到田间栽培的高产种植技术体系，培育金线莲林下经济产业，是促进当地林下经济发展和农民增收的有效扶贫举措。

经全面调研论证，学校确定建立以当地优质茶叶资源和林下生态优势为依托、以需求为导向、以脱贫为目标的"科技＋产业"帮扶模式，聚焦茶产业提质增效和林下种植金线莲产业发展，以期育成两大特色产业，实现当地农民脱贫。

二、聚力科技创新，培育特色品牌

发挥科技优势，实施产业扶贫，已成为学校脱贫帮扶最突出的亮点。华中科技大学在临翔区建成首个学校与地方政府共建的综合服务型云南省院士（专家）工作站，该站作为帮扶的综合性平台，已成为脱贫攻坚的桥头堡。针对临翔区需求，学校组建科研团队，重点发力，已投入 700 余万元开展科技扶贫项目研发，为临翔区产业扶贫注入了新的动力。

（一）创新普洱熟茶加工技术，育成"纯造普洱"品牌

为了突破普洱茶加工生产标准化程度低，品质差异大、不稳定等瓶颈问题，

提升普洱茶的品质和标准，促使临翔区普洱茶特色资源发挥更大效益，学校派出以余龙江教授为首的普洱茶研发团队，针对普洱熟茶生产长期存在的上述瓶颈问题，开展颠覆性技术创新。研发团队接到任务，迅速投入工作，广泛深入研究文献资料和生产实际，明确了科技攻关的重点和难点，制定了详细的研究方案，夜以继日，重点攻关，突破难点，迅速取得实验室成果。团队在继续优化实验室小试成果的同时，齐头并进，深入临翔区对口企业，驻扎厂区，同步开展生产性试验，以期获得优化的生产工艺参数。在此期间，为了研制独特的普洱熟茶纯净发酵装置，苦于没有现成的可参考对象，整个设计方案被反复讨论修改了不下20次，试制阶段仍在不断修订完善，克服了很多配件在现场甚至在昆明都无法买到等诸多困难。这种求真务实、艰苦奋斗、无私奉献的科学精神赢得了当地政府和企业员工的高度赞扬。经过夜以继日的忘我努力，团队研发了高品质纯造普洱熟茶纯净可控发酵新技术，建立了独特的高品质纯造普洱生产新工艺，研制了具有自主知识产权的规模化纯净制造普洱熟茶的发酵装置，并率先在临翔区政府选定的云南裕元祥茶文化传播有限公司建立了高洁净度的普洱熟茶纯净发酵生产厂房和车间（见图1），实现了高品质普洱熟茶的稳定可控发酵生产。新产品中的重要成分茶多酚和茶褐素含量等关键指标均优于存放3年的传统普洱熟茶产品，远高于普洱茶国家标准，且新产品中均未检出黄曲霉毒素B1、伏马毒素B1、伏马毒素B2、伏马毒素B3、赭曲霉毒素A、呕吐毒素等有害物成分，而且新产品质量稳定可控，十分有利于出口和国际市场推广。云南省茶叶协会相关负责人对新产品的品质也给予了充分肯定，称赞这是普洱茶产业了不起的科技进步。

图1　普洱熟茶纯净发酵生产车间

目前，采用创新技术及工艺生产的普洱熟茶产品已注册"纯造普洱"商标，可通过"TM"形式（指可以正式公开销售）逐步实施销售。同时，该产品已获得以免税馆为基础的阿拉山口国际茶叶交易中心的授权，可进行国际推广。

（二）创建金线莲林下经济产业，育成"叫雨山仙草"品牌

为了突破金线莲种苗繁殖效率低、成活率低、品质低等瓶颈问题，在临翔区建立优化金线莲种苗快繁、大棚培育到田间栽培的高产种植技术体系，培育金线莲林下经济产业，学校组织金线莲研发团队深入现场，迎难而上，逐一突破上述瓶颈问题。经过深入调研分析，研发团队选定在临翔区的泛华林业建设金线莲种苗繁殖及种质保存中心，半个月内设计出建设方案，并指导施工方在3个月内完成基础设施建设。在种苗快繁方面，通过近1年的优化试验，将繁殖系数由1:2.5提高到了1:4，大幅降低了种苗生产成本。在大棚及林下种植方面，团队对临翔区小道河林场5.4万亩山林的土壤、气候、立地条件等进行综合分析，确定在叫雨山海拔2000米左右的阔叶林下进行种植试验。在试种植阶段，研发团队驻扎在林区，针对金线莲苗龄选择及种苗预处理、栽培土壤深度、种植后浇水施肥情况、常见病虫害防治等问题开展试验，并从理论和技术上给予当地企业人员详细指导，不仅授之以鱼，还授之以渔。经过一年半的艰苦奋斗和试种植过程的长期监测，团队在临翔区建成了金线莲种源保存技术体系、种苗低成本高效繁殖技术体系、大棚及林下高成活率高品质种植技术体系，获得了种植基地选择、种植和采收的最佳时节等技术参数，指导建成金线莲种苗繁殖中心（见图2、图3），培训了一批从事金线莲种苗繁殖、大棚栽培、林下种植的农村实用人才和新型职业农民。研发团队成员深入浅出、通俗易懂的讲解，细致耐心的手把手指导，毫无保留、不求回报的奉献精神，赢得了当地领导和所有培训员工的尊敬和认可。通过在临翔区叫雨山的不同海拔和覆阴度的多块林地进行种植试验，取得了令人振奋的结果，金线莲的种植成活率高达98%（远远高于人工栽培技术最成熟的福建地区），检测分析发现，其有效成分的积累量也大大超过了福建仿野生种植的金线莲。目前，企业已将该原料加工的产品注册了"叫雨山仙草"商标，育成了金线莲林下经济产业。

图2　金线莲种苗繁殖操作培训

图3　云南临沧临翔区金线莲组培车间

三、做强特色产业，加速脱贫攻坚

通过当地政府、华中科技大学、企业共同发力，构建"原料—产品—商品—消费品"的完整链条，实施全链推动。临翔区政府把做大做强普洱茶和金线莲产业确立为主导产业和农民脱贫致富的支柱产业，同时重视龙头企业的巨大带动作用，并通过流转土地、规模经营、公司化运作、品牌推广等手段，推进全区普洱茶和金线莲产业向规模化、集约化、品牌化的现代农业发展，使原料种植面积不断扩大，产业不断发展壮大，促进农民脱贫致富。

（一）支持龙头企业，做强茶叶产业

临翔区拥有好山好水，能产好茶，却因加工技术落后，缺少销售渠道，茶产业长期处于高产量、低产值的局面。华中科技大学决定与临翔区政府联合做好茶产业"这篇文章"，通过技术、资金和人脉等优势挖掘茶产业的增收潜力。

第一，学校产业集团及其下属 6 家公司联合，捐赠 360 万元定点帮扶蚂蚁堆乡贫困村发展茶产业，在该乡蚂蚁堆村全额捐建集初制、精制、体验制作于一体的年产 100 吨规模的综合性茶叶加工厂，建成"纯造普洱"全自动智能化生产线，扩大高品质"纯造普洱"熟茶产量。2019 年，实现蚂蚁堆村集体经济收入 28 万元，240 户贫困户户均获得奖励 820 元，实现增收 1600 元。茶企辐射全乡 14 个行政村 4.1 万亩茶叶基地的茶农，带动全乡 447 户 1803 人建档立卡贫困户稳定增收，促进整乡脱贫致富。而且，该项目易于复制推广，能根据市场需求不断扩大产能。

第二，学校充分发挥 40 万名校友的人脉资源优势支持临翔茶产业发展，先后 2 次发起茶叶认购活动倡议。倡议发起后，各地校友积极认购，随后又以"朋友圈"等方式进行推介，认购面不断扩大。目前，已销售产品 34500 饼，实现销售金额近 590 万元，为临翔区筹集扶贫资金近 104 万元。

第三，引进云南裕元祥茶文化传播有限公司和临沧天下茶都茶业集团有限公司，公司在临翔区政府和华中科技大学的联合支持下，通过生产和营销高品质"纯造普洱"品牌产品获得显著经济效益，不断发展壮大，并通过采取"公司＋建档立卡贫困户＋产业基地"的运营模式，实现社会效益和农户、公司的经济效益的多赢，回馈社会，带动贫困户脱贫。该公司收购全区 10 个乡（镇、街道）（重点是南美乡和邦东乡）建档立卡贫困户的原料进行加工。其中，南美乡共有建档立卡贫困户 281 户，种植茶叶 2060 余亩，产茶约 103 吨；邦东乡共有建档立卡贫困户 1291 户，种植茶叶 14200 余亩，产茶约 450 吨。公司为这些贫困的茶农提供了种植和采摘茶叶的经济保障，即使在茶叶采收旺季，也均按 50 元/千克鲜品的合理保底价全部收购，大大增强了茶农的增收信心和种植积极性。公司自参与扶贫以来，共生产扶贫专号普洱茶 4.67 吨，共 13093 片。该项目的扶贫

茶原料全部来源于全区 10 个乡（镇、街道）建档立卡贫困户，农户通过毛茶销售实现收入 162.3 万元。

第四，临翔区政府积极促成龙头企业与云南白药集团、云南龙润集团等著名企业合作，共同开发生产以"纯造普洱"为原料的高端系列保健茶产品，延伸产业链，拓宽普洱茶的销售渠道，增加临翔区茶产业产值和茶农收入，不断提升临沧"纯造普洱"品牌。

第五，龙头企业积极响应国家"一带一路"倡议，不断加强"一带一路"沿线国家的市场推广，加速临沧好茶走出国门。目前，企业已在阿拉山口市签订了出口蒙古国茶叶意向合同 1000 吨（2016 年整个云南省普洱茶出口量仅为 2937 吨），该合同将显著提高云南省普洱茶出口量。临翔区和华中科技大学心手相牵，共同谱写茶产业发展新篇章，龙头企业和茶产业发展势头十分喜人。

（二）创新运作模式，做大金线莲产业

第一，金线莲林下试种成功后，学校进一步以科技为支撑，不断夯实金线莲林下产业发展的"政府＋高校＋企业"平台，建立了"政府＋高校＋企业＋基地＋农户"的运作模式，做到政府"帮"，即党委政府给予资金、项目、政策的扶持，推动企业发展；高校"助"，即派出专家团队实地培训人员、指导种苗繁殖和林下种植推广，并不断优化技术；企业"做"，即建设种苗繁殖室、大棚栽培基地，积极进行示范和种植推广；基地"实"，即建成种苗繁殖室 2800 平方米，育苗棚 2 个，共 400 平方米，种植大棚 3200 平方米；农户"惠"，即在取得林下种植成功的基础上，带动更多贫困群众发展金线莲种植，使农户得到更多实惠。临翔区建立了两个规模化金线莲组培厂，并从当地村民中选拔培养了一批熟练掌握金线莲组培技术的工人，使一批农村青年通过培训走上技术岗位，从穿蓝大褂的普通工人变成了穿白大褂的技术工人，增强了他们依靠技术脱贫致富的信心和决心，切实贯彻了习近平同志指出的"要坚持扶贫同扶智、扶志相结合，注重激发贫困地区和贫困群众脱贫致富的内在动力，注重提高贫困地区和贫困群众的自我发展能力"。目前，通过发展金线莲林下经济产业已带动 100 多人就业，人均增收 3000 元/月以上。

第二，成功实现金线莲林下种植推广，仅 2017 年就收获了 310 千克金线莲干品，按照市值价格不低于 8000 元/千克计算，产值超过 248 万元。以上成效极大坚定了临翔区政府和企业发展金线莲产业的信心和决心。临翔区博尚镇叫雨山金线莲种植基地负责人陈永华笃定地说："不说别的，单是帮我检测出临翔种植

的金线莲的有效成分，比目前市场上流通的最好的金线莲都高，就足够振奋人心了。"目前，临翔区政府和金线莲公司新融资建成了年生产金线莲组培苗5000万株的生产线，可供近300亩的林下种植用苗，该项目已陆续在全区20个行政村推广，可进一步促进乡村可持续发展。

第三，临翔区政府积极谋划，在华中科技大学强有力的科技支持下，进一步延伸金线莲产业链，增加附加值，开展金线莲精加工及系列高端产品研发与规模化生产销售。目前，金线莲精深加工车间即将投产，此举将进一步带动临翔区林下金线莲种植不断推广。

项目成效显著，获得广泛认可。学校利用科技优势支持临翔区发展特色产业，实施精准扶贫，促进乡村产业发展，培训培育农村实用人才和新型职业农民，带动当地农民就业，帮助农民致富，为临翔区如期脱贫摘帽提供强有力的科技和产业支撑，让临翔区有了与全省、全国同步全面建成小康社会的信心和决心，扶贫成效得到了社会广泛认可。临翔区获2017年度中国茶业扶贫示范县称号，中央电视台新闻频道和财经频道、云南卫视、新华网、人民网、《云南日报》等主流媒体，对华中科技大学与临翔区联合进行特色产业培育和产业扶贫给予了多方位报道，尤其对"纯造普洱"和"叫雨山仙草"金线莲两大特色品牌产业发展进行了报道，高度认可高校聚焦自然资源和生态环境特色、聚力科技创新、培育特色产业、加速农民脱贫致富的产业扶贫模式，很好地诠释了"绿水青山就是金山银山"。华中科技大学生命科学与技术学院被评为2020年脱贫攻坚先进单位，华中科技大学扶贫办被评为2020年全国脱贫攻坚先进集体。

目前，科技创新"纯造普洱"品牌落地临翔区蚂蚁堆茶厂扶贫模式已入选农业农村部系列培训案例、中国电子商务协会国家电子商务进农村综合示范项目，得到了中共中央组织部、农业农村部组织的农村实用人才带头人培训班上的专家高度赞扬和肯定。

临翔区是云南省茶产量大市临沧市的核心区，生物资源和生态环境特色鲜明，孕育了"纯造普洱"与"叫雨山仙草"金线莲两颗明珠。展望未来，华中科技大学与临翔区心手相牵，勇于担当，发挥好云南省在国家对外发展的桥头堡和生态文明建设的排头兵的作用，将两类特色产品在"一带一路"沿线国家和地区全面推广，使两颗明珠大放异彩，产生显著经济效益和社会效益，带动当地农民致富和乡村经济振兴，促进临翔区经济社会可持续发展。

贫困地区人居环境模块化治理的新探索

——湖南大学对口帮扶湖南省隆回县的创新实践

摘　要：湖南大学自2012年定点扶贫湖南省隆回县以来，以该县虎形山瑶族乡等高寒偏远山区为样本，针对贫困地区人居环境治理需求，组建跨学科乡村建设帮扶团队，精准剖析，精准谋划，因地制宜地采取了"整体规划、精准介入、重点示范"的人居环境综合治理帮扶策略，围绕乡村发展规划、农村废污无公害技术治理、厨卫改造和"厕所革命"等需要设计开发了一系列治理模块，探索出一套贫困地区人居环境治理模块化系统解决方案，明显改善当地人居环境。学校帮扶团队还积极探索科研项目与扶贫项目深度融合，组织专家深入当地指导村庄规划编制、旅游规划编制、旅游基础设施建设、基础教育条件改善、民宿改造等，建立健全驻村规划师、建筑师工作机制，确保规划设计科学实施。此外，帮扶团队还帮助隆回县崇木凼村入选第一批国家森林乡村（2019年）名录、全国生态文化村（2020年）名录，帮助白水洞村入选湖南省首批乡村旅游重点村（2019年）名录、湖南省文化和旅游扶贫示范村（2020年），在虎形山瑶族乡打造了3所乡村示范学校。上述案例顺利入选第三届教育部直属高校精准扶贫精准脱贫十大典型项目，典型做法在湖南湘西、怀化、益阳等地实现应用和推广。

关键词：贫困地区　人居环境　模块化治理　脱贫攻坚　乡村振兴

2018年，习近平总书记在全国生态环境保护大会上指出，要持续开展农村人居环境整治行动，实现全国行政村环境整治全覆盖，基本解决农村的垃圾、污水、厕所问题，打造美丽乡村，为老百姓留住鸟语花香的田园风光。

湖南大学自承担中央单位定点扶贫工作以来，认真学习贯彻习近平总书记扶贫开发重要战略思想，把定点扶贫作为首要政治任务和履行服务社会职责的第一工程抓紧抓实。2012年年底，学校按照国务院扶贫办、教育部部署定点扶贫湖南省隆回县，将高校优势科教资源与地方特色资源禀赋精准对接，为隆回县脱贫摘帽提供有力支持。学校特别统筹规划、建筑、环境、设计等学科资源，在隆回县虎形山瑶族乡等少数民族聚居的高寒地区以农村人居环境整治为重点，设计开发了一系列可复制、可推广的适宜性技术，探索形成了服务脱贫攻坚、乡村振兴战略的高校方案。

在隆回县北部海拔 1300 米左右的崇山峻岭之中，居住着一个古老部族——花瑶。他们是瑶族一个独特的分支，人口仅有 2 万余人，因其服饰独特、色彩艳丽，特别是女性挑花技艺异常精湛，故称"花瑶"。以花瑶同胞聚居的虎形山瑶族乡为例，这里是隆回县少数民族深度贫困地区，由于地处偏远，地势险峻，地形复杂，加上长期封闭在大山里，交通落后，技术受限，经济发展严重不足，群众生活普遍贫困，人居环境建设品质较低；这里也是隆回县的资源富足地区，森林覆盖率较高，盛产隆回乃至湖南最好的云雾茶，拥有花瑶挑花、呜哇山歌两项国家级非物质文化遗产项目，是全国百佳艺术之乡，生态旅游资源丰富，旅游发展前景良好；这里也是隆回县最具特色的地区，由于海拔高而素有"小西藏"之称，年平均气温 11 摄氏度，夏季凉爽宜人，是理想的避暑场所，也是反季节蔬菜种植的理想之地。

"一方山水养不好一方人"成为摆在帮扶团队面前的一个重要课题。团队开始探索从人居环境整治入手，希望找到一条能够带动当地特色产业、生态旅游融合发展的可持续帮扶道路，真正实现绿水青山就是金山银山。

一、花瑶地区人居环境问题现状

（一）村容规划需进一步优化

"远看青山绿水，近看满地泥泞"，花瑶地区的村落虽然风景秀美壮丽，自然资源优越，但居住与生产的物质环境较差。特别是村民发展观念更新不及时，地方政府在人居环境领域的投入和引导不足，大多数村子因为不干净、不整洁，对当地群众来说既不宜居，也不能通过很强的可观赏性来吸引乡村旅游客源。因此，科学编制建设规划，打造整洁村容是贫困村落"最急迫、最直接、最关心"的现实问题，也是让群众得实惠的重要实事。

（二）废污治理需进一步加强

由于花瑶地区群众居住分散，生活污水和固体垃圾不易收集，排污管线及处理设备等基础设施建设成本高，不同区域的技术策略差异性大。同时，在脱贫攻坚及乡村发展进程中，大量产业密集推动发展，各类养殖生产排污，过量农药、化肥等污染问题成为高端农产品生产、农业供给侧改革的瓶颈。而且该地区的乡村经济基础薄弱，专业管理人员稀缺，适宜性技术策略有限，乡村废弃污染物治理问题亟待解决。

（三）居住环境品质需进一步提升

近年来，尽管该地农户建房的规模、水平略有提升，但住宅与牲畜圈舍混杂，供水、安全、环境卫生等问题仍然普遍存在，贫困村地区农民生活居住环境品质仍然堪忧。部分落后的生活、生产习俗导致区域性疾病丛生，因病致贫、返贫情况严重。此外，农村住宅的建设由农户自主决策、投资、兴建，是典型的"自发性建筑"，政府管控、投资等手段很难直接介入。

二、人居环境治理模块和路径探索

团队通过与当地政府及村民的深入沟通和密切配合，逐步探索"系统架构，模块建构，重点示范，精准策略，自发参与，连点成片，形成价值"的治理路径。

（一）系统架构

系统架构是指在人居环境过程中，编制不同空间层级尺度的规划作为后期模块应用的"基座"。规划应当充分"统筹空间，协同邻里"，要能协调单体建筑和整体区域环境，调动群众的参与热情；应注重发展，对未来的趋势进行预判，做好脱贫攻坚与乡村振兴的统筹衔接。

（二）模块建构

根据不同贫困地区的特征，将人居环境治理的任务拆解成若干独立的项目模块，根据贫困地区的发展及外部条件的实际状况灵活执行。

（三）重点示范

高标准建设项目模块，创造精致化、高品质的人居环境"空间节点"，把每一个实际建成项目都作为给贫困群众普及科学知识、建造原理的示范重点，展示新材料、新构造、新技术、新理念的应用。结合重点示范案例的实物展示，定期举办培训、研讨班。

（四）精准策略

针对贫困地区的经济适宜性（造价低廉，前期投入小）与技术适宜性（简单有效，可复制，易传播，农民可掌握），充分发挥高校的科研优势，精准选择"适宜性技术方案"，处理"高品质—低造价"之间的矛盾，在有限资金条件下，高质量完成目标任务。

（五）自发参与

提升农户自愿参加新农村建设的积极性，实现"政府引导、高校指导、农户主导"的脱贫发展模式，鼓励农户及社会的小额投资共同参与乡村建设。

（六）连点成片

以示范案例为"基核"，按照"住宅单体—邻里单元—村落"的层级逐渐发展，连点成面，创新乡村社区结构，进而整体提升贫困地区人居环境的品质，形成规模化治理。

（七）形成价值

围绕片区人居环境治理成果，推动乡村特色小镇建设，深入开展民居—民宿设计、改造和建设引导，改进传统生产生活方式，提升现有农副产品附加值，逐步打造乡村旅游产业、观光农业、特色种植养殖等扶贫产业，激发贫困群众主动参与环境治理的发展动力。

三、贫困地区人居环境治理在花瑶地区的实践

（一）构建系统，整体统筹

2013—2020 年，团队先后介入崇木凼村、大托村、草原村、白水洞村的规划。对崇木凼村前期规划予以修整，深化排水与排污部分的内容；深化大托村安置区的设计，研究了土地集约利用的途径；在草原村规划中，重点研究乡村规划与水源地保护之间的关系，对该村山地高原水库的水体保护、景观营造与旅游发展进行综合协调；2020 年重点完善了白水洞村的村庄规划，对村里的土地资源、

文化特色进行了整体性的规划统筹。（见图1）

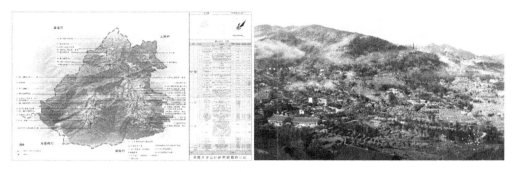

图1　白水洞村规划

（二）观念更新，教育宣导

　　贫困地区人居环境综合提质，一方面依靠基础设施的整体改善，另一方面有赖于贫困人口自身环保意识的综合提升。团队以"在地式"陪伴乡建，全程在地督造重点示范案例；定期举办学术研讨会与培训班；激发村民内生动力，使其有意识地主动建设，使用环保技术，自发维护环境卫生，保持乡村人居环境的可持续发展。2020年10月以来，驻村志愿者定期开展"花瑶课堂"的定期培训（见图2），开拓村民眼界，提升设计主导意识，践行"共同缔造"理念。

图2　花瑶课堂

（三）创新示范，砖木改良

　　针对花瑶传统木结构建筑防水、防火不利，易腐坏，耐久性差等问题，团队基于"形态延续，外观一致，设施完善"原则，通过材料更新、构造改良，提升房屋性能，延续传统风貌，适应现代功能需求。2013年至今，该团队在花瑶地区推广改良型砖木结构（见图3），提出"框架结构＋家具填充"模块，完成富寨村小学、虎形山民族团结小学、白水洞赫曦小学、传统民居改造等示范项目。

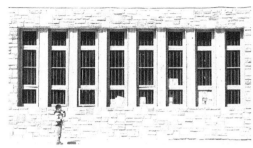

图3 花瑶砖木结构改良

（四）民宿提质，共同发展

农村住宅是农民生活、生产的复合空间，也可作为农业生产、旅游服务的基础平台。打造优质民宿既能提升农民的生活品质，还能增加农民的经济收入，促进生态环境优化。团队通过融合花瑶火塘文化，集约化利用土地和适度更新材料体系等方法提升民宿标准（见图4）。2013年至今，已参与白水洞村民居改造16栋（2017—2021）、崇木凼村民居改造13栋（2014—2017）、大托村民居改造21栋（2017—2018）。

图4 民居提质改造案例

（五）厕所革命，厨房改造

厨卫空间的提质，有助于改善农民生活水平和提高旅游接待水平，是贫困地区人居环境治理的关键。2016—2020 年，团队在崇木凼村、白水洞村积极开展农户厨卫改造示范推广工作。改造设计兼顾当地经济基础，尊重少数民族饮食习俗，有效解决了空间结构、采光照明、给水排水、通风排烟、物料储存等问题。直接帮助农户改造厨房、卫生间 13 家，参与设计介入 10 家，提供设计咨询及材料资助 8 家，现场督造 4 家。（见图 5）

图5　厨卫空间提质案例

（六）社区更新，重塑邻里

尊重民族文化、地方习俗，利用空间设计，为非物质文化遗产传承、村民公共交往提供平台。2016—2018 年，在崇木凼村建设"火塘客厅"（见图6），将火塘、熏肉房进行一体化设计，建造 90 平方米左右的"火塘客厅"，成为村民聚会、游客休闲的新地标，老百姓亲切地称为"天光厨房"。2018 年，全国性的学术会议"西南聚落青年论坛"在此举行。

图6　崇木凼村"火塘客厅"

（七）污染整治，技术介入

生活废污是困扰贫困地区人居环境发展的重要问题。2013—2020 年，团队通过村庄规划、厨卫排污构造更新、村落管沟和水渠设施建设等工作实践，在污染整治方面探索形成了基于雨洪管控以及水污染整治的村落规划、雨污分流、生活污水治理等在地组团式处理方案。（见图 7、图 8）

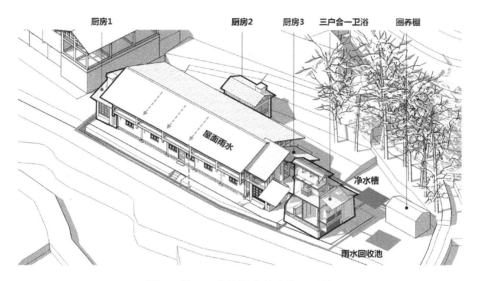

图 7 邻里尺度的污水综合处理系统

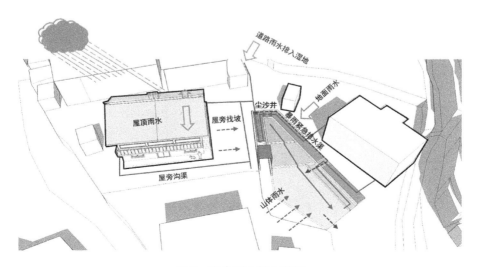

图 8 农舍雨水综合利用

（八）循环经济，还利于民

团队坚持将可持续循环发展贯穿整个实践过程。在规划中，充分应用可持续发展思维，将产品规划、产业规划与空间规划相结合，实现农业发展、旅游发展、生活提质一体化设计。在水源利用中，构建了雨水、井水、山泉水等多水源的综合利用系统。在污水整治中，采用三格化粪池对生活污水进行初级处理，后期根据规划，利用生态湿地、生态鱼塘对污水做进一步回收处置。通过循环型生态农业的思路，对农村土、水、种、肥等各种生产要素进行统筹考虑，整体谋划，系统节约，综合开发、再生利用、深度利用农村种植养殖业产生的废弃物及乡镇企业产生的废弃物，化害为利，变废为宝，产生显著的经济效益、社会效益、环境效益。（见图9）

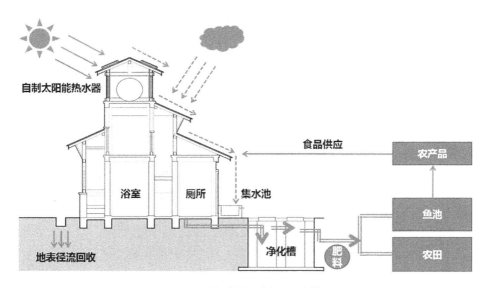

图 9　生活污水处理循环经济模式

四、项目成效

（一）提升居民生活品质

自 2013 年至今，团队对近百栋民居进行了改造，总结出 20 多项示范技术，以精细化建造形成高品质案例示范（见图 10），在当地 5 个村庄建立示范点，辐射带动村民 500 余户，极大改善了花瑶地区群众居住卫生环境，提升了农户生活品质。同时，尊重当地传统习俗，融合当地传统技艺，推广传播了现代建造技术。

图 10　农户厨房提质示范案例

（二）推动乡村旅游发展

通过对花瑶地区人居环境治理的介入帮扶，改善当地村容村貌，引导村民打造特色家庭民宿，吸引大量城市人群赴当地体验乡村旅游，争取政府配套旅游设施建设资金超 3 亿元。目前，花瑶地区村民自发建设民宿达 100 余家，游客接待数量从 2014 年的不足 50 人次增加到了 2020 年的 11 万余人次，实现旅游创收 3000 余万元，吸引了一大批外出务工青年回流，为乡村建设注入活力。同时，团队专家还指导当地发展高山富硒特色农产品、开发花瑶文创产品，打造了白水洞大米、虎久雾语茶、花瑶花文化产品等特色品牌，带动少数民族妇女在家门口就业增收。2020 年 8 月，湖南省夏季乡村旅游节落地花瑶。

图11　花瑶地区"讨僚皈"节庆现场

（三）激发发展内生动力

团队在实践过程中采用"3A"的适宜策略，可复制性极强，在当地口耳相传的信息传递背景下，产生了很好的影响效应，唤醒了贫困地区人民改善自己人居环境现状的意识。通过案例示范，村民认识到了自身条件的不足，激发出内生活力，从"要我参与"到"我要参与"逐步扩展到"人人参与"，让扶贫经验从一个人到一个村、从一个村到一个乡逐渐传播。

（四）产生良好社会影响

团队在花瑶地区开展人居环境治理的实践成效得到了社会各界的关注与肯定。2016年4月，时任教育部副部长朱之文、国务院扶贫办副主任洪天云率领44所直属高校主要负责同志现场调研项目实施；中央媒体、省内主流媒体先后多次报道项目的典型经验做法；团队工作成果获得2018年WA中国建筑奖社会公平奖入围项目、World Architecture Community WA Award世界建筑社区奖、教育部直属高校精准扶贫精准脱贫十大典型项目等奖项和荣誉。团队还积极讲好中国扶贫故事，泰国枢密院、越共中央组织部、老挝地方政府中高级干部班等先后实地考察，加拿大、韩国等多个国家和地区的近百名外籍师生到当地参观。

（五）促进学科建设发展

团队以科学研究与扶贫实践相结合的工作方式促进了学校"双一流"建设，实现帮扶工作校地共赢的良性循环。自开展花瑶地区人居环境治理帮扶工作以来，团队共申报国家级课题3个，指导完成以乡村建设为背景的博士论文3篇、硕士论文 40 余篇（获评湖南大学优秀硕士论文 1 篇），发表高水准期刊论文 40 余篇。以团队成果为基础的"赣豫鄂湘田园综合体宜居村镇综合示范"项目成功入选国家重点研发计划项目。

五、典型经验

（一）科技扶贫，适宜技术

团队充分发挥高校的科研优势，以地方资源推动科研与实践，以示范性成果回馈地方。依据不同贫困地区特征，将人居环境治理的任务拆解成若干独立的项目模块，按照贫困地区的发展及外部条件的实际状况开展人居环境治理的科学性、模块化研究。

针对贫困地区的自然、经济和文化特征，利用科学调研和数据分析，精准选择适宜性技术方案，在保证"高质量、高标准"的前提下，提供"低造价、低技术"的适宜策略，完成乡村人居建设的科学发展目标。

（二）谦逊倾听，势差示范

参与乡村振兴及乡村扶贫工作，首先应当培养良好的服务意识。当前，乡村人居建设的服务对象大多是不能自行支付设计成本的农户，乡村建设者的责任感和倾听意识较为关键。只有尊重当地居民的生活方式，发现农户的真正需求，才能制定有针对性的改善策略，进而制订切实可行的工作计划。（见图 12）

图 12　尊重农户，谦逊倾听

给农户提供的人居改善示范模块要体现出与既有环境的"势差",强调将要实际建成的"项目模块"示范性,把每一个实际建成项目作为向贫困群众普及科学知识、建造原理的示范重点。结合重点示范案例的实物展示,向贫困群众讲授原理,传播信息,提升整体的认识水平与环保意识。

(三)在地服务,教学反馈

面对乡村人居环境改善的复杂性问题,团队秉持在地督造的原则,驻扎乡村,与当地工匠和村民共商共建,近距离、高频率地处理建筑学以及相关专业性问题(见图13),让乡村人居环境治理的成果能更及时、更放心地惠及当地村民及游客。

图13 在地服务,向工匠学习

依托花瑶实践基地,团队在当地多次举办研讨会与培训班,为贫困地区人民的"内生活力"转换为"实际行动力"提供科学指导,使农民有意识地主动建设,自发维护环境卫生。同时,湖南大学扶贫团队也逐渐摸索出一条科研、实践、教学三位一体的人才培养模式,为乡村人居环境的可持续发展储备一支年轻、富有责任心的专业队伍。

第九章　志愿者扶贫

科技放飞梦想　青春书写誓言

——华东理工大学第21届研究生支教团案例

摘　要：华东理工大学第21届研究生支教团在云南省昆明市寻甸回族彝族自治县支教扶贫期间，扎根红土高原，依托高校资源，将先进技术和科学知识带入课堂，在实践育人、支教扶贫、弘扬志愿精神等方面持续发力，影响了超过3000名当地青少年，把青春和奋斗的汗水挥洒在脱贫攻坚的第一线，推进智志双扶，在扶贫之路上丰富了中国扶贫的高校方案。

关键词：教育扶贫　智志双扶　研究生支教团

教育对解决贫困问题发挥着关键作用。习近平总书记指出："扶贫必扶志，让贫困地区的孩子们接受良好教育，是扶贫开发的重要任务，也是阻断贫困代际传递的重要途径。"① 党的十八大以来，教育部等六部门联合印发了《教育脱贫攻坚"十三五"规划》，统筹推进"两不愁三保障"、脱贫攻坚"五个一批"等各项工作，坚持把教育扶贫作为脱贫攻坚的优先任务。

一、案例背景

云南省寻甸回族彝族自治县（以下简称寻甸县）地处云南省东北部，是滇中地区东北之要冲，全县辖3个街道、13个乡镇，地域面积3500余平方千米，居住着汉、回、彝、苗等16种民族55万余人。山区、高寒山区占总面积的87.5%，贫困面广、贫困人口多、贫困程度深是寻甸的基本县情。2001年，寻甸县被列为全国592个国家级扶贫开发重点县。2011年，寻甸县被列为乌蒙山区38个连片开发县之一，共有8个贫困乡、134个贫困村。2014年，认定该县建档

---

① 中共中央文献研究室. 十八大以来重要文献选编［M］. 北京：中央文献出版社，2016：720－721.

立卡贫困人口 33358 户 127960 人，综合贫困发生率为 26.93%。

受当地位置偏僻、地区贫困等因素的限制，云南寻甸地区中小学教育存在以下两个突出问题：首先，当地中小学的优秀教师资源相对匮乏，集中表现为：教师自身的受教育水平不足，有八成以上的全日制学校教师最高学历未达到本科，均为高中或专科；对学生的教育与引导缺乏影响力；外地教师的融入较少且流动性较强，外来教师的受教育程度虽然都是本科，但是人数很少，不到当地教师的三成。其次，家庭、学校和社会在青少年基础教育发展培养层面的缺位，导致青少年出现厌学、嗜玩等现象。

针对上述问题，2017 年 8 月起，连续 3 届华东理工大学研究生支教团，共计 21 名研究生，接续在华东理工大学定点扶贫县云南省寻甸县展开扶贫行动，针对当地教育内生动力不足等现象，注重扶贫与扶智相结合，因材施教，丰富教学内容，依托高校资源，将先进技术带入课堂，通过开展"机器人实验"课程与展示、"VR 科普体验"等高科技含量的活动，结合专业力量，传递"智慧 +"接力帮扶理念，丰富第二课堂，以多元方式开展实践育人，将科学文化知识带到寻甸，优化教师队伍组成，为寻甸精神脱贫贡献青春力量。

华东理工大学研究生支教团自 2013 年组建至今，已先后派遣 59 人服务西部地区基础教育，取得了积极的社会反响，培养造就了一批华理青年榜样，使研究生支教团成了华理实践育人的重要载体。其中，第 21 届研究生支教团 2019—2020 学年在寻甸县开展支教工作，由李承霖、李江山、吴宵、展雪、马思芸、沈佳欢、李非凡 7 人组成，学科背景覆盖工学、理学、管理学。其中，中共党员 5 名，共青团员 2 名。

寻甸青少年受资深教师匮乏、心理教育严重不足、教学理念和方法落后等诸多因素影响，普遍存在个人发展内生动力不足的问题，主要体现在"读书无用"论侵蚀着贫困的家庭父母及孩子。因此，广大中小学生的基础性教育工作成为当地迫切需要改善的重要问题。

教育对消除贫困具有基础性作用，教育对提升贫困人口生存技能具有深远影响，教育是贫困地区经济社会发展的内原动力。青少年代表着该地区的未来和希望，让适龄的青少年都能有学上既是当务之急也是长远之计，让他们都能接受良好教育，掌握一技之长，都对自己有信心、对未来有希望。

基于此，第 21 届研究生支教团从适龄儿童的基础教育切入，扎实开展工作，生动践行"用一年不长的时间，做一件终生难忘的事"。

二、案例内容

研究生支教团认真贯彻落实习近平总书记关于教育扶贫重要论述精神，发扬"勤奋求实、励志明德"校训精神，秉承"奉献、友爱、互助、进步"的志愿服务精神，扎实开展工作。

（一）以教学工作为根本，发挥优势推动当地教育创新

一是研支团把教学工作作为支教工作的重要环节，努力提高教学能力与素养。在承担教学任务的同时，数次开展爱国主义教育课堂，积极参与学校教科研工作，通过社团活动和社会实践课提升孩子们的创新实践能力，并利用自身专业优势积极承担学校校内行政工作。2019年10月，为庆祝中华人民共和国成立七十周年，研支团参与"我和我的祖国"快闪活动，参加青年教师朗诵会，用歌声和书声为祖国庆生。同时，研支团成员还在班内召开爱国主题班会，将爱国主义教育穿插在教书育人的每个环节。

二是研支团充分利用当地教育资源和自身专业背景，努力提高教学质量，通过参加教研组集体备课、主讲公开课，参与昆明市和寻甸县课堂展示和培训活动等多种手段，全面提升教学水平，做好本职工作。

三是研支团服务于寻甸县仁德街道的仁德一小、仁德四小等小学，教学的年级从一年级到六年级，任教科目包括语数英、音体美、科学、书法、足球、机器人综合实践课等。累计教授班级17个，其中两人任班主任，全年累计教学课时达3074节。同时，研支团为了规范班级管理制度，主持召开班级家长会、制定班级规章，以确保班级工作的有序开展。

四是研支团充分发挥个人特长，组织社团、社会实践课等课外拓展活动。开设了"小小阅读社""工巧阁"等社团实践课程，积极参与学校体育节、合唱节、书画节、庆"六一"等活动；开展特色课程，如"家务小能手""防疫小课堂"等。通过召开各类特色主题班会拓宽学生视野，促进学生全面发展。在科学实践课堂上，设计实践内容，通过科学小实验和课外比赛，带领学生们走出课堂，提升学生自主学习能力。通过以上创新实践活动，为服务地学校在课程创新、课外拓展实践上，带去了新理念、新内容和新方法。

五是在日常教学工作之余，研支团成员发挥自身在计算机和互联网运用等方面的优势，主动承担了学校日常行政、党团活动、微信公众号建设、美篇制作、

校史编撰、重大活动摄影记录、学科测试成绩统计分析等工作。此外，还主动为当地教师提供教学软件技术支持，改善多媒体技术运用与教学能力不匹配的现实问题，有效提升了当地教师的信息化教学质量。

（二）巩固脱贫攻坚成效，创新扶贫新方法

一是研支团聚焦"智志双扶"，从提升青少年内生动力出发，结合华理援建青少年科技馆，让欠发达地区的师生也能感受到最先进的科学技术，激发他们学习科学文化知识的热情，帮助他们树立走出大山后反哺家乡的理想。同时，研支团成员还积极参与到县扶贫办工作年鉴整理归档和扶贫论文撰写中，真正做到了将论文写在祖国大地上。

二是研支团主动承担寻甸县南钟、月秀、学府三个社区近 2000 名适龄学生的控辍保学工作。经过社区调研、电话核实、上门走访，多管齐下，为家长宣讲义务教育的重要性和法定义务，最终实现"零辍学"。

三是受新冠肺炎疫情影响，2020 年高考推迟时间，在高考来临之际，研支团为即将参加高考的高三学生带来华东理工大学招生宣传和高校专项计划宣讲，同时，结合自身高考经历，为考生们解答困惑、疏导压力、提供动力。

四是受新冠肺炎疫情影响，当地农民农产品面临着销售难题，研支团让直播风潮"吹进"了云南寻甸的大山深处，为寻甸特色产品"墨红玫瑰"硬核代言。直播中，通过现场采摘、品尝、采访等形式详细地向网友们展示了玫瑰花茶的独特魅力，受到了广泛好评。

图1　华东理工大学第 21 届研究生支教团团长带领学生开展趣味化学实验

五是研支团坚持培育具有创新意识和综合能力的社会主义建设者和接班人，利用节假日休息时间在县青少年科技馆担任义务讲解员，并且全员成为中国科协注册科普人员，为超过3000人次的青少年和家长提供科普服务。此外，研支团建设了一支青少年科普志愿者队伍，感召更多的人走近科学，将"输血式"科普转变为"造血式"科普，裂变推进"智志双扶"。

（三）推进"智志双扶"模式，造血式培养科普人才

一是研支团将科普教育融入日常教学中，依托团中央"知行计划"在3所学校开展"漫游酶世界"科普教学活动，并且通过调研制订了各年级不同的教学计划。通过多种形式的酶科普活动，发散学生思维，以玩促学，以趣促学，上好"酶"一课。目前该课程已覆盖300余人次，凭借该项目，研支团获评"2019年'知行计划'全国优秀大学生团队"。

二是研支团成员充分利用自身学科知识特长，将延伸的科普内容汇入课本、融入课堂。课堂上，利用华理捐赠的配套科学仪器，带领同学们动手操作，进行实验探究，从而有效提高了学生们的观察和动手能力。研支团还组织学生积极参加了第35届昆明市青少年科技创新大赛，荣获3个科技创新作品三等奖和"优秀科技教师"称号。

图2　"我是小小科普员"——启智赋能科创营活动

三是研支团成员开展了生理卫生健康讲座、开展了消防知识课堂、举办了一系列地理课程。通过组织各类科普活动，拓展了学生的知识面，更拉近了研支团成员与学生们的心。华东理工大学援建的寻甸县虚拟现实（VR）科普工作站于2019年7月14日揭牌，使学校和校友企业捐赠的资源发挥最大效益，让当地师生受益。在此基础上，研支团成员开发并执教了"VR体验课程"，通过让学生切身体验，碰撞出了现实和虚拟的科学火花。研支团开设了机器人综合实践课程，累计超过50个课时，覆盖学生130余人。根据二至六年级学生的不同情况定制了入门级、进阶级和竞赛级三种不同课程，使各个年龄段的孩子都有机会体验到机器人的魅力，提升了学生的逻辑和工程思维以及动手和团队协作能力。研支团还带领8名学生参加了"AI·智造创意挑战赛"和"URC青少年人工智能与机器人挑战赛"，这是寻甸县中小学生首次参加此类机器人赛事。

四是研支团成员组织40余名学生在寒假期间通过线上直播的方式学习编程知识。指导学生们以抗击疫情为背景，创作了"病毒大作战"等6个编程小游戏，让学生在了解编程相关知识的同时掌握防疫知识，助力疫情防控。

五是研支团作为华理和寻甸沟通交流的桥梁，第21届研支团联动第20届、22届研支团，通过合作形式，借助团中央发起的"知行计划"平台，网络连线开展"云支教"视频直播，将上海先进的文化思想、教书育人的优秀理念以及华理优质的教育资源、多才多艺的师生们与寻甸教师和学生强烈的求知欲紧密结合起来，助力"扶志""扶智""扶心"在教育一线前进。

（四）心系学生齐抗疫，明月何曾是两乡

一是新冠肺炎疫情暴发以来，研支团心系寻甸孩子们的健康和教育，创新使用新媒体和电子化手段，帮助支教服务学校进行全校学生健康情况动态排查，为孩子们的健康安全提供保障。利用学校微信群、班级空间等多种途径与孩子们及其家长保持联系，宣传抗疫防护知识，并积极投身"与抗疫一线医务人员家庭手拉手"专项志愿服务中，用爱筑起防疫堡垒，践行"奉献、友爱、互助、进步"的志愿服务精神。

二是新冠肺炎疫情防控阻击战打响以来，研支团临时党支部的五名党员第一时间便向他们的服务地——云南省寻甸县的支教小学党支部递交了"请战书"，主动请缨帮助学校进行全校1800余名师生的动态情况排查和家庭体温检测异常情况的汇总工作，在疫情防控中亮身份、做表率，积极发挥上海支教青年的模范带头作用。面对每天都要收集整理的上万条信息数据，研支团充分发挥信息化专

业优势，大大减轻了当地防疫干部的工作负担，广受好评。

三是研支团密切关注各类网络在线学习课程和教育资源，结合服务地孩子们的实际情况，自原定开学日起为当地学生开起了线上直播课，送教至每一位学生。在这个特殊的课堂里，每天分享防疫知识，让孩子们明白如何做好自身防护，做孩子们生命健康的守护者；引导孩子们帮助父母做家务，培养家庭责任感和生活自理能力，让"五育"教育深入家庭；讲述一线医护人员的感人故事，引导孩子们感受大爱无疆、责任担当，把爱国主义教育融入线上陪伴，组织孩子们通过手抄报、书法、绘画、手工作品等表达心中的祝愿。一些喜欢编程的学生还在研支团老师的指导下制作了"病毒大作战"小游戏，介绍防疫知识。

三、案例影响

无论是在脱贫攻坚的第一线，还是在青春战"疫"的大后方，研究生支教团正勇敢地担负起这个时代的青年责任，用积极的作为描绘最亮丽的青春底色。

一年来，研究生支教团开展基础教育、科学普及、教育扶贫等方面的志愿服务活动，承担了语文、数学、英语、道德与法治、书法、科学、体育、劳动、地方课程等多个科目的教学任务，授课班级 17 个，其中两人任班主任，全年累计教学课时达 3074 节，教学工作覆盖了当地 580 余名学生，累计服务超过 3000 名当地各族青少年，用科学和人文知识以及上海与华理的优质资源，在教育扶智、脱贫攻坚的前沿一线，贡献当代大学生的青春力量。

一年的时光转瞬即逝，但收获的却是受用一生的财富，这份使命和担当将永远激励第 21 届研支团做有理想、有本领、有担当的新时代青年，以更加昂扬的姿态投身到人生新的征程中，把心中那份理想、精神、信念、力量全部融入血液里，燃烧青春，绽放光芒，担负起实现中华民族伟大复兴的历史重任！

足强迹远常青路　扶贫强质亦如初

——南京理工大学常青藤支教队案例

摘　要： 2009 年，为响应国家西部大开发的号召，南京理工大学常青藤支教队前往贵州省麦博希望小学，开展了第一次支教活动。至今，常青藤支教队总计选派 25 支筑梦队伍、287 名南理工青年学子，赴贵州开展形式多样的公益支教活动。十余年来，常青藤支教队坚守初心，不懈努力，勇担使命，风雨兼程，奋勇向前，为 2700 余名山区孩子带去了 16920 节科学、文化和兴趣类课程，并对 840 余个学生家庭进行了家庭访问，帮助孩子们树立远大志向，助力精神脱贫，教育关爱的足迹和身影遍布贵州山间小镇，受到社会各界的认可和好评，获得了全国大中专学生暑期"三下乡"社会实践"千校千项"遴选"最具影响好项目"、江苏省大中专学生志愿者暑期文化科技卫生"三下乡"社会实践活动优秀团队奖、江苏省大中专学生志愿者暑期文化科技卫生"三下乡"社会实践活动"十佳风尚"奖等多项省部级以上荣誉。

关键词： 常青藤支教队　贵州　坚守

"有志者当无悔。"习近平总书记强调，同人民一道拼搏、同祖国一道前进，服务人民、奉献祖国，是当代中国青年的正确方向。好儿女志在四方，有志者奋斗无悔。希望越来越多的青年人，到基层和人民中去建功立业，让青春之花绽放在祖国最需要的地方，在实现中国梦的伟大实践中书写别样精彩的人生。

常青藤支教队隶属于南京理工大学材料科学与工程学院团委，是为响应国家西部大开发的号召而成立的。"为爱黔行，筑梦常青。"南京理工大学常青藤支教队于 2009 年前往贵州省麦博希望小学，开展了第一次支教活动。十余年来，常青藤支教队总计选派 25 支筑梦队伍、287 名南理工青年学子，赴贵州开展形式多样的公益支教活动，教育关爱的足迹和身影遍布贵州山间小镇，为 2700 余名山区孩子带去了 16920 节科学、文化和兴趣类课程，并对 840 余个学生家庭进行了家庭访问，帮助孩子们树立远大志向，助力精神脱贫，教育关爱的足迹和身影遍布贵州山间小镇。

年份	支教小学	支教人数	支教天数	年份	支教小学	支教人数	支教天数
2009年	麦博希望小学	8人	10天	2016年	麦博希望小学	34人	23天
2010年	麦博希望小学	10人	10天		五德小学		
2011年	麦博希望小学	10人	21天		大屯小学		
2012年	麦博希望小学	10人	24天	2017年	梅子完小	51人	25天
2013年	麦博希望小学	22人	21天		五德小学		
	白石小学				官房小学		
2014年	麦博希望小学	32人	22天		枫香九校		
	白石小学			2018年	鱼塘小学	42人	24天
	村台小学				天星乡中心小学		
2015年	麦博希望小学	41人	25天		青海省贵南县中学		
	白石小学				枫香九校		
	村台小学			2019年	猫场小学	27人	26天
	云南宣威大坡完小						

图1　2009—2019 年支教队基本情况

一、仰望星空为爱行，脚踏实地守初心

南京理工大学常青藤支教队队员的初心、接力的信念，是把热情和善意转化为实际行动带到贵州山区的动力。常青藤支教队深入学习贯彻习近平新时代中国特色社会主义思想，全面贯彻落实党的十九大和十九届二中、三中、四中、五中全会精神，积极响应国家西部大开发号召，在青年中弘扬"奉献、友爱、互助、进步"的志愿精神，培育和践行社会主义核心价值观。

常青藤支教队每年的招新工作从 4 月份开始，到 7 月份结束，往届支教队员们首先在全校范围内进行线上和线下的宣传，期待更多志同道合的在校学生报名参加支教队；其次对参加报名的同学进行层层选拔，依照优中选优的原则，找到新一年里常青藤支教队最佳的"传承人"。

常青藤支教队在赴贵州教育扶贫之前都要进行认真细致的相关准备工作。比如，每个学科成立课题组，挑选学科负责人，共同商讨课程形式和内容，并在队

内开展试讲活动，努力带给孩子们最好的课堂体验。支教正式开始后，队员们会根据不同年级学生的特点，积极备课，并结合实际情况进行授课，帮助孩子们学习知识，提高学生的能力、技能、创造力。

为进一步增强课题教学的实效性，队内形成听评课制度，要求每个队员每两周至少听三次课并填写听课记录表，表中列有优缺点栏和建议栏，帮助授课教师和听课教师共同改正教学工作中出现的问题，为学生提供更优质的教育资源和更易接受的教学模式。与此同时，常青藤支教队还提出了家访的任务要求：每位队员应在支教期间走访 8 到 10 名学生，并将学生的实际情况记录在家访记录表中，以期更好地了解学生们的家庭情况，更有针对性地为不同情况的学生提供帮助。

习近平总书记勉励青年人弘扬志愿精神，在实现中国梦的伟大实践中书写别样精彩的人生。在整个支教过程中，所有队员都在切切实实地用行动实现自己的初衷，不忘奉献、投身基层，为实现中华民族的伟大复兴献上绵薄之力。

支教队通过不懈的努力奋斗，孕育形成了以"十年常青葆活力，初心不改矢志燃薪"为核心的"守望者精神"；以"三尺讲台掘潜力，诲人不倦强质铸魂"为核心的"耕耘者精神"；以"万里黔路展生力，迎难而上高歌攀越"为核心的"攀登者精神"；以"百年国盛竭全力，坚定不移砥砺前行"为核心的"前行者精神"。

二、苏黔同心共筑梦，赤子童心共争荣

一道道数学题、一首首古诗词、一句句对理想的鼓励等小小的举措，让无人聆听心声的男孩讲出了自己的梦想，几近放弃学习的女孩选择重新回到课堂，从未接触过科学实验的孩子点燃了酒精灯……

（一）立德树人，育爱国之情，铸强国之志

育人为本，德育当先。支教过程中，爱国爱党、修身立德的理念始终贯穿于课堂内外。课上教导孩子，引入前贤先烈英伟事迹，让孩子们从英雄人物和时代楷模的身上感受道德风范；课下走近孩子，交流中以细微小事为他们指正道、立远志，明确人生前进方向；每周的升旗仪式会进行国旗下讲话，多形式举办各类立德爱国教育活动，有效推进了当地青少年的立德教育工作。

（二）全面发展，拓广泛视野，助雏鹰高飞

学校是知识的殿堂，更是启发孩子认知自我、探索自身潜能的地方。为补齐

山区小学教育资源匮乏的短板，课堂上，除了稳抓语文、数学两项主科，支教队还开设了美术、读写、活动、地理、历史等丰富多彩的课程，每一节兴趣课程都力求充实饱满，以提升学生的身体素质、培养学生的兴趣爱好、拓宽学生的视野。课外，支教队还会因地制宜地开展一系列特色活动，如趣味运动会、亲子绘画、文艺会演等，让孩子们亲身参与，施展才华，竞展风采。

表1　常青藤支教队为山区小学安排的课程表

一年级	语文	数学	写字	手工	画画	科学	体育	普通话	音乐
节数/周	6	6	2	2	2	2	3	2	3
二年级	语文	数学	写字	手工	画画	科学	体育	普通话	音乐
节数/周	6	6	2	2	2	2	3	2	3
三年级	语文	数学	写字	手工	画画	科学	体育	普通话	音乐
节数/周	6	6	2	2	2	2	3	2	3
四年级	语文	数学	英语	历史	地理	画画	音乐	科学	体育
节数/周	6	6	3	2	2	2	2	2	2
五年级	语文	数学	英语	历史	地理	画画	音乐	科学	体育
节数/周	6	6	3	2	2	2	2	2	2
六年级	语文	数学	英语	历史	地理	画画	音乐	科学	体育
节数/周	6	6	3	2	2	2	2	2	2

（三）稳扎稳打，砺过硬本领，扬高尚师德

为了在有限的支教时间内做到课程生动充实、内容丰富精简，在正式出发前，支教队进行了细致的学科排课分组，每位队员预先备课、反复试讲、修正教案；星野低垂、深山寂静之时，教师办公室常常灯火通明，队员们批改作业，总结当天教学经验，提前整理课程相关材料，为明天的课程做好准备。同时，支教队坚持实行"三会两制一课"制度——每天一次全体例会、每周一次全校大会、各课程组定期组织总结会；队员旁听制、支教日记制；每周一次公开课，队员不断自省自查；提高综合能力，提升支教质量。

三、行山不惧艰险路，常青精神驻心间

一群风华正茂的大学生们远赴贵州，他们不为功名，不惧艰难，只为热心公益的执着信念。常青精神引导他们十年如一日地努力着——"为爱黔行，筑梦常青"。

（一）十余年常青葆活力，初心不改，矢志燃薪——守望者精神

不忘初心，方得始终。中国共产党人的初心和使命，就是为中国人民谋幸福，为中华民族谋复兴，为此坚持一切为了人民、一切依靠人民，从群众中来、到群众中去，把人民的利益放在最高位置。可见，积极投身于扶贫开发事业，带领全国人民奔小康是我党将初心转化为增进民生福祉的高尚追求。习近平总书记多次强调，全面建成小康社会，最艰巨最繁重的任务在农村，特别是在贫困地区。

图2　2010年支教升旗仪式

十余年的递变，坚守不变的是常青藤人初心——守望者精神。多年来，支教队队员无畏艰难，改变的是支教队的一步步壮大，不变的是组织有序、纪律严明的自我要求。固定例会、队内试讲、思想引领、急救培训、组建课题组、听评课

制度……一个个系统化的举措是十余年积累进步的结果，也是每个队员信念坚定的见证。队员没有被困难左右，依旧怀揣着理想，初心不改。

常青藤支教队十年来一直秉承"为爱黔行，筑梦常青"的理念，积极开展精神扶贫工作，为偏远地区孩子送去希望。守望者精神是不忘初心，永葆本色，在坚守中探索前进；是肩负责任，奉献自我，在传承中注入活力；是勇于担当，乐于奉献，为社会输送正能量。追梦需要激情与理想，圆梦需要奋斗和奉献，新时代强烈呼唤新青年以守望者精神承担使命。

（二）三尺讲台掘潜力，诲人不倦，强志铸魂——耕耘者精神

铸忠诚使命之魂，扬爱国奉献之志。为帮助偏远山区孩子树立热爱祖国并为之献身的忠诚使命，常青藤支教队勤于耕耘，通过班会、国旗下的讲话等活动加强新时代爱国主义教育，加深学生对初心使命的感悟，帮助孩子铸造忠诚使命之魂。

图3　支教队员正在进行教学

铸学习强志之魂，扬高远鸿鹄之志。为了帮助学生更好地投入学习，队员们发扬耕耘者精神，站在三尺讲台上便不辱使命，细致备课、听评教研。除了日常的教学工作，还充分利用课余时间进行家访，了解学生的家庭环境、心理状态，

并进行疏导激励，让当地家长了解到读书的必要性和知识的重要性，引导他们重视子女教育，培养孩子良好的读书习惯，也帮助当地孩子们端正读书的态度，切实推进学习强志之魂在学生心中落地生根、开花结果。

铸思想理念之魂，扬修身有为之志。"修身、齐家、治国、平天下"这些词语虽然抽象，却是他们感受最为深切的思想。支教队队员以自己的实际行动，让学生在耳濡目染中渐渐理解家国情怀，把爱国热情转化为刻苦学习的实际行动。

（三）万里黔路展生力，迎难而上，高歌攀越——攀登者精神

由于支教活动的不确定性，每次出发前往往会有或大或小的变故出现。2016年，遵义市教育局考虑到当季自然灾害繁发，临时取消了常青藤支教队三队的支教活动；2018年，三队原定服务小学所在地区因暴雨引发泥石流，支教活动被迫终止；2018年，一队住宿条件紧张，并且每位队员都出现了水土不服的症状；2019年，带队老师紧缺，队伍人员进行缩减。暴雨滂沱，电闪雷鸣，举步维艰；停水停电；蛇虫鼠蚁侵扰；语言不通，交流困难……面对这些，支教队队员以无畏的精神，逢山开路、遇水搭桥，一往无前。

宜未雨而绸缪，毋临渴而掘井。为了支教活动的顺利进行，常青藤支教队每次进行支教活动前都会做足准备。组织开展思想引领讲训，队员们以高度的责任感完成支教活动；安排急救培训，提升处理突发紧急情况的能力。因黔地物资相对匮乏，队员们仔细规划募捐款项，为支教学校购备了大量的物资。正因他们具有这样的"攀登者精神"，支教活动才能一年一年地传承发展。"老师，你们明年还来吗"，这是学生在老师们即将结束支教时问得最多的一句话，是对支教队员继续攀登奋进的最高期许。

（四）百年国盛竭全力，坚定不移，砥砺前行——前行者精神

本着"但行好事，莫问前程"的初衷，支教队员们抱着尽力为孩子们服务奉献的初心，以永不懈怠的精神状态和一往无前的奋斗姿态担负起时代赋予自己的责任，砥砺前行。

精神脱贫在路上。精神贫瘠，是比物质贫乏更深的病根。支教队伍作为补充西南地区教育资源的力量，正是要强大孩子的内心，充实孩子的精神。

爱心公益一直在路上。孩子们需要掌握新鲜有趣的知识，需要丰富多样的物品，需要无微不至的关爱……一个支教队的力量总是有限的，影响却是无穷的。支教队坚守十余年，不断发展壮大队伍，一直在号召，一直在呼吁——奉献爱

心，投身公益，自我辈始！

面对 2020 年新冠肺炎疫情防控，南京理工大学常青藤支教队秉承着"暖心圆梦，强志铸魂"的志愿者精神，发起了为期 20 天的暑期线上支教活动。此次支教活动采用了全新的线上录制课程视频的方式，把线上课程分为疫情防控知识类、暑期安全教育类、地理历史小知识类、科学文化类、思想教育类等五大类。针对每一类课程，都精心录制了两到三个视频，同时支教队员也会针对情况特殊的同学展开一对一的线上帮扶，及时解决他们在学习过程中遇到的问题，启发孩子们对学习的兴趣，拓展孩子们的视野，挖掘孩子们的潜能，引导孩子们快乐学习。目的是让孩子们在支教学习过程中收获的不仅仅是知识，更多的是快乐，是对学习的热衷、对生活的向往。此外，常青藤支教队也希望通过线上支教活动让孩子们掌握更多疫情防控的小知识，增强自我保护的意识，坚定正确的理想信念，拥有一个快快乐乐、平平安安的暑假。

十余年来，常青藤支教队全面贯彻党的教育方针，在推动中国教育路上埋头苦干，砥砺前行。回顾常青藤支教队走过的十余年，从一开始每个人坚守着初心，在一方土地奉献与坚守，到现在更加成熟、厚重和坚毅，他们在支教过程中深刻地认识到我国西南地区的社情、民情，在担当中历练，在尽职中成长，让自己的青春在为祖国、为人民、为民族的奉献中焕发出更加绚丽的光彩。常青藤支教队是一群追光者，追寻着孩子们那明眸中渴望知识的光，静静守候，呵护成长；常青藤支教队是一群引路人，引导着孩子们追寻属于自己的梦想，点点滴滴成涓涓细流，崎岖山路变大道坦途。

"黔"行的路没有终点，常青之藤继续蓬勃。常青藤支教队将始终秉承"传承、奋进、正德、诚益"的发展理念，继续发扬支教队精神，进一步严格要求、规范管理，在未来的道路上不惧风雨，继续前行。

点亮边疆民族地区青年梦想之光

——浙江师范大学研究生支教团20年支教接力跑

　　摘　要：2001年，第一届浙江师范大学研究生支教团踏上了广西壮族自治区龙州县。20年来，239位研究生志愿者专注"教育治贫"，将青春的"小我"融入脱贫攻坚的"大我"中。研究生支教团牵手3万多名师大青年志愿者赓续助力龙州县2018年成功摘帽，成为边疆地区的"梦想使者"。也正是在这里，浙江师范大学研究生支教团结合互联网＋教育，立足边疆民族地区发展和青年成长需求，以"精神扶志，精准扶智"为两翼，以"让边疆民族地区青年有梦想"为初心，激发边疆民族地区青年内生动力，助力边疆民族地区青年实现志富、智富和共富，在成为志智双扶先锋、边疆支教样板的道路上振翅飞翔。浙江师范大学研究生支教团因此入选了由共青团中央、光明日报社和中国青年志愿者协会共同评选的"2016镜头中的最美支教团"名单（共10个团队），获得了第四届中国青年志愿服务公益创业赛铜奖、中国第四届教育成果公益博览会大学生（研究生）教育创新创业大赛铜奖、浙江省第十六届"挑战杯"大学生课外学术科技作品竞赛特等奖、第六届浙江省国际"互联网＋"大学生创新创业大赛金奖以及浙江省志愿服务工作先进集体。

　　关键词：研究生支教团　边疆民族地区　教育扶贫

　　习近平总书记在"四种扶贫思路"中重点强调了内源扶贫，即要注重扶贫同扶志、扶智相结合，开展精神扶贫和教育扶贫。党的十九大报告强调："注重扶贫同扶志、扶智相结合。"实质上，"扶志"和"扶智"均属于"内源扶贫"的范畴。只有通过提高贫困地区和贫困人口的"自我发展能力"，才能避免造成贫困地区"一扶就富，一走就穷"的窘境，并增强扶贫开发的实效性。

一、案例背景

　　在中国版图的西南角，镶嵌着一个美丽的边陲小城——广西壮族自治区龙州县。龙州县是国家级贫困县，也是革命老区、边疆地区和少数民族地区。摆脱落后的基础设施、单薄的教育资源，挣脱贫困的泥潭是这个世代烙刻着"老、少、边、穷"标签的小城的梦想。教育治贫，始终是脱贫攻坚的硬核。浙江师范大学研究生支教团自2001年始先后选派239位研究生支教团成员赴广西龙州开展支教，20年扎根龙州、薪火相传，通过治愈精神贫困，阻断贫困代际传递，最终实现稳定脱贫。20年来，"梦想使者"们专注"教育治贫"，立足边疆民族地区发展、青年成长和产业拓展需求，坚持以"精神扶志、精准扶智"为两翼，以"让边疆民族地区青年有梦想，让边疆地区振兴有动力"为初心愿景，争当志智双扶先锋、边疆支教样板，激发边疆民族地区青年内生动力，助力边疆民族地区青年实现志富、智富和共富。

（一）专注"一点"

教育扶贫不仅是摆脱贫困的有效方法，更是赋予贫困地区内生发展动力的重要手段。后脱贫时代，教育扶贫将是巩固扶贫成效、确保"真脱贫、脱真贫"的根本保障。

浙师大研究生支教团20年扎根龙州，通过浙江师范大学支教人薪火相传，扶贫接力，因地施策，精准瞄准教育最薄弱领域和最贫困群体，治愈精神贫困，阻断贫困代际传递，最终实现稳定脱贫。

（二）依靠"二宝"

边疆民族地区"ZHI富宝"首创志智双扶"ZHI富二宝"（见图1）：旨在唤醒边疆民族地区青年梦想，以校本化的职业生涯规划教育为支点，开展"梦想课堂"系列扶志公益活动，唤醒成长发展梦想，激发内生动力。编写《龙州中学生职业导航》，创设"浙师班""珍珠班"，建立尖峰助学基金，打造边境图书馆，助力青年实现梦想，确保新时代本土人才培养的可持续发展。

授人以鱼不如授人以"渔"，以本土化的线上线下电商培训为支点，开展"梦想远航"系列电商培训活动。编写《龙州电商指南》《龙州电商掌中宝》，创办公益微店，联合知名博主直播带货，为边疆民族地区电商的可持续发展提供龙州方案。

图1 "二宝"

二、筑造"三梦"

教育在阻断贫困代际传递中，有着基础性和持久性的作用，这正是教育扶贫在精准扶贫中的特殊地位。浙师大研究生支教团坚持扶贫与扶志、扶智相结合，致力于打造青春教育、职规教育、优质教育三大教育体系。（见图2）

图2　"梦想课堂"

（一）青春教育

"汇爱"陪伴——线上＋线下。关注解决因边疆民族地区发展受限，许多学生父母外出务工，缺少陪伴与关怀，从而易步入歧途这一痛点，依托浙师大庞大的志愿者队伍，以线上"爱心信箱"（见图3）、线下陪伴学习（见图4）的方式，搭建浙师大青年与边疆民族地区留守学子沟通的桥梁，提供学业帮扶、打通情感连接，引导其健康成长成才。

图3　浙师大学生与边疆民族地区　　　图4　团队成员与龙州留守孩子
**　　　　学生的信件来往　　　　　　　　　　　活动合影**

"以后，我就有哥哥了"

　　"老师，等下你能假装成我哥哥坐在我的位置上吗？一个小时就好。"一个向来不喜欢说话的女孩一反常态地向我们的支教老师凌哲宏提出请求。仔细追问后才得知，女孩的父母长期在外务工，家中一直只有自己。看到班上其他同学座位上都坐着父母或者哥哥姐姐，而自己的座位上却空空如也，迫不得已才想找他"顶替"。家长会之后，凌哲宏也一直关注着这个女孩的生活与学习，由"一小时的哥哥"变成了"一辈子的哥哥"。

　　心理辅导——个辅＋团辅。关注解决边疆民族地区中学生心理低龄化，而当地对于学生心理方面的教育和辅导较少这一问题，依托浙江师范大学心理辅导站和心理学、社会工作学科优势，线上开展心理咨询室、教学资源共享，线下开设个案辅导和爱心团辅，使边疆民族地区的青少年更好地适应成长。（见图5、图6）

图5　李伟健教授携团队于金华二中天骏班开展心理座谈会

图6 团队联合浙师大心理辅导中心录制心理疏导课程

（二）职业教育

中学生职业测评软件。软件以线上平台为基础，依托权威的职业规划测评理论，综合边疆民族地区中学生实际学习情况和电商的发展现状，为中学生认识自我并做出切实可行的职业生涯规划提供帮助。（见图7）本测评软件主要包括三部分的内容：基本信息、自我认知、职业探索与决策测试。

图7 龙州中学生职业测评软件封面和龙高学生参与职业测评现场

中学生职业规划课程。基于浙师大研究生支教团已有的9年职业规划课程试验经验，依据先进职业测评理论、浙师大职业规划教研室、北森高中生涯发展测评系统等优质资源，结合具有本土特色的职业规划教材（见图8），系统地在边疆民族地区中学中开设中学生职业生涯规划课程。同时，依托当下互联网新主流——短视频与直播两大模式，推广线上课程（见图9）。

图8 龙州地区职业规划教材　图9 团队成员录制的微课及系列短视频

励志教育课程。依托浙江师范大学人才学院、浙江师范大学十佳学子、浙江师范大学研究生支教团，联合当地教育局、团县委和初高中，开展励志教育主题活动，线上通过播放浙师大十佳学子报告会、50元生存报告会等视频、图片资料以及邀请浙江师范大学优秀学子进行网络在线经验分享交流，线下通过榜样人物面对面等形式。

"因为你，我知道自己喜欢的是什么"

"老师，我学体育是因为我爸说特长生只要考200分就能上大学。"体育生农康的一句话，让团队成员张姝嘉有了更深的思考。在龙州，大部分学生都与农康一样，因为音体美类高考分数要求低而选择成为特长生，对于未来规划仅是盲目之下的选择。她通过在班会课分享自己追逐"卓越思政教师梦"的奋斗故事，以亲身经历增强职规课程感染力，为学生增添自我发展能力和逐梦圆梦动力。最终，农康找到了自己擅长的学科，重新考取了崇左市重点中学，成绩位居年级前列。

（三）优质教育

浙师班："浙"是龙州，"师"以传承，"班"师得胜。"浙师班"以"打造特色课堂，推进教学改革"为宗旨，由浙师大支教团成员担任班主任、主课教师，全体成员参与设计实施教学计划，致力于将"浙师班"打造成教育改革示范品牌，将示范型、特色型、创新型课堂带入班级，用心陪伴孩子们成长。

"因为你们是浙师班，所以你们不一样"

浙师班班主任马雯琦：我也看到那些嘴上说"我不想读书"的学生，开始尝试学习，并告诉我"我想试一试"。他们都只是普普通通的孩子，他们的心灵年轻炽热，需要我们的接纳和关心。他们的生活需要更多的乐趣、更广的视野、更大的鼓励，我也愿意将我的热情全部倾注进"浙师班"，注入  和他们一起的时光，为他们创造属于"浙师班"不一样的校园生活。

珍珠班："点燃珍珠光芒创造青春辉煌。"在广西龙州，有很多学业成绩优秀的初中毕业生因为家庭负担过重而有辍学之虞，这些学生就像黯然失色的珍珠。为了帮助这些家庭特困、学业特优的学生安心完成高中学业走入大学，浙师大研究生支教团联系新华爱心教育基金会发起了"捡回珍珠计划"。

这就是一颗未来的珍珠

第一次见到 15 岁的王博晓，是在一间窄小的农宅里，当时胡馨文正和支教团的同学们下乡采撷"珍珠"。这户人家马上要易地搬迁，生活有望得到明显改善，但女儿是不是要接着念书，父母一直下不了决心。接过求学登记表时，女孩的一双大眼睛里仿佛藏满了话，但她最终什么也没说，默默地爬到床上，垫着一只行李箱填完了表格。"这就是一颗未来的珍珠。"胡馨文告诉自己。进入"珍珠班"后不久，王博晓身上阴云般的愁绪就一扫而光，她担任了班长，大眼睛自信地闪亮，也更爱笑了。

尖峰助学基金。（见图10）浙江师范大学研究生支教团建立"尖峰助学基金"，在龙州团县委的支持下，对龙州各个地区登记在册的贫困学生和新增贫困生进行了梳理分类，并逐一落实困难情况，由此进行资助。至今已有715个班级团支部结对1500多名同学，累计各项资助80余万元。

图10　尖峰助学金捐赠仪式

边境图书馆计划。浙师大研究生支教团设立"边境图书馆"，积极联系各方社会资源，和中国光华科技基金会、广西炭火行动助学志愿者协会、浙江杭州锦麟公益基金会和浙师大广大师生等合作完善书库，迄今累计捐赠图书近15万册。（见图11）

图11　边境图书馆捐赠书籍

三、成效经验

"梦想课堂"系列扶志公益活动，已为龙州中学提供优质课程238000余节，累计发行自编本土化职规教材《龙州中学生职业导航》6000余册，开展职业生涯课程6500余节，疫情防控期间为龙州中学公益线上授课4600余节，为边疆地区学子青春赋能。"梦想远航"系列扶智公益活动，近两年共开展电商培训 384 场，开发线上公益电商课程 124 节，自编本土化方言版电商培训教材《龙州电商指南》《龙州电商掌中宝》，共发行 14000 余册，为龙州培训 100 余位电商带头人，累计帮助当地创收 7000 余万元；开展 8 期民族文化产业人才研培活动，累计研培人数 2336 名，授课总量达 2700 余节，自行开发民族文创产品 450 余种，为边疆地区青年发展和文化产业振兴赋能，持续带动当地就业。

20 年薪火相传，浙师大研究生支教团助力龙州提前 5 年通过义务教育发展评估，实现"教育脱贫"，见证龙州成为广西首个脱贫摘帽的国家扶贫开发重点县。在硬举措上，实现了团队扶志到龙州志富、团队扶智到龙州智富；在软帮扶上，实现了龙州群众从"要我脱贫"到"我要脱贫"、龙州青年从"要我有梦"到"我要追梦"的思想飞跃。

浙江师范大学研究生支教团的 20 年教育治贫故事得到了《光明日报》、学习强国等 164 家媒体的关注和支持，并作为全省唯一高校典型入选浙江省委宣传部"接力"系列报道，作为浙江省最经典、最具影响力的边疆民族地区样板，报道入藏浙江省档案馆。时任文化和旅游部副部长项兆伦，全国人大常委会委员、民盟中央专职副主席徐辉，教育部教师工作司司长任友群，浙江省侨联常委、杭州大学生创业俱乐部主席郭羽对我们给予了充分肯定和持续关注。在当地，崇左市委常委、龙州县委书记秦昆，龙州县高级中学校长何国弟为浙师大"梦想使者"点赞。

破茧成蝶，浙师大研究生支教团在龙州，一砖一瓦搭建理想腾飞的平台，见证孩子们的梦想活起来、农民们的钱袋子鼓起来；翕动双翼，浙师大研究生支教团于天骏，一点一滴地将希望的水源洒向更深更远的西部，目睹异乡的孩子带着求知的欲望走出来；掀起风暴，浙师大研究生支教团将在不远的未来，用翩翩蝴蝶扇动的这股风，用偏远龙州燃起的这团火，点亮广袤的中国大地，驱散贫困阴霾。以青年之眼观世界，世界皆是青年之色；以青年之力助华夏，华夏尽染青年之气。

以创新助力闽宁协作 用智慧消除贫困传递

——福州大学研究生支教团的创新实践

摘 要：福州大学自2013年起积极组建研究生支教团，加入闽宁对口扶贫协作援宁群体。在学校党委的指导下，在支教地各级政府部门和宁夏固原三营中学的支持下，历届支教团将精准扶贫理念应用于支教工作中，通过开展深度调研了解当地贫困家庭孩子的学习情况，优化教学设计，扬长避短，确保将自身学科优势精准对接贫困地区需求。8年来，共有48名大学生积极投身于闽宁扶贫协作，在宁夏固原地区广泛开展中学支教、留守儿童陪护等志愿服务，为当地的农村家庭和贫困儿童送去精神上的关爱和物质上的帮助。

关键词：闽宁协作 以教为本 精准扶贫

2015年全国两会期间，习近平总书记在参加地方代表团审议时指出：扶贫先扶智，绝不能让贫困家庭的孩子输在起跑线上，坚决阻止贫困代际传递。他指出：让贫困地区的孩子们接受良好教育，是扶贫开发的重要任务，也是阻断贫困代际传递的重要途径。而"闽宁对口扶贫协作"更是习近平总书记在福建工作期间亲自部署、亲自推动的重要战略决策。福州大学自2013年起积极组建研究生支教团，加入闽宁对口扶贫协作援宁群体。8年来，全体研支团成员牢记习近平总书记的嘱托，始终坚持以教书育人为第一要务，以饱满的教学热情与育人态度，因地制宜地积极开展农村教学和贫困家庭帮扶工作，勇做闽宁协作事业的坚定践行者和东西部扶贫协作的接续奋斗者。

一、扶贫志愿服务案例背景

（一）教育观念落后

宁夏回族自治区固原市原州区三营中学始建于1957年9月，是宁夏最大的一所农村中学，位于固原市城区以北38千米处的三营镇，当地居民以回族居多。学校占地面积101.5亩，现有40个教学班，学生1992人，住宿学生1320人，占学生总数的66.2%。受一些落后观念的影响，不少学生家长对子女的教育问题不够重视，将过多的责任和压力转移给学校和老师，忽视家庭教育的影响。特别是一些离异家庭、重组家庭、留守家庭，孩子由于得不到足够的关爱，出现了厌学、逃学、辍学的情况。

（二）学习氛围不强

支教团服务的对象为三营中学初一至初三年级的学生。由于没有养成良好的学习习惯，相当一部分学生学习纪律性差，上课爱讲话、易瞌睡、易走神，下课时间喜欢调皮捣蛋甚至打架。同学间竞相学习的氛围不足，对文化知识缺少系统学习、学习方法不佳。此外，这个时期的学生正好处在青春叛逆期，受多种因素尤其是"读书无用论"的影响，一些学生对"读书改变命运"嗤之以鼻。学校初中升高中的整体比率在40%左右，不少学生过早踏入社会，早婚早育。

（三）师资匮乏

三营中学农村师资匮乏，留不住优秀师资，教师往往兼任多门课程，课程兼任不是根据教师个人专长"量体裁衣"，而是学校需要什么老师就教什么。学校长期缺乏音乐、美术、信息技术等科任老师，这不利于在地学生的文化艺术教育，文体生活发展有限。学校开设了音乐、美术、信息技术等课程，但因教师资源的匮乏，教学形式较简单，这必将削弱教学的时效性和实效性。

二、扶贫志愿服务内容

（一）瞄准基层问题，提升精准扶贫实效

一是精心组织备课，强化教学效果。在教学成效方面，福州大学研支团始终坚持以教书育人为第一要务，积极参加服务学校举办的各种形式的教学培训活动，以饱满的教学热情与踏实向上的教学态度，进行教研教学工作。为保证在地学生的学习效果，结合课前调研，有针对性地备课，不断改进教学技法，寻求进步，通过多听、多看、多学、多实践的全方位探索，克服语言障碍，快速找到具有个人特色和良好效果的教学方法，在各类月考和期末考试中，研支团成员所带

班级成绩均为优良，获得学校师生一致好评。

二是开展逐户家访，加强家校联系。利用周末时间对在地学生进行家访，深入了解学生家庭情况，主动与家长沟通学生学习情况，传播正确的教育观念，明确教育的重要性，改变家长对教育的固有观念，降低当地辍学率。

三是完善教学形式，开办周末辅导班。支教队员开办周末辅导班，引入多媒体教学、互动课堂和结对学习等多种教学模式，使原本抽象、枯燥的学习内容通过图文并茂的形式而变得直观，周末辅导班的开办还能帮助学生及时解答学习中遇到的问题，激发学生学习的积极性，增强了学生的学习兴趣，提高了课堂效率。

（二）发挥智力优势，创新扶贫方式

福州大学 Meaning（闽宁）云课堂是 2019 年 4 月开始的一个常态化、持续性的云支教项目，旨在推进优质教育资源对口西部地区的教育帮扶工作。联合福州大学校团委、三营中学校团委和教务处合力探索互联网＋教育新模式，以支教的三营中学为试点，启动"Meaning（闽宁）云课堂"远程支教项目，根据当地学校需求和学生特点设计具有针对性、趣味性、前沿性的特色课程，开展线上实时授课。截至目前，已面向三营中学的学生开展中国梦思政课、五四团课、应急救护、绿色化工、玩转电学、心理疏导、吸管桥制作、建筑欣赏、防范校园霸凌等十多期课程。所授的课程，普遍得到学生的好评。生动有趣的教学内容和对话直播的教学方式让学生对学习产生了兴趣，也在孩子们心中埋下了长大后要走出去看看的"梦想种子"。

（三）丰富文化生活，培养学生综合素质

针对部分学生成绩差、自我认可度不高、学习兴趣不足的情况，福州大学研支团成员积极参与组织三营中学各项校园文化建设活动，先后协助开展校园冬季越野赛、运动会、广播体操比赛、拔河比赛等体育活动，组建学生乐器团、合唱团，并开展培训指导，举办书法大赛、文艺会演等文娱活动，拓展学生的文体特长，提高综合素质和自我认同。此外，支教团积极协助三营中学开展禁毒、消防、"三爱三节"等主题教育，让学生树立远离毒品和做好安全防护的意识，在思想上防微杜渐，养成良好的学习和生活习惯。在党团建设服务方面，福州大学研支团积极参加三营中学党组织活动，协助组织"六盘山重走长征路""将台堡重温红军会师""戴着党徽去支教"等一系列教育实践活动，助力学校的党团

建设。

（四）多方筹措资源，开展精准扶贫

在扶贫助学方面，福州大学研支团积极投身精准扶贫，助力闽宁合作。一是捐资募资，圆梦助学。在三营中学设立福州大学研究生支教团"圆梦"奖助学金；参与中国人口福利基金会公益项目"拾穗行动"，累计募集捐款捐物近 30 万元，帮助贫困学生实现上学梦，为闽宁合作奉献青春力量。二是精准扶助，悉心呵护。根据学生肠胃病较多，缺少课外读物、学习文具、过冬衣物的实际情况，积极联系在校学生组织、团队、爱心师生和社会爱心人士，通过开展爱心义卖募捐、党团立项等活动，为三营中学学生募集保温杯、文具、课外图书、暖冬衣物等爱心物资。有的志愿者捐出自己的全部工资，为贫困学生免费配眼镜。三是开展"一对一助学"项目，目前已为 12 名学生争取到从初中到大学毕业期间的助学金，初中生资助金额每人每学期 500 元，高中生资助金额每人每学期 1000 元，大学生资助金额每人每学期 1500 元。

三、研支团精准扶贫成效，彰显高校支教"扶智扶志"功能

受益于在教学上的无私投入，许多支教团队员任教课程的成绩均位于同年级前列，很多贫困生的平均成绩得到了大幅度提高。此外，支教团还成功地帮助多名学生摆脱了因贫困产生的不良心理阴影，树立了更为健康的人生观和价值观。8 年来，福州大学研支团工作获得了支教地的广泛认可与肯定，并获得了一系列表彰与荣誉：第一届研究生支教团荣获"固原市优秀志愿者团队"称号；第二届获得"固原市优秀志愿者团队"、学校颁发的"优秀班主任"荣誉；第三届团队所有成员均获得固原市团委和教育局授予的"优秀支教老师"；第四届研究生支教团获得"2016 年固原市志愿服务先进团体"荣誉，团长江良煊获得"宁夏回族自治区优秀志愿者"称号。这是对福州大学研支团的支持与肯定，更是对研支团的鞭策。

展望未来，福州大学研支团将不忘初心，阔步前行，以行践言，以心筑梦，继续秉承"团结、友爱、互助、进步"的志愿者精神，在闽宁协作、扶贫攻坚战场上贡献自己的一份力量，用自己的实际行动书写最壮丽的青春乐章！

且放歌声满融江　砥砺青春写华章

——西北工业大学第21届研究生支教团扶贫实践

摘　要：西北工业大学第21届研究生支教团（以下简称"西工大研支团"）13名志愿者自2019年7月奔赴服务地广西融水县、云南红河县以来，牢记支教初心、勇担青春使命，投身教育事业、助力脱贫攻坚。一年多来，西工大研支团搭建服务平台、深化校地合作，用炙热汗水浇灌青春梦想；深耕教学一线、助力脱贫攻坚，用志愿行动凝聚复兴力量；投身疫情防控、守护生命希望，用笃定实干奔赴全面小康。西工大研支团先后为服务地广西融水县募捐书籍600余册，捐赠价值2万余元的国防科普教育基地一座，开展志愿服务活动22次，开展"扶贫先扶志，扶贫必扶智"系列讲座13场，累计授课服务时长达8000余个小时，为培养德智体美劳全面发展的社会主义合格建设者与可靠接班人做出重要贡献。

关键词：教育扶贫　志智双扶　薪火相传

习近平总书记强调指出，贫困群众既是脱贫攻坚的对象，更是脱贫致富的主体。要加强扶贫同扶志、扶智相结合，激发贫困群众的积极性和主动性，激励和引导他们靠自己的努力改变命运，使脱贫具有可持续的内生动力。要推进城乡义务教育一体化发展，缩小城乡教育资源差距，促进教育公平，阻断贫困代际传递。

西北工业大学第21届研究生支教团（以下简称"西工大研支团"）服务于广西壮族自治区融水苗族自治县（以下简称"广西融水县"）与云南省红河县。其中，广西融水县是国家扶贫开发工作重点县和滇黔桂石漠化片区县，山地面积占比达85.46%，人均耕地面积仅0.52亩；2018年少数民族人口39.68万人，占比达75%。云南红河县少数民族人口占比达94%，山地面积占比高达96%，属于自然灾害多发区。

西工大研支团自2019年7月奔赴服务地广西融水县、云南红河县以来，牢记支教初心，勇担青春使命，投身教育事业，助力脱贫攻坚，受到《人民日报》、新华社、《中国日报》、《科技日报》、中国青年网、中国新闻网等主流媒体61次报道，真正成为一支深受基层师生认可、深受社会各界关注的志愿服务先锋队。在"两个一百年"奋斗目标的历史交汇期，在全面建成小康社会的关键历史节点，西工大研支团于基层支教一年，见证中华大地最深刻的变革，何其有幸！

一、完善培养模式，打造过硬队伍

西北工业大学第21届研究生支教团自2018年9月组建以来，深化"政治素养提升、教学技能传授、人生价值塑造"的三位一体培养模式，扎实开展岗前培训，曾先后赴第20届研究生支教团服务地陕西省城固县、西工大附中等地进行听课学习，并与陕西师范大学研究生支教团联合开展教学培训，学习经验，提升自身教学能力。同时，第21届研究生支教团先后开展团建活动23次，座谈交流会5次，致力于将研究生支教团打造成为一支具有实践能力、经得起考验的骨干先锋队。在提前奔赴服务地后，广西分队积极筹划、勇于作为，先后赴融水自治县敬老院、芦苇幼儿园、易地扶贫搬迁点苗家小镇等地开展志愿服务，成为践行雷锋精神的志愿先锋。

二、加强理论学习，强化政治素养

西北工业大学研究生支教团（以下简称"西工大研支团"）奔赴服务地以来紧密结合"不忘初心、牢记使命"主题教育活动，认真学习习近平新时代中国特色社会主义思想与党史国史，将理论学习落到实处。在中华人民共和国成立70周年之际，西工大研支团积极开展"守初心，担使命，青春奉献祖国"主题团日活动（见图1），认真学习《新中国发展面对面》一书，共同探讨新中国成立70年来的伟大历程、辉煌成就与宝贵经验。少先队建队70周年，西工大研支团认真学习习近平总书记给中国少年先锋队建队70周年的贺信，坚定育人初心，牢记青春使命，帮助孩子们努力成长为能够担当民族复兴大任的时代新人。在"一二·九"运动纪念日，西工大研支团在融水自治县保桓中学、丹江中学，红河县思源实验学校积极开展爱国主义主题教育活动，帮助学生牢记民族历史，传承红色基因。火红的5月，西工大研支团认真学习习近平总书记致广大青年的贺信，立志要始终保持艰苦奋斗的前进姿态，让青春之花在三尺讲台绽放！

图1　西北工业大学研究生支教团

三、深耕教学一线，构建高效课堂

西工大研支团志愿者自走上讲台以来，认真学习前辈经验，积极创新教学方法、强化教学技能，13位志愿者定期分享教学方案，总结教学经验，学科互补、优势共建。在上学年期末考试中，温昌浩同学授课班级历史科目取得平均分85.52分的优异成绩，真正实现了"教得了，教得好"的教学目标。西工大研支团志愿者以教学授课为第一要务，扎实开展教学活动，在三尺讲台上传授知识，引导广大学生去看山外的世界，在广阔的云桂大地播撒下希望的种子。

四、搭建服务平台，深化校地合作

为激发广大学生走出大山的志向，西工大研支团在入学之初就认真准备"开学第一课"，利用播放母校宣传片、展示先进实验室照片等多媒体手段为学生展示山外的世界。同时，西工大研支团充分利用母校资源，邀请校足球机器人基地志愿者为红河县思源实验学校的学生们带来了一堂别开生面的"智能机器人汇报表演课"，用科技点亮孩子们的梦想。为搭建起孩子们探索世界的阶梯，西工大研支团与母校航空学院、外国语学院合作，为融水自治县孩子募捐书籍400余册，涵盖科普、传记、文学等多种类型，让书香飘进大苗山区。为打造全方位育人平台，西工大研支团助力母校学工党支部与红河县思源实验学校党支部共建县内首个国防科普教育基地，基地内陈列着"辽宁号"航空母舰、天宫二号等多个模型,同时西工大研支团打造出"思源翱翔"国防科普知识学生讲解队以讲解国防知识、传承家国情怀。目前,此基地已经成为知识传授、思想引领、价值塑造的重要载体。

五、助力脱贫攻坚,贡献青春力量

为关爱留守儿童,西工大研支团志愿者积极联系社会资源,在中秋节到来之际为融水自治县实验中学的300余名留守儿童送上爱心月饼,用月饼温暖人心,用关爱助力成长。在第六个全国扶贫日,西工大研支团在融水县丹江中学、红河县思源实验学校、民族中学同时召开主题班会课,将"扶贫先扶志,扶贫必扶智"的观念种在学生心中,号召学生们走出大山,摆脱贫困。为探索扶贫新路径,西工大研支团志愿者利用周末赴融水自治县江竹村开展扶贫调研,探索扶贫方案,助力脱贫攻坚。同时,西工大研支团志愿者积极利用课余时间赴融水自治县易地搬迁扶贫点苗家小镇开展"四点半"课堂,为那里的孩子讲授知识,传播温暖,目前志愿服务课时数累计已达62个,受到当地百姓的充分肯定与高度赞扬。春节来临,广西分队志愿者走进融水自治县汽车站,开展"暖心春运、让爱回家"志愿服务,以实际行动践行新时代雷锋精神。为推进志愿服务项目品牌化,西北工业大学研究生支教团"志青春"助学扶贫项目积极参与柳州市第三届青年志愿服务项目大赛的角逐,历经多轮竞争,最终摘得铜奖。临别之际,西工大研支团走进桂黔交接处的乌英苗寨,为当地儿童、妇女讲授科技与普通话知识,陪伴他们走向更美好的明天!

图2 研支团成员温昌浩在广西融水县杆洞乡乌英苗寨给孩子们上科技课

图3　研支团成员高洁在广西融水县杆洞乡乌英苗寨为妇女上"双语双向"普通话培训课

六、投身疫情防控，彰显青年担当

新冠肺炎疫情防控期间，为推动融水自治县脱贫攻坚，西北工业大学第21、22届研究生支教团携手近百名西工大学子为融水自治县103名建档立卡贫困户子女送上一对一线上帮扶。为确保招募志愿者的服务时间与帮扶水平，西北工业大学研究生支教团成立面试小组，对96名报名志愿者进行线上面试选拔，最终选定77名优秀志愿者参与帮扶活动。活动开展以来，西工大研支团将自己的知识化为清泉，用心浇灌孩子们的梦想，期待他们梦想开花，人生绽放。

用一年的时间去传授知识，播撒希望，西北工业大学第21届研究生支教团让志智双扶的铮铮誓言在八桂大地上得以彰显。薪火相传，接力扶贫，西北工业大学第22届研究生支教团已奔赴服务地，为教育发展、脱贫攻坚注入强大的后备力量！

"用一年不长的时间，做一件终生难忘的事！"西北工业大学研究生支教团将继续坚守志愿初心、牢记青春使命，为助力脱贫攻坚贡献青春智慧、为锤炼意志品质打下坚实基础、为弘扬志愿精神提供榜样力量。时代赋予使命，历史诠释光荣，西北工业大学研究生支教团将继续以青春之我、奋斗之我在祖国大地上写好人生奋进之笔！

绽放在群山中的青春之花

——长安大学研究生支教团帮扶典型案例

　　摘　要：2013 年以来，长安大学研究生支教团 39 人在国家级贫困县——陕西省商南县进行着一场"青春接力"支教行动，让清脆的读书声在群山中回响。他们把教育作为"阻断贫困传递、改善教育民生"的重要抓手，秉承着"奉献、友爱、互助、进步"的志愿者精神，按照"扶贫先扶智、治贫先治愚、脱贫抓教育"的工作思路，扎实有序开展第一课堂基础教育扶智、第二课堂多彩教育扶志、投身脱贫攻坚战场扶贫，同时依托"实现一个微心愿、进行一次家访、完成一次心理辅导，结合 X 种个性因子制定人生规划"的"3 + X"模式，真正帮助国家级贫困县学子脱精神世界之贫，解学习生活之困。

　　关键词：扶贫扶智　支教服务　志愿活动

　　习近平总书记在党的十九大报告中强调，中华民族的伟大复兴梦终将在一代代青年的接力奋斗中变为现实。当前，很多青年学生积极响应党和国家的号召，志愿投身到国家扶贫实践中，成为脱贫攻坚战的主体之一，为我们如期打赢脱贫攻坚战做出了重要贡献。

一、案例背景

　　商南县位于秦巴山区集中连片特困地区，是陕西省 11 个深度贫困县之一。全县现有贫困户家庭在校学生 8750 名，虽然对标"两不愁三保障"全部学生都能进行义务教育，但是仍存在着整体基础教育薄弱、高水平师资匮乏、留守儿童较多等需要社会关注的严重问题。长安大学作为商南县的"双百工程"和中央定点帮扶单位，秉承着"脱贫攻坚是第一政治责任"的原则，长期为商南县输送人、财、物等各方面资源。自 2013 年以来，学校便以长安大学研究生支教团为扶贫扶志扶智先锋队，先后投身服务贫困县基础教学，立志通过教育阻断贫穷的代际传递，给予脱贫攻坚工作足够的智力支持。

二、团体介绍

长安大学研究生支教团成员主要来自长安大学研究生，自 2013 年以来，累计派遣 39 人前往商南县进行义务支教，累计支教服务时间超过 4 万个小时，教育学生 3000 余人，帮扶困难留守儿童超过 600 人。长安大学研究生支教团成员经公开招募、自愿报名、学院推荐、资格审查、综合考核等程序层层选拔，通过岗前授课实习、相关机关见习、政策法规学习、志愿服务活动培训等九大培训模式，储备了全面的系统知识和较强的教学管理能力，具备了开展教育扶贫和公益活动的基本素质，均为品学兼优、热爱公益的研究生同学。全体成员都能在岗位上兢兢业业、履职尽责，多年来，长安大学研究生支教团成员先后获得"陕西省优秀志愿者""商洛市五四奖章""商南县最美志愿者"等荣誉 20 余项，"教学质量提升先进个人""优秀班主任"等教育教学荣誉 40 余项，所带科目成绩均位于全县前列，其知名度、美誉度在商南县不断提高。

三、问题对象

对标"两不愁三保障"和"577 标准"，商南县全部贫困户都已经实现了义务教育的普及，但仍不同程度地存在因病致贫、因学返贫、非贫困村投入力度不够、贫困群众内生动力不足等问题。部分贫困村，特别是深度贫困村的群众思想观念陈旧，小农思想严重，对怎样脱贫致富懒思考、怕困难、怕担风险。有的群众脱贫意愿不强烈，"等、靠、要"思想严重。大多数深度贫困片区，特别是商南地区，80% 以上家庭存在留守儿童现象。这些留守儿童无法得到切实的教育教学保障，他们往往在义务教育进行完后便回家务农或外出务工。

四、服务内容

扶贫工作是党中央、国务院的一项重要战略部署，高校定点扶贫是我国特色扶贫开发事业的重要组成部分，研究生支教志愿服务是高校参与精准扶贫的重要举措。长安大学研究生支教团自工作以来，按照"扶贫先扶智、治贫先治愚、脱贫抓教育"的工作思路，依托扶贫扶志扶智"3＋X"模式，开展"第一课堂铿锵有力，第二课堂多彩缤纷"的实践活动，倾情助力扶贫扶志，较好地完成了上级交付的任务。

（一）教学质量突破新高

研究生支教团成员始终对照习近平总书记提出的"有理想信念、有道德情操、有扎实学识、有仁爱之心"的标准，致力做学生锤炼品格、学习知识、创新思维、奉献祖国的"引路人"。

1. 教学成绩名列前茅

支教团成员全部担任班主任、少先队辅导员等学生管理职务，人均承担 2 个班以上的语文、数学、英语等主要课程教学任务，平均每周课时在 30 个学时以上，累计完成超过 30000 个课时的教学任务，覆盖超过 3000 名山区学子。教学成绩方面，支教团成员所授主课成绩平均分达到 73 分，及格率达 79.15%，优秀率达 29.16%，特别是第七届支教团成员王鹏起所带的物理、地理两门学科，在一年六次考试中平均成绩分别为 79 分和 83 分，均位列全县第一名。第三届支教团成员高一博同学在全县教学公开课大赛、课件制作大赛中名列第一。

2. 教学方法丰富多彩

支教团结合实际、潜心设计，备好每一堂课、讲好每一节课、改好每一份试卷，创新性地开展了"小组学习""少教多学""任务型练习"等多种教学模式，并针对后进生进行一对一精准辅导。同时，成员还在课余时间教授孩子们学习计算机知识，充分运用多媒体技术开设"在线视频课堂"，让孩子们在山区就能看到长安大学实验室的全貌，了解实验器材的原理，并通过让学生们担任"小老师"的方式，充分调动孩子们的学习积极性，解决了孩子们自主学习主观能动性不强的难题。

3. 教学改革亮点纷呈

支教团坚持德、智、体、美、劳"五育并举"，凝心聚力、开拓进取，形成了高水平的教育教学体系，针对服务学校学生的特点，将德育工作引入课堂，创新教学模式与方法，运用实景视频、实际案例等措施激发学生兴趣，把教学与教育有机地结合起来。同时，支教团成员在与学生接触过程中注重引导，将教育工作带到日常生活中，潜移默化地帮助学生树立正确的世界观、人生观和价值观，实现"润物细无声"的育人效果。

（二）第二课堂绽放新颜

针对山区学校素质教育基础薄弱、第二课堂教育资源匮乏等问题，研究生支教团在学校支持下精心搭建第二课堂舞台，实现多层次育人、全方位育人，努力为学生的健康发展和成长成才奠基。

1. 打造校园品牌活动

支教团注重加强载体建设，充分发挥个人优势，基于支教学校实际，努力开展形式多样的校园活动，打造出"快乐足球"项目、"我是向善小队员"演讲比赛、汉字听写比赛等特色品牌校园活动。此外，支教团还相继开展了"与人生对话"主题教育实践活动、"童画世界"师生互赠绘画作品、"我是环保小卫士"主题征文、重阳节走进敬老院献爱心、"法制在我心"主题征文、"夏季防溺水"安全教育大会、"暖心围脖，爱满商南"公益捐赠等主题丰富、形式多样的校园文化活动。

2. 助力学生社团建设

支教团注重社团活动开展，成员多半都担任学校社团指导老师的职务。第七届支教团成员周默白、沈世悦除了指导学校书法社、广播室外，还成立了商南县小学中的首个戏剧社，其作品饱受全县师生好评，反映了积极向上的校园文化氛围。支教团成员靳晨笛和张伟所参与指导的校园文化艺术节作品手语舞"追梦者"和舞蹈"夜笙歌"分别获商南县文艺会演的二等奖和三等奖。这些活动为学生提供了丰富多彩的文化盛宴和展示自我的平台，营造了良好的校园氛围，提升了学生综合素质。

3. 全面提升综合素质

支教团坚持素质教育为导向，努力为学生打开多彩的世界，点燃希望之光，现已形成了以"三课堂"为代表的系列素质拓展活动。温暖课堂是结合重大节庆日开展的主题教育活动，其中涵盖儿童节"争做好儿童、好少年"主题活动，国庆节"我和国旗合个影"主题活动等八大类活动；兴趣课堂是培养孩子们全面发展的兴趣课堂，其中分为踢毽子、手工、足球等13个兴趣小课堂，极大地丰富了孩子们的学习生活；梦想课堂则是通过收集孩子们的梦想，为其联系该方面相关的长安大学师生，采用在线"一对一"的方式，让孩子们了解自己的梦想，极大拓展了他们的视野，坚定了他们的个人志向。

（三）扶贫扶志培育新苗

支教团以"教育扶贫、科技扶贫"为立足点开展扶贫工作，依托特色产业开展"互联网＋"创新创业，立志做贫困学子的领路人、扶贫工程的践行者、美丽中国的建设者，为商南县如期打赢打好脱贫摘帽攻坚战奉献青春力量。

1. 围绕大局显真心

支教团坚持围绕中心服务大局，筹办"蓓蕾计划""爱心学堂""七彩课堂"等扶志扶智专题活动 39 场，积极配合县委、县政府参与志愿活动，累计服务高考志愿活动、"创国文我先行"活动会等百余场。2017 年暑假以来，支教团成员依托"互联网＋"大赛和暑期社会实践活动，利用新媒体等手段，教会支教点深度贫困村的村民开通并使用微店和淘宝店铺，帮助商南县茶叶、香菇、天麻等特产走出大山，同时注重为受众用户画像，及时联系用户诉求，挖掘土特产的附加值，帮贫困户增收，助其早日脱贫。

2. 家访调研暖人心

支教团坚持以走进学生为理念，主动对接服务地相关部门，在城关第七小学、富水初中建立"留守儿童之家""七彩小屋""长大爱心书屋"等扶贫扶志阵地，围绕学业辅导、亲情陪伴、自护教育等主题，定期举行"五点半课堂""动感周末"等教育实践活动，累计开展家访调研 180 余次，覆盖建档立卡贫困生 136 名，用爱抚慰留守儿童的"情感饥饿"。特别是在 2018 年寒假期间，志愿者们齐上阵，人均步行山路超过 10 千米，为商南县 20 个行政村的 30 户建档立卡贫困学生送去米、面、油、牛奶、糖果等慰问品，给贫困学生及其家庭带去新春的关怀与温暖。

3. 捐资捐物献爱心

支教团充分发挥自身优势，利用各种社会资源、凝聚多元社会力量，先后发起了多项公益活动，支持当地教育，关爱贫困学子成长。6 年来先后组织开展了"来自世界的善意""点亮微心愿、青春助扶贫"等 6 场系列活动，为 2000 余名贫困学子捐赠了价值 9 万余元的物资，特别是支教团联系的福建省石狮青年公益协会，为留守儿童资助冬衣 600 套，价值 30 万元。同时，支教团依托"捐出一本书，传递一片爱，成就一个梦"和"乡村书海工程"活动为试马镇中心小学学校捐赠书籍 7500 余本，并建立了"长安大学图书角"，让学生徜徉在书的海洋，营造了全社会关爱贫困人口、关心留守儿童的良好氛围。2018 年，研究生支教团王博在得知学校六年级成胜朋同学患严重血液病，急需骨髓移植，但家庭经济窘迫凑不齐手术费时，立即发动社会力量，在两天内就募集到 1 万元的爱心捐款。

（四）靶向施策再续新篇

研究生支教团力求弘扬青年志愿者精神和扶贫支教相结合，不断用自身事迹引领志愿服务风尚，使支教团逐渐成为长安大学子志愿服务社会、扎根西部基层的一面旗帜，成为长安大学学子自觉培育和践行社会主义核心价值观的排头兵与先锋队。

1. 当好政策宣传"发声筒"

支教团坚持把思想政治教育作为主责主业之一，组织学生集体观看党的十九大开幕式、学习习近平总书记在纪念五四运动一百周年大会上的讲话，等等，以易于接受、通俗易懂的方式为孩子们上了一堂堂生动的主题团课，帮孩子们扣好人生第一粒扣子。同时，支教团发挥自身优势，组建习近平新时代中国特色社会主义思想宣讲团，深入各镇办党支部进行专题宣讲会，并于 2019 年 5 月在支教学校开展"五四运动"一百周年系列巡讲活动，培育了学生的爱国主义情怀。

2. 打造线上线下"主阵地"

支教团成员坚持在中国青年网、西部网等主流媒体开设长安大学研究生支教团专栏，积极撰写高水平稿件，广泛宣传开展支教情况和支教团先进事迹。线下开展"我在长大，也在长大"和"带你走进长大"等系列班会，每年定期举办"中国梦·西部情"暨"我的成长故事"主题报告会活动，分享支教团成员经历、交流项目工作经验，大力弘扬"奉献、友爱、互助、进步"的志愿服务精神。

3. 擦亮当地团队"金招牌"

支教团成员用真诚的爱心、辛勤的汗水赢得了当地政府和群众的认可和肯定，并取得了一定的荣誉和成绩。张伟等 3 人获得"商洛五四青年奖章"等市级表彰荣誉，并作为代表在市县"青春心向党，建功新时代"主题活动中宣讲先进事迹。叶润泽等 18 人次获得"最美志愿者""优秀指导老师"等县级荣誉，王博等 53 人次先后获得支教学校及所在乡镇表彰。其中，第七届支教团团长叶润泽还在商南县大讲堂作为主讲人授课，有效提高了研究生支教团在商南县的美誉度。

薪火相传，圆梦西部。长安大学研究生支教团作为志愿先锋队，依托第一课堂讲台、第二课堂舞台、精准扶贫平台"三台联动"模式，开展"启智、扶志、弘德"系列教育扶贫工作，扶贫扶智又扶志，书写着新时代教育扶贫的奋进之笔，努力为当地教育事业的发展，为商南县打赢打好脱贫摘帽攻坚战做出更大的贡献！

五、投入成本

学校结对帮扶陕西省商南县以来，共计向陕西省商南县派遣 39 名研究生支教团成员。研究生支教团在商南县支教期间，累计服务时间超过 4 万个小时，直接教育学生 3000 余人，帮扶困难留守儿童超过 600 人。支教团发起的"长安大学图书角"募捐活动和"点亮微心愿，青春助扶贫"活动，累计向长安大学全校师生、校友和社会各界募捐图书、文具、文体用品、衣物等共计 60 余万元。

六、服务效果

支教团成员人均承担 2 个班以上的语文、数学、英语等主要课程教学任务，平均每周课时在 30 个学时以上，累计完成超过 40000 个小时课时教学任务，覆盖超过 3000 名山区学子。教学成绩方面，支教团成员所授主课成绩平均分达到 73 分，及格率达 79.15％，优秀率达 29.16％，所教小学生全部考入初中，所教初中生 68％考取高中（中专），20％直接就业。支教团充分发挥自身优势，以长安大学为桥梁，充分撬动社会资源，先后组织开展了"来自世界的善意"和"点亮微心愿、青春助扶贫"活动，为支教学校和留守儿童捐赠了价值 60 余万元的物资，在支教的每个学校建立了长安大学图书室，在每个班级设立了图书角，让孩子们徜徉在书的海洋。

七、影响力

长安大学支教团务实的工作态度、敬业的工作精神、出色的工作业绩，受到了主流媒体的广泛关注、当地政府的充分认可、人民群众的争相点赞，取得了良好的社会声誉，擦亮了支教团的"金字招牌"。

社会关注方面，长安大学研究生支教团先进事迹先后被新华社、《中国青年报》、教育部官网、西部网、腾讯网、新浪网、陕西省教育厅官网、《商洛日报》等主流媒体报道数十次。2017年3月5日，《中国青年报》刊登《长安大学研究生支教团：扶贫扶智，于无声处》（见图1），介绍了长安大学支教团成员在陕西商南教育扶贫扶智的感人事迹，在社会上引发强烈反响。2018年10月17日，教育部官网《扎根秦巴山区助力脱贫攻坚"三台联动"书写教育扶贫奋进之笔》报道了长安大学研究生支教团教育扶贫的典型事迹（见图2）。2019年，支教团成员完成的调研课题《从粗放到细分：基于用户画像挖掘的陕西商南中药材产业扶贫实证调研》获得陕西省第十二届"挑战杯"大学生课外学术科技作品竞赛特等奖。2015年，由支教团成员完成的调研课题《西部山区家庭教育问题调查及对策研究——以陕西山区为例》获陕西省第十届"挑战杯"大学生课外学术科技作品竞赛二等奖。

图1 《中国青年报》专题刊登长安大学研究生支教团事迹

图2　教育部官网报道长安大学研究生支教团典型事迹

政府肯定方面，商南县委常委、宣传部部长董建莉对长安大学研究生支教团进行评价时表示："扶贫先扶志，扶贫必扶智。长安大学研究生支教团是长安大学扶智扶志的有力抓手，充实了我县基础教育的有生力量，充当了全县教育事业的排头兵。"商南县副县长石红菊表示，"感谢长安大学研究生支教团多年来的辛勤付出，教师是一个神圣的职业，我在你们身上看到了自己当年的影子，那股爱岗、爱生、敬业的精神。"同时，商南县委领导也多次在志愿活动中肯定支教团的工作成绩，每年都在优秀志愿者中分配名额表彰支教团工作突出的成员。研究生支教团张伟同学被商洛市授予商洛市首届"青年五四奖章"，王博入选商洛市"践行新思想建功新时代"青春励志报告会宣讲团，王立勋入选商洛市"奋斗的青春最美丽"分享团，支教团成员先后获得"教学质量提升先进个人""优秀班主任""优秀指导教师"等荣誉70余项。

群众评价方面，长安大学研究生支教团长期以来利用课余时间针对留守儿童人群进行家访调研帮扶、爱心课堂关注等相关有力举措，并且通过召开家长会、线上跟踪访问等方式畅通与学生家长的沟通渠道，深受学生及家长的喜爱和信赖。

图3 商南县委常委、宣传部部长董建莉为
第七届支教团团长叶润泽颁奖

图4 长安大学领导看望慰问研究生支教团
成员开展座谈会

图5 支教团成员为残障留守儿童送上礼物

图6 支教团成员给学生家长写信

"第二语言"教学与社会实践相结合

——新疆大学"双语"青年志愿者助力南疆脱贫攻坚实践

摘　要：随着社会经济的不断发展，将"第二语言"教学与社会实践相结合，日益成为高校培养高素质双语人才的重要趋势。新疆大学深入学习贯彻习近平总书记扶贫开发重要战略思想，选派"双语"青年志愿者赴"南疆"开展社会实践、助力脱贫攻坚，充分展现了新时代大学生在新疆脱贫攻坚工作中的责任与担当。自 2017—2020 年，新疆大学先后有 220 余名研究生、450 余名本科生赴南疆乌什和叶城地区协助"访惠聚"驻村工作队和当地中小学开展社会实践服务活动。开展相关专题讲座 20 余次，60 余名学生担任夜校教师，开展电商培训 110 余次，举办"青年红色筑梦之旅"5 次，支援中小学 30 余所，120 余名同学荣获"优秀志愿者"称号。

关键词："双语"青年志愿者　驻村实习　脱贫攻坚

党的十八大以来，习近平总书记站在全面建成小康社会、实现中华民族伟大复兴中国梦的战略高度，把脱贫攻坚摆到治国理政突出位置，推动中国减贫事业取得巨大成就。作为一所"世界一流大学建设高校"，新疆大学凭借学科优势、人才力量、科技实力和社会资源优势，结合"三进两联一交友""访民情、惠民生、聚民心""民族团结一家亲"等重要活动，坚持增强"四个意识"，坚定"四个自信"、做到"两个维护"，牢固树立"五个认同""三个离不开"等重要思想，聚焦"扶贫先扶志""扶贫必扶智""精准扶贫"等方略举措，为南疆深度贫困地区摆脱贫困贡献"新大力量"。

一、基本情况

（一）现实背景

据 2010 年全国第六次人口普查统计，新疆国家级贫困县有 27 个，南疆地区占 21 个，其中阿克苏地区乌什县、喀什地区叶城县均位列其中。新疆地区远离海洋、深居内陆、气候干燥且平均年降水量仅有 150 毫米左右，尤其是南疆地区沙尘暴多发，土地盐碱化程度严重。夏季自然灾害的频繁发生使得玉米、小麦等农作物生产受到严重威胁，同时当地草场面积放牧承载量已基本达到饱和，过度放牧会加速现有土地的荒漠化程度，因此当地的农业与畜牧业经济受到自然环境的严重限制。此外，南疆交通不便、医疗水平落后等问题也直接导致当地妇女、儿童的患病率高。由于大多村民对国家通用语言文字的掌握程度较低，文化教育水平普遍落后，就业技能欠缺，进而直接导致该地区产生"难脱贫"和"脱贫难"等一系列制约经济社会发展的重要问题。

（二）时代要求

在以习近平同志为核心的党中央坚强领导下，全疆各级党委和政府深入贯彻党中央治疆方略，落实习近平总书记关于脱贫攻坚的重要论述，聚焦社会稳定和长治久安总目标，坚决扛起脱贫攻坚政治责任，围绕"两不愁三保障"，落实"六个精准"，推进"七个一批"，做到"三个加大力度"，不断增强打赢脱贫攻坚战的责任感、紧迫感和使命感。作为国家特殊政策扶植的"双一流"大学和部区合建高校，新疆大学牢记初心和使命，充分调动校内各方面优势资源，切实保障脱贫摘帽这一重要目标任务在新疆地区的顺利实现，每年派出"双语"青年志愿者赴南疆农村地区助力脱贫攻坚，这既是教育赋予的神圣使命，也是时代的迫切要求。

（三）项目内容

围绕助力阿克苏乌什县和喀什叶城县全面脱贫的重要任务，新疆大学坚持利用学科专业优势资源，凝聚全校之力，每年派出 220 余名"双语"青年志愿者赴南疆地区开展"助力南疆脱贫攻坚"的社会实践活动，从产业扶贫、教育扶贫、文化扶贫等方面，多层次、多角度、多领域地推动国家精准扶贫攻坚战的安排部署和战略实施，坚决打赢精准脱贫攻坚战，促进南疆经济社会的平稳快速发展。

二、实施进展

新疆大学派出的"双语"青年志愿者深入南疆扶贫一线实习实践，用自己的专业知识助力当地脱贫攻坚，他们的辛勤付出得到了当地"访惠聚"驻村工作队、教育局和中小学的高度认可，为南疆地区的脱贫任务做出了突出贡献。为宣传、推广和报道南疆扶贫工作的先进事迹，新疆大学通过抖音、微信、微博及主流官方大众媒体讲述"新大故事"。2019年以来，新华网、西部网等各大媒体网站广泛宣传"双语"志愿者在基层的工作成效与创新成果。2020年6月5日，新华日报社报道了南疆扶贫一线大学生的典型事迹。同时，新疆大学红湖青年公众号、新疆大学共青团等校内媒体平台，也报道了一系列反映"双语"志愿者在疫情防控期间奔赴一线与当地工作人员一同攻坚克难的先进事迹，奏响了一曲以"青春"为主旋律的赞美之歌。

三、主要特点

（一）深入基层，走家入户，融入脱贫攻坚主战场

深入居民日常生活，了解群众所求所需。为深入贯彻落实"真扶贫、扶真贫、真脱贫"的精神，新疆大学"双语"志愿者深入南疆贫困地区一线，与当地"访惠聚"工作队和居民同吃同住同劳动，切实了解当地群众收入情况。同时，志愿者们利用"双语"优势克服交流障碍，真正了解当地居民的农业种植、牧业养殖及家庭实际情况，协助"访惠聚"工作队切实了解居民信息，想居民之所想，帮居民之所需，完成扶贫建档立卡工作，为切实保障脱贫攻坚、精准扶贫提供帮助与支持。

（二）双语协同，教学结合，提升沟通交流和就业能力

结合"双语"优势，针对当地居民受教育程度低且思想保守这一现象，新疆大学"双语"青年志愿者与"访惠聚"驻村工作队密切合作，用汉语、维吾尔语双语技能推动国家政策在当地的普及与推广。为进一步提高当地居民的国家通用语水平，"双语"青年志愿者与当地基层工作队携手举办双语培训夜校，帮

助群众解决语言沟通障碍，同时不断向居民讲述近年来我国的发展变化，开展国情区情教育，充分利用高校学生的所学知识，为南疆贫困县群众讲好中国脱贫故事。

（三）扶贫扶智，帮教结合，扎实推进"富口袋"与"富脑袋"见成效

"授人以鱼不如授人以渔"，解决当地群众的"等、靠、要"思想不仅在于要给予"坎土曼"，还要给予"耕种方法"。新疆大学"双语"青年志愿者结合现代大众传媒与互联网等技术帮助当地居民增产增收，不断解放群众思想，在基层各地区和中小学讲授中华优秀传统文化。截至 2020 年 6 月，新疆大学充分利用"互联网＋"与大众传媒技术，举办农业生产技术讲座 20 余场，利用网络电商帮助当地实现木耳、核桃等农产品的网上销售。此外，新疆大学"双语"青年志愿者还成为当地中小学语文教师，帮助孩子们学习汉字、了解中华传统文化、熟知中华传统美德，受到当地居民和学生的广泛喜爱，为促进当地经济与文化的可持续发展埋下了希望的种子。

（四）语言实践，基层锻炼，学生的双语应用和实际工作能力得到提升

学校"双语"青年志愿者利用将近一年的时间，与当地居民共同学习、共同生活、共同劳动，在此过程中，不仅有效提升了学生少数民族语言的口语表达能力，而且深刻了解到其背后的语言文化现象，对于少数民族语言自身的独特魅力与其背后的社会心理有了更深刻的认识，学生的双语应用能力得到显著提高。此外，学生在实际的扶贫工作中，组织协调能力、人际交往能力、自主学习能力、业务执行能力也得到综合提升。通过参与志愿服务，很多学生更加积极地向党组织靠拢，表示在志愿服务期间得到了很好的锻炼，参与脱贫攻坚工作是他们一生的宝贵财富。"尽管只是实习，但一年的时间里我们很高兴能够参与到亚贝希村脱贫致富的工作中，这段经历也让我受益颇丰。"在阿克苏地区乌什县前进镇亚贝希村实习的学生田恬说。

四、成效经验

紧紧围绕新疆工作总目标，坚持"扶贫"与"扶志"相结合，让高校学生"走下去"，用自己的专业知识推动当地经济、文化和教育事业的不断发展，持续增强社会各界对南疆地区脱贫攻坚的关注与重视，激活当地经济发展新活力。

一是志愿者的实习实践活动有助于不断构成可持续产业链，推动当地经济发展。2019年乌什县木耳与叶城县核桃在当地基本已形成产业链，基本做到"生产—加工—出售"一条线，为当地居民提供了较充足的就业岗位。

二是结合当前互联网电商优势，形成"云订购""云销售"加工生产模式。2019年新疆大学"双语"青年志愿者在学校的支持与帮助下，成功申报网络电商培训"互联网+"创业项目，为探索"云订购""云销售"模式奠定了基础。此外，还通过朋友圈、微店、淘宝等方式帮助当地居民销售农产品。至2020年6月，当地居民已深深感受到"云订购""云销售"模式的创新性与便利性，通过互联网与当地资源优势的良好结合，有效促进了当地农民的增收。作为奔赴"扶贫一线"的新时代高校大学生，他们不仅帮助当地经济不断增长，也带来了新的生产销售理念，当地居民与干部给予新疆大学"双语"青年志愿者一致好评。

三是集结校园各方力量，开展"扶贫+扶志"帮扶活动。结合高校自身的优势，每年由学校老师与"双语"青年志愿者共赴乌什和叶城第一线，充分开展调研，切实了解情况，以便为当地提供教育文化支持。截至2020年4月，新疆大学"双语"青年志愿者在校园共组织开展3次"捐冬衣"活动，为当地村民送去温暖。同时，60余位同学成为当地夜校的国家通用语授课教师，充分发挥带头辐射作用，为其他地区的脱贫工作提供借鉴与样板，将高校学生社会实践、专业课程学习与产业扶贫任务充分结合，让理论与实践相互检验，不仅提高了新疆大学"双语"人才培养的质量，同时为社会培养出更多德智体美劳全面发展的新时代青年。

四是加大媒体宣传力度，持续增强社会影响力。在社会媒体与网络自媒体的不断宣传下，新疆大学"双语"青年志愿者奋战在一线的故事逐步传开，与村民一起下地摘核桃、割小麦，在生产加工线装木耳，在宽阔美丽的游憩广场和村民一起载歌载舞，在充满书声的课堂里与孩子们一起邀游在知识的海洋……这些故事不仅展现了新时代青年的风采，也受到了社会各界的广泛好评。自2020年年初新冠肺炎疫情暴发以来，中央共青团、新华社的报道进一步展现了新疆大学"双语"青年志愿者奋战一线的身姿与青春活力，引起了全社会对南疆地区的更多关注。

五、风采一览

图1　研究生支教团赴阿克苏乌什县开展驻村扶贫活动

图2　2017 级实习本科生在驻村工作队合影

图3　实习本科生在乌什县亚贝希村广场排练节目
庆祝中华人民共和国成立 70 周年

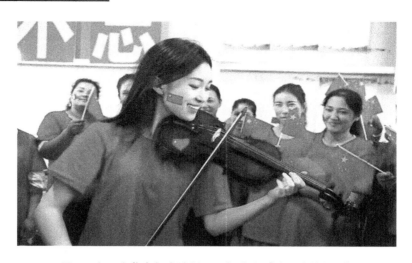

图4 实习生蔚嘉与当地村民一起演唱《我和我的祖国》

图5 实习生马佳辉帮助驻村工作队统计羊群数量

图6　实习生与当地村委会干部一起调集物资抗击疫情

图7　实习生与当地村民一起学习脱贫知识

六、今后规划

加强南疆地区经济教育文化事业的发展"功在当代，利在千秋"。为坚持可持续发展战略与人才强国战略，我们要用"愚公移山"的精神不断解决前进道路上的困难，要树立长期的发展眼光与战略，让社会更多关注的目光投入当地的脱贫事业当中。目前，新疆大学"双语"青年志愿者仍然奋战在一线，持续推动当地文化扶贫的开展，为当地的民生事业贡献新大学子的一份青春力量。

未来，我们将持续开展此类志愿服务活动，一是继续加强对当地经济文化发展的支援力度，让更多优秀的"双语"青年志愿者前往扶贫一线为当地发展提供智力支持。二是利用互联网为当地的经济发展激发新的活力，不断拓宽农牧业产品销售市场，延长当地产品产业链，创造更多就业岗位，深入解决当地就业问题。三是持续加大宣传力度与示范作用，结合当地"访惠聚"工作队把握正确舆论导向，提高当地村民对国家政策帮扶及"双语"青年志愿者的认识与了解，积极开展夜校教学，增进少数民族群众对国家通用语言文字的学习以及对中华优秀传统文化的认识与了解，让理论知识与社会实践相结合，使语言学习与解放思想共同开展，促进当地脱贫工作自觉、持续、稳定发展。

后 记

　　为学习贯彻习近平新时代中国特色社会主义思想，全面总结高校在脱贫攻坚中的典型经验，深入阐释习近平总书记扶贫开发重要战略思想的深刻内涵和重大意义，为巩固拓展脱贫攻坚成果和实现乡村振兴注入强大精神动力，教育部高等学校社会科学发展研究中心组织编写了《高校扶贫优秀案例选编》。

　　本书由教育部高等学校社会科学发展研究中心文化美育研究处组织编写，教育部高等学校社会科学发展研究中心王炳林主任和江嵩副主任审定本书框架，并审读了全部书稿。王非、王雪凌、於天禄承担了全书文稿的辑录、编选和初审工作。

　　感谢本书所有案例学校对我们编选工作的大力支持和积极配合，感谢光明日报出版社的大力支持，感谢编辑同志为本书的编辑出版所付出的辛劳和智慧。

　　由于我们的水平和眼界有限，本书难免存在疏漏与不足，敬请读者批评指正。

本书编者

2021 年 11 月